国家级一流本科课程配套教材

国际金融

INTERNATIONAL FINANCE

刘昊虹　马飞　王颖　主编

科学出版社
北京

内 容 简 介

本书是国家级线上线下混合式一流课程教材。本书以学生为中心，反映了国际金融理论的最新成果和中国高水平开放取得的成就。本书系统性强，涵盖了国际金融的主要内容，包括国际货币流通、国际资金融通、国际收支与国际储备、国际货币体系和国际金融机构四大块共九章内容。本书突出专业性和思政性，以教育部印发的《关于一流本科课程建设的实施意见》《高等学校课程思政建设指导纲要》为指引，有机融入“两性一度”和课程思政元素，讲好中国故事，坚定四个自信，增强爱国情怀。本书实用性强，每章包括学习目标、本章引入、专栏、二维码扩展、本章小结、重点概念、思考与练习等内容，便于读者全面掌握每章的主要内容。

本书适合高等院校财经专业教学使用，也可作为银行相关业务人员的培训资料。

图书在版编目（CIP）数据

国际金融 / 刘昊虹，马飞，王颖主编. —北京：科学出版社，2023.9

国家级一流本科课程配套教材

ISBN 978-7-03-076066-1

Ⅰ. ①国…　Ⅱ. ①刘…　②马…　③王…　Ⅲ. ①国际金融－高等学校－教材　Ⅳ. ①F831

中国国家版本馆 CIP 数据核字（2023）第 140037 号

责任编辑：王京苏 / 责任校对：王晓茜
责任印制：赵　博 / 封面设计：楠竹设计

科学出版社出版
北京东黄城根北街 16 号
邮政编码：100717
http://www.sciencep.com
三河市春园印刷有限公司印刷
科学出版社发行　各地新华书店经销
*
2023 年 9 月第　一　版　开本：787×1092　1/16
2024 年 8 月第二次印刷　印张：20 3/4
字数：492 000

定价：52.00 元

（如有印装质量问题，我社负责调换）

前　言

进入 21 世纪，经济全球化、金融全球化发展浪潮高涨，国际金融领域发生了诸多重大且具有深远影响的事件，这些事件影响了国际经济金融形势的发展和国际金融理论的创新。只有做好国际金融教材内容的不断更新和完善，才能满足我国高水平对外开放背景下对国际金融领域人才的培养要求。

从国际范围看，发达经济体爆发的 2007 年美国次贷危机、2008 年国际金融危机、2010 年欧洲主权债务危机严重影响了全球实体经济的发展和国际金融市场的稳定。2007 年美国因次级抵押贷款机构破产、投资基金被迫关闭、股市剧烈震荡，爆发了次贷危机。次贷危机向实体经济渗透并在全球蔓延，导致主要国际金融市场出现流动性不足的问题，最终引发了波及全球的 2008 年国际金融危机，世界各国经济增速放缓，失业率激增，一些国家开始出现经济衰退的现象。为应对次贷危机和国际金融危机给美国造成的负面影响，2008 年开始美国实施了多轮量化宽松（quantitative easing，QE）货币政策，带来了严重的负外部效应，对全球资本流动和汇率稳定产生了重要影响，尤其给新兴市场国家带来了严重冲击。受美国次贷危机的延续影响，2009 年希腊主权债务问题凸显，2010 年债务危机向葡萄牙、意大利、爱尔兰、希腊、西班牙五国蔓延，随之爆发的欧洲主权债务危机给欧洲带来了巨大震荡。欧洲主权债务危机显示欧元区经济政策结构不平衡，暴露了经济治理的弱点和金融监管的缺失，反映了欧元区设计机制存在的严重缺陷。受欧洲主权债务危机影响，欧元区经济整体衰退，此外 2016 年英国公投脱欧的连锁反应更是带来了欧元政治基础的动摇。

反观中国，提出并贯彻新发展理念，着力推进高质量发展，推动构建新发展格局，实施供给侧结构性改革，我国经济实力实现历史性跃升。从国际金融领域看，坚持高水平对外开放政策使我国在人民币汇率市场化改革、人民币国际化、金融市场开放和国际金融事务等国际金融实践中取得了丰硕的成果。2003 年中共十六届三中全会提出要深化涉外经济体制改革，全面提高对外开放水平，完善和深化人民币汇率改革被提上议事日程并加快进程，2005 年的“7・21”汇改及 2015 年的“8・11”汇改使得人民币汇率形成机制更加贴近自由浮动的汇率制度，人民币汇率双向波动弹性增强，更好地发挥了汇率在宏观经济稳定和国际收支平衡中的“自动稳定器”作用，在应对中国入世后所面临的挑战方面发挥了积极作用。随着我国经济实力的提高、人民币利率和汇率市场化改革的推进、金融市场的开放、金融监管体系的完善，国际收支稳定且外汇储备充足，人民币国际化的条件逐步形成。2009 年《跨境贸易人民币结算试点管理办法》的实施，开启了官方推动的人民币国际化进程。随着人民币在国际范围内被越来越广泛地接受，2015 年人民币被批准成为 IMF（International Monetary Fund，国际货币基金组织）SDR（special drawing right，特别提款权）第三大权重篮子货币，2016 年被正式纳入 SDR 货币篮子，成为 IMF 官定的国际储备货币。2021 年底人民币首次超越日元成为全球第四大国际支付货币，在国际储备货币中占比 2.66%，继续维持第五大国际储备货币地位。自 1996 年中国实现经常账户开放后，中国资本账户的改革开放步伐一直没有停止，2021 年底中国资本账户 40 个项目中开放了 37 个项目。中国债券市场不断完善广度深度、对外开放程度、投资便利性、投资者结构、监管框架，2018 年 A 股纳入明晟新兴市场指数，2019 年人民币计价的中国国债和政策性银行债券纳入彭博巴克莱全球综合指数，2021 年中国债券纳入富时世界国债指数。至此，人民币计价的中国债券已被全球三大主要债券指数全部纳入，成为继美元、欧元、日元之后的第四大计价货币债券。随着中国经济实力的提升，为构建人类命运共同体，2013 年中国提出“一带一路”倡议，共建“一带一路”成为深受欢迎的国际公共产品和国际合作平台，我国成为一百四十多个国家和地区的主要贸易伙伴；2015 年由中国作为创始成员之一、由发展中国家主导的金砖国家新开发银行在上海开业；2016 年中国作为倡议国成立的亚洲基础设施投资银行（Asian Infrastructure Investment Bank，AIIB）在北京开业，这标志着作为世界第二大经济体、第一大货物贸易大国的中国在国际金融事务中的话语权不断提高。

本书基于国内外国际金融的经典论著和教材，将国际金融的最新形势变化和理论创新成果融入到编写中，以满足我国高等院校金融教育发展的需要，实现一流专业和一流课程建设的要求。本书在编写中体现了以下几个方面的特点。

第一，系统性。本书涵盖了国际金融中的主要内容，以国际收支为逻辑起点，包括国际货币流通、国际资金融通、国际收支与国际储备、国际货币体系与国际金融机构，有宏观内容也有微观内容、有理论也有现实案例。国际收支是分析一国对外经济交往的重要工具，是逻辑起点，安排在第一章，方便读者构建国际金融的学习框架。国际金融涉及国际货币流通，第二章、第三章、第四章分别安排了国际金融微观活动中的外汇与汇率、外汇市场与外汇风险、汇率制度与外汇管制。由于国际收支是外汇储备的“源”和“流”，同时一国汇率变动与外汇储备相互影响，因此第五章安排了国际储备。国际金融也涉及国际资金融通，第六章、第七章分别安排了国际金融市场、国际资本流动与国际金融危机。国际货币体系是各国政府对货币在国际范围内发挥世界货币职能所做出的一系列制度安排，国际金融机构能够在重大国际经济金融事件中协调各国的行动，两者对维持国际经济金融稳定发挥重要作用，因此第八章、第九章分别安排了国际货币体系、国际金融机构。

第二，专业性与思政性。2019 年教育部印发《关于一流本科课程建设的实施意见》，提出了一流本科课程建设必须提升高阶性、突出创新性、增加挑战度的“两性一度”要

① 特别提款权的缩写有时采用 SDRs，其与 SDR 含义一致，本书统一采用 SDR 的表述。

求。2020 年教育部印发《高等学校课程思政建设指导纲要》，提出把思想政治教育贯穿人才培养体系，必须将价值塑造、知识传授和能力培养三者融为一体、不可割裂。教材建设作为教学改革重要的载体，在做好“两性一度”的专业性建设和课程思政的价值塑造方面，其作用不言而喻。为此，本书围绕专业性与思政性要求，深入挖掘课程思政元素，将国际金融理论的最新发展及其在中国的实践、改革开放后中国在国际金融领域取得的成果有机融入相关章节。坚持以马克思主义为指导，推进习近平新时代中国特色社会主义思想进教材、进课堂、进头脑，使读者了解最新的国际金融变化，熟悉国际金融领域的国家战略、法律法规和相关政策，关注现实问题，讲好中国故事，做好中西方对比，坚定四个自信，增强爱国情怀，做好为党育人、为国育才。

第三，实用性。本书在每章的编写中，内容安排充实、结构完整，包括学习目标、本章引入、专栏、二维码扩展、本章小结、重点概念、思考与练习等。不同知识点分别采用案例分析、计算和讨论等形式，能够更好地突出主线和重点，便于读者全面掌握每章的主要内容。

本书由广东金融学院金融与投资学院国际金融课程团队共同编写完成，团队的教师多年从事国际金融教学并热衷于教学改革研究，国际金融课程获得了国家级一流本科课程的荣誉，教学团队获得了省级课程思政示范团队的荣誉。在本书的撰写中，刘昊虹完成第一章、第四章的撰写工作，马飞完成第二章、第三章的撰写工作，韦璐完成第五章的撰写工作，王颖完成第六章、第七章的撰写工作，罗娟完成第八章、第九章的撰写工作。由于时间仓促和水平有限，书中难免存在疏漏和不足之处，恳请广大读者和同行批评指正。

作　者

2023 年 3 月于广州

目　录

第一章

国 际 收 支

【学习目标】

• 理解国际收支的概念和内涵。

• 熟悉国际收支平衡表的账户构成和编制原则。

• 了解国际投资头寸表和国际收支平衡表的联系和区别。

• 熟悉国际收支平衡与失衡的判断，国际收支的重要局部差额，国际收支失衡的影响和原因。

• 掌握国际收支失衡的自动调节机制和政策调节机制。

• 学会分析中国国际收支平衡表及其变化。

【本章引入】

国际收支是开放经济条件下一国宏观经济分析的重要组成部分。一国对外发生的经济交易要统计在一国的国际收支平衡表中，通过国际收支平衡表的重要差额分析可以了解一国的国际收支状况、国际收支失衡的影响和原因，通过国际收支的自动调节机制和政策调节机制可以实现经济的均衡发展。阅读以下资料，能够发现一国国际收支分析的主要内容。

2021 年 3 月 26 日国家外汇管理局发布的《2020 年中国国际收支报告》显示，2020 年我国国际收支延续基本平衡的发展格局，经常账户和非储备性质的金融账户呈现“一顺一逆”。经常账户顺差 2740 亿美元，其中货物贸易顺差扩大，服务贸易逆差收窄，初次收入呈现逆差，二次收入保持小幅顺差。非储备性质的金融账户逆差 778 亿美元，其中直接投资顺差增加，证券投资保持顺差，其他投资呈现逆差。储备资产保持稳定，截至 2020 年末，我国外汇储备余额 32 165 亿美元，较 2019 年末增加 1086 亿美元。

面对新冠疫情全球蔓延、世界经济出现严重衰退、国际金融市场大幅波动的国内外复杂严峻形势，我国国际收支能够保持平衡、经常账户顺差增加，根本原因在于在以习近平同志为核心的党中央的坚强领导下，我国统筹推进疫情防控，国内经济稳定恢复，成为 2020 年全球唯一实现经济正增长的主要经济体。与此同时，以国内大循环为主体、国内国际双循环相互促进的新发展格局的加快构建，也使我国经常账户运行在合理区间的基础更加巩固。

近年来我国经常账户顺差从较高规模逐步趋向基本平衡，其与 GDP（gross domestic product，国内生产总值）之比由 2007 年的 9.9%降至 2019 年的 1%左右，体现了国内经济结构的合理优化，也为全球经济再平衡做出了积极贡献。2020 年，虽然我国经常账户顺差与 GDP 之比小幅升至 1.9%，但是仍低于德国（7.0%）、韩国（4.6%）、意大利（3.6%）、日本（3.3%）、俄罗斯（2.2%）等主要顺差国，这说明当前我国经常账户保持平衡的内部基础依然稳固。

外部环境复杂多变，全球经济增长动能减弱，国际金融市场仍存在不确定因素。这将会给全球的国际经济发展和国际收支状况带来什么影响？中国又是否能够继续保持国际收支的基本平衡并推动金融市场高水平的双向开放呢？这些都是本章值得我们去关注的问题。

第一节 国际收支和国际投资头寸概述

国际收支（balance of payment，BOP）是开放经济条件下一国国民经济的重要组成部分，反映了一国对外经济活动的构成、特点及该国在国际经济活动中的地位。IMF 规定各成员方必须按照统一的格式定期向其报送本国的国际收支平衡表，因此本章将根据 IMF 的相关规定对国际收支展开介绍。

一、国际收支

国际收支自 17 世纪初叶产生至今，经历了狭义的贸易收支（balance of trade）和外汇收支、广义的国际收支三个变化过程。最初产生时国际收支等同于贸易收支，即一国在对外贸易中产生的收支，它成为重商主义时期分析一国财富积累、制定贸易政策的重要依据。第一次世界大战至第二次世界大战期间，以外汇结清的国际经济交易受到各国的重视，贸易收支被外汇收支替代，表现为以外汇收支为基础的交易。第二次世界大战后，随着国际经济交往的不断扩大，国际补偿贸易、易货贸易、实物形式的无偿援助等活动增加，为了全面掌握一国政府对外经济交易的整体状况，这些没有发生外汇收支的活动被纳入国际收支的范畴，形成了以交易为基础（on transaction basis）的广义的国际收支。

（一）国际收支的概念

根据 2009 年 IMF 发布的《国际收支和国际投资头寸手册》第六版（*Six edition of the Balance of Payments and International Investment Position Manual*，BPM6）的定义，国际收支是指某个时期内一个经济体的居民与非居民之间经济交易的统计记录。

（二）国际收支的内涵

1. 国际收支是流量概念

国际收支记录的是某个时期内一国对外发生的经济交易，统计时期可以为一年、半年、一个季度或一个月，IMF 规定为一年。国际收支是一个流量概念（flow concept），由于国际收支是对过去已经发生的事实进行的记录，因此也是一个事后概念（ex-post concept）。与国际收支相关的另外一个概念是国际投资头寸（international investment position，IIP），它是一个存量概念[①]。

---

① 国际投资头寸的相关内容详见本节第三部分。

2. 记录的是国际经济交易

国际收支记录的国际经济交易（international economic transaction）是指从一个机构单位向另一个机构单位进行的经济价值的交换或转移。交换（exchange）是指一方提供经济价值以换取另一方经济价值的交易，包括货物和服务的购买、资产购置、雇员报酬、股息等。转移（transfer）是指一方提供经济价值而没有收取另一方对应价值的交易，包括税、债务减免、捐赠、个人转移等。根据性质不同，转移可以划分为经常转移和资本转移。

3. 经济交易发生在居民和非居民之间

在一国经济领土内具有主要经济利益中心的机构单位为居民（resident）；否则为本国的非居民（nonresident）。居民是经济概念，不以国籍也不完全以居住地来划分，与法律上公民的概念不同。

➢ 专栏 1.1

与居民相关的三个概念

1. 经济领土（economic territory）

经济领土是指由一国政府有效实施经济管理的地区，包括两个部分：一是陆地区域、领空、领海、在海上领土中属于该国领土的岛屿等地理领土；二是在世界其他地方的领土飞地。飞地是指实际上位于其他国家领土内，由拥有或租赁它们的政府在经过它们实际所在国政府正式同意后，用于外交、军事、科学或其他目的，有明确划分界线的陆地区域，如使领馆、军事基地、科学站、信息或移民局、援助机构、具有外交身份的中央银行代表处等。

2. 经济利益中心（economic center of interest）

一个机构单位在某经济领土范围内拥有相对固定的活动场所，如厂房、设施、住宅等，在当地使用或者计划使用一年或一年以上的时间从事某种经济活动或交易，则该机构单位视为在该经济领土具有主要经济利益中心，成为该经济领土内的居民。

3. 机构单位（institutional unit）

对于一个经济体而言，居民单位由住户居民和法人居民两大类组成。住户居民包括家庭和组成家庭的个人，其居民属性取决于住所所在地，而不是工作所在地。法人居民即机构，包括以营利为目的的公司和准公司（国外投资者的分支机构）、非营利机构和该经济体中的各级政府。对于法人居民而言，其居民属性以其在哪个国家长期从事经济活动来判断，而不是以机构的财产所有权来判断。

资料来源：根据 BPM6 整理而得。

一般来说在一国国内居住一年及一年以上的住户或法人属于该国的居民，但是以下几类特殊的居民值得我们注意。

（1）特殊的住户居民。①边境工人和季节性工人。根据居住地原则，该类人群视为居住地居民、工作地非居民。②留学生。在国外停留时间超过一年的本国留学生视为本国居民。若其打算在完成学业后继续留在该领土内，则视为学习所在领土内的居民。③病人。

在国外停留时间超过一年的病人及他们的陪同家属视为本国居民。④船舶之类的工作人员。船舶、飞机、石油钻塔、太空站或类似设备，如果在一领土之外或跨越若干领土作业，其工作人员视为其本部所在领土的居民。⑤官方外交使节、驻外军事人员视为聘用政府所在经济领土的居民。⑥国际组织工作人员视为其主要居所所在领土的居民。

（2）特殊的法人居民。①企业。企业视为经营所在地的居民，跨国公司的母公司和子公司分别视为经营所在地的居民。②政府和非营利机构视为所在地的居民。③国际组织（联合国、IMF、世界银行等）视为任何国家的非居民。

二、国际收支平衡表

（一）国际收支平衡表的概念

国际收支平衡表（balance of payments statement，BOPS）是指一国将其在一定时期内对外发生的全部经济交易，按照交易性质设立不同账户，采用复式记账原则进行系统记录的统计报表。

（二）国际收支平衡表的账户

BPM6 列示的国际收支平衡表包括经常账户、资本账户、金融账户三个账户，由于现实中存在统计误差，报表在最后增设净误差与遗漏。BPM6 国际收支平衡表的账户构成见图 1.1。[①]

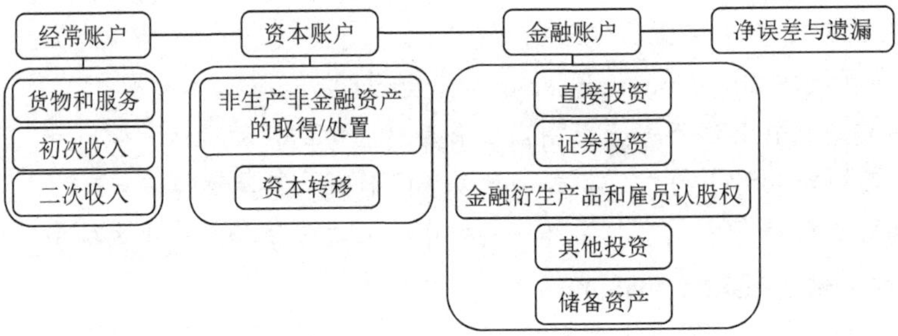

图 1.1 BPM6 国际收支平衡表的账户构成

1. 经常账户

经常账户（current account，CA）记录的是一国居民与非居民之间经常发生的经济交易，反映了实际资源在各国间的交易，是国际收支平衡表最基本和最重要的账户。经常账户包括货物和服务、初次收入、二次收入三个子账户，按照借方总额和贷方总额列示。

1）货物和服务

货物和服务（goods and service）记录的是一国居民与非居民之间货物和服务的交换活动。

① IMF 提供国际收支平衡表的标准构成，不同国家在具体编制时会做一些调整。例如，中国编制国际收支平衡表时，将资本账户和金融账户合并在一起作为第二个账户，因此中国的国际收支平衡表包括经常账户、资本和金融账户、净误差与遗漏三个账户。

（1）货物。货物记录的是有形商品的进出口交易，又称有形贸易（visible trade）。货物的收支状况反映了一国产品的国际竞争力，对经常账户乃至整个国际收支状况起着决定性作用。按照国际贸易惯例，出口以离岸价格（free on board，FOB）计算，进口以到岸价格（cost insurance and freight，CIF）计算。但在国际收支统计中，IMF 规定货物的出口与进口应在货物的所有权从一国居民转移到另一国居民时进行记录，即进出口额均按 FOB 计价。

（2）服务。服务记录的是服务的输入和输出，即服务的进出口交易，又称无形贸易（invisible trade）。服务主要包括对他人拥有的实物投入的制造服务（加工服务），别处未涵盖的维护和维修服务，运输、旅游、建设、保险和养老金服务、金融服务等。

2）初次收入

初次收入（primary income）记录的是一国居民与非居民之间因其对生产过程所做的贡献或向其他机构单位提供金融资产和出租自然资源而获得的回报，包括雇员报酬、投资收益和其他初次收入三类。

（1）雇员报酬。雇员报酬记录的是个人在与企业的雇佣关系中因对生产过程的劳务投入而获得的工资、社保基金、私人保险、年金及退休金等。边境工人和季节性工人获得的劳务收入记入该账户。

（2）投资收益。投资收益记录的是因提供金融资产而获得的回报，包括股息和准公司收益提取、再投资收益等股本收入和利息等债务收入。

（3）其他初次收入。其他初次收入记录的是产品和生产的税收和补贴等生产性收入及出租自然资源获得的租金收入等财产性收入。

3）二次收入

二次收入（secondary income）记录的是一国居民与非居民之间的经常转移。根据转移的内容不同，可以划分为现金转移和实物转移；根据转移发生的当事人不同，可以划分为政府经常转移和私人经常转移。政府经常转移主要包括政府间的经济和军事援助、战争赔款、捐款等；私人经常转移主要包括工人汇款、年金、赠与等。经常账户记录的经常转移表现为以无形资产使用权进行的国际交易。

➢ 专栏 1.2

中国成为第八条款国

按照 IMF 的定义，一国若能实现经常项目[①]下的货币自由兑换，该国货币就被列入可兑换货币。自由兑换的条款集中出现在 1944 年《国际货币基金组织协定》的第八条，所以实现了经常项目下货币自由兑换的国家被称为第八条款国。

《国际货币基金组织协定》第八条第 2 款规定：避免对经常性支付或转移的限

① 1944 年布雷顿森林体系建立时，《国际货币基金组织协定》采用的是经常项目、资本项目的表述，BPM6 之前的版本也采用“项目”一词进行表述。2009 年 BPM6 中将“项目”改为“账户”一词，由此变成经常账户、资本账户、金融账户的表述。

制。各会员国未经IMF的同意，不得对国际经常往来的付款和资金转移施加汇兑限制。第3款规定：不得施行歧视性货币措施或多重汇率制度，第八条会员国须事先取得IMF的批准，否则诸如多种汇率制度、多边贸易协定等安排均可被认为具有歧视性，从而构成对该款的违反。第4款规定：除个别的例外情况，有义务兑付外国持有的在经常性往来中取得或需要支付的本国货币。因此，凡是能对经常性支付不加限制、不实行歧视性货币措施或多重汇率、能够兑付外国持有的在经常性交易中取得的本国货币的国家，其货币就是可自由兑换货币。

现实中，根据货币在国际收支账户中兑换程度的差异，有三种不同含义的货币自由兑换：一是经常项目下的自由兑换，二是资本项目下的自由兑换，三是货币完全可自由兑换。1996年11月27日，中国人民银行行长戴相龙致函IMF，正式宣布从1996年12月1日起接受《国际货币基金组织协定》第八条款，实行经常项目自由兑换，不再采用《国际货币基金组织协定》第十四条第2款的过渡性安排，成为第八条款国。目前我国的资本项目还未完全放开，因此人民币还不是完全可自由兑换货币[①]。

我国成为第八条款国实现单一汇率制，可以提高外汇资源的利用效率，能够有效抑制外汇黑市，有利于提高人民币的国际地位和信誉，这也是我国在建设全面开放型经济体制中迈出的重要一步。

资料来源：根据《上海金融》杂志1997年第2期，黄泽民：《论我国成为第八条款国的义务与意义》整理而得。

2. 资本账户

资本账户（capital account，KA）记录的是一国居民与非居民之间非生产非金融资产的取得/处置、资本转移两个子账户，按照借方总额和贷方总额列示。

1）非生产非金融资产的取得/处置

非生产非金融资产（nonproduced nonfinancial assets）主要包括自然资源及相关的权利，如土地、矿产权、林业权、资源、渔业权、大气空间和电磁光谱；契约、租约和许可；营销资产（和商誉），如品牌、报刊名称、商标、标志和域名等。

2）资本转移

资本转移（capital transfer）记录的是非现金或存货等资产所有权的转移，或者是获得非现金或存货等处置资产的转移，或者是债权人为债务人减免债务的转移，分为政府资本转移和私人资本转移。与经常账户记录的转移是针对无形资产使用权进行的国际交易不同，资本账户记录的转移是无形资产所有权的转让或出售。

经常账户和资本账户的总差额称为净贷出（net lending）/净借入（net borrowing）。如果为贷方余额，则表明收入大于支出，表现为顺差，会出现净贷出；如果为借方余额，则表明支出大于收入，表现为逆差，会需要净借入来融资。

① BPM6之前的国际收支平衡表的标准构成中将资本与金融合并为一个项目，因此通常所说的资本项目开放指的是BPM6中金融账户的开放。

3. 金融账户

金融账户（financial account，FA）记录的是一国居民与非居民之间金融资产与金融负债交易的结果，反映资本流出/入的情况。金融账户按照性质和功能分为直接投资、证券投资、金融衍生产品和雇员认股权、其他投资、储备资产五个子账户，前四个子账户统称非储备资产账户。

与经常账户和资本账户按照借方、贷方总额记录不同，金融账户采用净额记录，即按照金融资产的净获得和金融负债的净发生列示。在金融资产的净获得下，如果金融资产净增加，则列示为正值，如果金融资产净减少，则列示为负值；在金融负债的净发生下，如果金融负债净增加，则列示为正值，如果金融负债净减少，则列示为负值。

1）直接投资

直接投资（direct investment）是指一国居民通过投资对非居民企业实施了管理上的控制或产生了重要影响。实施控制或重要影响包括两种方式：①直接的投资关系。直接的投资关系是指投资者拥有股权，并且这种股权使其在直接投资企业中享有10%或以上的表决权。如果投资者在直接投资企业中拥有50%以上的表决权，则认为存在控制；如果投资者在直接投资企业中拥有10%～50%的表决权，则认为存在重要影响。②间接的投资关系。间接的投资关系是指投资者在直接投资企业中拥有表决权，而该直接投资企业又在另一个或几个企业中拥有表决权。直接投资可以采取在国外直接建立企业的形式，或采取购买非居民企业一定比例以上股票的形式，或以直接投资利润进行再投资的形式。

2）证券投资

证券投资（portfolio investment）记录的是没有被列入直接投资或储备资产的有关债务或股本证券的跨境交易和头寸。就购买股票的交易而言，证券投资和直接投资的区别在于拥有外国企业的股权是否超过一定的比例，超过控股权比例为直接投资，否则为证券投资[①]。

3）金融衍生产品和雇员认股权

（1）金融衍生产品（financial derivatives）是一种金融工具，该金融工具与另一个特定的金融工具、指标或产品挂钩，通过这种挂钩可以在金融市场上对特定金融风险本身进行交易，包括期货、期权和互换等。

（2）雇员认股权（employee stock option，ESO）是向公司雇员提供的一种报酬形式，授予雇员可以在约定时间内以约定价格购买一定数量雇主股票的权利。它是一种特殊的期权，发行期权的公司可能是雇员所在经济体之外另一经济体的居民（如用人单位是期权所涉公司的一个分支机构或子公司）。雇员认股权的定价行为虽然与金融衍生产品的定价行为类似，但其目的在于鼓励雇员为提升公司的价值做贡献，而不是防范交易风险。如果授予的雇员认股权可以不受限制地在金融市场上交易，即可列为金融衍生产品。

4）其他投资

其他投资（other investment）记录的是没有列入直接投资、证券投资、金融衍生

① IMF规定控股权的最低比例为10%，中国、美国也按此规定。

产品和雇员认股权、储备资产的头寸和交易，包括七个子账户：①其他股权；②货币与存款；③贷款；④保险和养老金；⑤贸易信贷；⑥其他应收账款和应付账款；⑦SDR[①]的分配。其中，有两项值得我们关注。一是贸易信贷。贸易信贷是指居民与非居民之间在进出口贸易过程中由于资金支付时间与货物所有权发生转移的时间不一致而在买卖双方之间形成的债权债务。例如，本国出口商提供给外国进口商的贸易信贷和出口应收款，外国出口商提供给本国进口商的贸易信贷和进口应付款。二是 SDR。IMF 向成员方分配的 SDR 在某些情况下需要成员方偿还并支付利息，所以 IMF 分配的 SDR 构成各成员方的负债，这与储备资产账户下成员方持有的 SDR 作为资产记录是不同的。

5）储备资产

储备资产（reserve assets）记录的是一国货币当局持有的货币黄金、SDR、在 IMF 的储备头寸和其他储备资产。作为一国储备资产最重要构成的外汇储备列入其他储备资产中记录[①]。储备资产的变动会对一国货币政策和汇率政策产生较大影响，因此一些国家将储备资产单列，称为储备账户或平衡账户。

金融账户可以衡量一国资本市场的开放程度，为一国的货币政策和汇率政策的调整提供借鉴。一般来说，资本市场开放程度越高的国家其金融账户的流量总额越大。

4. 净误差与遗漏[②]

净误差与遗漏（net errors and omissions）是人为设置的一个账户，它是基于会计上的需要而设置的。当国际收支平衡表中的借贷方出现差额时，该账户可用来抵消资料不完整、统计时间不一致、计价标准不同及不同币种间的换算差额等形成的统计误差。

BPM6 国际收支平衡表的标准构成简表见表 1.1。

表 1.1 BPM6 国际收支平衡表的标准构成简表

账户	贷方	借方
一、经常账户	总额记入	总额记入
1. 货物和服务		
2. 初次收入		
3. 二次收入		
二、资本账户		
1. 非生产非金融资产的取得/处置		
2. 资本转移		
净贷出（+）/净借入（–） （经常账户和资本账户的总差额）	如果为贷方余额，表现为顺差， 会出现净贷出（+）	如果为借方余额，表现为逆差， 会出现净借入（–）

① 我国国际收支平衡表的编制与 IMF 的标准构成有所差异，将外汇储备单列，储备资产下设五个子账户，分别是货币黄金、SDR、在 IMF 的储备头寸、外汇储备、其他储备资产。

② 由于资本外逃的隐蔽性和数据的不可获得性，1990 年以来国内学者发表了大量根据净误差与遗漏分析我国资本外逃或热钱流入的学术论文，其实不能简单地把净误差与遗漏等同于资本外逃。近年来，随着我国净误差与遗漏的迅速上升，其中究竟多少与资本外逃有关，在学术界也存在较大争议（余永定，2017）。

续表

账户	贷方	借方
三、金融账户 净贷出（+）/净借入（–） （金融账户差额）	净额记入	净额记入
1. 直接投资		
2. 证券投资		
3. 金融衍生产品和雇员认股权		
4. 其他投资		
5. 储备资产		
四、净误差与遗漏		

（三）国际收支平衡表的编制原则

1. 复式记账原则

国际收支平衡表编制时采用会计的复式记账原则，指的是任何一笔国际经济交易都应在对应账户的借方和贷方同时反映，金额相等、方向相反，做到“有借必有贷，借贷必相等”。在此原则下，国际收支平衡表的借方总额和贷方总额必定相等，净差额为零。

在复式记账原则下，借方为资金使用类科目，反映对外支付的情况，会计记录时用“–”表示，收入减少、支出增加或者是资产增加、负债减少在此项目登记。贷方为资金来源类科目，反映接受付款的情况，会计记录时用“+”表示，收入增加、支出减少或者是资产减少、负债增加在此项目登记（表 1.2）。

表 1.2 复式记账原则下的记录要求

借方（–）		贷方（+）	
收入减少 支出增加	资产增加 负债减少	收入增加 支出减少	资产减少 负债增加

根据复式记账原则，国际收支平衡表借方记录进口货物和服务、应付初次收入、应付二次收入、非生产非金融资产的取得、应付资本转移、金融资产增加和负债减少。贷方记录出口货物和服务、应收初次收入、应收二次收入、非生产非金融资产的处置、应收资本转移、金融资产减少和负债增加（表 1.3）。

表 1.3 复式记账原则下国际收支平衡表的记录情况

账户	借方	贷方
一、经常账户		
1. 货物和服务	进口货物和服务	出口货款和服务
2. 初次收入	应付初次收入	应收初次收入

续表

账户	借方	贷方
3. 二次收入	应付二次收入	应收二次收入
二、资本账户		
1. 非生产非金融资产的取得/处置	取得	处置
2. 资本转移	应付资本转移	应收资本转移
三、金融账户		
1. 直接投资	本国对外国直接投资增加净额，外国对本国直接投资减少净额	本国对外国直接投资减少净额，外国对本国直接投资增加净额
2. 证券投资	本国对外国证券投资增加净额，外国对本国证券投资减少净额	本国对外国证券投资减少净额，外国对本国证券投资增加净额
3. 金融衍生产品和雇员认股权	本国对外国持有金融衍生产品和雇员认股权增加净额，外国对本国持有金融衍生产品和雇员认股权减少净额	本国对外国持有金融衍生产品和雇员认股权减少净额，外国对本国持有金融衍生产品和雇员认股权增加净额
4. 其他投资	本国对外国其他投资增加净额，外国对本国其他投资减少净额	本国对外国其他投资减少净额，外国对本国其他投资增加净额
5. 储备资产	储备资产增加净额	储备资产减少净额

2. 权责发生制原则

国际收支平衡表编制时采用权责发生制，即以货物的经济所有权发生变更的时间或者债权债务发生的时间确认交易。在权责发生制下，经济所有权的变更是货物、非生产非金融资产和金融交易确定记录时间的核心。只要经济所有权变更了，无论款项是否支付都要进行记录。例如，延期付款的出口中，出口商货物已经出口但是货款要在远期收取，此时货物的经济所有权已经变更，故应将出口登记在货物的贷方，将未收到的货款以应收款项登记在其他投资项下——贸易信贷和预付款的借方。

3. 单一记账货币原则

国际收支平衡表编制时采用单一记账货币原则，即记账时所用的国际交易计价货币均需折合为同一种货币单位，记账货币可以是本币也可以是外币①。将各种计价的币种转换为国际收支的记账货币时，采用交易日而非记账日的汇率进行折算。

➢ 专栏 1.3

国际收支平衡表编制实例

1. A 国企业出口价值 5000 万美元的商品，该笔出口收入记入该出口商在境外银行开立的存款账户。

借记：金融账户—其他投资—货币和存款　　5000

　　贷记：经常账户—货物和服务—货物　　5000

---

① 《中华人民共和国人民币管理条例》和《中华人民共和国外汇管理条例》规定，中华人民共和国的法定货币是人民币，用于支付境内一切债务。在我国，人民币可以称作本币，人民币以外的货币可以视作外币，包括外国货币和中国港澳台地区的货币。港澳两地隶属中国但仍有独立的铸币权，台湾新台币因历史原因造成自成体系，三者并不能在境内正常支付。

2. A国企业进口价值7000万美元的商品，国内进口商采用其在境外银行的存款账户支付。

借记：经常账户—货物和服务—货物 7000

贷记：金融账户—其他投资—货币和存款 7000

3. A国旅行者到国外旅游，通过A国旅行社在境外开立的美元存款账户支付50万美元的费用。

借记：经常账户—货物和服务—服务 50

贷记：金融账户—其他投资—货币和存款 50

4. 某外国企业向A国投资价值9000万美元的设备，成立合资企业。

借记：经常账户—货物和服务—货物 9000

贷记：金融账户—直接投资 9000

5. A国企业获得对外投资收益100万美元，其中，50万美元进行了再投资，50万美元汇回国内。

借记：金融账户—直接投资 50

金融账户—储备资产 50

贷记：经常账户—初次收入—投资收益 100

6. A国政府动用200万美元外汇储备向他国提供无偿援助。

借记：经常账户—二次收入 200

贷记：金融账户—储备资产 200

根据国际收支平衡表的复式记账原则，每笔交易“有借必有贷，借贷必相等”，在相应账户下登记，得到下表。

单位：万美元

账户	借方	贷方	差额
一、经常账户			−11 150
1. 货物和服务	7 000（2） 50（3） 9 000（4）	5 000（1）	−11 050
2. 初次收入		100（5）	100
3. 二次收入	200（6）		−200
二、资本账户			0
三、金融账户			11 150
1. 直接投资	50（5）	9 000（4）	8 950
2. 证券投资			
3. 金融衍生产品和雇员认股权			
4. 其他投资	5 000（1）	7 000（2） 50（3）	2 050
5. 储备资产	50（5）	200（6）	150
总计	21 350	21 350	0

将这6笔交易登记到报表中，因为不存在净误差与遗漏，所以得到经常账户差额＋资本账户差额＋金融账户差额＝0。

三、国际投资头寸

（一）国际投资头寸的概念

根据 IMF 在 BPM6 中的定义，国际投资头寸是指某个时点上一国居民对非居民的金融资产和负债的价值与构成，反映一国对外金融资产和负债的存量，两者的差额为净国际投资头寸（net international investment position，NIIP）。净国际投资头寸可能为正值（+），也可能为负值（–），正值（+）表明该国为净债权方（net creditor），负值（–）表明该国为净债务方（net debtor）。

国际投资头寸与反映交易流量的国际收支一起构成一国完整的国际账户体系，可以系统、全面地反映该国涉外经济发展和风险的状况，为该国制定涉外经济政策和调整对外资产负债结构提供信息。

（二）国际投资头寸表

国际投资头寸表（international investment position statement，IIPS）是对一国国际投资头寸的系统记录。根据 BPM6，国际投资头寸表与国际收支平衡表中的金融账户保持一致，在资产下分设直接投资、证券投资、金融衍生产品和雇员认股权、其他投资、储备资产五大类，在负债下分设直接投资、证券投资、金融衍生产品和雇员认股权、其他投资。各大类又按照金融工具和部门进一步细分（表 1.4）。

表 1.4 BPM6 国际投资头寸表的标准构成

项目	资产	负债
一、直接投资	本国对外国投资或者本国持有外国资产	外国对本国投资或外国持有本国资产
1. 股权和投资基金份额		
2. 债务工具		
二、证券投资		
1. 股权和投资基金份额		
2. 债务证券		
三、金融衍生产品和雇员认股权		
1. 中央银行		
2. 存款性公司		
3. 广义政府		
4. 其他部门		
四、其他投资		
1. 其他股权投资		
2. 货币和存款		
3. 贷款		
4. 保险、养老金和标准化担保计划		

续表

项目	资产	负债
5. 贸易信贷和预付款	本国对外国投资或者本国持有外国资产	外国对本国投资或外国持有本国资产
6. 其他应收/应付款		
7. SDR		
五、储备资产	本国持有的储备资产	—
1. 货币黄金		
2. SDR		
3. 在 IMF 的储备头寸		
4. 其他储备资产		

注：储备资产不存在负债，故此表中仅在资产项下进行登记

（三）国际收支平衡表和国际投资头寸表的关系

虽然国际投资头寸表和国际收支平衡表的账户构成相同，但是国际投资头寸表反映的是报告期的存量，而国际收支平衡表反映的是报告期的流量，两者存在差异。例如，2020 年末中国国际投资头寸表显示净国际投资头寸为 21 503 亿美元，2020 年中国国际收支平衡表金融账户差额为–1058 亿美元。

一国国际投资头寸表发生变动主要受以下三个因素影响：①统计期间金融账户发生的各类交易；②金融资产和负债的变化，如破产等引起的其他数量变化、价格变化；③汇率变化引起的定值变化。因此，一国国际投资头寸期末值等于期初值、当期发生的各类交易、当期金融资产负债的其他数量变动和定值变动之和，用公式表示为

期末头寸 = 期初头寸 + 当期交易 + 当期其他数量变动 + 当期定值变动

2020 年末中国国际投资头寸的变动情况见表 1.5。

表 1.5　2020 年末中国国际投资头寸的变动情况　　　单位：亿美元

项目	期初头寸	当期交易	金融资产负债的其他变动		期末值
			当期其他数量变动	当期定值变动	
A. 资产					
1. 直接投资	22 366	1 099	669		24 134
2. 证券投资	6 575	1 673	751		8 999
3. 金融衍生产品和雇员认股权	67	69	55		191
4. 其他投资	17 226	3 142	–219		20 149
5. 储备资产	32 229	280	1 056		33 565
资产总额	**78 464**	**6 263**	**2 312**		**87 039**
B. 负债					
1. 直接投资	27 964	2 125	1 704		31 793

续表

项目	期初头寸	当期交易	金融资产负债的其他变动		期末值
			当期其他数量变动	当期定值变动	
2. 证券投资	14 526	2 547	2 472		19 545
3. 金融衍生产品和雇员认股权	65	45	12		122
4. 其他投资	12 913	579	584		14 076
负债总额	**55 468**	**5 296**	4 772		**65 536**
净国际投资头寸	**22 996**	**968**	**–2 461**		**21 503**

注：表中的数据在原网站中均为9位数，由于空间限制，此处对相关数据进行了四舍五入；为方便查看，表中总额对应的数据加粗显示

资料来源：根据国家外汇管理局官网国际收支平衡表、国际投资头寸表相关数据整理而得

第二节　国际收支状况分析

一、国际收支平衡与失衡的判断

由于国际收支平衡表采用复式记账原则，而且通过人为设置净误差与遗漏项目抵消统计误差，因此国际收支平衡表所有项目借贷总差额为0，从这个意义上来说一国的国际收支总是平衡的。但是实际中，我们对于国际收支平衡与失衡的判断并不是针对所有项目的总差额，而是针对国际收支平衡表中的部分交易或者局部差额，由此也就产生了对国际收支平衡或失衡的判断和分析。

（一）自主性交易与调节性交易标准

1951年英国经济学家詹姆斯•米德（James Meade）在《国际收支》一书中提出按照交易动机将国际收支平衡表的项目划分为自主性交易和调节性交易，提供了判断国际收支平衡与失衡的标准。自主性交易（autonomous transaction）又称事前交易（ex-ante transaction），是指出于某种自主性目的而从事的交易，如商品和服务的输出/入、旅游、赠予、侨民汇款、长期资本流动。调节性交易（accommodating transaction）又称补偿性交易（compensatory transaction）或事后交易（ex-post transaction），是指在自主性交易出现不平衡时，为了弥补自主性交易的不平衡而发生的交易，如为弥补国际收支逆差而动用官方储备，或者向外国或国际金融机构融资而产生短期资本流入。

如果自主性交易的借方金额与贷方金额相等，则称为国际收支平衡；反之，如果需要调节性交易才能使国际收支的借方金额与贷方金额相等，则称为国际收支失衡。这种失衡表现为顺差和逆差两种形态，当自主性交易的贷方金额大于借方金额时，称为国际收支顺差或盈余（surplus）；当自主性交易的借方金额大于贷方金额时，称为国际收支逆差或赤字（deficit）。

（二）划线标准

随着世界经济的发展，按照自主性交易和调节性交易很难准确划分资本流动，如许

多短期借贷、国际金融活动、一些政府的金融活动都是基于经济目的主动自发地进行的，其目的并非弥补自主性交易造成的差额，因此按照自主性交易和调节性交易的标准划分国际收支状态在实际中并未得到广泛应用。实践中一般通过在国际收支平衡表的相应交易下画线来判断国际收支状态。

当线上交易的借方金额与贷方金额相等时，称为国际收支平衡；当线上交易的借方金额与贷方金额不相等时，则称为国际收支失衡。当线上交易的贷方金额大于借方金额时，称为国际收支顺差或盈余；当线上交易的借方金额大于贷方金额时，称为国际收支逆差或赤字。

二、国际收支的重要局部差额

（一）贸易差额

贸易差额（trade balance）是指商品进出口差额。虽然贸易收支仅是国际收支的一个组成部分，但是对某些国家而言，贸易收支所占的比重相当大，在不考虑资本流动的情况下，贸易收支近似于国际收支。贸易差额反映了一国的产业结构、产品质量和劳动生产率状况，反映了该国产业在国际上的竞争力。贸易差额也是衡量一国实际资源转让情况、实际经济发展水平和国际收支状况的重要依据。

（二）经常账户差额

经常账户差额（current account balance）是指货物和服务、初次收入、二次收入三个子账户所构成的差额。货物和服务账户差额是经常账户差额的主体，经常账户差额反映了实际资源在一国与他国之间的转让净额，以及一国的实际经济发展水平，是一国制定国际收支政策和产业政策的重要依据。不仅 IMF 特别重视各国经常账户的收支状况，经济合作与发展组织（Organization for Economic Co-operation and Development，OECD）也采用这一指标衡量成员方经济的发展情况。

（三）金融账户差额

金融账户差额（financial account balance）是指直接投资、证券投资、金融衍生产品和雇员认股权、其他投资、储备资产五个子账户所构成的差额。金融账户与经常账户之间具有融资关系，金融账户差额可以间接反映经常账户的状况和融资能力。在不考虑净误差与遗漏且资本账户差额很小可以忽略不计的情况下，如果一国的经常账户出现赤字，则对应的必定是金融账户出现盈余，这就意味着可以利用金融账户的资金净流入实现对经常账户赤字的融资。

（四）综合差额或总差额

综合差额（overall balance）是指经常账户、资本账户和金融账户中的直接投资、证券投资、金融衍生产品和雇员认股权、其他投资所构成的差额，也就是将国际收支账户中的储备资产账户剔除后的差额。综合差额所包括的线上交易最全面，所以也称为国际收支总差额。虽然IMF在定义综合差额时未将净误差与遗漏纳入，但实际中很多国家在计算综合差额时会将净误差与遗漏计入[①]。考虑了净误差与遗漏之后的综合差额的计算公式为

综合差额＝经常账户差额＋资本账户差额＋金融账户差额（剔除储备资产）＋净误差与遗漏

因为涵盖所有项目在内的国际收支平衡表的总差额为0，所以又可得到综合差额的计算公式为

综合差额＝–储备资产差额

由上面的公式可知，综合差额必然导致储备资产的反方向变动，当综合差额为盈余或赤字时，可以通过增加或减少储备资产加以平衡，所以综合差额可以用来衡量国际收支对一国储备资产造成的压力。此外，综合差额的状况还会直接影响一国的汇率，而动用储备资产弥补国际收支不平衡、维持汇率稳定的措施又会影响一国的货币发行量。由于综合差额涵盖的账户最齐全且具有重要的经济意义，因此IMF倡导各国使用综合差额作为全面衡量和分析国际收支状况的指标，在没有特别说明的情况下，我们所说的国际收支顺差或逆差通常指的是综合差额的顺差或逆差。

国际收支的重要局部差额的构成见图1.2。

项目	借方	贷方		
经常账户				
货物和服务		}贸易差额	经常账户差额	综合差额或总差额
初次收入				
二次收入				
资本账户				
非生产非金融资产的取得/处置总额			资本账户差额	
资本转移				
金融账户				
直接投资			非储备资产的金融账户差额	
证券投资				
金融衍生产品和雇员认股权				
其他投资				
净误差与遗漏				
储备资产				

图1.2 国际收支的重要局部差额的构成

三、国际收支失衡的影响

从国际收支的局部差额来看，一国国际收支失衡是常态，无论是失衡状态下的顺差或者逆差，只要金额不大，且持续时间不长，则无须特别关注。但当一国国际收支出现

① 实践中在定义综合差额概念时，因为净误差与遗漏的现实存在性，很多国家会把净误差与遗漏包含在内，故本书按照实践中的做法，将净误差与遗漏纳入综合差额的计算。

巨额顺差或逆差且长期得不到改善，影响到一国宏观经济目标的实现，给经济带来较大不利影响时，就需要关注。

（一）国际收支持续巨额顺差对经济的不利影响

1. 本币汇率上升

一国国际收支持续巨额顺差，外汇供给大于外汇需求，导致外币贬值、本币升值。在国内物价水平不变的情况下，本币升值将导致以外币表示的出口商品价格上升，降低该国产品的国际竞争力。本币升值也会导致外币换成的本币数额减少，抑制外国直接投资的流入，影响国内就业和经济增长。

2. 外汇储备增加

国际收支顺差是外汇储备的重要来源，一国国际收支持续巨额顺差，意味着该国的外汇储备会增加。如果一国的外汇储备超过适度规模，储备资产的收益率往往低于长期资产的收益率，因此会导致持有外汇储备的机会成本较高。此外，一旦储备货币汇率下降，一国还会承担储备资产价值下降的损失。

3. 货币供应量增加

一国国际收支持续巨额顺差，会导致一国外汇储备的快速增加，外汇流入时该国中央银行会动用本币购买外汇，由此会带来外汇占款下的基础货币供应量增加，通货膨胀压力加大。

4. 引发国际贸易摩擦

一国国际收支持续巨额顺差意味着该国相关贸易伙伴国国际收支持续巨额逆差，贸易失衡容易引发贸易摩擦，影响国际经济关系，扰乱全球贸易秩序。

（二）国际收支持续巨额逆差对经济的不利影响

1. 本币汇率下跌

一国国际收支持续巨额逆差，外汇供给小于外汇需求，导致外币升值、本币贬值。本币贬值容易削弱投资者持有本币的信心，本币或以本币表示的资产面临被大量抛售的风险，如果国际收支状况进一步恶化，可能还会面临货币危机。

2. 外汇储备减少

一国国际收支持续巨额逆差，外汇收入减少，会导致该国外汇储备的增量来源减少。同时，国际收支持续巨额逆差会使本币汇率下跌，该国货币当局为维持本币汇率稳定将动用大量外汇储备对外汇市场进行干预，导致外汇储备被大量消耗，严重时会造成外汇储备的枯竭，进而影响该国对外支付的能力和对本币的信心。如果一国外债还本负担过重，可能还会面临债务危机。

3. 货币供给量减少

如果一国国际收支逆差主要由金融账户逆差导致，其本身就意味着资本外逃及国内货币供给量减少。此外，政府为了维持本币汇率稳定而大量抛售外汇储备、回笼本币，也将引起本国货币供应量的减少，影响经济发展。

4. 利率上升

国际收支逆差会导致一国货币供应量减少，从而可能导致该国利率水平上升、失业增加、投资和消费下降，导致该国经济增长缓慢。

四、国际收支失衡的原因

（一）周期性失衡

周期性失衡是指一国经济周期波动引起该国国民收入、价格水平、生产和就业发生变化而导致的国际收支失衡。经济周期包括繁荣、衰退、萧条和复苏四个阶段，经济周期的不同阶段对国际收支会产生不同的影响。

对于经常账户而言，在经济繁荣时期，国内消费需求增长，本国对外国产品的需求旺盛，出口减少、进口增加，国际收支可能出现逆差；在经济萧条时期，国内消费需求减弱，进口下降、出口增加，国际收支可能出现顺差。对于金融账户而言，在经济繁荣时期，投资前景看好，外国投资增加，资本流入增加，国际收支可能出现顺差；在经济萧条时期，投资前景黯淡，外国投资减少，资本流出增加，国际收支可能出现逆差。

（二）收入性失衡

收入性失衡是指国民收入变化引起进出口贸易变化而导致的国际收支失衡。国民收入会受经济周期、经济增长速度、国家经济政策的影响。

国民收入的变化主要通过对外需求的增减对国际收支产生影响。当一国国民收入相对增长时，进口增加、出口减少，国际收支顺差减小或逆差加大；当一国国民收入相对减少时，出口增加、进口减少，国际收支逆差减小或顺差加大。

（三）货币性失衡

货币性失衡是指一国的价格水平、汇率、利率等货币性因素的变化导致的国际收支失衡。货币性失衡可能是短期的，也可能是中长期的。

如果一国采取宽松的货币政策，对经常账户而言，短期看会带来国内物价的上涨，在一定的汇率水平下，出口商品价格相对上升导致出口减少、进口商品价格相对下降导致进口增加，进而对贸易收支和经常账户收支产生影响。长期看由于货币发行增多，本币具有贬值倾向，会通过贸易收支对经常账户收支产生影响。对金融账户而言，宽松的货币政策导致利率下降会对一国跨境资本的流动产生影响，导致流出增加。

（四）结构性失衡

结构性失衡是指国内经济结构、产业结构不能适应世界市场的变化而导致的国际收支失衡。如果国际分工结构发生变化，而一国产业结构调整滞后，或者一国的产业结构比较单一，或者一国的产品出口需求弹性低，或者出口需求弹性高但进口需求弹性低，那么该国就会因为产业结构不能及时调整而引发国际收支失衡。结构性失衡具有长期性，扭转起来相对困难，对于发展中国家而言，难度则更大。

除了上述四种常见的原因外，国际收支失衡还包括自然灾害、战争等导致的偶发性失衡，投机性资本流动导致的投机性失衡。

第三节 国际收支失衡的调节

由于持续、巨额的国际收支顺差或是逆差都会对一国经济发展造成冲击，因此有必要进行调节。国际收支失衡的调节包括市场机制对国际收支失衡的自动调节、政府采取的政策调节两种方式。

一、国际收支失衡的自动调节机制

在市场经济条件下，国际收支失衡的自动调节是依靠市场机制来实现的，即在没有政府干预的情况下，由市场中其他经济变量与国际收支的相互作用和影响实现国际收支的调节。

（一）金本位制下国际收支的自动调节机制

英国经济学家大卫•休谟（David Hume）在1752年提出，金本位制下一国的国际收支可以通过价格水平的变化得到自动调节，这一自动调节机制被称为“价格-铸币流动机制”（price-specie-flow mechanism）或“休谟机制”[①]。价格-铸币流动机制认为，在金本位制下，如果一国的国际收支出现逆差，则意味着该国黄金净输出。由于黄金外流，国内黄金存量减少，本国货币供应量减少，物价下跌，而物价下跌使得出口商品价格降低，出口竞争力增强，出口增加、进口减少，逆差逐渐消失，国际收支得到改善。反之，如果一国国际收支出现顺差，则意味着该国黄金净输入。由于黄金内流，国内黄金存量增加，本国货币供应量增加，物价上涨，而物价上涨使得出口商品价格上升，出口竞争力下降，出口减少、进口增加，顺差逐渐消失，国际收支得到改善（图1.3）。

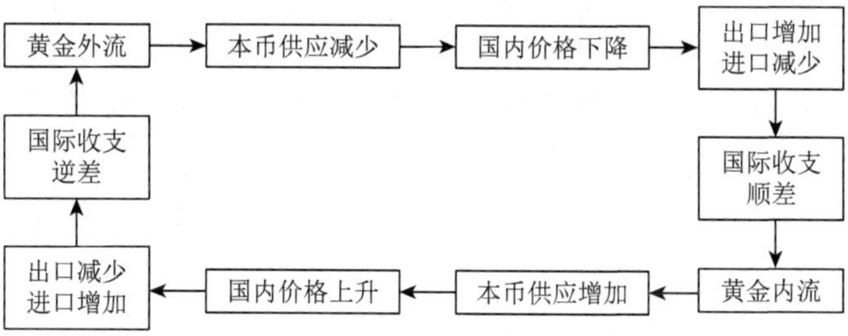

图1.3 金本位制下国际收支的自动调节机制

（二）纸币本位的固定汇率制度下国际收支的自动调节机制

纸币本位的固定汇率制度即布雷顿森林体系，汇率之所以固定是因为货币当局承担维持汇率稳定的责任。如果一国的国际收支失衡，就会造成外汇供求变化，加大汇率波动，为了

① 国内也有学者将其翻译为“物价-现金流动机制”。

维持汇率稳定，该国中央银行会干预外汇市场，从而达到自动调节国际收支的效果。

当一国国际收支出现逆差时，外汇需求上升，本币贬值压力加大，该国中央银行会在外汇市场上抛售外汇、购入本币，造成本币供应量减少。货币供应量的减少又会通过利率效应、收入效应、价格效应自动调节国际收支。反之，当一国国际收支出现顺差时，外汇需求下降，本币升值压力加大，该国中央银行会在外汇市场上抛售本币、购入外汇，造成本币供应量增加，同样通过利率效应、收入效应、价格效应自动调节国际收支（图 1.4）。

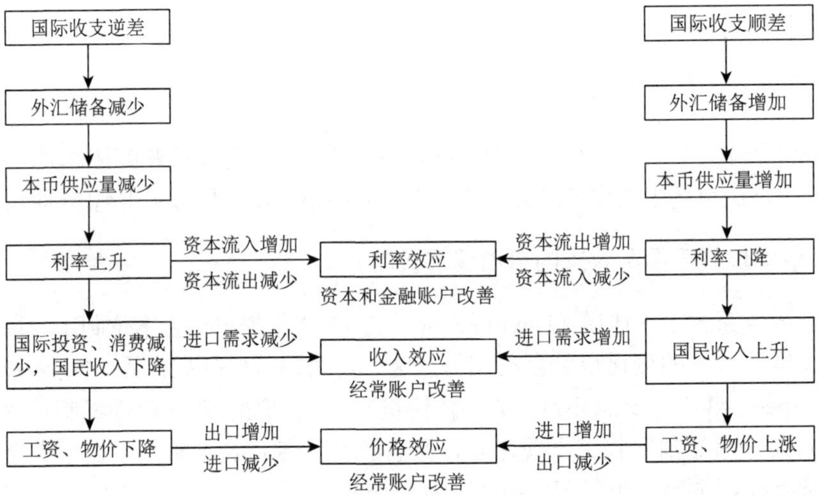

图 1.4　纸币本位的固定汇率制度下国际收支的自动调节机制

下面以一国国际收支逆差时的利率效应、收入效应和价格效应为例进行具体分析。

（1）国际收支的利率效应。货币供应量减少使银根紧缩，利率随着市场供求关系的变化而上升。利率上升导致本国资本停止外流，外国资本为谋求高收益大量流入，资本和金融账户的逆差得以向顺差方向转化。

（2）国际收支的收入效应。货币供应量减少带来国民收入水平下降，引起国内总需求和进口需求下降，改善经常账户收支。

（3）国际收支的价格效应。货币供应量减少引起国内总需求下降，物价总水平下降，商品价格的相对下降带来出口需求增加、进口需求减少，改善经常账户收支。

如图 1.4 所示，固定汇率制度下的国际收支自动调节机制存在一定缺陷，虽然通过中央银行对外汇市场的干预可以使国际收支得到自动调节，但是这会导致内部经济变量发生相应变化，即外部均衡的实现是以牺牲内部均衡为条件的。

（三）纸币本位的浮动汇率制度下国际收支的自动调节机制

浮动汇率制度下，汇率由外汇市场的供求决定，货币当局对外汇市场不加干预。如果一国国际收支出现逆差，外汇需求大于供给，外汇汇率上升，本币贬值，会引起该国商品相对价格下降，外国商品相对价格上升。在满足“马歇尔-勒纳条件”（Marshall-Lerner condition)，即进出口需求价格弹性之和大于 1 的情况下，本币贬值会有利于该国商品出口、抑制进口，随着出口增加、进口减少，该国的国际收支逆差会减少或消除[①]。反之，如果一国国际收支出现顺差，本币需求大于供给，本币汇率上升，有利于该国商品进口、抑制出口，随着进口增加、出口减少，该国的国际收支顺差会减少或消除（图 1.5）。

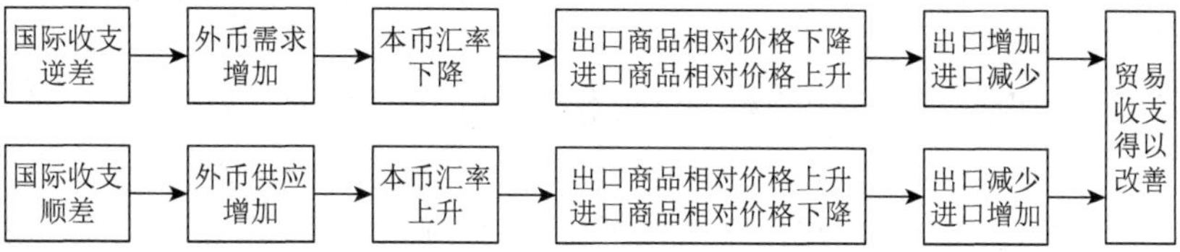

图 1.5 纸币本位的浮动汇率制度下国际收支的自动调节机制

二、国际收支失衡的政策调节机制

国际收支失衡的自动调节机制会促进国际收支恢复平衡，但作用程度和效果有限，且耗时较长。因此，一国国际收支出现失衡时，不能单纯依靠自动调节机制，还需要利用各种政策措施进行调节。开放经济条件下，一国宏观经济目标包括经济增长、充分就业、物价稳定、国际收支平衡，前三个目标涉及的是内部均衡，国际收支平衡涉及的是外部均衡。由于存在米德冲突（Meade's conflict），固定汇率制度下一国采取财政政策和货币政策调节内外均衡时会陷入政策困境，难以兼顾内外均衡。因此，一国政府在对国际收支失衡进行调节时，应当针对失衡形成的原因采取相应的对策，或者多种政策搭配进行调节，尽量以最小的经济代价解决国际收支失衡问题。

➢ 专栏 1.4

米德冲突

英国经济学家詹姆斯·米德 1951 年在《国际收支》一书中最早提出了固定汇率制度下的内外均衡冲突问题。米德认为在汇率固定不变时，政府只能主要运用影响社会总需求的支出变更政策来调节内外均衡，从而陷入政策困境（policy dilemma），在开放经济运行的特定区间会出现内外均衡难以兼顾的情形，这一情况被称为米德冲突。

在开放经济条件下，一国经济可能面临内外经济状况的不同组合（假定失业与通货膨胀是两种独立的情况，且外部均衡只考虑经常账户平衡）。

国际收支状况	经济衰退、高失业率	快速通货膨胀
国际收支赤字	Ⅰ. 冲突	Ⅲ. 不冲突
国际收支盈余	Ⅱ. 不冲突	Ⅳ. 冲突

① 马歇尔-勒纳条件属于国际收支理论中的弹性分析法，其核心是研究货币贬值、商品的相对价格发生改变对进出口数量变化的影响，详见第二章第六节。

Ⅰ与Ⅳ存在内外均衡目标的冲突。Ⅰ组合情况下，一国同时面临国际收支赤字和经济衰退，为解决国际收支赤字问题，需要采取紧缩性的财政政策和货币政策，但这样会导致经济衰退状况得不到改善，经济更加恶化，内部经济离均衡点越来越远。Ⅳ组合情况下，一国同时面临国际收支盈余和快速通货膨胀，为解决通货膨胀问题，需要采取紧缩性的财政政策和货币政策，但这样会导致国际收支盈余越来越大，外部经济离均衡点越来越远。

资料来源：根据首都经济贸易大学出版社 2001 年出版的《国际收支》整理而得。

可供一国政府选择的调节政策主要包括外汇缓冲政策、支出变更政策、支出转换政策、供给管理政策（图 1.6）。

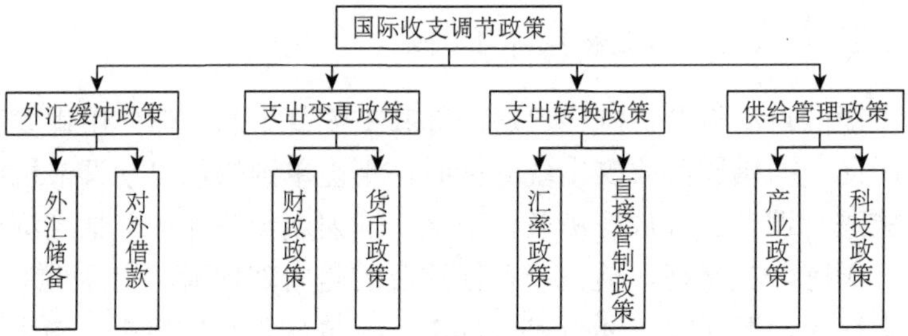

图 1.6　国际收支调节政策

（一）外汇缓冲政策

外汇缓冲政策（foreign exchange buffering policy）也称融资政策，是指政府通过外汇储备的变动或短期的对外借款来干预外汇市场，达到调节国际收支失衡的目的。当一国国际收支出现逆差导致本币汇率下降超出政府的目标区间时，中央银行可以通过在外汇市场抛售外汇、购回本币来抑制本币贬值，从而调节国际收支。反之，当一国国际收支出现顺差导致本币汇率上升超出政府的目标区间时，中央银行可以通过在外汇市场购入外汇、抛售本币来抑制本币升值，从而调节国际收支。

外汇缓冲政策仅用于解决暂时性的国际收支失衡。如果国际收支失衡不是暂时性的，运用外汇缓冲政策就可能带来严重的问题。对于逆差国来说，如果中央银行在外汇市场上长期大量抛售外汇，将导致外汇储备被耗尽，降低该国政府的信用评级，影响其对外借款能力。如果通过大量短期借款干预外汇市场，也会带来外债偿还压力。对于顺差国来说，购入外汇储备以稳定本币汇率的操作，会使该国面临外汇储备规模过大带来的不良影响。

（二）支出变更政策

支出变更政策（expenditure shifting policy）也称需求管理政策，是指通过运用财政政策和货币政策改变国内总支出水平从而调节国际收支失衡的政策。支出变更政策包括财政政策和货币政策。

1. 财政政策

财政政策的运用上，可以通过增减财政开支和调整税率影响社会总需求，达到调节国际收支失衡的目的。当一国国际收支出现逆差时，政府可以采取紧缩性的财政政策，削减财政支出或提高税率，抑制消费和投资，使国内总需求减少，物价下降，进而使出口增加、进口减少，缩小国际收支逆差，使之趋于平衡；当一国国际收支出现顺差时，政府可以采取扩张性的财政政策，增加财政支出或降低税率，鼓励消费和投资，使国内总需求增加，物价上涨，进而使出口减少、进口增加，缩小国际收支顺差，使之趋于平衡。

2. 货币政策

货币政策的运用上，可以通过调整再贴现率、存款准备金率及采用公开市场操作对国际收支失衡进行调节。当一国国际收支出现逆差时，可以采取的货币政策包括：①提高再贴现率。通过提高再贴现率来提高市场利率，吸引外资流入，改善资本和金融账户逆差。市场利率的提高，也将抑制国内的投资和消费，减少进口支出，改善贸易收支逆差。②提高法定存款准备金率。通过提高法定存款准备金率减少货币供应量，减少总需求以减少进口，改善贸易收支逆差。③公开市场业务操作。中央银行可以在公开市场上卖出有价证券，收紧流动性，缩减银行信贷规模，减少总需求以减少进口，改善贸易收支逆差。同时利率上升，引起外资流入，资本和金融账户逆差得以改善。

货币政策主要是利用利率机制，通过控制货币供应量，引起资本流动，进而调节国际收支。但货币政策会对国内经济产生影响，因此常与其他政策搭配使用，以实现宏观经济的内外均衡。

➢ 专栏 1.5

丁伯根法则、蒙代尔政策分派原则

1. 丁伯根法则

荷兰经济学家丁伯根（Tinbergen）提出了将政策目标和工具联系在一起的丁伯根法则（Tinbergen's rule）。丁伯根指出要实现 N 个独立的政策目标，至少需要相互独立的 N 种有效的政策工具。但是丁伯根法则没有指出哪种工具用于哪种目标的实现。

2. 蒙代尔政策分派原则

美国经济学家蒙代尔（Mundell）在 1968 年将有效市场分类原则（principle of effective market classification）与丁伯根法则结合，即政策工具应与其最能发挥作用的目标相匹配，提出了政策分派的有效市场分类原则。蒙代尔认为在固定汇率制度下，货币政策用来解决外部均衡问题最有效，而财政政策更适于解决内部均衡问题，因此将内部均衡的目标分派给财政政策，将外部均衡的目标分派给货币政策。根据一国的国内经济和国际收支情况，可以构成不同的财政政策与货币政策的搭配方案。

国内经济	国际收支	财政政策	货币政策
通货膨胀	逆差	紧缩	紧缩
通货膨胀	顺差	紧缩	扩张
失业、衰退	顺差	扩张	扩张
失业、衰退	逆差	扩张	紧缩

蒙代尔政策分派原则需要由两个部门配合协调，再加上各个国家的情况存在差异，因此现实中的情况要更复杂。

2007年，我国国民经济平稳快速发展，全年GDP达到24.7万亿元，同比增长11.4%。然而，我国国民经济却面临着对内通货膨胀预期高涨，对外国际收支顺差居高不下的失衡状况。根据蒙代尔政策分派原则，针对我国2007年的经济失衡状况，应采取紧缩的财政政策和扩张的货币政策。通过紧缩的财政政策抑制总需求的增长，从而缓解物价上涨的压力。通过扩张的货币政策，降低利率，使得国内资本收益率低于国外，减少资本流入压力，同时，低利率诱发投资增长，带动相关商品和服务进口的增加，从而减小贸易收支顺差。然而，实际运行中，我国却采取了稳健的财政政策和适度从紧的货币政策。我国的政策取向与蒙代尔政策分派原则的建议大相径庭的主要原因在于我国政策目标不同、货币政策的独立性不同、资本项目受管制、利率受管制、特殊的汇率制度、高储蓄率等。我国把经济增长和充分就业作为压倒一切的经济工作重心，这决定了我国采取资本管制、利率管制、汇率约束的相关措施，而把国际收支失衡问题放在一个更长的时间跨度里进行解决。

资料来源：根据《华北金融》杂志2010年第11期，张永成：《蒙代尔政策搭配理论在中国的运用分析》整理而得。

（三）支出转换政策

支出转换政策（expenditure switching policy）是指一国政府通过改变社会总支出在外国产品和本国产品之间的需求结构，从而调节国际收支的政策措施。支出转换政策包括汇率政策和直接管制政策。

1. 汇率政策

汇率政策是指一国货币当局运用汇率的变化，影响进出口的价格和数量，达到改善国际收支的目的。如果一国国际收支出现逆差，政府可以采取降低本币汇率的措施，在国内价格基本不变的情况下，降低以外币表示的本国出口商品的价格，提高以本币表示的外国进口商品的价格，从而促进出口、抑制进口，缩小贸易逆差，使国际收支趋于平衡。反之，如果一国国际收支出现顺差，政府可以采取提高本币汇率的措施，在国内价格基本不变的情况下，提高以外币表示的本国出口商品的价格，降低以本币表示的外国进口商品的价格，从而抑制出口、刺激进口，缩小贸易顺差，使国际收支趋于平衡。

汇率政策操作简便且见效快，因此一些国家为了促进本国出口，增加就业机会，会采用本币贬值措施。但是本币贬值能否达到促进出口的目的，取决于进出口商品的价格需求弹性和本国是否存在闲置资源，此外也很容易刺激竞争对手国家采取贸易报复措施。

2. 直接管制政策

直接管制政策是指一国政府通过对国际经济活动采取直接干预措施，改变产品的可获得性以实现国内外支出转换，从而达到调节国际收支的目的。直接管制包括贸易管制、外汇管制和财政管制。①贸易管制是政府采取的直接鼓励或限制进出口商品数量的政策，包括进口许可证、进口配额、外汇额度、出口补贴等。②外汇管制是政府直接通过有关机构对外汇买卖和国际结算进行行政干预，包括对外汇买卖的数量进行限制的数量管制和实行复汇率制的价格管制。③财政管制是政府通过调整税收和财政支出来控制总需求和物价水平，从而调节国际收支的政策手段，包括进口关税政策、出口补贴政策、出口信贷政策。

直接管制见效快、成本低、易操作，但不能真正解决国际收支失衡的问题，且存在诸多弊端，如扭曲市场价格、导致资源配置不合理、容易出现寻租行为、可能遭受其他国家的报复等。

（四）供给管理政策

供给管理政策（supply management policy）是指一国政府从供给端增加一国出口行业的有效供给，通过扩大出口改善国际收支的政策措施。调节社会总供给的政策主要包括产业政策和科技政策，通过改善一国的经济结构和产业结构，从根本上提高一国的经济实力与科技水平，从而为实现内外均衡创造条件[①]。虽然供给管理政策可以解决国际收支失衡的结构性问题，但是其作用时间长，短期效果不明显。

第四节 中国的国际收支

1980 年我国恢复在 IMF 和世界银行的合法席位，为了履行成员方的义务并从国际金融组织获得贷款，1982 年开始我国正式编制和公布年度《中国国际收支平衡表》。1996 年我国参照国际惯例公布《国际收支统计申报办法》；2001 年加入世界贸易组织（World Trade Organization，WTO）后为满足数据透明度的要求并与国际标准接轨，我国首次公布半年度《中国国际收支平衡表》；为全面贯彻落实不断提高对外开放水平的要求，2005 年起我国按半年度撰写和公布《中国国际收支报告》；2006 年起我国公布《中国国际投资头寸表》；2015 年起我国根据 BPM6 编制国际收支平衡表，并追溯调整了 2010～2014 年的数据。

通过《中国国际收支平衡表》的数据，可以了解我国对外经济发展的变化情况。改革开放 40 多年来，我国经济迅速发展，对外经济交往不断扩大，开放度不断提高，对外贸易和利用外资规模已位居世界前列，国际收支与社会经济各方面的联系越来越紧密。社会经济的发展推动了国际收支交易规模的不断扩大，而国际收支的变化对经济增长、充分就业和物价稳定等国内宏观经济目标的实现也发挥着重要的作用。

一、中国国际收支的运行状态

根据国家外汇管理局发布的 1982～2020 年中国国际收支平衡表时间序列（BPM6），我国国际收支的主要差额变化见图 1.7。1994 年我国外汇管理体制改革前，经常账户、非

① 我国为贯彻落实党的十八届五中全会精神，2015 年 11 月 10 日中央财经委员会第十一次会议提出供给侧结构性改革。党的十九届六中全会通过的《中共中央关于党的百年奋斗重大成就和历史经验的决议》强调，坚持以高质量发展为主题、以供给侧结构性改革为主线、建设现代化经济体系、把握扩大内需战略基点，打好防范化解重大风险、精准脱贫、污染防治三大攻坚战等重大决策。

储备性质的金融账户金额不大，两个账户的差额均保持在 100 亿美元左右且顺逆差交替变化，综合收支差额也呈现顺逆差交替变动的特征。1994 年外汇管理体制改革至今，经常账户一直呈现顺差格局，2008 年超过了 4000 亿美元并达到峰值。非储备性质的金融账户也基本维持长期顺差，但是 1998 年受亚洲金融危机影响出现了 63 亿美元的逆差，2012 年受欧债危机恶化影响出现了 360 亿美元的逆差，2014 年受美国联邦储备系统（简称美联储）结束 QE 货币政策影响出现了 514 亿美元的逆差，2015 年和 2016 年延续逆差格局，逆差迅速扩大超过了 4000 亿美元，2020 年受新冠疫情影响出现了 778 亿美元的逆差。综合收支差额除了 2015 年、2016 年和 2019 年外，其他各年均保持顺差。

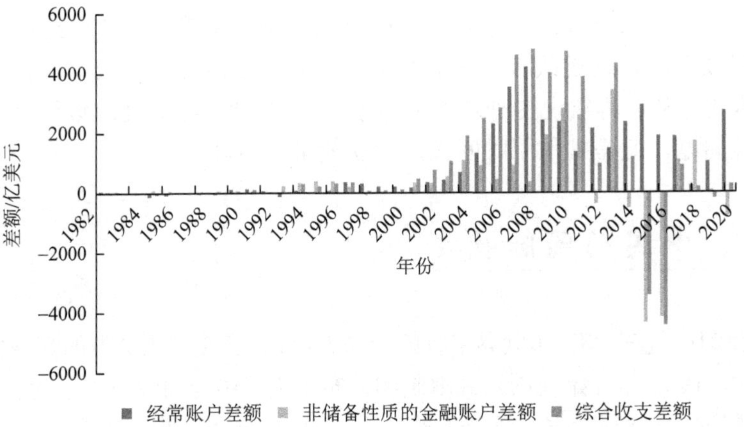

图 1.7 1982～2020 年中国国际收支的主要差额变化

资料来源：根据国家外汇管理局官网相关数据绘制

（一）第一阶段：1982～1993 年

这一阶段为 1982 年我国开始编制国际收支平衡表到 1994 年外汇管理体制改革前。除了 1987 年和 1991 年为“双顺差”外，其余年份均呈现经常账户、非储备性质的金融账户“一顺一逆”的交替变化。经常账户累计顺差 54.36 亿美元，年均仅 4.53 亿美元。由于我国实行了吸引外资的优惠政策，非储备性质的金融账户有 7 年出现顺差，累计顺差 476.23 亿美元，年均顺差 39.69 亿美元，远高于经常账户。

（二）第二阶段：1994～2008 年

这一阶段为 1994 年外汇管理体制改革到 2008 年国际金融危机期间。为了加快社会主义市场经济的发展，1994 年我国进行了外汇管理体制改革，人民币汇率并轨[①]有力地推动了出口。2001 年我国加入 WTO，货物和服务贸易显著增加，经常账户顺差爆发增长，2005 年突破 1000 亿美元，2006～2008 年又分别突破 2000 亿美元、3000 亿美元和 4000 亿美元，2008 年达到历史最高点的 4206 亿美元。非储备性质的金融账户也保持稳

① 1994 年 1 月 1 日中国人民银行将 1993 年 12 月 31 日的官定汇率与外汇调剂市场汇率合二为一，报出单一的人民币市场汇率，取消了复汇率制，详见第四章第三节。

定增长，通过引入外资弥补了国内经济发展中的资金缺口。除了 1998 年受亚洲金融危机影响，非储备性质的金融账户出现 63 亿美元逆差外，其余年份经常账户和非储备性质的金融账户全部保持“双顺差”格局，反映了在工业化、城镇化和国际化进程中的国内储蓄持续大于投资。国内需求相对不足的问题，本阶段国际收支失衡问题比较严重。1994～2008 年中国国际收支主要差额见表 1.6。

表 1.6 1994～2008 年中国国际收支主要差额 单位：亿美元

年份	经常账户差额	非储备性质的金融账户差额	综合差额
1994	77	326	305
1995	16	387	225
1996	72	400	317
1997	370	210	357
1998	315	−63	64
1999	211	52	85
2000	204	20	105
2001	174	348	473
2002	354	323	755
2003	431	549	1061
2004	689	1082	1901
2005	1324	912	2506
2006	2318	453	2848
2007	3532	911	4607
2008	4206	371	4795

资料来源：根据国家外汇管理局官网相关数据整理而得

（三）第三阶段：2009～2014 年

这一阶段为 2009 年国际金融危机结束到 2014 年美联储加息前。受 2008 年国际金融危机影响，2009 年我国经常账户顺差骤降 42.2%，由 2008 年的 4206 亿美元降到 2433 亿美元，但总体仍保持 1000 亿～2000 亿美元的中等顺差水平。非储备性质的金融账户差额波动加剧，危机后的最初 3 年顺差大幅增加，在 2000 亿美元上下波动，远超危机前的水平，反映了世界经济逐渐走出衰退，国际资本流动逐渐恢复，尤其 2013 年的顺差冲高到 3430 亿美元，但此前后的 2012 年和 2014 年出现小幅逆差，呈现波动性变化特征。2009～2014 年中国国际收支主要差额见表 1.7。

表 1.7 2009～2014 年中国国际收支主要差额 单位：亿美元

年份	经常账户差额	非储备性质的金融账户差额	综合差额
2009	2433	1945	4003
2010	2378	2822	4717

续表

年份	经常账户差额	非储备性质的金融账户差额	综合差额
2011	1361	2600	3878
2012	2154	−360	966
2013	1482	3430	4314
2014	2360	−514	1178

资料来源：根据国家外汇管理局官网相关数据整理而得

（四）第四阶段：2015～2020 年

2015 年世界经济和全球贸易增速放缓，国际金融市场震荡加剧，受主要经济体货币政策进一步分化的影响，我国非储备性质的金融账户在 2015 年和 2016 年出现超过 4000 亿美元的大幅度逆差。在经常账户保持基本稳定的顺差的情况下，2015 年综合差额首次出现 3429 亿美元的逆差，2016 年逆差进一步扩大到 4437 亿美元，反映了此期间资本面临较大的外流压力。2017 年以来，随着国内外市场环境的总体改善，人民币汇率预期合理分化，国际收支逐渐呈现自主平衡的发展态势。2018 年受中美贸易摩擦影响，经常账户顺差缩小到仅 241 亿美元，导致当年的综合差额也大幅下降。2020 年受新冠疫情的冲击，虽然资本外逃增加，但是因为我国抗疫效果显著，经常账户较 2019 年增长近 1.7 倍，综合差额保持了正增长。2015～2020 年中国国际收支主要差额见表 1.8。

表 1.8　2015～2020 年中国国际收支主要差额　　单位：亿美元

年份	经常账户差额	非储备性质的金融账户差额	综合差额
2015	2930	−4345	−3429
2016	1913	−4161	−4437
2017	1887	1095	915
2018	241	1727	189
2019	1029	73	−193
2020	2740	−778	280

资料来源：根据国家外汇管理局官网相关数据整理而得

二、中国国际收支的预测

现阶段，我国加快构建新发展格局，着力推动高质量发展，坚持推进高水平对外开放，全力推动经济运行整体好转，这为保持国际收支基本平衡提供了基础和条件。

从经常账户看，我国有望保持合理的规模顺差。我国外贸结构持续优化，不断加大稳外贸政策支持力度，保障产业链供应链稳定畅通，培育外贸新动能，助企惠企、保市场主体活力，有利于保持货物贸易较高规模的顺差。此外，服务贸易高质量发展也逐步显现成效，有助于推动服务贸易进出口均衡发展。

从跨境资本流动看，有望保持总体均衡的格局。我国疫情防控的良好态势、经济基本面的稳健性在世界范围内仍比较突出，有助于夯实市场和投资者对于人民币资产的信心。我国坚持推动金融市场的双向开放，加快构建以国内大循环为主体、国内国际双循环相互促进的新发展格局，将推动高水平的对外开放，进一步提升跨境双向投资的质量。此外，外汇市场调节机制更加成熟，人民币汇率弹性增强，有助于发挥调节国际收支的自动稳定器作用。

本章小结

1. 国际收支经历了狭义的贸易收支和外汇收支、广义的国际收支三个变化过程。IMF在BPM6中定义，国际收支是指某个时期内一个经济体的居民与非居民之间经济交易的统计记录，国际收支是一个流量概念。

2. 国际收支平衡表是指一国将其在一定时期内对外发生的全部经济交易，按照交易性质设立不同账户，采用复式记账原则进行系统记录的统计报表。BPM6 列示的国际收支平衡表包括经常账户、资本账户、金融账户三个账户，由于现实中存在统计误差，报表在最后增设净误差与遗漏。

3. 国际收支平衡表编制时遵循复式记账原则，即任何一笔国际经济交易都应在对应账户的借方和贷方同时反映，金额相等、方向相反，做到“有借必有贷，借贷必相等”。此外，编制时还要遵循权责发生制原则和单一记账货币原则。

4. 国际投资头寸是指某个时点上一国居民对非居民的金融资产和负债的价值和构成，反映一国对外金融资产和负债的存量。国际投资头寸与国际收支构成一国完整的国际账户体系。

5. 自主性交易是指出于某种自主性目的而从事的交易，调节性交易是指在自主性交易出现不平衡时，为了弥补自主性交易的不平衡而发生的交易。如果自主性交易的借方金额与贷方金额相等，称为国际收支平衡；如果需要调节性交易才能使国际收支的借方金额与贷方金额相等，称为国际收支失衡。由于按照自主性交易和调节性交易很难准确划分资本流动，因此实践中一般通过在国际收支平衡表的相应交易下画线来判断国际收支状态。

6. 国际收支失衡表现为顺差和逆差，当贷方金额大于借方金额时，即外汇收入大于外汇支出时，称为国际收支顺差或盈余。当借方金额大于贷方金额时，即外汇支出大于外汇收入时，称为国际收支逆差或赤字。

7. 国际收支中有几个重要的局部差额，贸易差额能够反映一国产业在国际上的国际竞争力。经常账户差额是一国国际收支中最稳定的部分，是一国制定国际收支政策和产业政策的重要依据。金融账户差额反映了一国资本市场的开放程度。综合差额涵盖交易最广、最能反映一国国际收支的总体情况。

8. 国际收支失衡的主要原因包括周期性失衡、收入性失衡、货币性失衡、结构性失衡，此外还有偶发性失衡和投机性失衡。一国无论是出现持续巨额顺差或逆差都会给该国经济带来不利影响。

9. 国际收支失衡可以利用市场自动调节，也可以采取政策调节。不同国际货币制度下的自动调节机制不同，国际金本位制下是价格-铸币流动机制；布雷顿森林体系下是政府进入外汇市场干预引起货币供应量变动的利率、收入和价格调节机制；浮动汇率制度下是汇率变动的相对价格机制。政策调节包括外汇缓冲政策、支出变更政策、支出转换政策和供给管理政策。

重点概念

国际收支	居民	非居民	国际收支平衡表
国际投资头寸	自主性交易	调节性交易	顺差
逆差	综合差额	国际收支失衡	周期性失衡
收入性失衡	货币性失衡	结构性失衡	价格-铸币流动机制
外汇缓冲政策	支出变更政策	支出转移政策	

思考与练习

一、思考题

1. 如何理解国际收支的内涵？
2. 根据 IMF 在 BPM6 的规定，国际收支平衡表包含哪些主要项目和子项目？
3. 简述国际收支平衡表的编制原则。
4. 国际投资头寸与国际收支账户之间存在什么关系？
5. 国际收支持续巨额逆差或顺差对经济分别会产生什么不利影响？
6. 产生国际收支失衡的原因有哪些？具体的经济影响是什么？
7. 简述金本位制下国际收支的自动调节机制。
8. 简述纸币本位的固定汇率制度下国际收支的自动调节机制。
9. 简述纸币本位的浮动汇率制度下国际收支的自动调节机制。
10. 国际收支失衡的政策调节措施有哪些？

二、练习题

（一）不定项选择题

1. 居民和非居民主要是以（　　）来划分的。

A. 国籍　　B. 居住地　　C. 经济利益中心　　D. 法律

2. 国际收支是一个（　　）概念。

A. 流量　　B. 存量　　C. 时期数　　D. 时点数

3. 假设一国的经济状况为通货膨胀与国际收支顺差，根据蒙代尔的政策分派原则，应采用（　　）财政政策与（　　）货币政策搭配达到内外均衡。

A. 扩张性，扩张性　　B. 紧缩性，紧缩性

C. 紧缩性，扩张性　　D. 扩张性，紧缩性

4.（　　）会出现米德冲突。

A. 经济衰退、国际收支逆差　　B. 通货膨胀、国际收支顺差
C. 经济衰退、国际收支顺差　　D. 通货膨胀、国际收支逆差

5. 以下属于中国居民的有（　　）。

A. 中国银行纽约分行　　B. 花旗银行广州分行　　C. 中国驻英国大使
D. 国际货币基金组织　　E. 到英国看病的广州张阿姨

6. 经常账户包括的子账户有（　　）。

A. 货物和服务　　B. 初次收入　　C. 二次收入　　D. 资本转移

7. 投资收益应该登记在（　　）账户。

A. 贸易和服务　　B. 初次收入　　C. 二次收入　　D. 金融账户

8. 政府经常转移包括政府间的（　　）。

A. 经济援助　　B. 军事援助　　C. 战争赔款
D. 捐款　　E. 年金

9. 金融账户包括的子账户有（　　）。

A. 直接投资
B. 证券投资
C. 金融衍生产品和雇员认股权
D. 其他投资
E. 储备资产

10. 按照复式记账原则，（　　）应该在借方登记。

A. 收入增加　　B. 收入减少　　C. 支出增加　　D. 支出减少
E. 资产增加　　F. 资产减少　　G. 负债增加　　H. 负债减少

11. 按照复式记账原则，（　　）应该在贷方登记。

A. 收入增加　　B. 收入减少　　C. 支出增加　　D. 支出减少
E. 资产增加　　F. 资产减少　　G. 负债增加　　H. 负债减少

12. 一国国际投资的期末值受（　　）的影响。

A. 期初头寸　　B. 当期发生的交易
C. 当期其他数量变化　　D. 当期定值变化

13. 实践中计算一国综合差额时，（　　）被剔除在外。

A. 经常账户差额
B. 资本账户差额
C. 净误差与遗漏
D. 非储备资产的金融账户差额
E. 储备资产

14. 一国持续巨额顺差的不利影响有（　　）。

A. 本币升值降低该国产品的国际竞争力，抑制外国直接投资流入
B. 持有外汇储备的机会成本较高
C. 通货膨胀压力加大

D. 容易引发国际贸易摩擦

15. 国际收支失衡的原因包括（ ）。

A. 周期性失衡　B. 收入性失衡　C. 货币性失衡

D. 结构性失衡　E. 偶发性失衡　F. 投机性失衡

16. 金本位制下国际收支的自动调节机制是（ ）。

A. 价格-铸币流动机制　B. 利率机制

C. 收入机制　D. 价格机制

17. 支出变更政策包括（ ）。

A. 财政政策　B. 货币政策　C. 汇率政策

D. 直接管制　E. 对外借款

18. 货币政策调节一国国际收支逆差的操作包括（ ）。

A. 提高再贴现率　B. 降低再贴现率　C. 提高法定存款准备金率

D. 降低法定存款准备金率　E. 公开市场业务操作，收紧流动性

19. 对国际收支的直接管制政策包括（ ）。

A. 进出口关税　B. 进口配额　C. 进口许可证

D. 外汇额度　E. 出口补贴

20. 一国宏观经济目标包括（ ）。

A. 经济增长　B. 充分就业　C. 物价稳定　D. 国际收支平衡

（二）判断题

1. 对外直接投资本金和收益都应该在金融账户的直接投资下进行登记。（ ）

2. 中国在 1996 年 12 月 1 日取消经常项目自由兑换限制，成为第八条款国。（ ）

3. 根据 BPM6，编制国际收支平衡表时，经常账户、资本账户和金融账户都按照借方总额和贷方总额列示。（ ）

4. 净误差与遗漏是为抵消统计误差而人为设置的。（ ）

5. 出口应该在一国货物和服务的贷方登记。（ ）

6. 如果一国净国际投资头寸为正值（+），说明该国是净债权方；如果为负值（-），说明该国是净债务方。（ ）

7. 如果一国的国际收支凭调节性交易才能达到平衡，则称为国际收支失衡。（ ）

8. 综合差额也称总差额，如果没有特殊说明，一国国际收支顺差或逆差指的是该国综合差额的顺差或逆差。（ ）

9. 顺差指的是一国外汇收入小于外汇支出，逆差指的是一国外汇收入大于外汇支出。（ ）

10. 综合差额与储备资产差额相等，符号相反。（ ）

11. 一国出现国际收支失衡，政府就会入市干预。（ ）

12. 发达国家比发展中国家更难扭转结构性失衡。（ ）

13. 纸币本位的固定汇率制度下可以通过利率、收入和价格效应自动调节国际收支。

（ ）

14. 外汇缓冲政策只能解决暂时性的国际收支失衡，如果长期性国际收支失衡采用外汇缓冲政策可能会带来严重问题。（ ）

15. 2020 年受新冠疫情冲击，中国经常账户出现逆差。（ ）

参考文献

第一章 课后练习题答案

蒋先玲. 2021. 国际金融[M]. 2 版. 北京：中国人民大学出版社.

沈国兵. 2018. 国际金融[M]. 3 版. 北京：北京大学出版社.

汪洋. 2021. 国际金融：理论与政策[M]. 北京：机械工业出版社.

奚君羊. 2019. 国际金融学[M]. 3 版. 上海：上海财经大学出版社.

余永定. 2017. 中国国际收支结构和资本外逃情况解析[J]. 武汉金融，(12)：4-9.

余永定，肖立晟. 2017. 解读中国的资本外逃[J]. 国际经济评论，(5)：6，97-115.

张明. 2013. 政策搭配如何应对中国米德冲突[J]. 金融博览，(7)：35.

附录 2020 年中国国际收支平衡表

附录 2020 年末中国国际投资头寸表

第二章

外汇与汇率

【学习目标】

- 掌握外汇的基本含义及特征。
- 了解货币可兑换性的含义。
- 熟练掌握汇率的不同标价及其本质区别。
- 认识汇率的不同种类及其含义。
- 学会解读外汇行情表。
- 明确各种因素影响汇率的内在机理及汇率变动对经济的影响。
- 初步掌握分析汇率趋势的方法。

【本章引入】

外汇和汇率问题是国际金融中最重要和最核心的两个基本问题。当一国或地区的贸易跨越了国界或区界，就会产生外汇和汇率问题，并孕育出外汇市场。为了解释汇率变动的现象和判定其趋势，产生了各种汇率决定理论。阅读以下资料，我们能够发现经济当中诸多复杂因素会对一国货币汇率产生影响。

2022 年 1 月 5 日中国人民银行主管的《金融时报》报道，2021 年人民币汇率有贬有升，双向波动，全年小幅升值 2.3%。2022 年人民币汇率面临“四差变化”带来的贬值压力，进口企业、借用外债企业要树立风险中性理念，有效对冲汇率风险，谨防汇率贬值带来损失。

一是本外币利差缩小。市场预期美联储 2022 年加息 4 次的概率约为 40%。一旦美联储超预期大幅加息，跨境资本可能从包括中国在内的新兴市场流出，推动包括人民币在内的新兴市场货币贬值。

二是经济增长差变化。IMF 于 2021 年 10 月预测 2022 年美国、欧元区和日本的经济增速分别为 5.2%、4.3%和 2.2%，2022 年美国经济相对其他经济体走强，这将带动其他发达经济体货币和新兴市场货币对美元贬值。

三是对外贸易差缩小。2021 年全球疫情在奥密克戎（Omicron）变种的影响下有所反弹，但南非、英国、美国的数据显示，这一变种大部分为轻症，住院率和致死率均不高。美国民众对疫苗接种的接受率上升，以色列已开始接种第四针加强针以应对新冠疫情，针对新冠肺炎的药物临床实验数据较好。整体来看，全球疫情在 2022 年可能逐步好转。亚洲等全球主要的制造业基地、南美和中东等主要的原材料产地的生产将继续恢复，中国出口订单可能被分流，出口增速回到常态。

四是风险预期差逆转。美国三大股指 2021 年均报大涨，道指、标普 500、纳斯达克年涨幅达到 19%、27%和 21%，并数十次创下历史新高。部分大宗商品价格 2021 年涨幅惊人，英国布伦特原油价格涨幅达到 50%，美国房地产价格也出现大涨。一旦投资者预期转向，可能增大外部不确定性，部分风险还可能通过新兴经济体资本流动等渠道外溢至我国，也可能增加人民币汇率走势的不确定性。

以上报道分别对 2022 年的美元利率、各主要国家经济增长率、新冠疫情、全球制造业、美国股票市场价格、英国原油价格、美国房地产价格的可能变动情况进行了分析，并在此基础上对 2022 年中国跨境投资贸易的状况和人民币汇率的走势进行了分析。影响汇率变动的主要因素有哪些？这些因素对汇率的影响机理是怎样的？如何初步掌握分析汇率趋势的方法？这些正是本章所要解决的主要问题。

第一节 外汇概述

一、外汇的概念

在通常情况下，一国的货币只能在该国境内流通，因此发生国际经济交易的双方至少有一方需要使用外币，由此形成了外汇的概念。

外汇（foreign exchange，FOREX）是国际金融最基本的概念之一，要准确把握外汇的含义，需从动态（dynamic）和静态（static）两个方面理解，而静态外汇又有广义和狭义之分（图 2.1）。

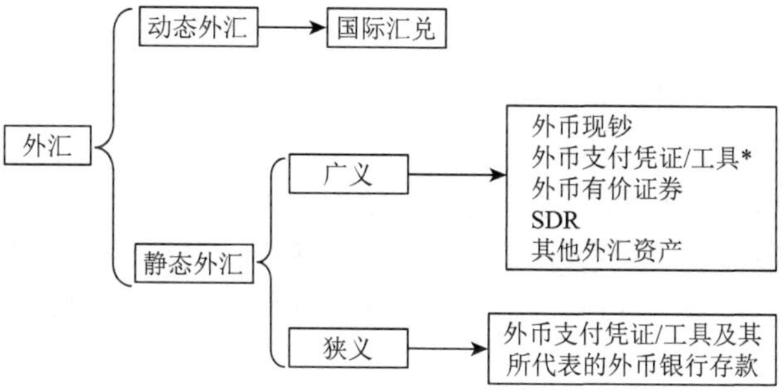

图 2.1 外汇的构成

*指狭义的外汇

（一）动态的外汇①

从动态理解，外汇指的是国际汇兑，“汇”是货币异地转移，“兑”是货币之间进行转换，外汇就是把一种货币转换成另一种货币以清偿国际债权债务关系的实践活动。从这个意义上说，外汇等同于国际结算。

① 动态的外汇等同于国际结算，作为国际金融课程细分的实际业务操作内容，不在本书内展开。

（二）静态的外汇[①]

从静态理解，外汇是指进行国际结算的手段和工具，可以进一步划分为广义的静态外汇和狭义的静态外汇。

1. 广义的静态外汇

广义的静态外汇是指一切以外币表示的资产或债权。

我国2008年8月6日发布的《中华人民共和国外汇管理条例》第三条规定："本条例所称外汇，是指下列以外币表示的可以用作国际清偿的支付手段和资产：（一）外币现钞，包括纸币、铸币；（二）外币支付凭证或者支付工具，包括票据、银行存款凭证、银行卡等；（三）外币有价证券，包括债券、股票等；（四）特别提款权；（五）其他外汇资产。"

根据以上描述，我们可以发现，广义的静态外汇是包括外币在内，但比外币的范围更广的概念。

2. 狭义的静态外汇

狭义的静态外汇是指以外国货币表示的可以直接用作国际结算的支付手段。它是在广义的静态外汇的基础上缩小范围，仅指其中的第二种资产"外币支付凭证或者支付工具，包括票据、银行存款凭证、银行卡等"，这是人们日常生活中最常用的外汇概念，其本质就是银行存款。

照此推理，广义的静态外汇中的外币现钞、外币有价证券和SDR皆不是常用的外汇，原因在于：①外币现钞。国际经济交易中大量使用的外汇都是通过银行的结算系统实现收付的，相比之下，外币现钞并不能通过银行的结算系统实现收付。因此，严格的狭义的静态外汇并不包括外币现钞（即纸币和铸币），外币现钞不能直接用于国际支付，只有携带回发行国或国际金融中心存入银行账户，转换为银行存款后，进入结算系统直接用于国际支付，才能称作常用意义上的外汇，这个过程被称为"钞变汇"。②外币有价证券。以外币表示的有价证券也不能直接用于国际支付，故不属于常用意义上的外汇。③SDR。SDR只能用于政府间的支付和结算，也不是常用的外汇。

因此，具体来说，狭义的静态外汇又可以表述为以可自由兑换货币表示的外币银行存款及其支付凭证，包括存款单、银行卡、票据及电子支付工具等。

二、外汇的特征

根据外汇的概念，我们可以得出外汇的三个基本特征：①外汇必须以外币表示。外汇必须由外国政府、外币当局或国际金融机构发行。美国居民常常可以直接用美元对外支付，但美元对美国居民而言，显然只是本币，美国居民不能将美元看作外汇。②外汇必须具有可偿性和普遍接受性。外汇必须是在国外能够得到偿付的债权，能够为国际交易的双方普遍接受。③外汇必须具有较充分的可兑换性。货币的可兑换性是指一种货币能够不受限制地兑换成其他国家货币的特性。

---

① 国际金融课程关注的是静态外汇，其中狭义的静态外汇是本书研究的重点。除非特别强调，本书在外汇交易、外汇市场及其他与外汇相关的内容中谈到的外汇都是指狭义的静态外汇。

货币按其可兑换程度由弱到强可分成以下三类。

（一）不可兑换货币

有些国家对贸易收支、服务收支、资本与金融账户收支都实施严格的外汇管制，境内没有外汇市场，所有本币对外币的兑换行为都须经过政府审批。这些国家的货币就是不可兑换货币。

（二）有限或部分可兑换货币

当一国政府对本币兑换外币的行为实行某些方面的严格限制时，该国的货币就成为有限或部分可兑换货币。这种限制通常表现在两个方面：一是按居民身份实行限制，如外国居民可以自由兑换，本国居民则不能兑换；二是对与经常账户交易有关的货币兑换没有限制，但对涉及资本与金融账户交易的兑换仍施加限制，《国际货币基金组织协定》第八条款国家的本币就属于此类。

（三）完全可自由兑换货币

当一国政府对本币兑换成外币的行为没有严格限制，不采取差别性的复汇率措施时，该国的货币就成为完全可自由兑换货币。

完全可自由兑换货币意味着任何该种货币持有人均可不受限制地在外汇市场上将其转换成其他货币。对完全可自由兑换货币的发行国而言，一旦国际收支严重恶化、本币遭受投机性攻击或资本外逃，该国的外汇市场就会出现大量抛售本币抢购外币的风潮，以致本币汇率面临冲击，外汇储备急剧流失，甚至酿成货币危机。所以，一国是否有能力实行本币的自由兑换，取决于其是否具有稳定对外经济的强大实力，具体而言，取决于其是否具有稳定国际收支和汇率的能力及是否持有充足的外汇储备。

从目前情况看，实行完全可自由兑换货币的国家主要是西方发达国家和收入相对较高的发展中国家。许多发展中国家由于对外经济实力相对较弱，在世界经济中处于不利地位，而缺乏实行货币自由兑换的条件。

世界主要货币名称及 ISO（国际标准化组织，International Standards Organization）代码[①]见表 2.1。

表 2.1 世界主要货币名称及 ISO 代码

货币名称	货币符号	货币国际标准代码	辅币及进位
人民币元（Renminbi Yuan）	RMB¥	CNY	1 元 = 100 分
港币（Hong Kong Dollar）	HK$	HKD	1 港元 = 100 分
澳门元（Macao Pataca）	P 或 PAT	MOP	1 澳门元 = 100 仙
台湾新台币（New Taiwan Dollar）	NT$	TWD	1 圆 = 100 分
美元（U. S. Dollar）	$或 US$	USD	1 美元 = 100 分

① 货币代码是 ISO 创立的货币标准代码，以三位大写英文字母表示，其中前两个字母一般代表国名或地区名，后一个字母一般代表货币名。

续表

货币名称	货币符号	货币国际标准代码	辅币及进位
欧元（Euro）	€	EUR	1 欧元 = 100 分
日元（Japanese Yen）	￥或 J￥	JPY	1 日元 = 100 钱
英镑（UK Pound Sterling）	£	GBP	1 英镑 = 100 便士
瑞士法郎（Swiss Franc）	SF	CHF	1 瑞郎 = 100 分
加拿大元（Canadian Dollar）	Can$	CAD	1 加拿大元 = 100 分
澳大利亚元（Australian Dollar）	A$	AUD	1 澳大利亚元 = 100 分
俄罗斯卢布（Russian Ruble）	Rbs 或 Rbl	RUR	1 卢布 = 100 戈比
瑞典克朗（Swedish Krouna）	SKr	SEK	1 克朗 = 100 欧尔
丹麦克朗（Denmark Krouna）	DKr	DKK	1 克朗 = 100 分
挪威克朗（Norway Krouna）	NKr	NOK	1 克朗 = 100 欧尔
新加坡元（Singapore Dollar）	S$	SGD	1 新加坡元 = 100 分
韩元（Korea Won）	W	KRW	1 韩元 = 100 钱
泰国铢（Thai Baht）	B	THB	1 泰铢 = 100 萨当
马来西亚林吉特（Malaysian Ringgit）	RM	MYR	1 林吉特 = 100 分
菲律宾比索（Philippine Peso）	Ph. Pes	PHP	1 比索 = 100 分
SDR	SDRs	SDR	

我国自 1978 年实行改革开放政策以来，对外经济实力得到很大提高，市场经济体制有了一定程度的发育，国际收支状况不断改善，外汇储备迅速增加。1996 年 12 月 1 日实现经常项目自由兑换后，我国外汇管理体制改革的重点开始转向推动资本项目开放，以实现人民币自由兑换和人民币国际化。

➢ 专栏 2.1

中国为实现人民币自由兑换所做的努力

我国的最终目标是实现人民币自由兑换，使人民币成为被全球广泛接受的国际货币，发挥国际结算、国际投资和国际储备货币功能。

国际结算货币①是指被多个国家或地区接受用于国际贸易和投资的计价和支付的货币。国际银行业将澳大利亚元、加拿大元、丹麦克朗、欧元、日元、挪威克朗、英镑、瑞典克朗、瑞士法郎、美元、新加坡元等列为国际结算货币。其中美元、欧元、英镑、日元是使用频率最高的结算手段。这不仅仅是因为这些货币是可以自由兑换的货币，更主要的是因为这些货币在全球贸易中占据一定的支付和结算比重。

（1）推动跨境贸易人民币结算。2009 年 7 月我国六部委发布《跨境贸易人民

① 国际结算货币一定是可自由兑换货币，但是可自由兑换货币不一定是国际结算货币。全世界可自由兑换货币远远超过国际结算货币。一国或地区可以实行本币的自由兑换，但如果没有被其他国家或地区用于相互支付，则其不能称为国际结算货币。

币结算试点管理办法》，批准上海等5个城市开展跨境贸易人民币结算试点，这标志着官方推动的人民币国际化进程的开始。2011年8月六部委发布《关于扩大跨境贸易人民币结算地区的通知》，在国内全面铺开跨境贸易人民币结算业务，积极推动人民币作为国际结算货币的使用。

（2）放松对金融账户的管制。2002年引入合格境外机构投资者（qualified foreign institutional investor，QFII），2006年引入合格境内机构投资者（qualified domestic institutional investor，QDII），在一定程度上放宽了保险、基金、银行等金融机构从事境外证券投资和代客理财等业务的限制。2007年美国次贷危机后，从允许“三类外资银行”进入银行间债券市场，推出RQFII（RMB qualified foreign institutional investor，人民币合格境外机构投资者）和RQDII（RMB qualified domestic institutional investor，人民币合格境内机构投资者），再到实施“沪港通”“深港通”“沪伦通”“熊猫债”“债券通”等诸多创新安排，我国证券投资的双向开放程度有了较大的提升。2018年4月博鳌亚洲论坛2018年年会召开，随后几年中，外资在中国的银行、证券、保险和基金等行业的持股比例显著放宽。2019年9月10日国家外汇管理局宣布取消QFII和RQFII的投资额度限制，这标志着证券资本流入的进一步开放。2018年A股纳入明晟新兴市场指数和2019年中国债券纳入彭博巴克莱债券指数，国际证券资本流入的规模有所放大。2021年9月粤港澳大湾区“跨境理财通”业务启动，成为金融账户开放的又一重大举措。根据IMF《汇兑安排和汇兑限制》年报提供的资料，在其设计的资本项目七大类40项子项交易中，20世纪末我国大约90%的资本交易项目都是不可兑换的，但经过20多年的开放，2020年6月我国有37项子项交易实现了不同程度的开放。

中国人民银行发布的2021年金融统计数据报告显示，2021年跨境贸易人民币结算业务发生7.94万亿元（跨境货物贸易5.77万亿元、服务贸易及其他经常账户2.17万亿元），直接投资人民币结算业务发生5.8万亿元（对外直接投资1.64万亿元、外商直接投资4.16万亿元）。虽然目前人民币还不是完全自由兑换货币，但由于我国的进出口数量位居全球第一，国际直接投资规模庞大，因此我国与伙伴国用人民币进行的双边支付数量庞大。

环球银行金融电信协会（Society for Worldwide Interbank Financial Telecommunications，SWIFT）的数据显示，2021年12月人民币在国际支付金额中的份额由11月的2.14%升至2.7%，首次超越日元跃居全球第四位，仅次于美元、欧元和英镑。IMF的数据显示，2021年第三季度人民币在国际储备货币中占比2.66%，继续维持第五大国际储备货币地位。

资料来源：根据国家外汇管理局、中国人民银行、环球银行金融电讯协会、IMF公开资料整理而得。

三、外汇的种类

根据不同的标准和依据，外汇可分为不同类别。

(一)按外汇限制性划分

1. 自由外汇

自由外汇(free convertible exchange)是指不需经货币发行国批准即可自由兑换成其他国家的货币及以其标价的支付手段。

2. 记账外汇

记账外汇(exchange of account)又称协定外汇、双边外汇或清算外汇,是指未经货币发行国批准不得自由兑换成其他国家货币或对第三国进行支付的外汇。记账外汇主要用于签订了贸易协定或支付协定的友好国家之间的双边清算。具体而言,两个友好国家签订双边支付协定,在双方中央银行或外汇指定银行开设双边清算账户,以记录彼此间的债权债务,并在约定时间(年终)就差额进行清算。支付协定一般规定记账货币和支付货币,记账货币可为协定任一方或第三方货币;支付货币则必须为自由外汇。

(二)按外汇来源与用途划分

1. 贸易外汇

贸易外汇(trade exchange)是指商品进出口贸易所收付的外汇,包括货物及相关的从属费用,是一个国家外汇的主要来源与去向。

2. 非贸易外汇

非贸易外汇(non-trade exchange)是指商品进出口贸易以外所收付的外汇,包括以对外提供服务(劳务、运输、保险、旅游等)、投资(利息、股息、利润等)和侨汇等方式取得的外汇。

(三)按外汇交割期限划分

1. 即期外汇

即期外汇(spot exchange)又称现汇,是指外汇买卖成交后,在两个营业日内办理交割的外汇。

2. 远期外汇

远期外汇(forward exchange)又称期汇,是指外汇买卖成交后,约定在将来某一时间(在两个营业日之后)按照事先约定的汇率进行交割的外汇。常见的远期日期为1个月、2个月、3个月、6个月,最长一般不超过1年。

第二节 汇率及其标价方法

汇率(exchange rate)又称外汇牌价、外汇价格(简称汇价)或外汇行市(foreign exchange quotation),是指一国货币折算成另一国货币的比率或比价,即以一种货币表示的另一种货币的价格,它反映一国货币的对外价值。

为了表示两种不同货币之间的比价,需要确定用哪个国家的货币作为标准,既可以用本币表示外币的价格，也可以用外币表示本币的价格。确定的标准不同，便产生了不同的汇率标价方法。

一、直接标价法

直接标价（direct quotation）法又称应付标价（giving quotation）法，是指一国以整数单位（如 1、100、1 万等）的外币为标准，折算为若干数额本币的标价法。在直接标价法下，单位外币所能换取的本币数量越多，说明外币币值越高，本币币值越低；反之则相反。在直接标价法下，外币是基准货币（base currency），因而又称外币标价法，外币数额固定不变，汇率涨跌都以相对的本币数额的变化来表示。一定单位的外币折算的本币增多，说明外汇汇率上升，本币汇率下降；反之，一定单位的外币折算的本币减少，说明外汇汇率下降，本币汇率上升。目前大部分国家采用直接标价法。

例如，2020 年 5 月 23 日，中国银行的现汇卖出价是 USD/CNY = 7.1468，即直接标价法，表示当天客户需要用 7.1468 元人民币才能从银行换得 1 美元。而 2021 年 5 月 23 日，中国银行的现汇卖出价是 USD/CNY = 6.9212，表示当天客户只需要用 6.9212 元人民币即可从银行换得 1 美元。两相对比，在过去的一年，美元相对人民币贬值，而人民币相对美元升值。由此可见，在直接标价法下，汇率数值的变化与相应外币的价值变动在方向上是一致的，而与本币的价值变动在方向上却是相反的。

二、间接标价法

间接标价（indirect quotation）法又称应收标价（receiving quotation）法，是指一国以整数单位（如 1、100、1 万等）的本币为标准，折算为若干数额外币的标价法。间接标价法的特点正好同直接标价法相反，即本币是基准货币，所以又称本币标价法，本币数额固定不变，其折合成外币的数额则随着两种货币相对价值的变化而变化。

如果一定数额的本币能兑换成更多的外币，说明本币升值；反之，如果一定数额的本币能兑换的外币减少，则说明本币贬值。在间接标价法下，汇率数值的变动与相应外币的价值变动在方向上刚好相反，而与本币的价值变动在方向上却是一致的。

目前英国、美国、新西兰、澳大利亚和欧元区采用间接标价法。从历史上看，英镑曾长期作为国际结算的主要货币，因此，英国一直采用间接标价法。美国长期以来一直对美元汇率采用直接标价法，但在第二次世界大战后，随着美元在国际结算和国际储备方面逐渐取得主导地位及国际外汇市场的高速发展，为了与各国外汇市场上对美元的标价保持一致，从 1978 年 9 月 1 日起，美元除了对英镑（及后来的新西兰元、澳大利亚元和欧元）继续采用直接标价法外，对其他货币一律改用间接标价法。我国对人民币对主要国际货币的汇率采用直接标价法，近年来随着人民币国际化发展的推进，人民币兑某些新兴市场经济国家货币，如马来西亚林吉特、俄罗斯卢布等的汇率则采用间接标价法①。

---

① 2010 年 8 月中国外汇交易中心首次采用间接标价法公布人民币对马来西亚林吉特的报价。

根据中国外汇交易中心（China Foreign Exchange Trade System，CFETS）公布的人民币对24种货币的中间价[①]报价，人民币对其中10种货币采用直接标价法，对其余14种货币采用间接标价法（表2.2）。

表2.2 人民币汇率的标价方法

直接标价		间接标价	
美元/人民币	6.359 9	人民币/马来西亚林吉特	0.657 86
欧元/人民币	7.255 4	人民币/俄罗斯卢布	12.000 2
100日元/人民币	5.563 6	人民币/南非兰特	2.412 6
港元/人民币	0.816 75	人民币/韩元	187.13
英镑/人民币	8.691 8	人民币/阿联酋迪拉姆	0.577 57
澳大利亚元/人民币	4.585 6	人民币/沙特里亚尔	0.590 07
新西兰元/人民币	4.327 7	人民币/匈牙利福林	49.124 3
新加坡元/人民币	4.714 7	人民币/波兰兹罗提	0.625 27
瑞士法郎/人民币	6.952 1	人民币/丹麦克朗	1.025 7
加拿大元/人民币	5.066 1	人民币/瑞典克朗	1.416 6
		人民币/挪威克朗	1.377 6
		人民币/土耳其里拉	2.125 59
		人民币/墨西哥比索	3.193 4
		人民币/泰铢	5.222 1

注：直接标价每1外币对人民币（日元为100）；间接标价每1人民币对外币

资料来源：中国外汇交易中心官网

三、美元标价法

美元标价（U. S. dollar quotation）法是指各国货币统一对美元报价的标价方法。

世界各国货币种类很多，两两彼此报价不仅令人眼花缭乱，而且会增加成本，为此各国货币统一对美元报价，两种非美元货币间的报价再通过各自对美元的报价套算出来。严格意义上来说，美元标价法不是与直接标价法和间接标价法相并列的汇率标价方法，因为从一国的角度而言，本币对美元（外币）的报价不是直接标价法就是间接标价法。

在国际金融市场上，本币之外的另外两种货币的比价无法直接用直接标价法或间接标价法来表示，故银行间的报价都针对美元来报送汇率。各国际金融中心的国际银行所公布的汇率，除了英镑、新西兰元、澳大利亚元、欧元采用单位镑法，即“1英镑、1新西兰元、1澳大利亚元、1欧元＝若干美元”的标价方式外，其他货币均采用单位元标价法，即“1美元＝若干其他国家货币”的标价方式。

① 人民币对外汇的中间价由中国外汇交易中心在每个交易日开市前的9点15分公布，作为当天的基准汇率使用。

第三节　汇率的分类

汇率在不同的场合使用，有不同的叫法。从不同的角度划分，汇率主要有以下几类。

一、按银行买卖外汇的价格分类

（一）买入汇率

买入汇率（buying rate 或 bid rate）又称结汇汇率或买入价，是指报价银行从客户那里买入外汇时所使用的汇率，即银行买入外汇的价格。这里有三个关键词，一是“报价银行”的立场，二是交易的方向“买入”，三是交易的对象“外汇”，这样才不会产生混乱。因为银行在买入外汇的同时，也在卖出本币。

（二）卖出汇率

卖出汇率（selling rate offer rate 或 ask rate）又称卖出价，是指报价银行将外汇卖给客户时所使用的汇率，即银行卖出外汇的价格。同理，在理解时也要把握三个关键词：“报价银行”“卖出”“外汇”。

两种货币之间的兑换是一种特殊的商品交易，产生了被报价币（reference currency）和报价币的概念。所谓被报价币也称基础货币或基准货币、参考货币、单位货币，是指数量固定不变、作为比较基础的货币，也就是被用来表示其他货币价格的货币。与之相对的，数量不断变化，用以说明被报价货币价格高低的货币则被称为报价币或计价货币、汇率货币。这两种货币的关系可表示为

1 被报价币（或基准货币）= 若干报价币

如某日在纽约外汇市场上，报价银行所挂出的英镑、瑞士法郎的牌价分别为：

GBP/USD = 1.5735/40，USD/CHF = 0.9487/95

这里，有以下几点值得注意。

1. 双向报价

银行在报出汇率时总是同时报出买入价和卖出价，数值较小的放在前面，数值较大的放在后面，两个数值之间用“/”或者“-”隔开。银行买卖外汇时应贱买贵卖，买卖价之间的差额就是报价银行买卖被报价币的收益。

2. 银行角度报价

买入或卖出都是站在报价银行的立场来说的，而不是站在进出口商或询价银行的角度。

3. 五位有效数字报价和点报价

外汇市场报价一般采取 5 位有效数字报价，大多数货币的一个基点等于 0.0001，报价精确度为 4，即小数点后取 4 位，但部分价值较低的货币（如 JPY、KRW）汇率的一个基点为 0.01，报价精确度为 2，这是因为它们的价值比较低，汇率的整数部分数值较大，因此只保留小数点后面 2 位。此外，根据国际惯例，外汇交易在同业报价时

通常可只报小数部分，即个位点、十位点，而大数部分即百位点、千位点、万位点，可以不报。

上述纽约外汇市场的牌价中，GBP/USD = 1.5735/40 中的“40”就是“1.5740”的省略写法。GBP/USD = 1.5735/40 也可以更加省略地直接报出 35/40，大数 1.57 可以省略不报。USD/CHF = 0.9487/95 可以直接报出 87/95，0.94 可以省略不报。

4. 买卖价的判断

汇率报价中并非数值小的就是买价，数值大的就是卖价。根据银行买卖外汇获利原则，可以分别从直接标价法和间接标价法角度、被报价币和报价币角度进行买卖价的判断。

1）方法一：直接标价法和间接标价法角度

根据上述纽约外汇市场的牌价，我们可以得知：英镑/美元的汇率采用的是直接标价法，美元/瑞士法郎的汇率采用的是间接标价法。根据图 2.2，①英镑/美元的直接标法下，1.5735 是买价，它表示银行支付 1.5735 美元可买入 1 英镑外汇；1.5740 是卖价，它表示银行卖出 1 英镑外汇可收回 1.5740 美元，买卖之间 5 个点的差价即为银行的兑换收益。②美元/瑞士法郎的间接标价法下，0.9487 是卖价，它表示银行卖出 0.9487 瑞士法郎可收回 1 美元；0.9495 是买价，它表示银行买入 0.9495 瑞士法郎需要支付 1 美元，买卖之间 8 个点的差价即为银行的兑换收益。

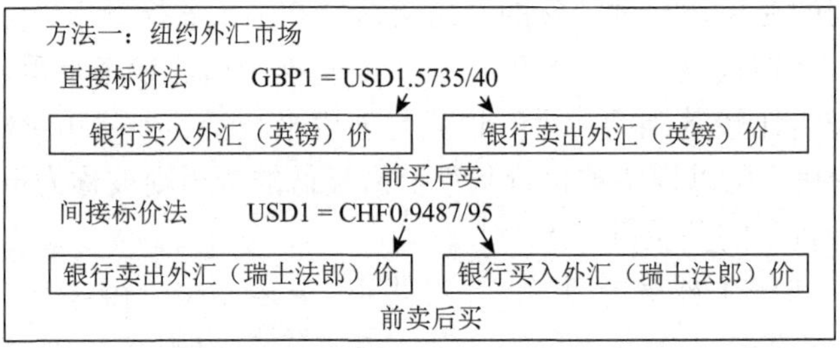

图 2.2　直接标价法和间接标价法角度外汇买卖价的判断

由此可以得到买卖价判断的口诀：直接标价法下，前买后卖；间接标价法下，前卖后买。

2）方法二：被报价币和报价币角度

根据“1 被报价币（或基准币）= 若干报价币”这种表示方法，在图 2.3 中我们可以看到：①英镑/美元的汇率中，英镑是被报价币，美元是报价币。针对被报价币英镑而言，1.5735 是银行的买价，1.5740 是英镑的卖价，买价在前卖价在后，买卖之间 5 个点的差价即为银行的兑换收益。②美元/瑞士法郎的汇率中，美元是被报价币，瑞士法郎是报价币。针对报价币瑞士法郎而言，0.9487 是银行的卖价，0.9495 是银行的买价，卖价在前买价在后，买卖之间 8 个点的差价即为银行的兑换收益。

由此可以得到买卖价判断的口诀：被报价币，前买后卖；报价币，前卖后买。

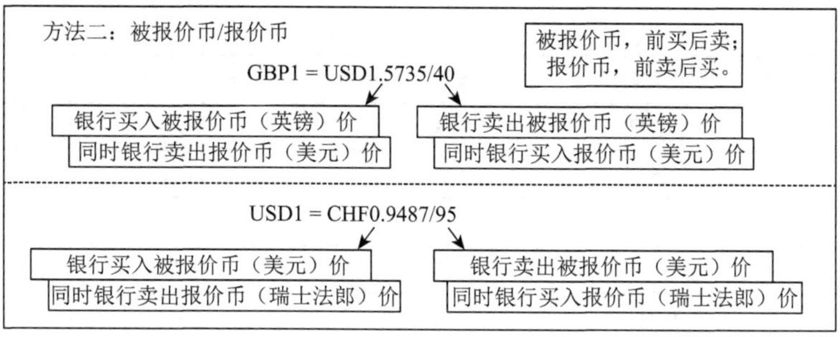

图 2.3 被报价币和报价币角度外汇买卖价的判断

（三）中间汇率

中间汇率（middle rate）又称中间价，是指买入汇率与卖出汇率的平均数。其计算公式为

$$中间汇率 =（买入汇率 + 卖出汇率）÷ 2$$

中间汇率不是实际交易中使用的成交价，一般用于对外报道汇率消息、统计报表及汇率的综合分析，以便于从时间序列上更好地观察汇率的波动方向。

（四）现钞汇率

银行在办理外汇买卖业务时会不断买进外币现钞，而这些现钞并不能产生利息收益，只有在这些现钞累积到较大规模时运送到货币发行国，存入该国银行，转换成现汇，才能通过国际结算系统用于对外支付。为此，银行就必须为买入的现钞支付保管、保险和运输费用。为了弥补这些费用，银行报出的外币现钞的买入汇率就会低于现汇的买入汇率，而现钞的卖出汇率则一般与现汇的卖出汇率一致[①]。由此，一般来说现钞的买卖差价要大于现汇的买卖差价。

银行跟公司、个人等客户之间从事的外汇买卖是一种外汇零售业务，所使用的价格行情见表 2.3。

表 2.3 外汇零售市场行情表——2022 年 1 月 30 日中国银行即期外汇牌价表

单位：每 100 外币对人民币

货币名称	现汇买入价	现钞买入价	现汇卖出价	现钞卖出价
阿联酋迪拉姆		166.99		179.40
澳大利亚元	442.63	428.88	445.89	447.86
巴西里亚尔		113.67		129.07
加拿大元	496.33	480.66	499.99	502.19
瑞士法郎	680.39	659.39	685.17	688.11

① 现实中，由于外币现钞与现汇在不同市场、不同银行的供求状况不同，也存在现钞卖出价与现汇卖出价不一致的情况，如表 2.3 所示。

续表

货币名称	现汇买入价	现钞买入价	现汇卖出价	现钞卖出价
丹麦克朗	94.82	91.89	95.58	96.04
欧元	706.06	684.12	711.26	713.55
英镑	849.3	822.91	855.55	859.33
港币	81.41	80.76	81.73	81.73
印度尼西亚盾	0.044	0.0427	0.0444	0.046
印度卢比		7.9612		8.9776
日元	5.4964	5.3256	5.5368	5.5454
韩元	0.5233	0.5049	0.5275	0.5468
澳门元	79.13	76.48	79.44	82.09
马来西亚林吉特	151.17		152.53	
挪威克朗	70.43	68.25	70.99	71.33
新西兰元	413.98	401.2	416.88	422.62
菲律宾比索	12.36	11.93	12.5	13.06
俄罗斯卢布	8.1	7.6	8.16	8.47
沙特里亚尔		164.7		174.12
瑞典克朗	67.11	65.04	67.65	67.97
新加坡元	467.44	453.01	470.72	473.07
泰国铢	18.92	18.34	19.08	19.68
土耳其里拉	46.71	44.42	47.09	54.07
台湾新台币		22.04		23.88
美元	634.41	629.24	637.09	637.09
南非兰特	40.62	37.5	40.9	44.09

注：本表汇率在客户办理结汇和购汇业务时使用

资料来源：中国银行官网

二、按外汇到账的速度分类

人们买卖外汇时支付凭证的送达方式即汇兑方式不同，资金到账的时间也不同，因此，银行报出的汇率也有差异。

（一）电汇汇率

电汇汇率（telegraphic transfer rate，T/T rate）是指以电讯方式传达外汇解付信息买卖外汇时所使用的汇率。如果客户在从银行买入外汇时，要求银行用电报、传真和电子网络等电讯方式将支付凭证送达国外的收款方，这时使用的就是电汇汇率。对客户而言，用电汇方式支付外汇速度最快，受汇率变动的影响较小，但由于银行占用客户资金的时间最短，电汇汇率较其他汇率高。

（二）信汇汇率

信汇汇率（mail transfer rate，M/T rate）是指以信函方式传达外汇解付信息买卖外汇时所使用的汇率。如果客户在从银行买入外汇时，要求银行用邮递的方式将支付凭证送达国外的收款方，这时使用的就是信汇汇率。由于收款方要在较长一段时间以后才能收到支付凭证，然后从银行取出汇款，银行实际上可以在这段时间占用客户资金，因此，银行报出的信汇汇率会比电汇汇率低，其差额相当于银行为客户提供的利息补偿。

（三）票汇汇率

票汇汇率是指银行买卖外汇汇票时所使用的汇率，票汇汇率又可分为即期票汇汇率（demand draft rate，D/D rate）和远期票汇汇率（usance draft rate）[①]。客户买入银行签发的外汇汇票后须自行送达国外的收款方。即期票汇汇率较高，远期票汇汇率较低，这与银行占用客户资金的时间长短恰好对应。

一般来说，电汇汇率是外汇市场上的基础汇率，较其他汇率高，外汇市场公布的汇率一般默认为电汇汇率。信汇汇率通常在香港和东南亚地区用于邻近国家或地区之间的交易。即期票汇汇率差不多与信汇汇率持平；远期票汇汇率则以即期票汇汇率为基础，扣除票据远期付款的贴现利息后得出，且远期票据的付款期限越长，汇率越低。

三、按外汇买卖交割的时间分类

外汇买卖双方达成协议，确认成交后不一定马上办理一手交外汇、一手交本币的交割（又称交收）。交割的时间不同，即起息日（value date）不同，买卖外汇时的汇率也不同。

（一）即期汇率

即期汇率（spot rate）又称现汇汇率，是指外汇买卖成交后在两个营业日[②]（business day）内办理交割时所使用的汇率。即期交易的交割日包括成交当天（$T+0$）和之后的2个营业日（$T+1$，$T+2$），这里的2个营业日与2个日历天数不同。在计算营业日的天数时，须剔除银行不营业的天数，即须剔除休假日，包括周六、周日和法定假日。如周四成交的外汇买卖，即使到周一才办理交割，我们也把其归入即期外汇交易。

（二）远期汇率

远期汇率（forward rate）又称期汇汇率，是指买卖远期外汇时所使用的汇率。与即期汇率相比，远期汇率也可以表述为在外汇买卖成交后的两个营业日之后办理交割时所使用的汇率。

银行对于远期汇率有两种报价方法：一种是完整报价法；另一种是远期差价报价法。

---

① 即期票汇业务比远期票汇业务更常见，故常见的是即期票汇汇率。

② 营业日又称工作日（working day）或交易日（transaction day）。

1. 完整报价法

完整报价法又称直接报价法，是指报价银行直接将各种不同交割期限的远期买入价和卖出价完整地表示出来。完整报价法与即期汇率报价方法相同，都采用五位有效数字报价，该种报价通常用于银行对客户的外汇零售业务。表 2.4 是中国银行报出的不同远期汇率的完整价格，该报价适用于银行与公司、个人等客户之间从事的远期外汇买卖零售业务。

表 2.4 外汇零售市场行情表——2022 年 1 月 18 日中国银行远期结售汇牌价表

单位：每 100 外币对人民币

货币名称	货币代码	交易期限	买入价	卖出价	中间价
英镑	GBP	一周	864.23	873.15	868.69
英镑	GBP	一个月	865.33	874.6	869.97
英镑	GBP	两个月	866.19	875.48	870.83
英镑	GBP	三个月	867.34	876.7	872.02
英镑	GBP	四个月	868.61	877.95	873.28
英镑	GBP	五个月	869.72	879.07	874.4
英镑	GBP	六个月	870.57	880.04	875.3
英镑	GBP	七个月	871.31	881.01	876.16
英镑	GBP	八个月	872.21	881.94	877.08
英镑	GBP	九个月	873.49	883.24	878.37
英镑	GBP	十个月	874.43	884.29	879.36
英镑	GBP	十一个月	875.25	885.1	880.17
英镑	GBP	一年	876.13	886.12	881.13
港币	HKD	一周	81.188	81.96	81.574
港币	HKD	一个月	81.324	82.124	81.724
港币	HKD	两个月	81.445	82.243	81.844
港币	HKD	三个月	81.59	82.394	81.992
港币	HKD	四个月	81.743	82.556	82.149
港币	HKD	五个月	81.899	82.712	82.306
港币	HKD	六个月	82.028	82.835	82.432
港币	HKD	七个月	82.166	83.001	82.583
港币	HKD	八个月	82.311	83.146	82.728
港币	HKD	九个月	82.452	83.287	82.87
港币	HKD	十个月	82.59	83.447	83.019
港币	HKD	十一个月	82.711	83.562	83.137
港币	HKD	一年	82.853	83.705	83.279
美元	USD	一周	633.67	636.79	635.23

续表

货币名称	货币代码	交易期限	买入价	卖出价	中间价
美元	USD	一个月	634.73	638.02	636.38
美元	USD	两个月	635.68	638.97	637.33
美元	USD	三个月	636.73	640.07	638.4
美元	USD	四个月	637.98	641.32	639.65
美元	USD	五个月	638.99	642.33	640.66
美元	USD	六个月	639.85	643.19	641.52
美元	USD	七个月	640.72	644.26	642.49
美元	USD	八个月	641.69	645.23	643.46
美元	USD	九个月	642.62	646.16	644.39
美元	USD	十个月	643.6	647.24	645.42
美元	USD	十一个月	644.47	648.11	646.29
美元	USD	一年	645.43	649.07	647.25

注：1. 此表为远期牌价表的部分报价，全部报价共有 169 个（13 种货币×13 种不同期限）

2. 以上人民币牌价是当日市场开盘价，交易报价随市场波动而变化，如需交易，价格以银行当时的报价为准

资料来源：中国银行官网

2. 远期差价报价法

远期差价报价法又称掉期率或点数报价法，是指报价银行往往不直接公布远期汇率，只报出即期汇率和远期差价，远期汇率要根据即期汇率和远期差价来自行计算。这种报价通常用于银行同业交易批发业务。

即期汇率与远期汇率之间的差额称为远期差价（forward margin 或 forward differential），远期差价一般以基点（basis point，pips，也称 BP）或点数形式报出。如果外汇远期汇率高于即期汇率，则称远期汇率升水（at premium），差价为升水点数；如果外汇远期汇率低于即期汇率，则称远期汇率贴水（at discount），差价为贴水点数；如果外汇远期汇率与即期汇率恰好相等，差价为 0，则称为平价（at par）。

在已知即期汇率和远期差价的条件下，计算远期汇率有以下两种方法。

1）方法一：直接标价法和间接标价法角度

在直接标价法下，外汇远期汇率等于即期汇率加升水点数或减贴水点数；在间接标价法下，外汇远期汇率等于即期汇率减升水点数或加贴水点数，即

在直接标价法下　远期汇率 = 即期汇率 + 升水点数 = 即期汇率−贴水点数

在间接标价法下　远期汇率 = 即期汇率−升水点数 = 即期汇率 + 贴水点数

如某日纽约外汇市场，英镑对美元的即期汇率为 GBP1 = USD 1.3438/72，1 个月远期英镑升水 25/35，3 个月远期英镑升水 55/80。

判断：使用的是直接标价法，两对远期差价都是升水，都应该用加法。

则依公式可计算得出：

1 个月远期汇率为

$$\begin{array}{r}\text{GBP/USD} = 1.3438/1.3472 \\ +)\ \ 25 \qquad 35 \\ \hline 1.3463/1.3507\end{array}$$

3 个月远期汇率为

$$\begin{array}{r}\text{GBP/USD} = 1.3438/1.3472 \\ +)\ \ 55 \qquad 80 \\ \hline 1.3493/1.3552\end{array}$$

2）方法二：远期差价点数大小角度

实际上，银行公布远期差价时不会说明差价是升水还是贴水，这时可以根据远期差价点数大小进行计算。因为根据风险与收益的关系，外汇买卖的交割时间越长，风险越大，为了抵补风险，银行买卖外汇的差价就越大。因此无论是直接标价法还是间接标价法，均可得到远期差价前小后大往上加，远期差价前大后小往下减，即

远期差价点数前小后大　远期汇率 = 即期汇率 + 远期差价

远期差价点数前大后小　远期汇率 = 即期汇率−远期差价

如已知英镑对美元的即期汇率为 GBP/USD = 1.9699/1.9703，1 个月远期差价为 24/20，3 个月远期差价为 56/34。

判断：两对远期差价皆是大数在前、小数在后，都应该用减法。

则依公式可计算得出：

1 个月远期汇率为

$$\begin{array}{r}\text{GBP/USD} = 1.9699/1.9703 \\ -)\ \ 24 \qquad 20 \\ \hline 1.9675/1.9683\end{array}$$

3 个月远期汇率为

$$\begin{array}{r}\text{GBP/USD} = 1.9699/1.9703 \\ -)\ \ 56 \qquad 34 \\ \hline 1.9643/1.9669\end{array}$$

四、按汇率确定的方式分类

（一）基本汇率

基本汇率（basic rate）是指本币与关键货币（如美元）之间的汇率。关键货币是指在国际贸易、国际金融中被广泛使用，在各国外汇储备中所占比重很大，可自由兑换程度极高，为各国或地区普遍接受的货币。工业革命之后到布雷顿森林体系建立之前，英镑长期充当世界关键货币；布雷顿森林体系建立之后，特别是 1957 年英镑危机至今，美元一直充当世界关键货币。因此，当前各国一般把本币对美元的汇率作为基本汇率。

（二）套算汇率

套算汇率（cross rate）是指根据基本汇率套算出来的本国货币和非关键货币之间的汇

率。在进行汇率套算时，必须根据不同货币的标价方法正确进行。具体来说，当两种货币对关键货币的标价方法相同时，即同时都是直接标价法或同时都是间接标价法，两个基本汇率的买入价和卖出价交叉相除，得到两种非关键货币的汇率；当两种货币对关键货币的标价方法不同时，即一个采用直接标价法，另一个采用间接标价法，两个基本汇率的买入价和卖出价同边相乘，得到两种非关键货币的汇率。

计算套算汇率的口诀为：相同标价法下，交叉相除；不同标价法下，同边相乘。

如已知：美元与日元的汇率为 USD/JPY = a/b①

美元与港币的汇率为 USD/HKD = c/d②

求：日元与港元的汇率 JPY/HKD = ?

分析：日元和港元对美元采用的都是直接标价法，这时求套算汇率，用交叉相除法。

得出：日元与港元的汇率 JPY/HKD = (c/b)/(d/a)③

五、按政府在汇率确定中的作用分类

（一）官方汇率

官方汇率（official rate）又称法定汇率，是指一国或地区外汇管理当局规定并予以公布的汇率。在外汇管制较严的国家，官方汇率就是实际使用的汇率，一切外汇收支和外汇买卖均按官方汇率进行。

（二）市场汇率

市场汇率（market rate）是指由外汇市场供求关系决定的汇率。市场汇率随外汇供求变化而波动，同时受一国外汇管理当局干预外汇市场的影响。在外汇管制较松或不实行外汇管制的国家，如果也公布官方汇率的话，此时的官方汇率只起基准汇率的作用，市场汇率才是该国外汇市场上买卖外汇时实际使用的汇率。

六、按外汇买卖的对象分类

（一）同业汇率

同业汇率（interbank rate）是指银行同业之间进行外汇交易时所使用的汇率。银行同业间的外汇交易一般有最低交易金额的限制，故同业汇率又称外汇批发价，买卖差价一般较小。

（二）商人汇率

商人汇率（merchant rate）是指银行与客户之间进行外汇交易时所使用的汇率，又称外汇零售价。商人汇率是根据同业汇率适当提高卖出价、降低买入价而形成的，故其买卖差价一般较大。

七、按外汇市场开市和收市时间分类

（一）开盘汇率

开盘汇率（opening rate）也称开盘价，是指外汇市场在每个营业日刚开始时，进行首批外汇买卖的汇率。

（二）收盘汇率

收盘汇率（closing rate）也称收盘价，是指外汇市场在每个营业日即将结束时，进行最后一批外汇买卖的汇率。

八、按衡量货币价值的角度分类

（一）名义汇率

名义汇率（nominal exchange rate）是指由官方公布的或在市场上通行的、没有剔除通货膨胀因素的汇率。名义汇率并不能够完全反映两种货币实际所代表的价值量的比值，它只是外汇银行进行外汇买卖时所使用的汇率。

（二）实际汇率

实际汇率（real exchange rate）和有效汇率（effective exchange rate）是针对名义汇率而言的。

实际汇率是指将名义汇率按两国同一时期的物价变动情况进行调整后所得到的汇率。计算实际汇率主要是为了分析汇率的变动与两国通货膨胀率的偏离程度，并可进一步说明有关国家产品的国际竞争力。设 R 为实际汇率，e 为直接标价法下的名义汇率，P 为本国的有关价格指数，P^*为外国的有关价格指数，则实际汇率为

$$R = e \cdot \frac{P^*}{P}$$

由上述公式可以看到，实际汇率体现的是两国商品（货物和服务）的兑换比例。

（三）有效汇率

有效汇率作为一种加权平均汇率，又称汇率指数，是一国货币对一篮子货币经过加权平均计算后得出的汇率。它不是反映两种货币之间的汇率即双边汇率的指标，而是综合反映一种货币对多种货币的多边汇率的加权平均值的指标。利用有效汇率指数，即不同时期的有效汇率比值，可以考察一国或地区货币在不同时期的变动幅度。

计算有效汇率时可以根据需要选择不同的指标，如以贸易比重和劳动力成本等作为权数。汇率与一国或地区的贸易有着极为紧密的联系，因此，贸易比重是最常用的权数，以贸易比重为权数计算的有效汇率能更综合地反映一国或地区货币汇率的基本走势和一国或地区商品贸易的国际竞争力。根据有效汇率是否反映了价格变动的情况，可以将其分为名

义有效汇率（nominal effective exchange rate，NEER）和实际有效汇率（real effective exchange rate，REER），前者是不考虑价格对比的多边汇率；后者是纳入了相对价格变动因素的多边汇率，也就是多边实际汇率。如 A 国货币以贸易值为权数的名义有效汇率的计算公式为

$$\text{A 国货币的名义有效汇率} = \sum_{i=1}^{n} \text{A国货币对}i\text{国货币的名义汇率指数} \times \frac{\text{A国对}i\text{国的贸易值}}{\text{A国的对外贸易总值}}$$

国际清算银行（Bank for International Settlements，BIS）统计的 1994 年 1 月至 2021 年 7 月的人民币实际有效汇率指数和名义有效汇率指数走势见图 2.4。

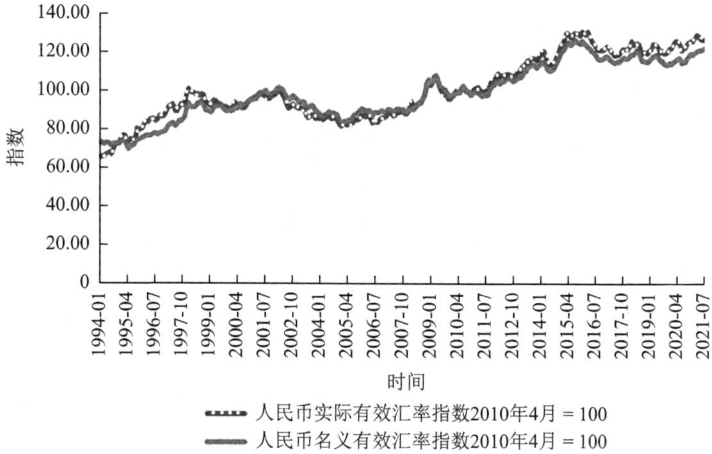

图 2.4　1994 年 1 月至 2021 年 7 月人民币有效汇率走势图

资料来源：BIS 官网

➢ 专栏 2.2

美元、欧元和人民币的有效汇率（汇率指数）

1. 美元指数

美元指数是综合反映美元对一篮子货币的汇率的变化程度的指标，是美元的名义有效汇率指数。美元指数主要有 DXY 美元指数、美联储美元指数、华尔街日报美元指数、道琼斯 FXCM 美元指数。在这四种美元指数中，DXY 美元指数即 USDX 美元指数影响最大，人们平时所说的美元指数一般即指该指数。

DXY 美元指数最初由纽约棉花交易所（New York Cotton Exchange，NYCE）编制和发布，称为 USDX 美元指数。该指数是参照 1973 年 3 月美元对一篮子外币汇率变化的几何平均加权值来计算的。1998 年纽约棉花交易所和咖啡、糖、可可交易所（Coffee Sugar Cocoa Exchange）合并成立纽约期货交易所（The New York Board of Trade，NYBOT）。2006 年 9 月纽约期货交易所并入美国洲际交易所（Intercontinental Exchange，ICE），美元指数及其期货行情的实时数据也开始由该交易所发布。在最初发布时，美元指数由 10 种样本货币构成，即德国马克、法国法郎、意大利里拉、荷兰盾、比利时法郎、日元、英镑、加拿大元、瑞典克朗和瑞士法郎。1999 年 1 月

1日欧元启动后，样本货币从10种减少为6种，欧元也一跃成为权重最大的货币，所占权重达到57.6%，其他货币的权重依次为日元13.6%、英镑11.9%、加拿大元9.1%、瑞典克朗4.2%、瑞士法郎3.6%。

美联储编制和发布的美元指数反映了美元对26个发达国家及发展中经济体货币的指数，也是以贸易作为权重。华尔街日报自2012年中期开始编制和发布美元指数，该指数采用外汇交易量对各货币进行加权，交易量数据来自BIS每3年发布1次的外汇调查报告，与此对应的是，该指数每隔3年对货币权重调整1次，以反映最新的交易量情况。道琼斯FXCM美元指数（又称DJ-FXCM美元指数）是由道琼斯指数与福汇（FXCM Inc.）合作开发的，于2011年5月发布，选择了与美元相关的欧元、英镑、澳大利亚元及日元作为样本货币。

2. 欧元指数

欧元是除美元以外的第二大国际储备货币，2005年9月道琼斯指数公司发布并注册了道琼斯欧元指数。该指数的基期是1998年12月31日，1999年1月1日欧元在欧盟各成员方范围内正式发行。该指数选择了5个流动性最强的币种美元、英镑、日元、澳大利亚元和瑞士法郎作为样本货币。各币种的权重为：各经济体与欧元区的双边贸易额占40%，各经济体货币供应量M2占40%，各经济体的GDP占20%。

纽约期货交易所下属的金融产品交易所也编制了自己的欧元指数，两者的样本货币和权重略有差异。

3. 人民币指数

鉴于人民币汇率对我国经济的影响日渐凸显，2015年12月11日中国外汇交易中心正式发布中国外汇交易中心人民币汇率指数，其货币篮子就是中国外汇交易中心篮子。为方便市场从不同角度观察人民币有效汇率的变化情况，中国外汇交易中心还参考BIS货币篮子和SDR货币篮子计算了人民币汇率指数，自此形成了人民币的三大篮子。

1）参考中国外汇交易中心货币篮子计算的人民币汇率指数

中国外汇交易中心货币篮子包括中国外汇交易中心挂牌的人民币对各主要外汇交易币种，由美元、欧元、英镑、日元等24种样本货币构成，样本货币权重采用考虑转口贸易因素的贸易权重法计算而得。篮子货币取价是当日人民币外汇汇率中间价和交易参考价。指数基期是2014年12月31日，基期指数是100点。中国外汇交易中心人民币汇率指数的公布有助于引导市场改变过去主要关注人民币对美元双边汇率的习惯，逐渐把参考一篮子货币计算的有效汇率作为人民币汇率水平的主要参照系，有利于保持人民币汇率在合理均衡水平上的基本稳定。

2）参考BIS货币篮子计算的人民币汇率指数

BIS是非常重要的国际金融机构，中国于1996年9月加入。参考BIS货币篮子计算的人民币汇率指数覆盖61个经济体，样本货币权重采用BIS货币篮子权重。对于中国外汇交易中心挂牌交易的人民币/外汇币种，样本货币取价是当日人民币/外汇汇率的中间价和交易参考价；对于非中国外汇交易中心挂牌交易的人民币/外汇币种，样本货币取价是根据当日人民币对美元汇率的中间价和该币种对美元汇率套算形成的。指数基期是 2014 年 12 月 31 日，基期指数是 100 点。

3）参考 SDR 货币篮子计算的人民币汇率指数

人民币于 2016 年 10 月正式加入 SDR 货币篮子。人民币汇率指数主要参考 SDR 货币篮子中美元、欧元、英镑和日元四种货币，样本货币权重由各样本货币在 SDR 货币篮子的相对权重计算而得。样本货币取价是当日人民币外汇汇率的中间价。指数基期是 2014 年 12 月 31 日，基期指数是 100 点。

4. 其他货币指数

2004 年 10 月 13 日，彭博社和摩根联合推出了亚洲货币指数，这是首个可以交易的新兴亚洲货币指数，这不仅提高了亚洲货币市场的流动性，也为客户提供了新的投资和风险管理工具。在一些外汇软件中也可以查到日元指数、英镑指数和澳大利亚元指数的即时数据和历史数据，但这三种指数的编制方法并未向外公布。

2021～2022 年三大人民币汇率指数走势见图 2.5。

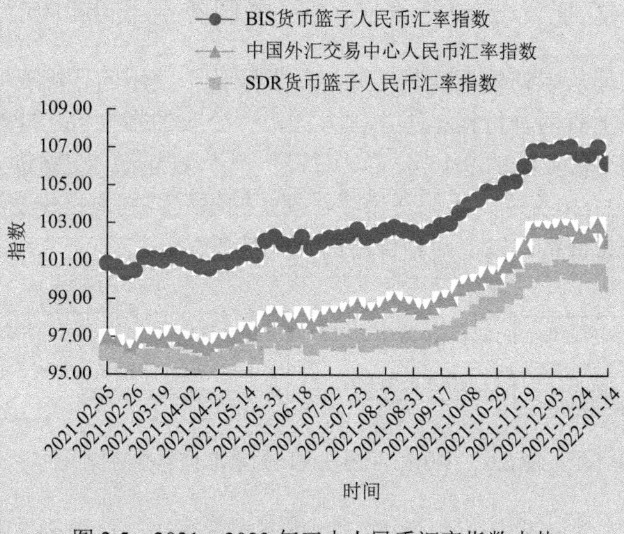

图 2.5　2021～2022 年三大人民币汇率指数走势

三大汇率指数统计时间为 2021 年 2 月 5 日至 2022 年 1 月 21 日
资料来源：根据中国外汇交易中心官网相关数据绘制

第四节　外汇市场行情表的解读

进入外汇市场进行交易，先要了解交易行情，解读外汇市场行情表。我们可以到银行的柜面上去询问报价，也可以通过银行的系统了解即时行情，或查询有关报刊，还可以自己直接上网查询。

站在中国的角度，外汇交易常见的三个场景为：①中国外汇零售业务；②中国外汇批发业务；③国际外汇市场银行间交易。

一、中国外汇零售市场行情表——以中国银行为例

银行与公司、个人等客户之间从事的外汇交易是外汇零售业务，使用的行情表叫作外汇牌价表，即外汇挂牌价[①]。以美元为例，从表 2.3 中可以看到，美元这一行有四个价格，对应的分别是现汇买入价、现钞买入价、现汇卖出价、现钞卖出价。这四个价格都代表着 100 美元兑换的人民币金额。这里的买入和卖出是从银行角度出发的。当客户需要将外汇卖给银行（结汇）时，应该参考外汇买入价；当客户需要从银行购买外汇（售汇）时，应该参考外汇卖出价。

零售市场的即期和远期牌价皆采用直接标价法。中国银行是可交易币种最多的银行，已能提供 27 种货币对人民币的即期交易及 13 种货币对人民币的远期交易。

银行在挂牌汇价时，可基于市场需求和定价能力对客户自主挂牌人民币对各货币对汇价，现汇、现钞挂牌买卖价没有限制，根据市场供求自主定价。各外汇指定银行的汇价都不一样。

二、中国外汇批发市场行情表——中国外汇交易中心

银行与银行之间从事的外汇交易是外汇批发业务，使用的行情表叫作外汇行情表。中国外汇批发市场上有两种价格：①中国人民银行公布的指导价，即基准价，也叫人民币汇率中间价，每个营业日的 9:15 公布，每日一价；②当天的交易价为实时行情，在每个营业日的 9:30～23:30 公布，不同货币要在规定的不同波幅内报价交易，一天内随市场波动会有若干个交易价格。以上两种价格的关系见图 2.6。

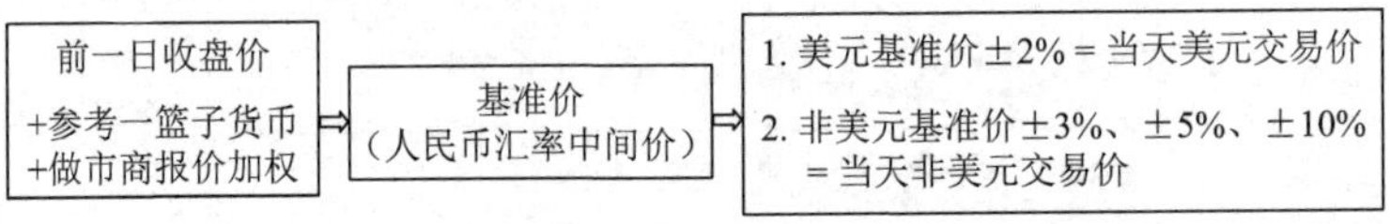

图 2.6　中国外汇批发市场的基准价与交易价

（1）基准价——人民币汇率中间价[②]。图 2.7 为 2022 年 1 月 28 日 9 点 15 分中国外汇交易中心公布的人民币汇率基准价（中间价），共 24 个人民币外币对。

（2）中国外汇交易中心的外汇行情实时报价——人民币/外汇即期报价、人民币/外汇远掉报价、外币对即期报价。2022 年 1 月 28 日 23 点 30 分由中国外汇交易中心公布的人民币/外汇即期报价见图 2.8，人民币/外汇远掉报价见图 2.9，外币对即期报价见图 2.10。[③]

① 参见本章第三节：表 2.3 外汇零售市场行情表——2022 年 1 月 30 日中国银行即期外汇牌价表，表 2.4 外汇零售市场行情表——2022 年 1 月 18 日中国银行远期结售汇牌价表。

② 银行间外汇市场仅人民币外汇即期交易（包括 $T+0$、$T+1$ 和 $T+2$）设置汇率波动幅度，人民币外汇远期、掉期，货币掉期、期权和外币对交易无汇率波动幅度限制。

③ 中国外汇市场上的交易时段分日盘交易、夜盘交易两个时段。日盘交易时间段为 9:30 至 16:30，夜盘交易时间段为 16:30 至 23:30。图 2.8、图 2.9、图 2.10 中的报价皆为夜盘交易时间段的收盘价。

人民币汇率中间价

美元/人民币

6.3746

364.00 ▲

2022-01-28 9:15

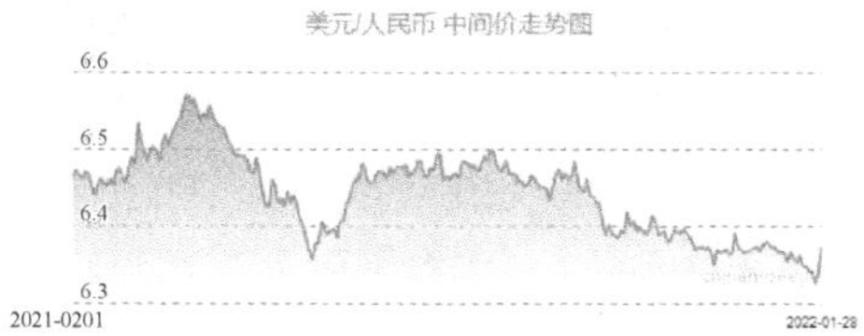

货币对	中间价	涨跌	货币对	中间价	涨跌
美元/人民币	6.3746	364.00 ▲	欧元/人民币	7.1030	180.00 ▼
100日元/人民币	5.5247	11.00 ▼	港元/人民币	0.81824	46.10 ▲
英镑/人民币	8.5328	23.00 ▲	澳元/人民币	4.4859	225.00 ▼
新西兰元/人民币	4.1958	204.00 ▼	新加坡元/人民币	4.7116	113.00 ▲
瑞士法郎/人民币	6.8459	103.00 ▼	加元/人民币	5.0050	19.00 ▲
人民币/马来西亚林吉特	0.65820	37.50 ▼	人民币/俄罗斯卢布	12.2367	3026.00 ▼
人民币/南非兰特	2.4254	70.00 ▲	人民币/韩元	188.92	43.00 ▼
人民币/阿联酋迪拉姆	0.57619	33.70 ▼	人民币/沙特里亚尔	0.58859	33.60 ▼
人民币/匈牙利福林	50.1850	3701.00 ▼	人民币/波兰兹罗提	0.64174	19.20 ▼
人民币/丹麦克朗	1.0477	29.00 ▲	人民币/瑞典克朗	1.4730	43.00 ▲
人民币/挪威克朗	1.4032	76.00 ▼	人民币/土耳其里拉	2.13547	73.40 ▼
人民币/墨西哥比索	3.2580	127.00 ▼	人民币/泰铢	5.2181	84.00 ▼

图 2.7 外汇批发市场行情表——2022 年 1 月 28 日中国外汇交易中心公布的人民币汇率基准价

1. 共 24 个货币对，直接标价每 1 外币对人民币；间接标价每 1 人民币对外币。2. 本汇率表由中国外汇交易中心每日 9:30 开盘前公布，作为开盘后当天的基准汇率使用

资料来源：中国外汇交易中心官网

人民币外汇即期报价 01-28 23:30　　→ 人民币汇率中间价　→ 人民币外汇即期月报

货币对	买报价	卖报价	货币对	买报价	卖报价
USD/CNY →	6.3605	6.3615	EUR/CNY	7.0884	7.0903
100JPY/CNY	5.5135	5.5154	HKD/CNY	0.81610	0.81631
GBP/CNY	8.5265	8.5287	AUD/CNY	4.4459	4.4473
NZD/CNY	4.1666	4.1681	SGD/CNY	4.6897	4.6911
CHF/CNY	6.8271	6.8278	CAD/CNY	4.9828	4.9841
CNY/MYR	0.62529	---	CNY/RUB	12.2856	12.2966
CNY/ZAR	2.4645	2.4667	CNY/KRW	189.89	189.91
CNY/AED	0.57724	0.57765	CNY/SAR	0.58994	0.58995
CNY/HUF	50.6197	50.6646	CNY/PLN	0.64776	0.64807
CNY/DKK	1.0500	1.0501	CNY/SEK	1.4859	1.4861
CNY/NOK	1.4140	1.4143	CNY/TRY	2.13933	2.14396
CNY/MXN	3.2779	3.2803	CNY/THB	5.2540	5.2566

图 2.8 外汇批发市场行情表——2022 年 1 月 28 日中国外汇交易中心公布的人民币/外汇即期报价

1. 直接标价每 1 外币对人民币；间接标价每 1 人民币对外币。2. 以上人民币牌价是当日市场实时行情，随市场波动而变化，图中汇率为当天收盘时的汇率

资料来源：中国外汇交易中心官网

人民币外汇远掉报价 01-28 23:30 单位：BP

人民币外汇远期月报 人民币外汇掉期月报

货币对	1周	1月	3月	6月	9月
USD/CNY	27.50/27.60	120.76/121.00	355.00/355.00	645.00/645.00	910.00/910.00
EUR/CNY	40.47/40.47	176.87/177.33	559.94/563.37	1132.90/1137.21	1720.29/1724.34
100JPY/CNY	26.51/26.76	118.27/118.69	376.50/376.73	765.76/766.98	1175.45/1178.54
HKD/CNY	3.51/3.51	15.43/15.45	47.30/47.36	88.21/88.67	127.78/127.88
GBP/CNY	32.03/32.06	145.89/145.90	438.20/438.28	799.14/801.15	1112.89/1115.96
AUD/CNY	20.28/20.30	88.96/89.06	271.03/273.15	506.01/511.06	708.83/709.64
NZD/CNY	13.82/14.41	56.02/59.19	155.15/158.18	236.09/248.06	271.35/284.20
SGD/CNY	18.56/18.61	83.43/83.46	259.92/260.32	510.00/511.01	751.00/753.19
CHF/CNY	41.51/41.56	180.69/181.33	573.41/576.37	1159.04/1161.90	1765.43/1767.91
CAD/CNY	21.15/21.15	91.86/92.04	264.13/266.34	465.24/470.34	633.56/634.43
CNY/MYR	−1.46/-0.35	−6.04/-4.24	−17.72/-14.19	−36.41/-30.63	−51.09/-42.92
CNY/RUB	163.00/163.07	697.56/704.78	2332.93/2362.34	4653.97/4703.94	7033.76/7105.11
CNY/ZAR	15.77/18.91	53.64/56.86	186.57/190.87	388.40/394.85	580.22/593.30
CNY/KRW	−4.95/-2.75	−23.58/-21.45	−80.95/-76.28	−150.54/−150.10	−235.41/-228.54
CNY/AED	−2.84/-2.20	−11.31/-10.53	−32.92/-31.32	−58.79/-56.94	−81.38/-79.39
CNY/SAR	−2.30/-2.21	−10.33/-9.91	−31.33/-30.76	−57.62/-56.19	−79.51/-78.90
CNY/HUF	132.93/134.21	488.97/518.86	1647.54/1801.70	3942.78/4606.34	7108.00/7392.91
CNY/PLN	−0.01/0.03	0.78/1.43	8.95/10.18	34.27/38.23	64.07/68.51
CNY/DKK	−6.12/-5.94	−26.57/-25.76	−83.28/-82.33	−167.00/-164.06	−250.65/-248.42

图 2.9 外汇批发市场行情表——2022 年 1 月 28 日中国外汇交易中心公布的人民币/外汇远掉报价

1. BP，basic point，基点。这里的远期报价采用的是远期差价报价法，银行同业间的远期交易一般以报远期差价为主。
2. 以上人民币牌价是当日市场实时行情，随市场波动而变化，这些汇率为当天收盘时的汇率

资料来源：中国外汇交易中心官网

外币对即期报价 01-28 23:30

外币对月报

货币对	买报价	卖报价	货币对	买报价	卖报价
AUD/USD	0.69900	0.69905	EUR/JPY	128.547	128.552
EUR/USD	1.11435	1.11437	GBP/USD	1.34063	1.34068
USD/CAD	1.27644	1.27648	USD/CHF	0.93170	0.93179
USD/HKD	7.79330	7.79342	USD/JPY	115.357	115.362
USD/SGD	1.35612	1.35620	NZD/USD	0.65517	0.65523
EUR/GBP	0.83121	0.83122			

图 2.10 外汇批发市场行情表——2022 年 1 月 28 日中国外汇交易中心公布的外币对即期报价

1. 被报价币每 1 单位对若干报价币。2. 以上外币对是当日市场实时行情，随市场波动而变化，图中汇率为当天收盘时的汇率

资料来源：中国外汇交易中心官网

解读图 2.7～图 2.10，需要把握以下三个关键词。

第一，人民币汇率中间价。人民币汇率中间价也叫中国人民银行汇率中间价，指的是中国人民银行每日早上 9:15 公布的当天（美元对）人民币汇率，是中国外汇交易中心于每日银行间外汇市场开盘前向所有银行间外汇市场做市商询价，并在全部做市商报价中去掉最高和最低报价，将剩余报价加权平均，得到的即当日人民币对美元汇率中间价。中国人民银行确定了中间价，基本就给当日即期交易价格下了一个“船锚”。图 2.7 就是人民币对 24 种货币的汇率中间价，这 24 种货币也是人民币汇率形成机制中“参考一篮子货币”所使用的货币篮子。

第二，市场汇率涨跌幅度。目前，中国外汇市场每日美元对人民币即期交易价可在当日中国人民银行中间价上下 2%的幅度内浮动。也就是说，2%是美元对人民币汇率每日的涨跌幅度，这个幅度就好像是船锚的“铁链”。确定了船锚、锚链后，当日美元对人民币汇率可以波动的价格区间就确定下来了。人民币对其他货币的汇率也有相应的波幅，其中对 8 种货币的波幅为±3%、对 13 种货币的波幅为±5%、对 6 种货币的波幅为±10%（表 2.5）。

表 2.5　人民币/外币对的汇率浮动幅度——2022 年 2 月 8 日中国外汇交易中心

货币对	汇率浮动幅度
USD/CNY	2%
EUR/CNY，JPY/CNY，HKD/CNY，GBP/CNY，AUD/CNY，NZD/CNY，SGD/CNY，CAD/CNY	3%
CHF/CNY，CNY/MYR，CNY/RUB，CNY/KRW，CNY/AED，CNY/SAR，CNY/HUF，CNY/PLN，CNY/DKK，CNY/SEK，CNY/NOK，CNY/TRY，CNY/MXN	5%
CNY/ZAR，CNY/THB，CNY/KZT，CNY/MNT，CNY/KHR，CNY/IDR	10%

资料来源：中国外汇交易中心官网

第三，供求平衡。确定了每日价格的上下波动区间后，剩下的问题就是确定实时价格，实时价格是由市场主体在各种大大小小的买卖中最终确定的当日每个时刻的汇率。

三、国际外汇市场行情表——以伦敦外汇市场为例

国际外汇市场上买卖双方的交易员分布于不同国家和地区，必须熟悉并使用外汇交易工具，以使交易顺利完成。运用最广泛的外汇交易工具有以下三种：路透社终端、美联社终端和德励财经终端。这些终端主要向外汇交易者提供即时信息、即时汇率等市场行情，市场趋势分析、技术图表分析、外汇交易等金融服务。

下面我们以英国金融时报 2014 年 12 月 31 日的外汇市场汇率信息为例来解读国际外汇市场行情（表 2.6）。[①]

---

① 2015 年开始英国金融时报对公布的外汇市场行情进行了简化，表格中公布的汇率减少。故本书采用其 2014 年 12 月 31 日公布的完整的行情进行解读。

表 2.6　外汇交易行情表——2014 年 12 月 31 日英国金融时报外汇行情

货币	Closing（收盘价）	Change on day（一天的浮动）	Bid-Offer（买卖）	day's mid（本日中间价）		one month（一个月）		three months（三个月）		one year（一年）	
	mid-point（中间价）		Spread（区间）	high（最高）	low（最低）	rate（汇率）	PA（年率）	rate（汇率）	PA（年率）	rate（汇率）	PA（年率）
瑞士法郎	0.9937	0.0051	934-939	0.9938	0.9877	0.9932	0.6	0.9190	0.7	0.9840	1.0
英磅	1.5593	0.0032	590-595	1.5619	1.5547	1.5589	0.3	1.5581	0.3	1.5562	0.2
欧元	1.2101	0.0064	099-102	1.2170	1.2096	1.2105	–0.4	1.2111	–0.3	1.216S	–0.5
SDR	0.6917	0.0013									0.0
加拿大元	1.1583	–0.0022	581-584	1.1615	1.1563	1.1590	–0.8	1.160 6	–0.8	1.1671	–0.8
墨西哥比索	14.7398	0.0063	379-416	14.769	14.691	14.7675	–2.3	14.8234	–2.3	15.093	–2.3
澳大利亚元	1.2220	0.0021	217-222	1.2222	1.2217	1.2247	–2.7	1.2301	–2.6	1.2035	1.5
港币	7.7549	–0.0023	543-554	7.7581	7.7535	7.7551	0.0	7.7551	0.0	7.7554	0.0
日元	119.895	0.5200	880-910	119.93	119.22	119.864	0.3	119.792	0.3	119.174	0.6
新西兰元	1.2794	0.0051	791-798	0.7818	0.7814	1.2837	–4.0	1.2909	–3.5	1.3241	–3.4
新加坡元	1.3251	0.0040	248-254	1.3254	1.3194	1.3262	–1.0	1.327	–0.6	1.3290	–0.3
台湾新台币	31.602	–0.1225	000-040	31.7200	31.5300	31.5980	0.2	31.5800	0.3	31.366	0.8

注：根据当天下午伦敦外汇市场收盘时的价格整理而得

资料来源：英国金融时报官网

（一）主要栏目

如表 2.6 所示，在该汇率行情表中，标出的是美元对主要国际汇市交易货币的汇率。国际汇市交易货币主要有美元（USD）、瑞士法郎（CHF）、英镑（GBP）、欧元（EUR）、加拿大元（CAD）、墨西哥比索（MXN）、澳大利亚元（AUD）、港币（HKD）、日元（JPY）、新西兰元（NZD）、新加坡元（SGD）、台湾新台币（TWD）等①。汇率一栏的数字中有“收盘价（中间价）”“日涨跌幅度”“买入/卖出价”“日最高、最低价（中间价）”“1 月期汇汇率及年率”“3 月期汇汇率及年率”“1 年期汇汇率及年率”7 个项目。

（二）标价方法

表 2.6 中外汇行情的标价方法采用了国际金融市场上的美元标价法，即所有在外汇市场上交易的货币均对美元报价。

英镑、欧元、澳大利亚元和新西兰元对美元的标价中，这 4 种货币为被报价币，美元为报价币，即这 4 种货币对美元报价时采用的是间接标价法，以自己为基准货币。以英镑与美元的汇率为例：1 英镑 = 若干美元。

英镑、欧元、澳大利亚元和新西兰元以外的其他货币对美元的标价中，美元为被报价币，其他货币为报价币，即其他大多数货币对美元报价时采用的是直接标价法，以美元为基准货币。以日元与美元的汇率为例：1 美元 = 若干日元。

因此，在表 2.6 中英镑、欧元、澳大利亚元和新西兰元这几行数字表示 1 单位英镑、欧元、澳大利亚元和新西兰元等于若干数量的美元。除英镑、欧元、澳大利亚元和新西兰元外，其他各行数字均表示 1 美元等于若干数量的该种货币。

下面我们以美元/日元和欧元/美元的汇率行情为例进行说明。

（三）以美元/日元的汇率行情为例进行说明

表 2.6 中美元/日元的那行数字中，第 1 列“Closing”表示的是该交易日收市时美元对日元的中间价；第 2 列“Change”为该交易日美元对日元的涨跌幅度；第 3 列“Bid-Offer”为银行进行外汇买卖时所报出的买卖价；第 4 列“day’s mid”为该交易日美元对日元中间价的最高价和最低价。

其中，第 3 列“Bid-Offer”中，根据“被报价币，前买后卖；报价币，前卖后买”的口诀，前者（880）为报价银行对被报价币美元的买价（客户的卖价），后者（910）为报价银行对被报价币美元的卖价（客户的买价）；或者前者（880）为报价银行对报价币日元的卖价（客户的买价），后者（910）为报价银行对报价币日元的买价（客户的卖价）。“Bid-Offer”也可以采用标价方法来解读，日元对美元采用的是直接标价法，因此前者 880 为报价银行买入美元价，后者 910 为报价银行卖出美元价。

银行采用的是点报价法，报价时省去了共同的“大数”（119），而只分别报出“小数”（880 和 910），因此交易时需要还原成完整报价。从被报价币来看，880 表示银行买入

① SDR 也列在其中，但是仅有收盘价（中间价）。

1 美元需要支付 119.880 日元，910 表示银行卖出 1 美元可以得到 119.910 日元，贱买贵卖使得银行得到了 30 个点的买卖差价。或者从报价币来看，880 表示银行卖出 119.880 日元可以得到 1 美元，910 表示银行买入 119.910 日元需要支付 1 美元，贱买贵卖也使得银行得到了 30 个点的买卖差价。

第 5 列～第 7 列的数字代表着期限分别为一个月、三个月和一年的外汇远期汇率。第 5 列"one month"中 119.864 表示美元对日元一个月远期汇率，即 1 美元等于 119.864 日元，0.3 表示报价币日元一个月期汇汇率的升贴水年率。或者说，一个月日元期汇汇率为 119.864，而在现汇汇率为 119.895 的情况下，一个月远期日元升值、美元贬值，升贴水点数为 31，亦即如果按一个月日元升水 31 点的速度发展下去的话，日元的年升水率将为 0.3%。第 6 列"three months"和第 7 列"one year"分别为美元/日元三个月和一年期汇汇率及其升贴水年率。

（四）以欧元/美元的汇率行情为例进行说明

表 2.6 中欧元/美元的那行汇率行情所表示的含义与美元/日元的有所不同。因为欧元作为被报价币、美元作为报价币，因此，"Bid-Offer"列中，前者（099）为银行对被报价币欧元的买价（客户的卖价），后者（102）为银行对被报价币欧元的卖价（客户的买价）；或者前者（099）为银行对报价币美元的卖价（客户的买价），后者（102）为银行对报价币美元的买价（客户的卖价）。还原成完整报价，从被报价币来看，099 表示银行买入 1 欧元需要支付 1.2099 美元，102 表示银行卖出 1 欧元可以得到 1.2102 美元，买卖差价为 3 个点。或者从报价币来看，099 表示银行卖出 1.2099 美元可以得到 1 欧元，102 表示银行买入 1.2102 美元需要支付 1 欧元，买卖差价约为 3 个点。

需要注意的还有欧元对美元的第 5 列～第 7 列外汇远期汇率，其中的–0.4、–0.3 和–0.5 是报价币美元的贴水年率。当然，该列中其他各项的含义，如"收盘价（中间价）""日涨跌幅度""日最高、最低价（中间价）"等与美元对日元汇率行情中的相同。

第五节　汇率的经济分析Ⅰ——汇率的决定与变动

一、汇率决定的基础

货币具有的或代表的价值是决定汇率水平的基础，汇率在这一基础上受其他各种因素的影响而变动，形成现实的汇率水平。另外，货币制度是汇率存在的基本客观环境，决定了汇率决定的机制。纵观历史，国际货币制度的演变大致经历了以下两个历史阶段：金本位制和纸币本位制。

（一）金本位制下汇率的决定与变动

1. 金本位制下汇率的决定

金本位制是指以黄金为货币制度的基础，黄金直接参与流通的货币制度。它是 19 世纪初到 20 世纪初资本主义国家实行的货币制度。

金本位制包括金币本位制、金块本位制和金汇兑本位制三种形式，其中金币本位制是典型的金本位制，后两种是削弱了的、变形的金本位制。金币本位制下，各国货币均以黄金铸成，金铸币有一定的重量和成色，有法定的含金量；金币能够自由兑换、自由铸造和自由输出/入，具有无限清偿能力；辅币和银行券可以按其票面值自由兑换为金币。金本位制发展到后期，金币本位制演变为金块本位制和金汇兑本位制，这是因为黄金产量跟不上经济发展对货币日益增长的需求，黄金参与流通、支付的程度下降，其流通、支付手段的职能逐步被以其为基础的纸币所替代。

金本位制下决定汇率的基础是货币平价也称黄金平价（gold parity），它是两种货币实际所含纯金量或所代表含金量的对比。由于金块、金汇兑本位制与金币本位制的差异，金本位制下汇率的决定可以细分为下面两种情况。

1）金币本位制下汇率的决定

金币本位制下决定汇率的基础称为铸币平价（mint parity），作为黄金平价的一种表现形式，它是两种货币实际所含纯金量之比。例如，在1925～1931年，英国规定1英镑的纯金量为113.0016格令[①]（grain），美国规定1美元的纯金量为23.22格令，这样，英镑与美元之间的汇率即

$$\text{GBP1} = 113.0016 \div 23.22 \approx \text{USD4.8666}$$

即1英镑金币的含金量约等于1美元金币含金量的4.8666倍，这就是英镑与美元之间汇率的决定基础。

2）金块本位制和金汇兑本位制下汇率的决定

金块本位制和金汇兑本位制下汇率由纸币所代表的含金量之比决定，称为法定平价（legal parity）或法定金平价，该平价成为汇率决定的基础。与金币本位制相比，此时汇率的稳定程度已降低。这种法定兑换比率是两国货币兑换的基本标准，一般不会轻易变动。但是，它并不是外汇市场上的汇率，外汇市场上的汇率受外汇供求关系的影响，围绕法定平价上下波动。

2. 金本位制下汇率的变动

1）金币本位制下汇率的变动

金币本位制下汇率的决定基础是铸币平价，外汇市场上的汇率水平以铸币平价为中心，在外汇供求关系的作用下上下浮动，并且其上下浮动被界定在铸币平价上下各一定的界限内，这个界限就是黄金输送点（gold point）。黄金输送点是指在金币本位制下外汇汇率波动引起黄金输出和输入国境的界限，它等于铸币平价加（减）运送黄金的费用。

金币本位制下黄金具有自由兑换、自由铸造和自由输出/入的特点，黄金可以代替货币、外汇汇票等支付手段用于国际债务清偿，只是黄金的运送需要一定的费用。这样，对一国来说，债务清偿时选择使用黄金还是外汇，取决于外汇市场上外汇汇率是否上涨超过铸币平价加上向外输送出黄金的各种费用（或外汇汇率是否下降超过铸币平价减去从外输送回黄金的各种费用），因此铸币平价加（减）输送黄金的各种费用构成黄金输出/入点，即汇率波动的上下限。

① 1格令 = 1/7000磅 ≈ 0.0648克。

如英镑与美元的铸币平价为 GBP1 = USD4.8666，英、美两国之间运送 1 英镑黄金的费用为 0.02 美元，则汇率变动的上下限为

上限 = 铸币平价 + 运送费用

即 GBP1 = USD4.8666 + USD0.02 = USD4.8866

下限 = 铸币平价−运送费用

即 GBP1 = USD4.8666−USD0.02 = USD4.8466

因此，GBP1 = USD4.8866 称为美国对英国的黄金输出点；GBP1 = USD4.8466 称为美国对英国的黄金输入点。

如果市场上英镑对美元的汇价高于 4.8866 美元的上限，美国债务人就会觉得购买外汇不合算，不如直接向英国运送黄金有利，于是美国的黄金向英国输出。如果市场上英镑对美元的汇率低于 4.8466 美元的下限，美国债权人就会觉得收回外汇不合算，不如直接从英国运回黄金有利，于是英国的黄金向美国输入。

美国对英国的黄金输出点即英国对美国的黄金输入点，美国对英国的黄金输入点即英国对美国的黄金输出点。由于黄金输送点限制了汇率的变动，金币本位制下汇率变动的幅度较小，在黄金输送点之间自动调整，基本上是稳定的（图 2.11）。

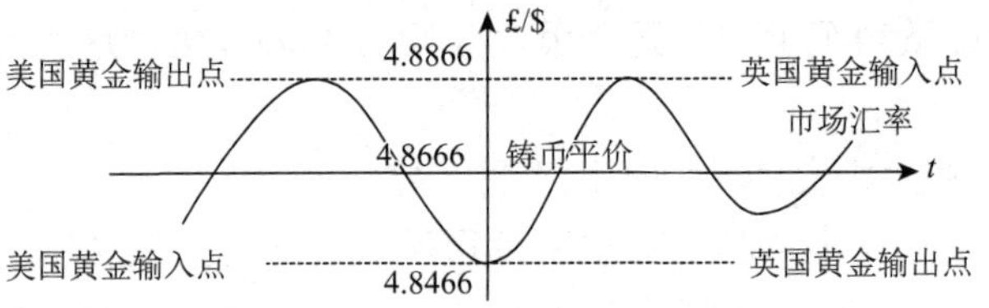

图 2.11 黄金输送点

➢ 专栏 2.3

黄金输送点形成的案例分析

1. 黄金输出点是如何形成的

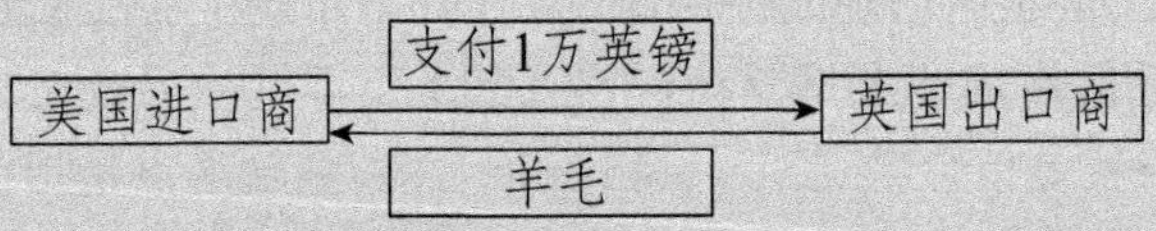

(1) 美国商人有两种支付方式可以选择：

英镑外汇（账户走账）最终付出：1万英镑×汇率

运送黄金（1万个金币），最终付出：1万英镑×(4.8666 + 0.02)

(2) 选择成本低的方式：汇率≤ 4.8666 + 0.02时，使用外汇

汇率＞ 4.8666 + 0.02时，使用黄金

所以汇率的上限是铸币平价 + 运送费用，超过这个限度，黄金将代替外汇从美国流往英国完成结算，汇率无法超越这个水平。

GBP1 = USD4.8666 + USD0.02 = USD4.8866是美国的黄金输出点（英国的黄金输入点）。

2. 黄金输入点是如何形成的

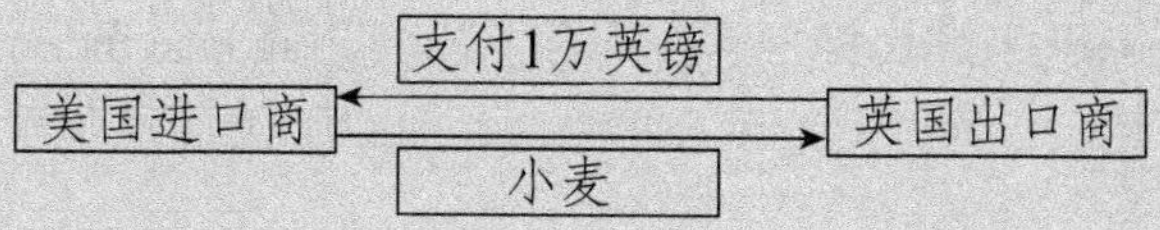

(1) 美国商人有两种收款方式可以选择：
英镑外汇（账户走账）最终收益：1万英镑×汇率
收取黄金运回美国（1万个金币），最终收益：1万英镑×(4.8666 – 0.02)
(2) 选择收益高的方式：汇率＜4.8666 – 0.02时，收取黄金
汇率≥4.8666 – 0.02时，收取外汇
所以汇率的上限是铸币平价 – 运送费用，低于这个限度，黄金将代替外汇从英国流往美国完成结算，汇率无法低于这个水平。
GBP1 = USD4.8666 – USD0.02 = USD4.8466，是美国的黄金输入点（英国的黄金输出点）。

2）金块本位制和金汇兑本位制下汇率的变动

在金块本位制和金汇兑本位制下，由于黄金已经较少或者根本不再充当流通手段和支付手段，原来的金币本位制下黄金自由输出/入受到程度不同的限制，此时货币的汇率由纸币所代表的法定平价决定，实际汇率则因供求关系而围绕法定平价上下波动。由于黄金不能自由输出/入，黄金输出/入点也不复存在，此时汇率波动的界限通过政府设立的外汇平准基金来维持。

（二）纸币本位制下汇率的决定与变动

经受了第一次世界大战的破坏，以及1929～1933年世界经济大萧条的冲击，金本位制宣告崩溃，开始进入纸币流通时期。第二次世界大战后，国际货币制度过渡到布雷顿森林体系阶段。从纸币制度产生之日起，各国政府就规定了本国货币所代表的含金量，即代表的一定价值，各国货币之间的汇率也就由它们各自所代表的价值之比来确定。纸币本位制下，无论是固定汇率制度还是浮动汇率制度，纸币本身的特点使得汇率丧失了保持稳定的基础。同时，外汇市场上不再存在黄金输送点对于汇率的制约，汇率波动变得无止境，任何能够引起外汇供求关系变化的因素都会造成外汇行市的波动。

纸币所代表的价值量或购买力是纸币本位制下决定汇率的基础。但是，在现实经济生活中，由于各国劳动生产率水平的差异、国际经济交往的日益密切、金融市场的一体化、信息传递技术的进步等，纸币本位制下货币汇率的决定不仅受本国经济和政策等因素的影响，还会受其他诸多因素的影响。由此，在金本位制崩溃后，汇率动荡不已，世界各国的许多经济学家纷纷著书立说探讨汇率决定及变动的基础，形成了形形色色的汇率决定理论。

➢ 专栏 2.4

巨无霸指数

购买力平价理论（theory of purchasing power parity）是最为广泛接受的一种汇率

决定理论。在“一价定律”和购买力平价法则的理论基础上，1986 年 9 月英国《经济学人》（*The Economist*）首次提出“巨无霸指数”（big mac index，BMI）的概念，它是一个非正式的经济指数，每半年公布一次，用以测度两种货币的汇率在理论上是否合理。

假设全世界的麦当劳巨无霸汉堡包的价格都是一样的，然后将各地的巨无霸汉堡包的价格通过汇率换算成美元售价，这样就可以比较各个国家汉堡包的购买力水平的差异。因为巨无霸汉堡包在全球 120 个国家及地区均有售，而且制作规格相同，具备同质性，所以通过该指数比较各国货币汇率才具有意义。

BMI 是对购买力平价指数的一个简便验证，BMI 篮子商品只有一种——麦当劳的巨无霸汉堡包，以美元为基准货币，通过市场汇率将世界各国以本币表示的巨无霸汉堡包的价格统一转化为美元标价的形式，再与同期巨无霸汉堡包在美国的销售价格相比，若巨无霸汉堡包在其他国家销售的美元价格低于在美国销售的价格，则该国货币被低估；反之，则被高估。

如果一个巨无霸汉堡包在美国的价格是 4 美元，在英国是 3 英镑，那么美元与英镑的购买力平价汇率就是 3 英镑 = 4 美元。同理，一个巨无霸汉堡包在中国的价格是 15 元人民币，那么人民币与美元的购买力平价就是 15 元人民币 = 4 美元。

此外，《经济学人》还推出过“星巴克鲜奶咖啡指数”，计算原理同 BMI 一样，只是巨无霸汉堡包被一杯星巴克咖啡取代，这标志着星巴克连锁店的全球扩展。该报还出版过一份“可口可乐地图”。这些都是经济学原理被生动地应用在日常经济生活中的有趣案例。

图 2.12 是世界银行编制的 1990～2018 年中国 PPP（purchasing power parity，购买力平价）指数和官方汇率指数走势图，它表明人民币真实汇率被低估了。

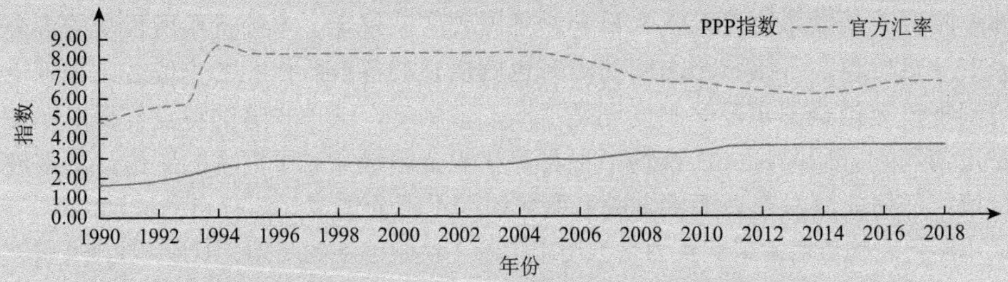

图 2.12 1990～2018 年中国 PPP 指数和官方汇率指数走势图

资料来源：根据经济学人官网、世界银行官网相关资料整理而得

二、纸币制度下影响汇率变动的主要因素

从表象上看，外汇汇率作为两国货币的比价，同其他商品一样，是由外汇市场供求关系决定的，而引起外汇市场供求关系变化的原因涉及经济、军事、政治及公众心理等诸多因素。由此，汇率受多种因素的影响而发生变动。

从基本面来看，影响汇率变动的因素主要分为中长期因素和短期因素。

（一）影响汇率变动的中长期因素

1. 国际收支状况

从中长期来看，国际收支差额必然引起汇率变动。国际收支即一国对外经济活动中发生的收入与支出，直接影响两种货币间相对供求关系的变动，而外汇的供求变化会影响汇率水平。具体地说，如果本国国际收支尤其是经常账户为顺差，在外汇市场上则表现为外国对本国货币的需求相对地增加，导致本国货币汇率上升，外国货币汇率下降；如为逆差，则本国对外国货币的需求相对地增加，导致本国货币汇率下降，外国货币汇率上升。必须指出，国际收支状况并非一定会影响汇率变动，这取决于国际收支差额的性质。短期的、临时的、小规模的国际收支差额，可以轻易地为国际资本流动、相对利率和通货膨胀率、政府在外汇市场上的干预和其他因素所抵消。但是，长期的、巨额的国际收支逆差，一般必定会导致本币汇率的下降；反之，长期的、巨额的国际收支顺差，一般必定会导致本币汇率的上升。

2. 通货膨胀率差异

物价是一国货币价值在商品市场上的表现，通货膨胀意味着该国货币所代表的价值量下降。通货膨胀会扩大进口，减少出口，形成贸易收支逆差和国际收支逆差，促使本国货币资金的持有者进行货币替换，以求货币保值，因而会增大外汇需求。所以，通货膨胀程度较严重的国家的本币汇率会下跌，而通货膨胀程度较轻的国家的本币汇率会上升。一般来说，货币的对内贬值必定会导致对外贬值。

3. 经济增长率差异

经济增长率对汇率的影响是多方面的。若一国处于经济高速增长初期，该国居民对外汇的需求往往超过供给，在外汇市场上这种不平衡会使本币汇率出现一段下跌过程。但是，经济增长率较高意味着生产率提高较快，由此可通过生产成本的降低，提高本国产品的竞争力，从而改善贸易收支。同时，一国经济增长率较高会给国际投资者较稳定或较高的投资回报率，由此可以吸引外资，改善资本与金融账户收支的状况。因此，经济增长率对汇率的影响是复杂的。一般来说，一国在经济高速增长初期，会引起本币汇率贬值，如果一国能够保持稳定的经济增长，则会支持本国货币稳步升值。

4. 宏观经济政策导向

宏观经济政策主要包括财政政策、货币政策和汇率政策。紧缩性的财政政策和货币政策往往会使一国本币汇率上升，而膨胀性的财政政策和货币政策则可能使一国本币汇率下降。汇率政策是一国货币当局对于本国货币相对于外国货币币值的一种指导性政策。在全球经济一体化的大背景下，汇率政策的实施直接关系到国际贸易往来、短期资本和长期资本的流动及本国证券市场的兴衰。因此，汇率政策对汇率的中长期走势将产生较为深远的影响。

（二）影响汇率变动的短期因素

1. 经济数据的公布

西方各国都会定期公布本国关于经济景气状况、就业状况、物价状况的经济指标，在指标公布之前，市场一般会对该指标有充分的预期。一旦较为重要的数据的实际结果与预期差距较大，往往会对外汇市场的短期走势产生较大的影响。

2. 市场预期因素

市场预期因素是影响汇率变动的一个重要因素。国际金融市场上的巨额短期资金对世界各国的政治、经济、军事等因素具有高度敏感性，受预期因素支配，一旦出现风吹草动，就会到处流动，或为保值或为获取高额投机利润，常常给外汇市场带来巨大冲击，成为各国货币汇率频繁起伏的重要根源。就经济方面而言，市场预期包括对国际收支状况、相对物价水平、相对利率水平或相对资产收益率及汇率本身等的预期，它常常以市场信号的变化甚至是蛛丝马迹的变化为表现。只要市场上预期某国货币不久后会下跌，那么市场上就可能立即出现抛售该国货币的活动，造成该国货币的市场价格下降。

常见的市场预期因素有新闻因素和心理因素。

（1）新闻因素。新闻舆论是影响汇率的突发性因素。一旦某种重要的新闻被传播，就会打破外汇市场的平衡状态，使汇率发生剧烈的波动。在社会上或国际上出现的消息中，有些是未经证实的传闻，但它们也可能对外汇市场产生影响，引起汇率波动。

（2）心理因素。这是指人们对汇率的未来动向所做的事先推测或期待，是影响短期汇率走势的重要因素，也是较难把握的一种因素。心理因素通常只在一定的市场条件下产生并起作用。

3. 相对利率差异

利率是金融市场上资产的价格。国家间利率的差距会引起短期资本在国家间的流动，一国利率水平高于他国，将导致国际资本流入，外汇市场上对本币的需求增加，资本与金融账户收支得到改善，该国货币汇率提高；反之，如果一国利率水平低于他国，将导致国际资本流出，外汇市场上对外汇的需求增加，资本与金融账户收支恶化，该国货币汇率下降。值得注意的有两点：①相对利率水平。这里所说的利率对汇率的影响指的是相对利率水平。如果本国利率上升，但上升的幅度不如外国利率上升的幅度，或不如本国通货膨胀率上升的幅度，则不会导致本国货币汇率的上升。②利率变动更多的是对短期汇率的影响[①]。与国际收支、通货膨胀、总需求等因素不同，利率变动更多的是对短期汇率的影响，利率对长期汇率的影响是十分有限的，因为利率在很大程度上属于政策工具范畴。

4. 政治因素

对汇率变动产生影响的政治因素多为突发性事件，很难预测。当一国发生政变、战乱、政府官员丑闻时，会对该国货币汇率产生不利的影响。其主要原因是，外汇作为国际性流动资产，在动荡的政治格局下所面临的风险会比其他资产大，而外汇市场的流动速度快，又进一步使外汇行市在政局动荡时更加剧烈地波动。从具体形式来看，外汇市场的政治风险有大选、战争、政变、边界冲突等。

5. 政府的市场干预

尽管第二次世界大战后西方发达国家纷纷放松了对本国的外汇管制，但政府的市场

① 需要指出的是，目前人民币利率是由中国人民银行挂牌公布的，更像是中长期因素。

干预仍是影响市场供求关系和汇率水平的重要因素。各国中央银行为维护经济稳定、避免汇率变动对国内经济造成不利影响，往往会对外汇市场进行干预，主要通过直接参与外汇市场的买卖，改变外汇的供求，从而改变汇率走势来达到其政策目的。

当一国本币汇率处于较高水平而影响该国国际收支改善和经济发展时，该国中央银行就会向外汇市场抛出本币收购外汇，从而使本币汇率下跌，以达到扩大出口和推动国内经济发展的目的。相反，当一国本币汇率处于过低水平而影响该国货币的国际信誉时，该国中央银行就会向外汇市场抛出外汇收购本币，从而使本币汇率上升。政府干预汇率往往是在市场汇率剧烈波动、本币大幅度升值或贬值等特殊情况下，或者是为了满足促进出口、改善贸易状况等特定的目标，这种干预虽不能从根本上改变汇率的长期趋势，但对汇率的短期走势会有重要的影响。如果一国货币的汇率长期偏高或偏低是由该国的宏观经济水平、利率和政府的货币政策决定的，那么，中央银行的干预从长期来看是无效的。

6. 国际短期投机性资本流动

大企业的并购及养老基金、对冲基金的国际流动等都会在短期内对汇率造成影响。市场上关于这方面的新闻和传闻很多，也会在一定程度上促使国际短期资本流动。

需要说明的是，上述影响汇率变动的中长期因素和短期因素只是相对而言的，中长期因素也会在短期内令汇率产生大幅波动，而短期因素往往也会成为汇率中长期走势的一个征兆。实践中，各种因素都会从不同方面影响汇率的变动，而且诸多因素往往同时发生作用。因此，尽管汇率变动是由外汇市场供求关系决定的，但是影响汇率变动的因素却较为复杂，它们相互影响、相互制约、共同发挥作用。此外，影响汇率变动的因素还有许多，如一国的关税与贸易政策、外汇管制措施等。但是，这些因素大多是通过以上各种因素对汇率发生作用的。所以，只有对各种因素进行综合全面的考察，对具体情况做出具体分析，才能对汇率变动做出较为准确的判断。

➢ 专栏 2.5

中国外汇市场的干预

中国人民银行在 1993 年 7 月首次使用经济手段对外汇市场进行干预。当时，随着外汇需求增加，加上一些投机因素和不合理心理预期的影响，人民币汇率出现加速下跌的趋势。1993 年 7 月国家出台了一系列宏观调控措施，中国人民银行积极运用经济手段，介入外汇市场进行干预，取得了稳定人民币汇率的效果。1994 年 4 月中国银行间外汇市场正式运行，中国人民银行以普通会员的身份参与外汇市场交易，以此作为调控外汇市场、贯彻货币政策的手段。由此，中国人民银行初步形成了干预外汇市场的一整套运行机制。

中国人民银行的干预初步达到了稳定人民币汇率的基本目标，比较有效。但是，由于政策目标的制约、跨境资本持续流入的压力、中央银行承担过多的责任、中央银行独立性不够等因素的影响，中国人民银行的干预带有较强的内生性。冲销干预属于中国人民银行对宏观经济微调的手段，可以低成本地解决暂时性的资本内流问题，或纠正人民币汇率的短暂失衡与偏离。但是，若将其内生化和持续化，则需付出相当大的代价。尽管中国人民银行持续的冲销干预可以有效地保持人民币汇率的稳定，但是其干预的经济成本日益突出，表现为增加了实施货币政策的难度，通过影响利率对经济运行产生了负面作用，制约了外汇市场的活力。

资料来源：根据中国人民银行官网相关资料整理而得。

第六节　汇率的经济分析Ⅱ——汇率变动对经济的影响

汇率作为联系国内外商品市场和金融市场的纽带，受国内外各种因素的影响而不断发生变化。反过来，汇率的变动又会对一国经济发展产生重大影响。现实中，汇率的变动是常态，主要有货币贬值和货币升值。在这里，仅以一国货币贬值为例，阐明货币贬值对一国经济的影响，而货币升值的影响与货币贬值相反，不再赘述。在金本位制下，一国政府通过宣布降低本币的含金量来实现货币贬值；在布雷顿森林体系下，一国政府通过宣布降低本币对美元的平价来实现货币贬值；在牙买加体系下，货币贬值主要通过外汇市场供求关系的变化来实现。

一、贬值对一国国际收支的影响

（一）贬值对贸易收支的影响

一般而言，一国货币贬值有利于扩大出口，限制进口，促进贸易收支的改善；反之，一国货币升值将限制出口，扩大进口，导致贸易收支恶化。

不过，一国货币贬值对贸易收支的改善是有前提条件的，该条件称为“马歇尔-勒纳条件”。本币贬值的效果不会马上显现，而是存在一定的时滞效应，该效应称为“J 曲线效应”。

马歇尔-勒纳条件是由英国经济学家马歇尔和美国经济学家勒纳提出的，揭示了一国货币的贬值与该国贸易收支改善程度的关系。一国货币相对于他国货币贬值，能否改善该国的贸易收支状况，主要取决于该国进出口商品的需求弹性和供给弹性，当出口需求弹性与进口需求弹性之和大于 1、供给完全弹性时，贬值可以改善该国的贸易收支。

在假定一国非充分就业，拥有足够的闲置生产资源使出口商品的供给具有完全弹性的前提下，贬值效果便取决于需求弹性。需求弹性是指价格变动所引起的进出口需求数量的变动程度。如果数量变动大于价格变动，需求弹性则大于 1；反之，如果数量变动小于价格变动，需求弹性则小于 1。只有当贬值国的进口需求弹性（进口减少）与出口需求弹性（出口增加）之和大于 1 时，贬值才能改善贸易收支。如果用 ηx 表示出口需求弹性，ηm 表示进口需求弹性，则当 $\eta x + \eta m > 1$ 时，即进出口需求弹性的总和大于 1 时，贬值可以改善该国的贸易收支，此即马歇尔-勒纳条件。

工业发达国家进出口的多是高弹性的工业制成品，在一般情况下，货币贬值的作用较大。相反，发展中国家进出口的多是低弹性的商品，货币贬值的作用不大。由此发展中国家只有改变进出口的商品结构，由出口低弹性的初级产品转为出口高弹性的工业制成品，才能通过汇率的变化来改善国际收支的状况。

J 曲线效应是指本国货币贬值后，经常账户的收支状况会比原先恶化，进口增加、出口减少，经过一段时间以后，贸易收入才会增加，从而改善贸易收支和经常账户收支。因为这一变化过程的函数图像酷似字母“J”，所以这一变化被称为 J 曲线效应（图 2.13）。本币贬值到贸易收支改善之间存在着时间长度不等的时滞，因此又称为时滞效应。产生时滞效应的原因在于，一方面，货币贬值后，由于进出口合同已签订，外国需求不会马上增加，本国居民对外国商品的需求也不会马上减少，所以，货币贬值后，贸易收支不会马上好转；另一方面，进口商品价格上涨，诱发国内企业调整产品结构，引进生产进口替代品的技术和设备，需要经过一定的生产周期，进口的需求才会得到抑制。

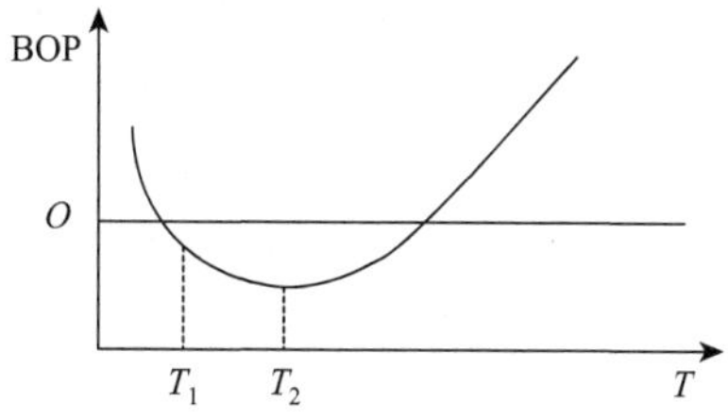

图 2.13　J 曲线效应

一国货币贬值后贸易收支先恶化再慢慢改善的过程见图 2.13，横轴 T 为时间，纵轴 BOP 为国际收支，O 为国际收支平衡状态，O 以上为顺差，O 以下为逆差。

总之，在实践中，贬值对贸易收支的影响受到三方面因素的约束：①进出口商品的供给和需求弹性；②总供给的数量和结构；③能用于出口品和进口替代品生产的闲置资源是否存在。因此，贬值对一国贸易收支的影响应视具体情况而定。

（二）贬值对资本与金融账户收支的影响

贬值对一国资本与金融账户收支的影响，取决于贬值如何影响人们对该国货币今后变动趋势的预期。资本从一国流向他国，主要是追求利润和避免受损，资本流动不仅是影响汇率变化的重要因素，也受汇率变化的直接影响。汇率变化对资本流动的影响表现为五个阶段。

第一阶段，本币对外贬值后，单位外币能折合成更多的本币，这样就会促使外国资本流入增加，国内资本流出减少。

第二阶段，如果出现本币对外价值将贬未贬、外汇汇价将升未升的情况，则会通过影响人们对汇率的预期，进而引起本国资本外逃。当一国外汇市场上出现本币贬值的预期时，会造成大量抛售本币、抢购外汇的现象，资本加速外流或外逃。当然，货币贬值对资本流动的影响程度还取决于货币贬值如何影响人们对该国货币今后变动趋势的预期。

第三阶段，如果货币贬值后人们认为贬值的幅度还不够，汇率的进一步贬值将不可避免，即贬值引起汇率进一步贬值的预期，那么人们就会将资金从该国转移到其他国家，以避免再遭损失。

第四阶段，如果人们认为本币贬值已使得本国汇率处于均衡水平，则那些之前因本币定值过高而抽逃的资金就会抽回到国内。

第五阶段，如果人们认为贬值已经过头，本币价格已低于正常的均衡水平，其后必然出现向上反弹，就会将资金从其他国家调拨到本国，以谋取收益。

如美元对日元由原来的1美元兑换250日元下跌到1美元兑换125日元，则日本企业购买美国企业的股票（假设面值或币值是10美元），原来每购进1股需支付2500日元，美元贬值后只需支付1250日元，可大幅度降低投资成本。美国居民原来购进日本企业1股只需支付10美元（假设股票价格2500日元不变），现在需支付20美元，则美国企业会减少对日投资。正因如此，日本企业从20世纪80年代开始，利用美元大幅度下跌的机会，增加了对美国的投资，成为世界最大的资本净输出国，而美国成为世界最大的资本净输入国。

一般来说，一国货币贬值对短期资本流动的影响是不利的。短期资本以套利资本为主，当一国货币贬值致使短期资本在利率上的差额利息收入有可能被汇率下跌抵消时，外国投资者会缩减投放在货币贬值国的资本。同时，货币贬值还会影响人们对该国货币未来变动趋势的预测，为了资产的安全性，人们会抛售贬值货币，致使该国货币进一步疲软，导致资本外流。

二、贬值对一国国内物价水平的影响

贬值对一国物价的影响表现在两方面。

一是货币贬值后，以该国货币表示的进口商品的价格会趋于上涨。其中，进口消费品价格的上升会直接引起国内消费品价格某种程度的上升。进口原材料、中间产品等价格的上升将使国内使用这些进口品生产的商品的成本上升，进而推动这类商品的价格上涨。

二是货币贬值后，该国的出口将增加，在国内生产没有相应扩大的情况下，会使国内市场原有的供需关系发生变化，供给国内的消费品被挤压，国内物价上涨。同时，将外币兑换成本国货币的支付费用的下降，也会刺激外国旅游者对该国商品和劳务的需求，进而拉动贬值国商品和劳务价格的上升。

三、贬值对一国国内就业、国民收入及资源配置的影响

当一国货币贬值时，可以促进该国出口而抑制进口，使其出口工业和进口替代工业得以大力发展，在现代社会大生产条件下，会带动国内其他行业的发展，从而使整个国民经济发展速度加快，国内就业机会增加，国民收入也随之增加。如果一国经济已处于充分就业状态，贬值只会带来物价的上升，而不会有产量的扩大，除非贬值能通过纠正之前的资源配置扭曲来提高生产效率。

此外，本币贬值会导致出口品本币价格由于出口数量的扩大而上升，进口替代品的价格由于进口品本币价格的上升而上升，从而整个贸易品部门的价格相对于非贸易品部门的价格上升，由此会诱发生产资源从非贸易品部门转移到贸易品部门。这样，一国的产业结构就倒向贸易品部门，整个经济体系中贸易品部门所占的比重会扩大，从而提高该国的对外开放程度，即更多的产品同外国产品竞争。

四、贬值对一国利率的影响

一国货币贬值后，该国居民兑换等量外币所需要的本国货币增加，对外国商品的购

买力下降，同时引起国内物价水平的上涨，使得该国居民的货币收入虽名义上保持不变，但实际现金余额却减少，这必然会带来货币供不应求的现象。假定该国的货币供应量不变，为减少货币需求，就必须提高持有现金的机会成本，即利率上升。所以，一国货币贬值后，其国内的利率水平通常会提高。利率上升，一方面使投资活动减少，从而有助于减轻通货膨胀的压力；另一方面，较高的利率水平又会吸引外国资本流入本国，从而使本国的国际收支状况得到改善。

五、贬值对一国国际储备的影响

汇率变动会影响到一国国际储备中的外汇储备。一国货币贬值，若引起信心动摇，则会导致资本外流，使外汇储备减少。但是，如果一国货币贬值后，贸易收支得到很大改善，则会增加该国的外汇储备，抵补资本外流。最终外汇储备增加与否取决于两者的力量对比。同时，储备货币汇率的变动会影响其国际储备货币地位。如果某储备货币汇率持续下跌，使持有该储备货币的国家遭受损失，则这些国家会进行外汇储备的币种结构调整，从而使该货币的国际储备地位下降。

六、贬值对国际经济关系的影响

由于主要工业国的货币发挥储备和计价支付的作用，因此，在当今浮动汇率制度下，外汇市场上各主要货币频繁地、不规则地波动，不仅会对其发行国的对外贸易、国内经济等造成深刻影响，也会影响各国之间的经济关系。如果一国实行以促进出口、改善贸易逆差为主要目的的货币贬值，则会使对方国家的货币相对升值，出口竞争力下降。尤其是以外汇倾销为目的的本币贬值，必然引起对方国家和其他利益相关国家的反抗甚至报复，这些国家会采取针锋相对的措施，直接地或隐蔽地抵制贬值国商品的侵入，“汇率战”“贸易战”由此而生。“汇率战”“贸易战”造成的不同国家之间的利益分歧和矛盾层出不穷，会加深国际经济关系的复杂度，引发国际金融领域的动荡，甚至影响世界经济的景气。

本章小结

1. 外汇的动态含义是把一国货币转换成另一国货币以清偿国际债权债务关系的实践活动。外汇的静态含义是进行国际结算的手段和工具。

2. 外汇具有三个基本特征：必须以外币表示、可偿性和普遍接受性、可兑换性。

3. 用作外汇的货币必须具有较充分的可兑换性，即能够不受限制地兑换成其他国家的货币的特性。外汇必须是在国外能够得到偿付的债权，具有可靠的物质偿付保证。

4. 国际结算货币是被多个国家或地区所接受，用作用国际贸易和投资的计价和支付手段的货币。

5. 汇率是以一种货币表示的另一种货币的价格。汇率通常标到小数点后第四位。汇率的表示方法有直接标价法和间接标价法两种。在不同的汇率标价法下，汇价变动的含义有所不同。汇率的直接标价法是指一国以整数单位（如 1、100、1 万等）的外币为标准，折算为若干数额本币的标价法。间接标价法是指以整数单位（如 1、100、1 万等）的本币为标准，折算为若干数额外币的标价法。除此以外还有美元标价法，但它不是与前两者并列的标价方法。

6. 汇率就其本质来说，是由货币本身所具有的价值或代表的价值量所决定的。在不同的货币本位制下，由于货币的发行、种类和形态各不相同，各国货币所具有的价值或代表的价值量也不同，因而汇率决定的基础存在差异。在金币本位制下，汇率的决定基础是铸币平价；在金块和金汇兑本位制下，汇率的决定基础是法定平价；在纸币流通制度下，汇率的决定基础是纸币实际代表的价值量或购买力平价。

7. 从基本面来看，影响汇率变动的因素主要分为中长期因素和短期因素。中长期因素主要包括国际收支状况、通货膨胀率差异、经济增长率差异、宏观经济政策导向等，它们对汇率变动的影响都有一个时滞过程。短期因素主要包括经济数据的公布、市场预期因素、相对利率差异、政治因素、政府的市场干预、国际短期投机性资本流动等。

8. 汇率作为联系国内外商品市场和金融市场的纽带，受国内外各种因素的影响而不断发生变化。反过来，汇率的变动又会对一国经济发展产生重大影响。

重点概念

外汇	汇率	直接标价法	间接标价法	基准货币
报价币	升值	基本汇率	套算汇率	买入汇率
卖出汇率	中间汇率	现钞汇率	电汇汇率	信汇汇率
票汇汇率	即期汇率	远期汇率	名义汇率	实际汇率
有效汇率	固定汇率	浮动汇率	J 曲线效应	马歇尔-勒纳条件

思考与练习

一、思考题

1. 什么是外汇？
2. 什么是货币的可兑换性？
3. 直接标价法和间接标价法有何区别？
4. 决定和影响汇率的因素有哪些？这些因素为什么会影响汇率？
5. 试说明名义汇率与实际汇率的异同及其在衡量一国汇率水平方面的优劣。

二、计算题

1. 2017 年 4 月，在巴黎外汇市场上，美元即期汇率为 EUR1 = USD1.1856，3 月期美元升水 50 点，9 月期美元贴水 25 点。求 3 月期美元远期汇率与 9 月期美元远期汇率。

2. 在香港外汇市场上，某日外汇报价为：即期汇率 USD1 = HKD7.7800-7.8000，3 月期 USD 升水 40-60 点，9 月期 USD 贴水 50-30 点。求 3 月期美元远期汇率与 9 月期美元远期汇率。

3. 2018 年 2 月 12 日，在伦敦外汇市场上，GBP1 = USD1.3825-1.3885。A 进口商欲从花旗银行伦敦分行用英镑购入 100 万美元，请问 A 进口商需要花费多少英镑？

三、练习题

（一）不定项选择题

1. 在汇率标价方法上采用间接标价法的国家有（　　）。

A. 美国、英国、日本　　B. 美国、英国

C. 欧元区国家　　D. 第三世界国家

2. 在间接标价法下，汇率的变动以（　　）。

A. 本币数额的变动来表示

B. 外币数额的变动来表示

C. 本币数额减少，外币数额增加来表示

D. 本币数额增加，外币数额减少来表示

3. “外币固定本币变”的汇率标价方法是（　　）。

A. 美元标价法　　B. 间接标价法　　C. 直接标价法　　D. 复汇率

4. 欧式期权和美式期权划分的依据是（　　）。

A. 行使期权的时间　　B. 交易的内容

C. 交易的场所　　D. 协定价格和现汇汇率的差距

5. 在其他条件不变的情况下，远期汇率与即期汇率的差异取决于两种货币的（　　）。

A. 利率差异　　B. 绝对购买力差异

C. 含金量差异　　D. 相对购买力平价差异

6. 下列属于远期外汇交易的是（　　）。

A. 客户通过银行约定有权以 1 美元 = 6.6339 人民币的价格在一个月内购入 100 万美元

B. 客户从银行处以 1 美元 = 6.6339 人民币的价格买入 100 万美元，第二个营业日交割

C. 客户依期交所规定的标准数量和月份买入 100 万美元

D. 客户从银行处以 1 美元 = 6.6339 人民币的价格买入 100 万美元，约定 15 天以后交割

7. 伦敦市场 GBP1 = CHF1.3092/06，某客户要卖出 CHF，汇率为（　　）。

A. 1.3092　　B. 1.3006　　C. 1.3106　　D. 1.3099

8. 已知 AUD1 = USD0.7525/35，USD1 = JPY103.30/40，则 AUD/JPY 的汇率是（　　）。

A. 137.093/137.408　　B. 77.843/78.028

C. 78.028/77.843　　D. 77.733/77.911

9. 某日纽约的银行报出的英镑买卖价为 GBP/USD = 1.3083/93，3 个月远期贴水为 80/70，那么 3 个月远期 GBP/USD 汇率为（　　）。

A. 1.3163/73　B. 1.3153/1.3163　C. 1.3003/23　D. 1.3013/23

10. 下列外汇形式不属于广义的外汇的有（　　）。
A. 以外币表示的银行汇票　B. 本币
C. 外币有价证券　D. 第三国货币

11. 一种外币成为外汇的前提条件主要包括（　　）。
A. 可偿性　B. 可流通性　C. 自由兑换性　D. 可接受性

12. 下列外汇形式不属于狭义的外汇的有（　　）。
A. 以外币表示的银行汇票和支票　B. 特别提款权
C. 外币有价证券　D. 外币

13. 远期汇率的计算方法是（　　）。
A. 直接标价法下，加升水、减贴水　B. 间接标价法下，加升水、减贴水
C. 间接标价法下，减升水、加贴水　D. 期限越远，买卖价差越大

14. 外汇市场主要由以下部分构成（　　）。
A. 外汇银行　B. 外汇经纪人　C. 客户　D. 中央银行

15. 当前影响一国汇率变动的主要因素有（　　）。
A. 货币汇率政策　B. 利率水平　C. 国际收支状况　D. 经济状况

16. 下列外汇形式属于狭义的外汇的有（　　）。
A. 以外币表示的银行汇票　B. 以外币表示的支票
C. 外汇银行存款　D. 特别提款权

17. 金本位制是指以黄金为本位货币的货币制度，主要包括的形式有（　　）。
A. 金币本位制　B. 金块本位制　C. 铸币本位制　D. 金汇兑本位制

18. 马歇尔-勒纳条件中 $\eta x + \eta m$ 表示（　　）。
A. 本国进出口商品的供给价格弹性　B. 本国进出口商品的需求收入弹性
C. 本国进出口商品的需求预期弹性　D. 本国进出口商品的需求价格弹性

19. 浮动汇率制度下，汇率变化对贸易收支状况的时滞影响可能是由于以下（　　）的原因。
A. 本币贬值国家的消费者　B. 本币贬值国家的生产商
C. 外国消费者　D. 本币贬值国家的进口商

（二）判断题

1. 基本而言，我国采用直接标价法，而美国采用间接标价法。（　　）
2. 在间接标价法下，当外币数量减少时，称为外币汇率下浮或贬值。（　　）
3. 汇率的直接标价法以本币为单位货币，以外币为计价货币。（　　）
4. 国际金本位制具有三大特点，自由兑换、自由铸造和自由输出/入。（　　）
5. 浮动汇率制度下，只有当一国的出口商品与进口商品的需求价格弹性之和大于 1 时，货币贬值才能起到改善该国国际收支逆差的作用。（　　）
6. 一般来说，本币升值会扩大出口，抑制进口。（　　）
7. 远期外汇的买卖价差总是大于即期外汇的买卖价差。（　　）

8. 外汇市场通常是有形市场，如中国外汇交易中心。 （ ）

9. 有效汇率是一种算数平均汇率，又称汇率指数。 （ ）

10. 根据利率平价原理，利率相对较低的国家未来货币升水的可能性更大。 （ ）

11. 若一个国家处于经济下降阶段，则有可能会引起该国经常账户的恶化或者逆差。 （ ）

12. 浮动汇率制度下，如果一国国际收支出现巨额赤字，则政府可以在外汇市场上购入本币、售出外币，达到本币升值，改善国际收支失衡状况的目的。 （ ）

13. 金本位制下，一国国际收支出现赤字，如果达到本国的黄金输入点，则在其他条件不变的情况下，黄金内流，从而导致国内物价上涨。 （ ）

14. 一国国际收支出现逆差时，会给该国货币带来贬值压力。 （ ）

参考文献

第二章 课后练习题答案

陈雨露. 2019. 国际金融[M]. 6 版. 北京：中国人民大学出版社.

克鲁格曼 P R，奥伯斯法尔德 M，梅里兹 M J. 2021. 国际经济学：理论与政策[M]. 11 版. 丁凯，等译. 北京：中国人民大学出版社.

黎亚云，杨竹节，邹胜. 2021. 1994—2020 年人民币汇率的走势分析[J]. 中国市场，(8)：5-6.

沈国兵. 2018. 国际金融[M]. 3 版. 北京：北京大学出版社.

王盼盼. 2021. 中美贸易摩擦、美国经济政策不确定性与人民币汇率波动[J]. 世界经济研究，(7)：75-92，136-137.

奚君羊. 2019. 国际金融学[M]. 3 版. 上海：上海财经大学出版社.

肖立晟，杨娇辉，李颖婷，等. 2021. 中国经济基本面、央行干预与人民币汇率预期[J]. 世界经济，44 (9)：51-76.

杨定华，封文华. 2020. 央行汇率干预、人民币汇率预期与短期国际资本流动[J]. 金融与经济，(11)：11-20.

杨胜刚，姚小义. 2016. 国际金融[M]. 4 版. 北京：高等教育出版社.

英国金融时报. 外汇行情表[EB/OL]. [2021-01-15]. https://markets.ft.com/data/archive.

余永定. 2018. 人民币何以贬值[J]. 中国经济报告，(11)：80.

张年华，黄佳耿，徐浩宇. 2021. 金融危机、汇率改革与人民币汇率的波动溢出效应——基于汇率时变溢出检验[J]. 上海经济研究，(12)：80-93.

中国货币网—中国外汇交易中心. 外汇市场行情[EB/OL]. [2022-01-28]. https://www.chinamoney.com.cn/chinese/mkdatapfx/.

中国银行. 中国银行外汇牌价[EB/OL]. [2021-01-30]. https://www.boc.cn/sourcedb/whpj/?keywords=%E5%A4%96%E6%B1%87% E7%89%8C%E4%BB%B7.

周文，漆腊应. 2021. 国际金融[M]. 2 版. 北京：中国金融出版社.

附录 汇率决定理论

第三章

外汇市场与外汇风险

【学习目标】

- 了解外汇市场的功能、市场结构和市场参与者。
- 掌握远期、期货、期权、互换等主要外汇衍生产品的交易机制和交易方法。
- 了解我国银行间外汇市场的概况。
- 熟悉外汇风险的种类及成因。
- 掌握常用的外汇风险管理方法。

【本章引入】

外汇市场是国际金融市场的核心组成部分，是从事国际贸易、国际投资及其他国际经济活动的纽带。外汇市场也是金融创新的重要场所，许多金融衍生产品的交易都发生在外汇市场，这些创新产品和工具为套期保值者提供了避险工具，也为投机者提供了投机的舞台。

1997 年亚洲金融危机爆发，亚洲新兴市场经济体在这场危机中遭受了严重打击，这场危机的影响从亚洲蔓延至全世界，在全球范围内形成了巨大的冲击。这场危机的导火索是以索罗斯和他的量子对冲基金为代表的国际投机者，其通过在外汇市场上利用各种外汇交易工具做空泰铢，快速消耗了泰国政府的外汇储备，最终迫使泰国政府放弃泰铢钉住美元的固定汇率制度，造成泰铢在短时间内大幅度贬值，并最终引发了蔓延至整个东南亚的金融危机。在此之前，对冲基金不止一次地在外汇市场上兴风作浪，冲击了多国货币，比较有代表性的如 1992 年的英镑危机。1992 年 9 月 15 日，索罗斯开始在外汇市场大量抛售做空英镑，英镑对德国马克的比价一路下跌至 2.80，为稳定英镑汇率，英国动用了价值 269 亿美元的外汇储备，同时英格兰银行两次提高利率到 15%，但收效甚微。最终英镑的汇率未能站在欧洲汇率机制（exchange rate mechanism，ERM）2.778 的最低线上，英国政府被迫退出欧洲货币体系。同样，受索罗斯做空意大利里拉的冲击，意大利里拉贬值 22%，意大利随后也退出了欧洲货币体系。这些投机交易在给对冲基金谋取大量利润的同时，给被冲击国家的经济和金融带来了灾难，留下遍地狼藉。

什么是外汇市场？为什么外汇市场上的投机交易会对一国的金融经济产生如此重大的影响？外汇市场上的交易又是如何进行的？该如何认识和控制外汇风险？本章将对高度专业化的现代外汇市场、外汇交易进行全面的介绍。

第一节　外汇市场概述

外汇市场（foreign exchange market）是指专门从事外汇买卖的场所或领域，是外汇供求双方互相买卖不同货币的交易网络、交易设施、组织结构和制度规则的总和。外汇市场是国际金融市场的重要组成部分，国际货币市场的借贷业务，国际资本市场的借贷和投资活动，国际黄金市场、国际金融衍生产品市场和国际商品市场的交易都需要用到外汇，都离不开外汇买卖。毫无疑问，外汇市场是国际金融体系中极为重要的一环，其发达程度也是衡量一个的国家金融体系成熟与否的主要标志之一。

一、外汇市场的起源

一般来说，在国内交易中只能使用本国货币，而国际贸易中债权债务的清偿需要用一定数量的一种货币去兑换另一种货币，解决这个问题需要依靠外汇市场交易，由此产生了外汇市场，并确定了两种货币的兑换比率。因此国际贸易是外汇市场建立的主要的原因。

透过国际贸易需要跨国货币收付这种现象，挖掘外汇市场起源的本质，可以看到外汇市场真正的起源在于：①主权货币的存在；②非主权货币对境外资源的支配权和索取权的存在；③金融风险的存在，持有外币资产可以直接防范与外币负债有关的外汇风险；④投机获利动机的存在，本国居民认为外汇资产被低估，为了纯粹的投机目的而持有外汇，从而赚取高额回报。

二、外汇市场的功能

外汇市场作为国际经济联系的纽带，集中反映了国际经济金融动态和各国汇率变化的趋势，外汇市场为促进国际贸易、国际投资的发展及国际经济往来提供了便利条件。外汇市场的功能主要表现在以下五个方面。

（一）反映和调节外汇供求

一国经常账户、资本与金融账户的收支最终都反映到外汇市场的供求状况上，政府、企业、个人可以通过外汇市场满足各自对外汇的供求。

（二）形成外汇价格体系

银行接受客户买卖外汇的指令后，需要在银行间市场进行调节，从而自然产生外汇的供需，加上银行本身自发性的供需，在市场上通过与其他银行的竞价交易过程产生外汇批发汇率。银行对客户的零售汇率根据银行间批发汇率加以确定，由此形成了包含批发市场汇率和零售市场汇率在内的完整的外汇价格体系。

（三）实现购买力的国际转移

国际经济交易必然会产生国家之间的债权债务关系，若要结清债权债务关系就需要进行国际支付。债务人一般通过外汇市场把本国货币兑换为债权人所在国的货币，将其汇兑和支付给债权人，债权人获得一定数量的货币后从而获得一定的购买力，使国际经济交易得以进行下去。结清国际债权债务关系，实现货币购买力的国际转移，是外汇市场最基本的功能。

（四）提供外汇资金融通

外汇市场通信设施完备，经营手段先进，资金融通便捷，是理想的外汇资金集散中心，从而成为世界资本再分配的重要渠道，为银行外汇业务提供平衡头寸的蓄水池作用。闲置的外汇资金大量涌向外汇市场，为外汇需求者提供越来越多的可筹资金，对促进国际贸易发展、促进投资的国际化起着不可忽视的作用。同时，外汇市场也为金融资本的输出、国际垄断资本的对外扩张和外汇投机等提供了角逐场所。

（五）防范外汇风险

浮动汇率制度下，汇率经常性的剧烈波动会直接影响国际贸易和国际资本流动。外汇市场可以通过各种外汇交易活动（如远期外汇买卖、期货或期权交易等），减少或消除外汇风险，促进国际贸易和国际投资的发展。

三、外汇市场的类型

根据组织形态、交易主体、交割时间、管制程度和市场地位的不同，外汇市场可以划分为以下五种类型。

（一）按组织形态划分

1. 有形外汇市场

有形外汇市场（visible foreign exchange market）是指有具体交易场所的外汇市场。设立之初，多在证券交易所交易大厅的一角设立外汇交易市场。早期的外汇市场以有形市场为主，比较著名的有瑞士的苏黎世、法国的巴黎、德国的法兰克福、荷兰的阿姆斯特丹、意大利的米兰等，因其主要集中于欧洲大陆国家，又被称为“大陆式市场”。

2. 无形外汇市场

无形外汇市场（invisible foreign exchange market）即电子化市场，没有固定的交易场所，是一个由电话、电传、传真或计算机网络等通信工具将买卖双方连接起来的庞大的外汇交易系统。交易的任何一方通过电讯方式就可以进入市场进行交易，因其最早产生于英国、美国，又被称为“英美式市场”。

随着无形外汇市场的迅速发展，欧洲大陆国家的大部分外汇交易目前也已无形化，无形外汇市场成为当今外汇市场的主导形式。无形外汇市场的迅速发展，使各国的局部市场发展成全球性统一的大市场。

（二）按交易主体划分

1. 外汇零售市场

外汇零售市场也称客户市场，是指银行同客户之间买卖外汇的市场。这一市场与批发市场相比，每笔交易的金额相对较小，所以被称为外汇零售市场。客户因为进出口或投资需要买卖外汇，银行作为连接外汇终极供应者与终极需求者的中介，从客户手中买入外汇又将外汇卖给需要的客户，从中赚取买卖差价。

2. 外汇批发市场[①]

外汇批发市场也称银行间市场，是指银行同业之间进行外汇交易的市场。这一市场每笔交易的金额大、起点高，所以被称为外汇批发市场。外汇批发市场汇集了巨额的供求流量，占外汇交易总额的 90%以上，决定着外汇市场的即时汇率，零售市场的汇率是在批发市场汇率的基础上加减一定点数形成的。

在外汇批发市场中主要有三个层次的交易：商业银行之间进行的外汇交易、中央银行同商业银行之间进行的外汇交易、各国中央银行之间进行的外汇交易。

1）商业银行之间进行的外汇交易

商业银行之间进行的外汇交易即银行同业外汇交易，主要是为了轧平在零售市场交易产生的外汇头寸即外汇库存。银行接受客户的委托提供外汇买卖中介服务时，难免使银行某种或多种外汇的买入数量超过卖出数量，即超买（overbought），导致银行的外汇库存过多，形成多头头寸（long position）；或者外汇的卖出数量超过买入数量，即超卖（oversold），形成空头头寸（short position），这两种头寸统称敞口头寸（open position）。敞口头寸对于银行来说是一种外汇风险，因为其需要承担汇率变动的风险。在多头头寸时，银行会承担汇率下跌带来的资产减少的风险；在空头头寸时，银行会承担汇率上涨带来的成本增加的风险。为控制风险，银行需要在汇率尚未变动时，进行同业交易来轧平头寸，即抛出外汇的多头，或买入外汇的空头。[②]

此外，银行还会出于投机、套利、套汇等目的从事同业外汇交易。

2）中央银行同商业银行之间进行的外汇交易

中央银行从事外汇交易主要是为了进行外汇干预（foreign exchange intervention），这种干预是央行与商业银行之间进行的。在固定汇率制度下，中央银行进行外汇交易是为了维持固定的货币平价关系；在浮动汇率制度下，中央银行为了把汇率维持在符合本国利益需要的水平上，也会进行外汇干预。除了外汇干预，中央银行进行外汇交易还可能是出于调整外汇储备的币种结构、增加储备收益等目的，这种行为属于外汇储备管理。

3）各国中央银行之间进行的外汇交易

中央银行也可能通过与他国中央银行的外汇交易进行外汇干预和外汇储备管理，或与他国中央银行进行联合干预。

---

① 广义的外汇市场包括外汇批发市场和外汇零售市场；狭义的外汇市场仅指外汇批发市场。一般意义上所讲的外汇市场是指狭义的外汇市场，即外汇批发市场。

② 当然，这并不意味着商业银行在买卖外汇以后立即进行平衡。它们根据各国的金融状况、本身的资金实力以及对汇率变动趋势的预测，或者立即平衡，或者加以推迟。

（三）按交割时间划分

1. 即期外汇市场

即期外汇市场是指外汇买卖成交后，在两个营业日内办理交割的外汇市场。

2. 远期外汇市场

远期外汇市场是指外汇买卖成交后，约定在将来某一时间按合同规定的汇率和金额进行交割的市场。与即期外汇市场相比，远期外汇市场也可以表述为在外汇买卖成交后的两个营业日之后办理交割的外汇市场。

（四）按管制程度划分

1. 自由市场

自由市场是指进行外汇交易时不受政府限制的市场。

2. 平行市场

平行市场是指在官方设定的外汇市场之外存在的外汇市场。

3. 外汇黑市

外汇黑市是指非法交易外汇的市场。

平行市场和外汇黑市都是政府对外汇市场予以管制的产物，其区别在于前者得到了政府的认可，后者不被政府认可，属于非法市场。

（五）按市场地位划分

1. 全球性外汇市场

全球性外汇市场是指世界各国居民广泛参与的外汇市场。例如，伦敦、纽约和香港外汇市场。

2. 区域性外汇市场

区域性外汇市场是指主要由所在地周边地区的居民参与的外汇市场。例如，阿姆斯特丹和米兰等外汇市场。

四、外汇市场的参与者

现代外汇市场是一个由分散在世界各地的商业银行、经纪商、交易员、通信设备、电脑终端组成的 24 小时不间断的、非主权货币头寸交易活动的市场。外汇市场的参与者主要包括商业银行、外汇经纪商、中央银行、外汇的实际供给者和需求者、外汇投机者和套汇者。

（一）商业银行

商业银行是外汇市场的主体和外汇业务的中心，外汇市场上几乎所有的大额交易都是由商业银行办理的。在实行外汇管制的国家，中央银行一般指定或授权一些商业银行经营外汇业务，被指定或授权的银行即外汇银行，又称外汇指定银行或授权银行。在外汇市场上交易活跃的商业银行习惯上被称为外汇银行。

商业银行在外汇市场上主要从事三项业务：①外汇买卖。商业银行在外汇零售市场通过与客户的交易赚取买卖差价；在外汇批发市场通过与其他银行的交易轧平敞口头寸。此外一些大中型商业银行也会进入外汇衍生市场进行交易，而且很多外汇衍生产品都是由它们设计和提供的。②外汇投机。如当商业银行预期某种货币的汇率将上升时，就会买入并持有该种货币的多头头寸，从而赚取汇率上升带来的差额利润。③做市商报价。一些大型的跨国银行在外汇市场上作为做市商[①]，独立地给出外汇的买卖报价，随时应客户要求按其报价买卖外汇并平衡自身外汇头寸。

（二）外汇经纪商

外汇经纪商是指协助外汇交易双方进行交易的中介机构。外汇经纪商本身并不是交易主体，并不持有外汇，也不需要外汇，只是向客户提供中介服务，并收取佣金。

外汇市场在地理上比较分散，要获得最佳的外汇价格较为困难，因此外汇经纪商的作用十分重要。外汇经纪商需要随时与全球的外汇市场保持紧密联系，根据瞬息万变的外汇行情报出最新的买入价和卖出价，并迅速做出安排，使客户节约收集信息的成本并能够按较有利的汇率成交，外汇经纪商的存在有助于外汇交易的迅速成交，可以提高外汇市场的效率。外汇经纪商与商业银行的交易往来最为密切，商业银行一般通过外汇经纪商调整其外汇存量，相比之下，外汇经纪商与实际外汇需求者和供给者接触不多。

不通过外汇经纪商进行的交易称为直接交易；反之，称为间接交易。

（三）中央银行

中央银行参与外汇市场的活动有两个目的：一是进行汇率管理；二是进行外汇储备管理。中央银行一般不直接参与外汇市场的活动，而是通过外汇经纪商进行外汇交易，以免暴露自己的身份。中央银行通过在外汇市场进行外汇交易，增加外汇储备或卖出多余的外汇资产，以影响本国货币的汇率。中央银行的主要动机不是获取收益，而是实现汇率目标。所以，尽管中央银行参与外汇市场的活动有时是为了外汇储备的保值和增值，但很多时候，中央银行是出于宏观经济管理的需要而宁愿承担外汇交易的风险，这是中央银行与其他市场参与者最为显著的区别。中央银行在外汇市场发挥的这种监督市场运行、干预汇率走势的作用表明，中央银行不仅是一般的外汇市场参与者，在一定程度上还可以说是外汇市场的实际操纵者。

（四）外汇的实际供给者和需求者

进出口商、跨国证券投资者、跨国公司、旅行者、留学生、移民等都是外汇的最终需求者或供给者。企业和个人都有可能需要利用外汇市场进行商业和投资活动，他们还会利用外汇市场来管理和规避国际交易中的汇率风险，如跨国公司作为套期保值者，一般会利用外汇远期合约的安排，保证以外币表示的资产和负债在合约期内的本币价值不变。个人需求者大多通过外汇专业银行进行交易，以获得外汇。

---

① 成为做市商需要具备一定的条件，如雄厚的资本和实力，对汇率的未来走势有较好的把握能力，在各大外汇市场都有结算账户，并有足够的能力清算大笔的外汇交易。

（五）外汇投机者和套汇者

投机者进行外汇交易的目的既不同于外汇经纪商，也不同于进行商业或投资活动的公司和个人，他们参与外汇市场仅仅是为了从市场本身的交易中获取收益。投机者出于自身的利益进行交易，无须服务于客户，也无须保证市场交易的连续性，其所得的利润都来自汇率变动。套汇者进行外汇交易的目的则在于从同一时刻、不同市场的汇率价差中获得无风险收益。

五、外汇市场的交易步骤

外汇市场主要有竞价交易和询价交易（over-the-counter，OTC）两种交易模式，询价交易是最主要的交易模式，一般有五个基本的交易步骤：询价、报价、成交、确认和交割。

（一）询价

询价就是发起外汇交易的一方询问对方有关货币的买入价和卖出价，但并不一定需要表明自己希望买入还是卖出。除了买卖价格，询价的内容还应包括交易的币种、数量、交易方式、交割时间以及其他可能影响交易价格的因素。按照惯例，交易金额通常以百万美元为单位，以 million 表示，缩写作 MIO 或 M。

（二）报价

接到询价的银行交易员迅速做出反应，向询价者双向报价，报出相关货币现汇或期汇的买卖价格。因为交易双方对汇价的大致水平都非常清楚，所以报价时一般只报出最后两位数字。如欧元对美元的即期汇率是 1.3156/1.3178，交易员只需报 56/78 即可。

（三）成交

询价者接到报价后需要在数秒钟内做出成交或放弃交易的表示。如果询价者表示愿意以报价成交，报价者则必须以报出的价格买卖外汇，不能反悔。如果询价者不满意该报价或者超过时间没有做出反应，则报价者可以撤销报价。外汇交易通信工具的多通道话音记录仪会把交易对话记录下来，打印出来的记录即可作为交易的原始凭证或交易合约。

（四）确认

因为询价、报价和成交都是通过电话、电传或电脑网络在非常短的时间内完成的，所以需要交易双方当事人将交易的所有细节以书面形式进行确认，以便清算工作的顺利进行和日后的查询。

（五）交割

交割是指买卖双方在合同规定的日期一手交钱一手交货的行为，即将卖出的外汇划入买方账户并收取相应款项的过程，这是最后一步，也是最有实质意义的一步。

六、全球外汇市场的特征

外汇市场与国际货币市场、国际资本市场、国际黄金市场以及国际金融衍生产品市场相互关联，共同组成了国际金融市场，同时又具有其本身的独特性。

（一）全球一体化运作，全天候交易

目前全球大约有数十个主要的外汇市场，遍布于世界各地。根据传统的地域划分，可分为亚洲、欧洲、北美洲三大部分。因时差的关系，全球外汇市场24小时都有交易。每个工作日，惠灵顿、悉尼、东京、香港、新加坡、法兰克福、苏黎世、巴黎、伦敦、纽约等外汇市场相继开市，周而复始，只有在共同的非工作日，外汇市场才会休市。外汇市场无形化程度很高，现代通信技术突破了时间和空间的限制，使得人们可以在任何一个通信网络覆盖的地方进行外汇交易。全球主要外汇市场交易时间分布见图3.1。

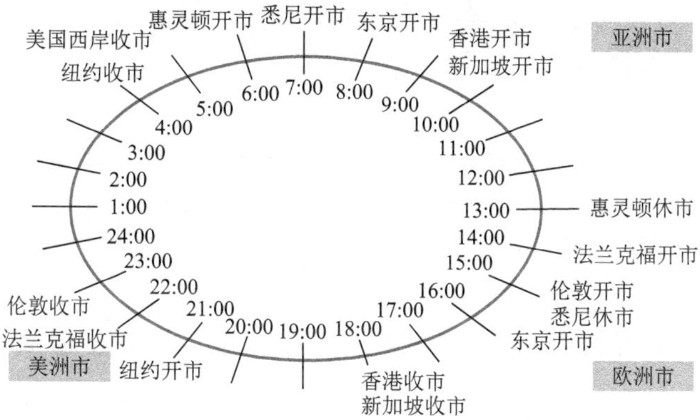

图3.1　全球主要外汇市场交易时间分布

图中时间为北京时间
资料来源：BIS官网

外汇市场各个时点的交易深度不尽相同，欧洲市场开市到美国市场收市的时间段是外汇市场交易量最大的时候，因为这是欧元对美元交易的主要时段。如果要确保一些大宗交易顺利实现，就应该选择在这段流动性最强的时间内交易。

（二）交易规模巨大

外汇市场作为一个国际性的金融市场，其产生的时间要比股票、黄金、期货、保险等市场晚，但发展迅速。自20世纪70年代开始，外汇市场跃居国际金融市场首位，其规模已远远超过股票、期货等其他金融商品市场。图3.2为BIS统计的1986～2019年全球日平均外汇交易量及主要产品的交易情况。[①]2004年及之前统计期间的全球日平均外

① BIS每隔3年会对外汇及外汇衍生品市场进行一次统计调查，最新公布的是2019年的统计数据。主要外汇交易品种分别为FX swaps（外汇互换）、spot（即期外汇交易）、outright forwards（直接远期外汇合约）、option（期权）、currency swaps（货币互换）。

汇交易规模都低于2万亿美元，2007年和2010年的全球日平均外汇交易规模快速增加，超过了3万亿美元，2013年和2016年的全球日平均外汇交易规模进一步突破了5万亿美元，分别为5.3万亿美元和5.1万亿美元，2019年更是跃升至6.6万亿美元的历史最高水平。

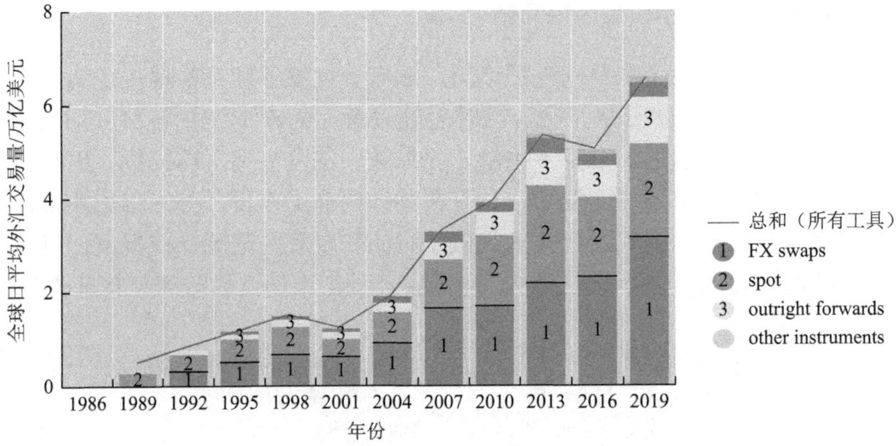

图3.2 1986～2019年全球日平均外汇交易量及主要产品的交易情况

三种主要外汇交易品种分别为FX swaps（外汇互换）、spot（即期外汇交易）、outright forward（直接远期外汇合约）；other instruments（其他工具）；每年的数据为该年4月的日平均交易量。
资料来源：BIS官网

（三）交易币种比较集中，新兴市场经济体货币交易地位日益重要

外汇市场的交易货币集中为美元、欧元、日元等发达国家货币，2019年BIS公布的数据显示，2019年美元以绝对优势继续保持第一大货币地位，占比88%；欧元排名第二，占比32%；日元虽然仍排名第三，占比17%，但比2016年有明显下降。英镑、澳大利亚元、加元和瑞士法郎的交易量分列全球第四至第七位。新兴市场经济体货币的交易量达到全球总交易量的四分之一，其中，人民币交易份额持续提升，日均交易量达2841.9亿美元，占比4.3%，在所有货币中排名第八，也是最大的新兴市场经济体货币（图3.3）。①

（四）交易地域分布集中

截止到2019年，伦敦依然是全球外汇交易最重要的城市，其交易量占全球外汇交易的43%。美国、英国、中国香港、新加坡和日本的总交易量占全球外汇交易的75%以上。全球八大外汇交易中心依次是英国伦敦、美国纽约、新加坡、中国香港、日本东京、瑞士苏黎世、法国巴黎及中国上海。中国上海成为全球第八大外汇处理中心。

（五）汇率波动频繁，不同市场间的汇率差日益缩小

各国的外汇市场已经连成了一个统一的全球大市场，各地的行情变化可以迅速传播，

---

① 由于每笔外汇交易都涉及两种货币，因此单种货币市场占比总和为200%。

套汇交易使各市场间的汇率差距能够迅速调整，最终使各个外汇市场的汇率趋同。由于现实交易存在成本，因此不同市场间的汇率可能存在一定差额，但若不足以抵补套汇成本的话则不存在套汇机会。

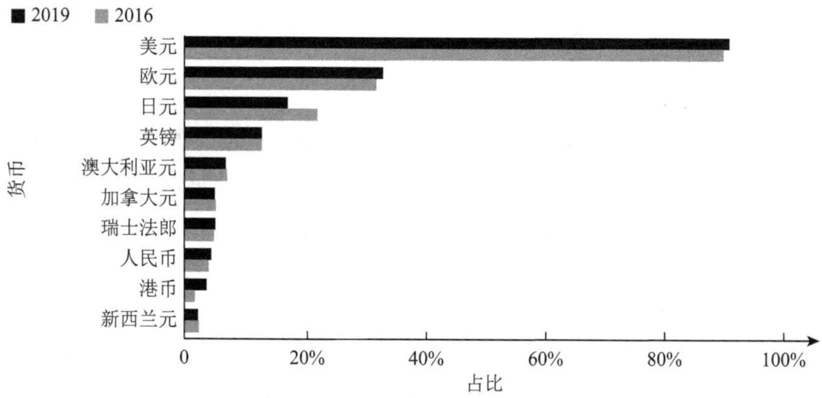

图 3.3 全球主要货币在外汇市场的占比

资料来源：BIS 官网

（六）衍生产品交易日益增多，即期交易的重要性降低

自 1995 年以来，衍生产品交易量一直高于即期交易量，并呈稳步上升态势。衍生产品交易量占全部外汇交易量的比重，从 1995 年的 58%上升到 2016 年的 67%，2019 年继续增加到 70%，其交易量已达同期即期交易量的两倍之多（图 3.4）。

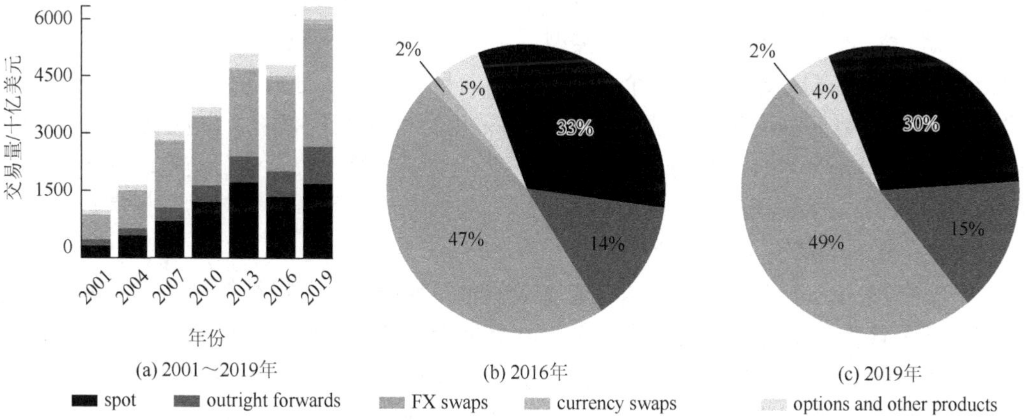

图 3.4 即期交易和衍生产品交易在外汇市场的占比

本图中个别数据加总不为 100%是由于四舍五入修约所致

BIS 每隔 3 年报送一次数据；spot 指即期外汇交易；outright forwards 指直接远期外汇合约；FX swaps 指外汇互换；options and other products 指期权及其他；因分项数据进行过修约，故图文数据不一致

资料来源：BIS 官网

（七）零和游戏

在外汇市场上，一种货币的汇率波动，让一方参与者获利的同时，肯定会让另一方

参与者受损，汇率波动对交易各方造成的盈亏总和为零。虽然外汇交易是零和游戏，但这并不意味着外汇交易没有意义，恰恰相反，正是通过外汇交易，人们在盈利性和安全性之间取得了某种平衡。

第二节 外汇交易

外汇市场的交易产品称作外汇交易，又称为外汇买卖，其主要目的是套期保值[①]和投机。外汇交易的类型随着市场发展日趋多样化，包括即期外汇交易、远期外汇交易、外汇掉期交易、外汇期货交易、外汇期权交易和金融互换。一般把即期外汇交易归为原生交易，把远期外汇交易、外汇掉期交易、外汇期货交易、外汇期权交易和金融互换归为外汇衍生交易。[②]

外汇衍生交易有着高度的灵活性和杠杆性，同时也具有高风险和高回报性。它就像一把双刃剑，既可用于规避风险，也可能产生更大的风险。外汇衍生交易的复杂性和巨大的交易规模，已对国际金融机构风险的管理构成重大挑战。

一、即期外汇交易

（一）即期外汇交易的概念和作用

1. 即期外汇交易的概念

即期外汇交易又称现汇交易，是指外汇买卖成交后在两个营业日内办理交割的外汇交易。交割日又称结算日，也称起息日，是指进行资金交割的日期。

即期外汇交易的交割日包括三种类型：①标准交割日（value spot），是指采用 $T+2$ 的交割方式，即在成交后的第二个营业日交割。目前大部分的即期外汇交易都是这种形式，银行和各类金融信息平台上的报价，都采用标准交割日报价。②隔日交割（value tomorrow），是指采用 $T+1$ 的交割方式，即在成交后的第一个营业日交割。③当日交割（value today），是指采用 $T+0$ 的交割方式，即在成交当日交割。银行与当地客户的零星即期外汇交易一般都是当场进行交割。

需要指出的是，两个营业日是以成交地的时间为准而不是以结算地为准。如伦敦的两家银行进行美元交易，成交地为伦敦，结算地为纽约，则营业日以伦敦的时间为准。此外，根据国际惯例，交割日必须是两种货币的发行国家或地区的各自营业日，并且遵循“价值抵偿原则”，即一项外汇交易合同的双方必须在同一时间进行交割，以免任何一方因交割的不同时而蒙受损失。

---

① 套期保值是指当事人采用远期、掉期、期货、期权等各种避险工具来对冲或抵消外汇风险，与抵补为同义词。与之相反的做法叫作投机（speculating）。

② 中国银行业监督管理委员会发布的2004年3月起施行的《金融机构衍生产品交易业务管理暂行办法》对衍生产品的定义是：“本办法所称衍生产品是一种金融合约，其价值取决于一种或多种基础资产或指数，合约的基本种类包括远期、期货、掉期（互换）和期权中、种或多种特征的结构化工具。”

2. 即期外汇交易的作用

（1）满足国际商品贸易的付款需要，实现货币购买力的转移。如某进出口公司持有美元，但商务合同中约定的支付货币是日元，则该公司就可以通过即期外汇买卖，卖出美元，买入日元，以满足对外支付日元的需求。

（2）调整各种货币头寸，规避风险。如某国外汇储备中美元所占比重较大，为了防止美元下跌带来损失，可以卖出一部分美元，买入日元、欧元等其他货币，分散外汇风险。

（二）即期外汇交易中的套汇交易

套汇交易（currency arbitrage）是指利用两个或两个以上不同外汇市场的汇率差异，在低价市场买入某种货币，同时在高价市场卖出该种货币，以赚取利润的活动。在实际的外汇市场上，高度发达的通信技术使得各地外汇市场的汇率差异非常小，而且这种差异转瞬即逝，因此只有交易设备精良、资金雄厚的大银行才有可能通过套汇交易赚取利润。与此同时，套汇交易也会使各外汇市场的汇率迅速趋于一致，从而导致套汇机会消失。

根据是否涉及多个外汇市场，套汇交易一般可分为直接套汇和间接套汇。

1. 直接套汇

直接套汇（direct arbitrage）又称双边套汇或两角套汇，是指利用两个外汇市场的汇率差异进行贱买贵卖，以赚取利润的活动。这是最简单的套汇方式，我们以一个简单的例子予以说明。

例 3.1　纽约外汇市场和香港外汇市场在某一时间的汇率分别为

纽约市场：USD/HKD = 7.7666/7.7689

香港市场：USD/HKD = 7.7530/7.7566

从上述汇率可以看出，香港的美元比纽约便宜，套汇者可以选择在香港买入美元，同时在纽约卖出美元。具体操作如下：在香港市场套汇者支付 7.7566 港元，买进 1 美元；同时在纽约市场卖出 1 美元，收进 7.7666 港元。1 美元的套汇交易可以赚取 0.01 港元的点差。

如果套汇交易继续进行下去，则香港市场上美元需求增加/供应减少，港元需求减少/供应增加，那么在香港市场上，美元汇率必定上升，港元汇率必定下跌。同理在纽约市场上，套汇者的交易会导致美元汇率下跌，港元汇率上升，从而使两地汇率趋于一致。

在理论上，套汇交易是一种无风险交易，但如果第一笔交易发生后市场的汇率出现不利变化，而第二笔交易尚未完成，那么套汇者就要承担汇率风险。套汇交易要花费佣金、电传费用等交易成本，所以只有在汇差大于交易成本，并有足够的利润使套汇者愿意承担汇率风险的情况下，套汇交易才可能发生。

2. 间接套汇

间接套汇（indirect arbitrage）又称三角套汇（three point arbitrage）或多角套汇（multiple point arbitrage），是指利用三个或更多不同外汇市场的汇率差异进行贱买贵卖，以赚取利润的活动。

判断三个市场是否有套汇机会，基本的计算步骤是首先选择其中的两个汇率，用套算汇率的计算方法套算成第三种汇率的表示方式[①]，再与第三种汇率进行比较，以判断是否存在套汇机会。我们来看下面的例子。

例 3.2 以下是某日三个外汇市场的即期汇率

纽约外汇市场：GBP/USD = 1.8400/1.8492①

伦敦外汇市场：GBP/HKD = 14.442/14.462②

香港外汇市场：USD/HKD = 7.7800/7.7810③

要想成功进行套汇，首先必须判断这三个市场是否存在汇率价差，其次要知道投资者手中持有的货币在哪个市场更贵，这些都可以通过套算汇率判断。

本例中，通过①式和②式的套算：

$$14.442 \div 1.8492 \approx 7.8099，14.462 \div 1.8400 \approx 7.8598$$

可得：USD/HKD = 7.8099/7.8598④

把③式和④式做比较，就可以判断出美元在伦敦外汇市场和纽约外汇市场更贵。

据此，具体套汇过程如下：在纽约外汇市场上将美元换成英镑，在伦敦外汇市场上将英镑换成港元，再到香港外汇市场上将港元换成美元，如果投资者本金为 10 万美元，经过这一过程将变成：

$$10 \div 1.8492 \times 14.442 \div 7.7810 \approx 10.037（万美元）$$

不考虑交易成本，投资者净收益为 0.037 万美元。

需要指出的是：①套汇只有在参与者能够及时获得报价并进行交易时才有可能存在，一般情况下，只有外汇交易员才能够进行这种套汇活动，公众参与者很难进行套汇；②外汇交易员一旦识别套汇机会，须迅速做出反应，因为这种机会转瞬即逝；③银行交易员进行套汇时，并不需要本金，只需银行的信用等级即可，因为交易员的交易和最终平仓是通过电信方式在未来两天的正常结算期内进行的；④套汇只有在没有外汇管制和政府干预的条件下才能顺利进行。

二、远期外汇交易

（一）远期外汇交易的概念和作用

1. 远期外汇交易的概念

远期外汇交易（forward exchange transaction）又称期汇交易，是指外汇交易双方在买卖成交后并不立即办理交割，而是在约定的日期按约定的汇率办理交割的外汇交易。只要是在成交后的两个营业日之后才完成交割的都是远期外汇交易，常见的交割期限一般有 1 个月、2 个月、3 个月、6 个月和 1 年，其中最常见的是 3 个月和 6 个月。

20 世纪 70 年代初期，布雷顿森林体系崩溃，世界范围内的汇率制度总体上从以固定汇率为主向以浮动汇率为主转变，在浮动汇率制度下，汇率波动加剧，为规避由此带来的汇率风险，远期外汇市场迅速发展起来。

---

① 套算汇率的计算方法详见第二章第三节相关内容。

2. 远期外汇交易的作用

（1）利用远期外汇交易进行套期保值。它为市场提供了避险保值的金融工具，如从事国际经济交易的进出口商和投资者，在经营过程中都会面临汇率变动的风险，远期外汇交易的出现，使他们可以通过签订远期合约，锁定经济活动中的成本或收益。

（2）利用远期外汇交易进行外汇投机。投机者可以通过建立远期外汇头寸，得到获利机会。如果投机者预期外汇市场上某种货币的汇率将要下跌，则预先卖出该种货币（做空头），待将来价格下降，再行买入以抵补空头。反之，如果投机者预期外汇市场上某种货币的汇率将要上升，则预先买进该种货币（做多头），待将来价格上升再卖出。如此贱买贵卖，投机者便可能从中赢得利润。

（二）远期外汇交易的类型

根据交割日的不同，远期外汇交易可分为固定交割日的远期外汇交易和选择交割日的远期外汇交易两种类型。

1. 固定交割日的远期外汇交易

固定交割日的远期外汇交易是指交易的交割日期是确定的，交易双方必须在约定的交割日期办理外汇的实际交割，既不能提前也不能推后。

2. 选择交割日的远期外汇交易

选择交割日的远期外汇交易又称择期交易，是指交易没有固定交割日，询价方有权在约定期限内要求交易对方按约定的远期汇率进行交割。当企业不知道支付的具体日期，希望不要固定交割日期但又需要锁定汇率时，择期交易就产生了。

银行应选择对自己有利的报价，因此择期交易中远期汇率的报价应该遵循以下原则：①报价银行买入被报价币，若被报价币升水，按选择期开始的汇率报价；若被报价币贴水，按选择期结束的汇率报价。②报价银行卖出被报价币，若被报价币升水，按选择期结束的汇率报价；若被报价币贴水，按选择期开始的汇率报价。

（三）远期汇率的决定

影响远期汇率升降的因素十分复杂。两国利率的差异、货币的供求关系、人们的货币投机活动及两国的政治、经济形势变化等都会对远期汇率产生很大的影响，但其中绝大部分因素对远期汇率产生的影响都难以进行精确计算。

在实际交易中，一般根据利率平价理论确定即期汇率和远期汇率之间的关系。根据利率平价理论，远期汇率取决于两国之间的利率差。简单地说，利率高的货币，其远期汇率表现为贴水；利率低的货币，其远期汇率表现为升水。远期升（贴）水的计算公式为

远期升（贴）水 = 即期汇率×本外币利率差×远期天数/360

例 3.3　设美元对日元即期汇率为 80.52/81.10，远期天数为 90 天，美元利率为 1.25%，日元利率为 0.1%，则 90 天远期美元对日元的汇率是多少？

（1）判断：美元利率高于日元利率，美元远期汇率贴水。

（2）由以上公式可以计算出美元远期 90 天的贴水点数为

90 天远期贴水（买价）= 80.52×(0.1%–1.25%)×90/360 ≈ –0.2315

90 天远期贴水（卖价）= 81.10×(0.1%−1.25%)×90/360 ≈ −0.2332

（3）则 90 天远期美元对日元的汇率为

USD/JPY = (80.52−0.2315)/(81.10−0.2332) = JPY80.2885/80.8668

（四）远期外汇交易的应用

如前所述，远期外汇交易可以用于套期保值和投机。下面的例子充分说明了它的套期保值功能。

例 3.4 国内某家具出口企业 A 公司预计 3 个月后将收到 100 万美元销售收入，该企业财务部门遵循公司内部财务制度和汇率风险中性理念与银行签订了 3 个月远期结汇业务合约，签约时的即期结汇汇率为 6.4730，锁定的远期结汇汇率为 6.5130。到期日无论市场上人民币对美元即期汇率如何变动，A 公司都可以按照 6.5130 进行结汇交割。

若该企业未签订远期结汇合约，则 3 个月后该企业可以按照市场即期汇率结汇。假设人民币对美元即期汇率在到期日升值至 6.40，则该企业只能按照 6.40 进行结汇；假设人民币对美元即期汇率在到期日贬值至 6.55，则企业可以按照 6.55 进行结汇。因此，远期结汇帮助企业提前锁定了汇率风险敞口的结算成本，规避了人民币汇率波动的不确定性，有利于企业更有效地管控财务成本。

三、外汇掉期交易

（一）外汇掉期交易的概念

外汇掉期交易（foreign exchange swap）又称外汇换汇交易，是指将币种相同，但交易方向相反、金额相等、交割日不同的两笔或两笔以上的外汇交易结合起来进行的交易。简言之，就是以 A 货币兑换成 B 货币，并于未来某一特定时间，再以 B 货币换回 A 货币的交易。外汇掉期交易的主要目的是轧平各货币到期日不同所造成的资金缺口。在掉期交易中，一种货币在被买入的同时被卖出，并且所买入货币与所卖出货币在数额上相等，因此，掉期交易并不改变交易者的外汇净头寸，而只是所买卖的货币在期限上不同，交易的结果是交易者所持有的货币期限发生变化，从而达到规避汇率风险的目的。

掉期交易与一般的套期保值有所不同：①掉期交易改变的是交易者手中持有外币的期限，而非其数额，因而外汇净头寸不变，不存在汇率波动风险；②掉期交易强调买入和卖出的同时性；③掉期交易绝大部分是针对同一交易对手进行的，可见，掉期交易的主要功能是保值，适用于有返回性的外汇交易，即一来一回。一般的套期保值可能只发生一笔外汇交易，即使有两笔交易，也未必同时发生。

（二）外汇掉期交易的基本形式

外汇掉期交易按交割日期的不同，可划分为三种类型。

1. 即期对即期的掉期交易

即期对即期的掉期交易（spot-spot swap），又称“一日掉期”（one day swap），是指在即期交割日以前的掉期交易。主要用于银行同业的隔夜资金拆借，避免短期资金的汇率风险。

常见的即期对即期的掉期交易有两种形式。

（1）今日对次日掉期（today/tomorrow swap），又称“隔夜交易”（over-night，O/N），即在买进（或卖出）当日交割的即期外汇的同时，卖出（或买进）下一个营业日交割的同种货币的即期外汇交易。也就是说，第一个交割日是交易日当天，第二个交割日是次日的掉期交易。

例 3.5　星期一同时做两笔交易：买入 200 万美元，当天交割；卖出 200 万美元，星期二交割。

（2）明日对后日掉期（tomorrow-next swap），又称“隔日交易”（tom-next，T/N），即在买入（或卖出）交易日后第一个营业日交割的即期外汇的同时，卖出（或买入）交易日后第二个营业日交割的同种货币的即期外汇交易。也就是说，第一个交割日安排在明天，第二个交割日安排在后天。

例 3.6　星期一同时做两笔交易：买入 300 万美元，星期二交割；卖出 300 万美元，星期三交割。

2. *即期对远期的掉期交易*

即期对远期的掉期交易（spot-forward swap）是指买进（或卖出）某种即期外汇的同时，卖出（或买进）同种货币的远期外汇。这是最常见的掉期交易形式，可分为买入即期外汇/卖出远期外汇、卖出即期外汇/买入远期外汇两种方式。

3. *远期对远期的掉期交易*

远期对远期的掉期交易（forward-forward swap）是指买进和卖出两笔同种货币但交割期不同的远期外汇。该交易有两种交易方式：一是买进较短交割期的远期外汇（如 30 天），卖出较长交割期的远期外汇（如 90 天）；二是买进较长交割期的远期外汇，卖出较短交割期的远期外汇。如一个交易者在卖出 100 万 30 天远期美元的同时，又买进 100 万 60 天远期美元，这笔交易就是远期对远期的掉期交易。这种交易方式可以使银行及时利用较为有利的汇率时机，并在汇率的变动中获利，因此越来越受到重视。

例 3.7　美国某银行在 1 个月后将收到一笔 1000 万英镑的收入，同时又要在 3 个月后向外支付 1000 万英镑。如果市场上的汇率有利，它就可以进行一笔远期对远期的掉期交易。

设某天外汇市场的汇率为

即期汇率：GBP1 = USD1.5470/80

1 个月远期汇率：GBP1 = USD1.5378/90

3 个月远期汇率：GBP1 = USD1.5239/52

此时，该银行可做如下掉期交易：卖出 1 个月的远期英镑（汇率为 1.5378 美元），买入 3 个月的远期英镑（汇率为 1.5252 美元），每英镑可获收益 0.0126 美元，1000 万英镑共获利 12.6 万美元。由此可见，掉期交易使银行在汇率的变动中获利。

四、外汇期货交易

(一)外汇期货的概念

外汇期货(foreign exchange future)又称货币期货(currency future),是指交易双方通过期货交易所按约定的汇率、在约定的将来时间,买卖标准数量外汇合约的交易方式。外汇期货是金融期货中最早出现的品种,目前,芝加哥商品交易所(Chicago Mercantile Exchange,CME)在国际外汇期货交易中占据主导地位,交易的主要币种有美元、欧元、英镑、日元、瑞士法郎、加拿大元和澳大利亚元。

期货的发展历史

(二)外汇期货交易的特征

1. 合约的标准化

合约的标准化是外汇期货合约及其他所有期货合约的主要特征。外汇期货合约的标准化是指合约的交易币种、合约金额、交易时间、交割时间等都有统一的规定,即每一份外汇期货合约都有大量的与其完全同质化的合约,投资者可以随时以市价在交易所买卖不同数量的该种合约。

外汇期货合约通常以“手”作单位,每一手合约就是一个标准化的产品,外汇期货合约的标准化体现在以下几个方面。

1)合约的货币及其报价

在外汇期货交易所交易的货币一般是可以自由兑换的几种主要货币。如 CME 期货合约的主要标价货币有英镑、日元、加拿大元、瑞士法郎、欧元等。外汇期货市场上的报价不同于即期外汇市场的报价,期货市场的汇率均以美元为计价货币。

2)合约的金额

每份外汇期货合约都是金额固定的合约,交易双方只能买卖几份合约或者几手合约。如 CME 规定每份英镑合约的金额是 62 500 英镑,每份日元合约的金额是 1250 万日元。

3)合约的交割月份和交割日期

期货合约都有标准化的交割月份。期货交易所规定,期货交易只能在规定的交割月份交割,其他时间只能买卖对冲,不能交割。如 CME 规定外汇期货合约的交割月份分别是 3 月、6 月、9 月、12 月。不仅合约的交割月份是标准化的,合约的交割日期也是标准化的。CME 的合约到期时间是每个合约到期月份的第三个星期三。绝大部分期货合约持有人会在终止日之前选择对冲交易平仓,以避免实际交割带来成本和手续上的麻烦。

4)最小价格变动金额和每日最高限价

每份期货合约中都规定了最小价格变动金额和每日最高限价,如 CME 规定英镑合约的最小价格变动金额为 12.5 美元。英镑合约内含的最小汇率变动为 0.0002 美元,合约金额为 62 500 英镑,故最小价格变动金额应为 $0.0002 \times 62\,500 = 12.5$ 美元。

最高限价是指外汇期货合约每日价格的最大波动幅度,俗称涨跌停板。

2. 保证金制度

为了防止期货合约亏损的一方违约,期货交易所规定买卖期货合约必须缴纳一定的保证金。保证金金额一般为合约价值的 1%～10%。保证金制度使期货交易成为一种杠杆交易，能够起到以小博大的作用。同样，如果以期货进行投机交易，那么保证金的杠杆作用也会使期货交易的风险放大数倍甚至数十倍。

各个国家规定的保证金制度有所不同。美国的保证金分为初始保证金（initial margin）和维持保证金（maintenance margin）。初始保证金是指在签订期货合约时须缴纳的保证金。如 CME 规定每份英镑合约的初始保证金为 1620 美元。维持保证金是指保证金的最低水平。由于汇率每日变动，合约持有者每天会有一定的盈利或亏损，其对应的保证金也会增多或减少。当保证金增加至超过初始保证金水平时，投资者可提取超出部分；当保证金减少至低于维持保证金水平时，交易所就会要求合约持有者增加保证金，使保证金达到初始保证金的水平，以保证期货合约的持有者不会到期违约。

3. 公开叫价制度

公开叫价（open outcry）制度是指外汇期货交易必须在集中性的交易所通过公开叫价的方式成交，任何一种外汇期货合约公开形成的价格对所有投资者有效。外汇期货市场的公开叫价方式主要有两种：一种是电脑自动撮合成交的方式；另一种是会员在交易大厅公开叫价的方式。在电脑自动撮合方式下，无论是集合竞价还是连续竞价，都遵循“价格优先，时间优先”的总原则。公开叫价由期货交易所的会员进行，其他有意进行外汇期货交易的非会员必须通过会员在期货交易所大厅内公开叫价成交。

4. 每日清算制度

每日清算制度（mark to market daily）又称逐日盯市制度，是指每个交易日结束后，清算机构按照最后若干笔交易的均价确定当天的清算价格。交易者的头寸每天都要根据清算价格计算盈亏，盈亏分别计入保证金账户。如果清算价格上涨，那么持有多头头寸的保证金账户将会出现现金流入，而持有空头头寸的保证金账户将会出现相等金额的现金流出。这一过程被称为每日清算制度。

（三）外汇期货市场的组织结构

外汇期货市场由四部分构成，即期货交易所、清算机构、期货经纪公司和期货交易者。

1. 期货交易所

期货交易所作为外汇期货市场最重要的组成部分，是专门进行标准化期货合约买卖的场所。当今全球大部分期货交易所以股份公司的形式向当地政府申请注册，经纪公司通过其在交易所注册登记的职员进行场内交易活动。

2. 清算机构

清算机构又称清算所、清算公司、结算公司。每一个期货交易所都有一个与它相关联的清算所，负责期货合约的交易与登记。清算所可以是一个独立的组织，也可以是交易所的附属公司。清算所充当交易双方的最后结算者，有利于规避外汇期货交易中的信用风险和价格风险，确保外汇期货市场的交易活动稳定、有序地进行。

3. 期货经纪公司

期货经纪公司也称期货佣金商，是指依法设立的、接受客户委托、按照客户的指令、以自己的名义为客户进行期货交易并收取手续费的中介机构。

4. 期货交易者

一般的期货交易者主要指那些不是交易所会员的客户，也指代表经纪行从事自营业务的场内交易商。根据他们参与外汇期货交易的目的，可以分为两类：一类是套期保值者；另一类是投机者。前者从事外汇期货业务是出于对其未来的外汇收益或支出及在现货市场上的交易活动的考虑，其主要目的是规避汇率波动的风险；后者则是根据对外汇期货价格的预测，通过在外汇期货市场上买空卖空的交易谋求利润。

（四）外汇期货交易与外汇远期交易的区别

1. 标准化合约

期货合约的规模和到期日都是标准化的，客户可以选择购买合约的数量，即可以选择购买几份合约，但不能决定单个合约的规模。客户也不可以选择期货合约的到期日。而远期合约的规模和到期日由交易双方自行协商。

外汇期货标准化合约不是为交易主体量身定做的，与远期合约相比，这是期货合约的劣势。但是合约的标准化使期货合约具有非常强的流动性，买卖和转手十分方便，从这个角度看期货合约又优于远期合约。

2. 交易场所

期货合约有固定的交易场所，在有形交易所里进行，采取指令驱动模式，是集中交易。远期合约通常采用电讯方式达成交易，采取报价驱动模式，是客户与银行之间的一对一交易，属于场外交易。

3. 保证金

期货合约的投资者必须缴纳一定的保证金。远期合约一般以彼此的诚信和双方的友好关系为交易基础，在交易到期前不涉及任何现金支付，没有保证金要求。

五、外汇期权交易

（一）外汇期权的概念

外汇期权（foreign exchange option）又称货币期权（currency option），是指期权的买方在支付给期权的出售者一笔期权费后，获得在合约到期日或期满前按预先约定的汇率（即执行价格）购买或出售某种货币的权利。如果行市有利，期权的买方有权买进或卖出该种外汇资产；如果行市不利，期权的买方可以不行使期权，放弃买卖该种外汇资产的权利。而期权的卖方则有义务在买方要求履约时，卖出或买进期权买方欲买进或卖出的该种外汇资产。外汇期权买卖的直接对象是外汇合约，主要以美元、欧元、日元、英镑、瑞士法郎、加拿大元和澳大利亚元为标的物。

期权的发展历史

（二）外汇期权合约的内容

以场内期权为例，外汇期权合约的内容主要包括以下几方面。

1. 标准化的合约要素

外汇期权合约除了期权的价格是在市场上通过公开竞价形成外，其他条款如到期日、交易品种、交易金额、交易时间等都是事先规定好的，是标准化的。

2. 期权的主体

在外汇期权交易中，首先要明确交易主体之间的关系。期权买卖的交易主体有买方和卖方。期权费支付完毕后，期权的买方获得期权，不再有义务；期权的卖方只有依权利方要求交易的义务，不再有权利。

3. 货币交易方向

在外汇期权交易中，必须确定货币的交易方向。外汇买卖意味着买入一种货币的同时卖出另一种货币，对于一笔外汇期权来说，它是一种货币的买权，同时也是另一种货币的卖权，因此必须明确这两种货币的交易方向。

4. 执行价格

执行价格（exercise price 或 strike price）又称协定价格、履约价格、约定价格，是指外汇期权交易双方约定的期权到期日或期满前双方交割时所采用的买卖价格。执行价格一旦确定，则在期权合约规定的期限内，无论市场价格如何变动，只要期权的买方要求执行该期权，期权的卖方就必须按照此价格来履行义务。

5. 期权费

期权费（premium）又称期权价格、保险费，是指市场上买卖外汇期权的价格或费用。一般而言，期权费由期权市场的供给和需求关系决定，它反映了交易双方对这项权利做出的估价。无论期权的买方是否履行合约，其所交付的期权费都不能收回。期权费不是固定的，而是依期权定价模型①，如布莱克-斯科尔斯定价模型（B-S 模型）来确定。影响期权费的因素有外汇的即期汇率、期权合约的协定汇率、外汇汇率的预期波幅、利率水平、合约的到期时间等。

6. 成交日

期权的成交日又称到期日、约定日，是指外汇期权交易双方达成期权交易，确定期权有关内容的日期。

7. 期权费支付日

期权费支付日又称权利金交付日，在一般情况下，期权的买方必须在期权成交日后的第二个银行工作日将期权费交付给卖方，与即期外汇买卖的起息日相同。

8. 合约到期日

合约到期日是指期权的买方决定是否要求执行期权合约的最后日期。如果超过了这一时限，买方没有通知卖方要求履约，即表明买方已经放弃了这一权利。期权合约的有效期有按周、季、年及连续月等不同的时间期限。

---

① 莫顿同一时间也得到了与布莱克-斯科尔斯定价模型相同的公式及有关期权的结论，布莱克-斯科尔斯定价模型亦可称为布莱克-斯科尔斯-莫顿定价模型。莫顿扩展了原模型的内涵，使之可运用于许多其他形式的金融交易。1979 年考克斯、罗斯和鲁宾斯坦提出了二项式模型（binomial model），该模型建立了期权定价数值法的基础，解决了美式期权定价的问题。

（三）外汇期权的分类

外汇期权根据交易地点、被赋予的权利和履约时间的不同，可以划分为以下三种类型。

1. 按交易地点的不同划分

1）场内期权

场内期权（exchange-traded option 或 exchange-list option）是指在有组织的交易所进行交易的标准化的外汇期权合约。世界上知名的期权交易所场内期权的执行价格、合约到期日、交易品种、交易金额、交易时间、交易地点等都是在合约中事先规定好的。场内期权的买卖双方不直接接触，而是通过经纪人进行间接交易。场内期权的卖方被要求开立保证金账户，通过清算公司保证期权合约的执行。

2）场外期权

场外期权（over-the-counter option）又称为店头期权或柜台期权，是指在非集中性的交易场所进行交易的非标准化的外汇期权合约。场外期权合约不要求标准化，交易品种、交易金额、协定价格及交易时间均由买卖双方自行商定。场外期权由买卖双方通过电子通信网络直接进行交易，参与者主要是实力雄厚、信誉卓著的大金融机构，交易比较灵活，交易双方不需要缴纳保证金。

2. 按被赋予的权利的不同划分

1）看涨期权

看涨期权（call option）又称买入期权或买权，是指期权的买方拥有在期权合约有效期内按协定价格买进一定数量外汇的权利。看涨期权的买方需要在购买时支付给卖方一定数量的期权费，以取得按约定汇率购买特定数量外汇的权利。看涨期权的卖方取得期权费，并有义务应买方的要求售出外汇。

2）看跌期权

看跌期权（put option）又称卖出期权或卖权，是指期权的买方拥有在期权合约有效期内按协定价格卖出一定数量外汇的权利。看跌期权的买方需要在购买时支付给卖方一定数量的期权费，以取得按约定汇率出售特定数量外汇的权利。看跌期权的卖方取得期权费，并有义务应买方的要求买进外汇。

3. 按履约时间的不同划分

1）欧式期权

欧式期权（European style option）是指期权的买方只有在期权到期日当天才能行使的期权。它在大部分场外交易中被采用。

2）美式期权

美式期权（American style option）是指期权的买方可以在成交后的有效期内任何一天要求执行的期权，多为场内交易所采用。美式期权可为买方提供更多的选择机会，使期权买方可以选择在更有利的时间行使期权。正因为如此，在其他条件相同时，美式期权的期权费高于欧式期权。

（四）外汇期权交易的应用

外汇买卖意味着买入一种货币的同时卖出另一种货币，因此对一笔外汇期权来说，它是一种货币的看涨期权，同时也是另一种货币的看跌期权。对于某种货币的看涨期权而言，当该种货币升值时，买方获利，卖方亏损；当该种货币贬值时，买方损失期权费，卖方获得期权费。对于某种货币的看跌期权而言，当该种货币贬值时，买方获利，卖方亏损；当该种货币升值时，买方损失期权费，卖方获得期权费。外汇期权交易主要有以下四种应用。

1. 买入看涨期权策略

买入看涨期权（buy call，long call）是指期权的买方在支付期权费后，获得在到期日或到期日之前按执行价格买入期权合约规定的某种外汇的权利，就是期权买方购买了一个“买的权利”。当投资者预期某外汇汇率上涨，或拥有外汇应付账款时，可购买该货币的看涨期权，以防汇率上涨的风险。

若未来标的货币的市场价格果真上涨且涨至盈亏平衡点（执行价格＋期权费）之上，则买方可通过执行期权获利；若未来标的货币的市场价格不升反跌，则买方可放弃执行期权，其最大的损失就是支付的期权费。

2. 买入看跌期权策略

买入看跌期权（buy put，long put）是指期权的买方在支付期权费后，获得在到期日或到期日之前按执行价格出售期权合约规定的某种外汇的权利，就是期权买方购买了一个“卖的权利”。当投资者预期某外汇汇率下跌，或拥有外汇应收账款时，可购买该货币的看跌期权，以防汇率下跌的风险。

若未来标的货币的市场价格果真下跌且跌至盈亏平衡点（执行价格–期权费）之下，则买方可通过执行期权获利；若未来标的货币的市场价格不跌反升，则买方可以放弃执行期权，其最大的损失就是支付的期权费。

3. 卖出看涨期权策略

卖出看涨期权（sell call，short call）是指期权合约的卖方在收取一定的期权费后，赋予期权买方将来按执行价格买进期权合约规定的某种外汇的权利，就是期权卖方卖出了一个“买的权利”，因为其预测该货币的汇率的下降或上涨幅度不大。

当市场价格朝着卖方所预期的方向变化时，其最大收益就是收取的期权费。但当市场价格朝着与卖方预期相反的方向变动（即市场价格不跌反升）且涨至盈亏平衡点（执行价格＋期权费）之上时，卖方就要遭受损失，且价格越上涨损失越大。

4. 卖出看跌期权策略

卖出看跌期权（sell put，short put）是指期权合约的卖方在收取一定的期权费后，赋予期权买方将来按执行价格卖出期权合约规定的某种外汇的权利，就是期权卖方卖出了一个“卖的权利”，因为其预测该货币的汇率的上涨或下跌幅度不大。

当市场价格朝着卖方所预期的方向变化时，其最大收益就是收取的期权费。但当市场价格朝着与卖方预期相反的方向变动（即市场价格不升反跌）且跌至盈亏平衡点（执行价格–期权费）之下时，卖方就要遭受损失，且价格越下跌损失越大。

六、金融互换

（一）金融互换的概念

金融互换（financial swap）是指交易双方通过签订互换协议，同意在未来一定期限内互相交换一定的现金流或资产的交易。互换交易作为重要的金融衍生工具之一，已经成为降低融资成本、进行资产负债管理的有效手段，被跨国公司、商业银行甚至是一些国际机构和许多国家政府运用于汇率和利率风险的管理。据统计，国际上发行的大部分债券都进行过互换交易。

（二）金融互换的类型

金融互换有货币互换和利率互换两种类型。

1. 货币互换

货币互换（currency swap）又称货币掉期，是指交易双方通过签订互换协议，在一定期限内将以不同货币计价的本金进行互换，并互相支付利息，到期后将本金换回。

世界上第一笔货币互换是所罗门兄弟公司于1981年8月为世界银行和IBM（International Business Machines，国际商业机器）公司安排的。当时，世界银行需要瑞士法郎和德国马克资金，但因其利率较高，直接在瑞士和德国筹措资金成本较高；而IBM公司正好拥有瑞士法郎和德国马克的融资额度，但担心瑞士法郎和德国马克升值，想换成以美元计价的债务。通过互换，双方的要求都得到了满足。世界银行以较低的利率发行2.9亿美元的美元债券，通过互换得到了瑞士法郎和德国马克；而IBM公司则换得了美元，规避了瑞士法郎和德国马克汇率上升的风险，并且实现了互换之前美元汇率上升的收益。

货币互换主要分为三个步骤：①双方本金的初始互换；②双方定期支付利息；③双方本金的再次互换。

2. 利率互换

利率互换（interest rate swap）是指交易双方在债务币种相同的情况下，互换以一定名义本金为基础的不同支付形式的利率的业务。因为交易以同种货币表示，所以这里的名义本金只是双方计算利息的基础，互换交易并不需要支付本金，而且利息也是采取净额支付的形式来结算。利率互换包括息票互换（coupon swap）和基础互换（basis swap）两种形式。息票互换是指固定利率对浮动利率的互换；基础互换是指双方互换不同参照利率的利息支付，为一种浮动利率对另一种浮动利率的互换，如美国优惠利率对LIBOR（London interbank offered rate，伦敦同业拆借利率）的互换。

下面举例说明固定利率对浮动利率的互换。

例 3.8 某英国投资者向巴克莱银行购买了利率互换合约，期限为5年、本金100万英镑、利率固定为5%。合约中用于交换的浮动利率为LIBOR + 1%，利息每6个月支付1次。出现了以下两种情形。

情形一：当LIBOR为4%时，浮动利率便为5%，利率差为零。即投资者付出5%的固定利息，又收取5%的浮动利息，因此并无实际利息交割。

情形二：当 LIBOR 上升为 5%时，浮动利率便为 6%，投资者仍付出 5%的固定利息，却能收取 6%的浮动利息，利率差额为 1%，对投资者有利，银行需付给对方借款金额 100 万英镑的 1%（即 1 万英镑）。投资者持有的这份利率交换合约因而溢价。

➢ 专栏 3.1

金融衍生工具操作失败的三个经典案例

1. 巴林银行破产事件

巴林银行破产事件，堪称金融衍生工具操作失败的经典案例。1995 年 2 月 26 日，新加坡巴林公司的期货经理尼克·里森投资日经 225 股指期货失利，导致巴林银行遭受合计 14 亿美元的巨额损失，最终巴林银行无力继续经营而宣布破产。从此，这个有着 233 年经营史和良好业绩的老牌商业银行在全球金融界消失。正是从这次事件开始，金融衍生工具的高风险被广泛认识，从里森个人的判断失误到整个巴林银行的倒闭，伴随着金融衍生工具成倍放大的投资回报率的是同样成倍放大的投资风险，这是由金融衍生工具本身的杠杆特性决定的。

2. 中航油石油衍生产品亏损事件

2004 年中国航油（新加坡）股份有限公司（简称中航油）从事大额石油衍生产品交易，在场外市场卖出大量看涨期权，但未进行反向交易对冲风险，导致了 5 亿美元的巨额亏损。这一事件震动全球金融界，警示了衍生产品交易的两面性。

3. 中信泰富澳大利亚元远期合约巨亏事件

2007 年 8 月至 2008 年 8 月间，中信泰富为降低其在澳大利亚的项目的货币风险，先后与 13 家银行签订了 24 份外汇累计期权。累计期权作为一种复杂的衍生工具，其设计对投资者存在不利，再加上国际金融市场上澳大利亚元对美元汇率暴跌，2008 年 10 月 20 日，中信泰富发出盈利预警，其持有的累计澳大利亚元期权合约已经确认 155 亿港币的亏损。中信泰富运用金融衍生工具出现巨亏的原因在于：①选择了错误的投机工具。对于中信泰富而言，要开发澳大利亚西部的铁矿石项目，其目标应是锁定购买澳大利亚元的成本。在绝大多数情况下，通过对远期、期货、互换、期权等进行简单的组合，就可以满足企业特定的套期保值需求。中信泰富却选择了复杂的、自己并不精通的累计期权。这类合约很容易约定过高的行权价，低估其潜在的风险。②量的错配。中信泰富在 2008 年 7 月签订了 16 份合约。当澳大利亚元对美元的价格走势对其有利时，中信泰富最少必须购买 36 亿澳大利亚元；当价格大幅下跌时，则要被迫购买 90 亿澳大利亚元。而中信泰富的真实澳大利亚元需求却只有 16 亿。其套期保值头寸远远超过了需要的套保产品头寸，这样做不仅增加了公司保证金从而扩大了对现金流的需求，而且价格波动所带来的风险也随之放大。

资料来源：根据《国际金融》杂志 1995 年第 4 期，殷小茵：《巴林银行破产事件的启示》,《管理评论》杂志 2005 年第 3 期，杨晓光、颜至宏、史敏、汪寿阳：《从中航油（新加坡）事件看国有海外企业的风险管理》和 http://www.360doc.com/content/17/0604/06/38340301_659701146.shtml 相关资料整理而得。

第三节 中国的外汇市场

1994 年我国外汇管理体制进行了重大改革，建立了全国统一的银行间外汇市场。从此，我国外汇市场进入了新的发展阶段。

一、中国外汇市场的层次

从交易主体来看，我国外汇市场与国际外汇市场一样包括两个层次。

第一个层次是银行与客户之间的外汇零售市场，主要是指银行与客户在银行柜台或通过网上银行、电话银行和手机银行等方式完成的外汇交易。在我国这一市场主要从事银行与客户之间的结售汇、外汇理财、外汇买卖等交易。银行结售汇包括结汇、售汇和付汇。结汇是指企业和个人通过银行卖出外汇换取本币；售汇是指企业和个人通过银行用本币买入外汇；付汇是指企业和个人通过银行向国外支付外汇。

第二个层次是银行同业之间的外汇批发市场，是指符合条件的银行、非银行金融机构和非金融企业等通过中国外汇交易中心的交易系统进行交易。其基本功能是形成人民币市场汇率，是汇率形成机制的核心。这一市场主要包括即期外汇市场、远期外汇市场、掉期外汇市场、期权外汇市场和外币买卖市场等。

二、银行间外汇市场

1994 年 1 月 1 日，我国建立了全国统一、规范的银行间外汇市场。中国外汇交易中心暨全国银行间同业拆借中心（以下简称交易中心）于 1994 年 4 月 18 日成立，是全国银行间外汇市场、货币市场和债券市场的具体组织者和运行者。银行间外汇市场以交易中心的交易平台为依托。

➢ **专栏 3.2**

中国外汇交易中心业务发展概况

自 1994 年建立中国外汇交易中心以来，我国外汇市场经历了快速发展。统一外汇市场的建立使得全国的外汇交易通过银行结售汇体系纳入银行间外汇市场，保障外汇资源在全国范围内根据市场情况合理流动。

2005 年，我国开始实行以市场供求为基础、参考一篮子货币进行调节、有管理的浮动汇率制度。与之对应，我国外汇市场进入加速发展阶段，外汇市场的交易产品和参与主体的层次逐渐丰富，对外开放步伐加快，市场的深度和广度不断增加。

目前我国外汇市场的交易产品从即期、远期，逐步扩展到外汇掉期、货币掉期和期权，已具备国际成熟市场的基础产品体系。交易主体从银行扩展到非银行金融机构、非金融企业，以及日益增多的境外机构。银行间外汇市场的可交易货币由 2005 年的 5 种主要货币增加至当前的 29 种发达和新兴市场货币，银行柜台外汇市场的挂牌货币超过 20 种，基本涵盖了我国跨境收支的结算币种。

在增加交易品种的同时，交易时间进一步延长，开启了夜盘交易，同时人民币汇率中间价及浮动幅度、做市商报价等市场管理制度的适用时间也相应延长。交易时间的4次调整变化如下。

1994年4月起：交易时间为9:20～11:00

2003年2月8日起：交易时间为9:30～15:30

2006年9月29日起：交易时间为9:30～17:30

2016年1月4日起：交易时间为9:30～23:30

BIS于2017年5月正式发布《全球外汇市场准则》及全球准则遵守框架，明确了全球外汇市场最佳实践，同时，成立了全球外汇市场委员会以推动准则的实施，促使外汇市场更加规范地运行，我国也是该委员会16个创始成员之一。在过去几年中，《全球外汇市场准则》在卖方金融机构、金融基础设施机构得到了较好执行。

2020年，境内人民币外汇市场累计成交30.0万亿美元，较2005年增长近30倍。2019年BIS发布的全球外汇市场调查数据显示，人民币已成为全球外汇市场第八大交易货币，中国境内外汇市场已成为全球第八大外汇市场。

（一）为全国银行间外汇市场提供电子交易平台

交易中心受中国人民银行和国家外汇管理局委托，为银行间外汇市场提供统一、高效的电子交易系统，该系统提供集中竞价与双边询价两种交易模式。

支持人民币对24个外币（美元、港币、欧元、日元、英镑、澳大利亚元、新西兰元、新加坡元、瑞士法郎、加拿大元、马来西亚林吉特、俄罗斯卢布、南非兰特、韩元、阿拉伯联合酋长国迪拉姆、沙特阿拉伯里亚尔、匈牙利福林、波兰兹罗提、丹麦克朗、瑞典克朗、挪威克朗、土耳其里拉、墨西哥比索和泰铢）的即期、远期和掉期交易。

提供人民币对6种外币（美元、欧元、日元、港币、英镑、澳大利亚元）的货币掉期（即货币互换）交易。

提供人民币对5种外币（美元、欧元、日元、港币、英镑）的期权交易及9组外币对（欧元/美元、澳大利亚元/美元、英镑/美元、美元/日元、美元/加拿大元、美元/瑞士法郎、美元/港币、欧元/日元、美元/新加坡元）的即期、远期和掉期交易，同时还具备交易分析、数据直通处理和即时通信工具等辅助功能。

（二）形成并发布人民币汇率

2005年7月21日人民币汇率形成机制改革后，人民币与单一美元脱钩，参考一篮子货币形成了人民币中间汇率。交易中心根据中国人民银行的授权，每个工作日上午9时15分发布人民币对一篮子货币的汇率中间价。目前货币篮子中包括24个外汇币种。

1. 人民币对美元汇率中间价的形成方式

交易中心于每日银行间外汇市场开盘前向外汇市场做市商询价，并将全部做市商报价作为人民币对美元汇率中间价的计算样本，去掉最高和最低报价后，将剩余做市商报价加权平均，得到当日人民币对美元汇率中间价，权重由交易中心根据报价方在银行间外汇市场的交易量及报价情况等综合确定。

2. 人民币对港币汇率中间价的形成方式

交易中心根据当日人民币对美元汇率中间价与上午 9 时国际外汇市场港币对美元汇率套算确定。

3. 人民币对其他挂牌货币汇率中间价的形成方式

交易中心于每日银行间外汇市场开盘前向银行间外汇市场相应币种的做市商询价，去掉最高和最低报价后，将剩余做市商报价平均，得到当日人民币对欧元、日元、英镑、澳大利亚元、新西兰元、新加坡元、瑞士法郎、加拿大元、马来西亚林吉特、俄罗斯卢布、南非兰特、韩元、阿拉伯联合酋长国迪拉姆、沙特阿拉伯里亚尔、匈牙利福林、波兰兹罗提、丹麦克朗、瑞典克朗、挪威克朗、土耳其里拉、墨西哥比索和泰铢的汇率中间价。

（三）提供清算服务

交易中心为银行间外汇市场中人民币/外币、外币/外币的即期竞价交易提供直接清算服务。人民币资金清算通过中国人民银行支付系统办理，外汇资金清算通过境外清算系统办理。交易中心为人民币外汇即期询价交易提供净额清算业务，该业务以多边净额清算为基础，并通过清算限额和保证金等风险管理措施严格防范风险，保证参与各方的合法权益。

（四）银行间市场参与者

交易中心实行会员制，凡是符合中国人民银行规定的银行、非银行金融机构及非金融企业，均可申请成为交易中心会员，获得会员资格后可在交易中心现场或通过远程终端进行交易。我国外汇市场的参与者主要是银行和非银行金融机构，其中银行占绝大多数，是我国外汇市场的主要组成部分。近年来随着我国外汇市场规模的不断扩大，银行间外汇市场的参与者也不断增多。

2015 年 11 月，中国人民银行发布公告称，首批境外中央银行类机构在中国外汇中心完成备案，正式进入中国银行间外汇市场。这些境外中央银行类机构包括香港金融管理局、匈牙利国家银行、国际复兴开发银行（International Bank for Reconstruction and Development，IBRD）等，涵盖了境外中央银行和其他官方储备管理机构、国际金融组织、主权财富基金三种机构类别。截至 2018 年 10 月 24 日，交易中心陆续批准了 40 多家境外中央银行类机构成为银行间外汇市场的会员。

截至 2022 年 2 月，外汇即期市场共有会员 746 家，做市商银行 25 家，尝试做市商银行 20 家。

（五）外汇市场实行三种交易模式

1. 竞价交易

竞价交易也称匿名交易，是指做市商通过外汇交易系统匿名报价，市场参与者可点击报价或提交订单，系统按照“价格优先、时间优先”的原则进行匹配达成交易，交易双方通过集中净额清算模式进行清算的交易模式[①]。

---

① 竞价交易仅适用于外汇即期 $T+2$。

2. 询价交易

询价交易是指有双边授信关系的交易双方，通过外汇交易系统发起交易请求、协商交易要素达成交易，交易达成后通过双边清算或集中净额清算模式进行资金清算的交易模式。

3. 撮合交易

撮合交易是指交易双方基于双边授信，按照“价格优先、时间优先”的原则进行订单自动匹配结合点击成交达成交易，交易达成后通过双边清算或集中净额清算模式进行资金清算的交易模式。

三、离岸人民币金融产品

（一）人民币无本金交割远期

人民币无本金交割远期外汇交易（non-deliverable forwards，NDF）于 1996 年首现于新加坡市场，1997 年亚洲金融危机后交易日趋活跃。随着中国国际贸易和吸引外资的快速发展，数量众多的跨国公司和贸易商利用金融工具来规避人民币汇率风险的需求增大，而当时中国境内外汇市场的发展受到较为严格的控制，缺少真正意义上、境外机构可以参与的外汇远期市场，因此人民币离岸 NDF 市场应运而生。新加坡是人民币 NDF 的主要离岸市场，市场的主要参与者是国际大银行和投资机构，其主要客户除了一些金融机构和对冲基金外，还包括在中国有大量人民币收入的跨国公司，这些跨国公司通过参与人民币 NDF 规避人民币汇率风险。在 2008～2009 年的高峰时期，人民币离岸 NDF 每日成交量高达 100 亿美元左右。

2009 年和 2010 年前后，人民币离岸 NDF 市场进入重大转折期。2009 年 7 月，中国国务院批准开展跨境贸易人民币结算试点，人民币国际化征程正式启动。2010 年 7 月，中国人民银行和香港金融管理局同意扩大人民币在香港的贸易结算安排，香港的银行为金融机构开设人民币账户和提供各类服务不再受到限制，个人和企业之间可通过银行自由地进行人民币资金的支付和转账，香港离岸人民币（CNH）市场随之启动，它和在岸人民币（CNY）市场之间存在一定渠道可以互通，改变了离岸市场对人民币汇率风险对冲工具的选择。[①]随着香港离岸人民币市场的建立和发展，境外很多银行可以提供远期、掉期和跨货币掉期等多种风险对冲的产品，这些离岸人民币产品又都是可交割的，在这种局面下，人民币离岸 NDF 市场也就不断萎缩并边缘化。2015 年人民币离岸 NDF 市场的每日成交量已经降至 8 亿美元左右。

（二）CME 的人民币期货与期权交易

CME 于 2006 年 8 月 27 日在其 GLOBEX 电子交易系统上推出人民币对美元、人民币对欧元、人民币对日元的期货和期权交易，每份合约的标定资金量为人民币 100 万元，

---

① 离岸市场和在岸市场分别表示境外和境内，CNH 指的是离岸人民币，CNY 指的是在岸人民币，离岸市场详见第六章第四节。

大约12.5万美元，每份合约的最小价格变动单位为10美元，日内交易的最小变动单位为5美元。交易的月份为当前月开始的连续13个自然月和这之后的两个3、6、9、12周期月。上述三对人民币衍生品以无本金交割的形式推出，即交易双方并不进行实际交割，而是在每个月的最后一个交易日，以现金结算的方式平衡交易的损益。

（三）香港交易所的人民币期货交易

香港交易所于2012年9月17日推出首只美元对人民币期货。近年来香港一直在推进人民币离岸金融中心的建设，大量的人民币积聚在香港，使得香港有条件办理可交割的人民币期货交易。因此，香港的人民币期货是全球首只以人民币办理交割的期货品种。在人民币改为实施参考一篮子货币的管理浮动汇率制度后，香港交易所取得监管机构批准，于2016年5月30日推出了全新的现金结算人民币货币期货。新增的品种包括现金结算的欧元对人民币期货、日元对人民币期货、澳大利亚元对人民币期货，以及以美元计价现金结算的人民币对美元期货。

此外，香港交易所于2006年推出人民币无本金交割期权（non-deliverable option，NDO），2007年8月推出人民币无本金交割掉期（non-deliverable swap，NDS），2010年7月推出有交割的人民币远期（CNH deliverable forward，CNH DF）等业务。图3.5为2010～2019年全球人民币外汇日均交易规模的变化情况。

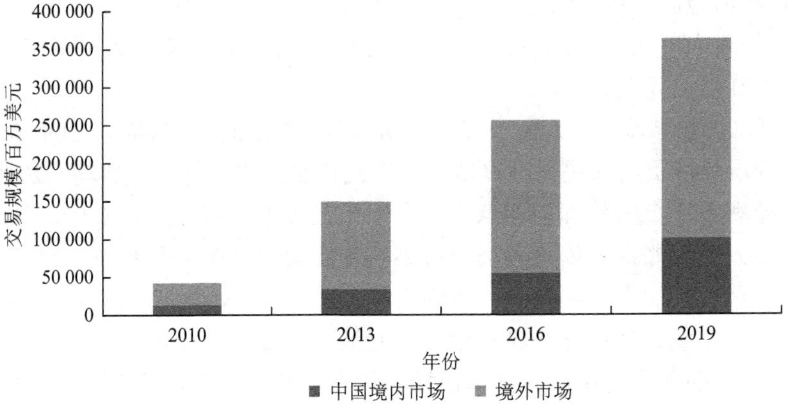

图3.5　2010～2019年全球人民币外汇日均交易规模的变化情况

资料来源：BIS官网

第四节　外汇风险及其管理

外汇风险涉及的范围非常广泛，跨国公司、经营进出口业务的公司、金融机构等国际经济交易主体在经营过程中都会面临外汇风险，甚至只在国内生产销售的企业也可能因为进口产品的竞争而面临外汇风险。因此，企业管理者的一个重要任务就是度量和管理外汇风险，使企业的收益、净现金流和市场价值保持稳定。

一、外汇风险概述

（一）外汇风险的概念

外汇风险（foreign exchange risk）又称汇率风险（exchange rate risk）或汇率暴露（exchange rate exposure），是指经济实体或个人在国际经济活动中，以外币计价的资产与负债的价值因外汇汇率变动而发生损益的不确定性。因此，外汇风险是一种不确定性，是汇率变动引起的当事人未来收益、净现金流、资产或负债的价值变化，外汇风险的直接成因是汇率的变动。外汇风险并非仅仅表现为损失，有时即使有收益但明显低于原先的预期也是一种风险。

（二）外汇风险的基本要素

外汇风险包括敞口头寸、时间和货币兑换三个基本要素。

1. 敞口头寸

敞口头寸也称外汇敞口或风险头寸，是指承担汇率变动风险的外汇资金。在外汇买卖中，敞口头寸表现为外汇持有额中“超买”（多头）或者“超卖”（空头）的部分；在企业经营中则表现为其外汇资产与外汇负债不相匹配的部分。

2. 时间

时间越长，不可预知的因素越多，在此期间汇率波动的可能性就越大，外汇风险相对较大；时间越短，影响因素越少，在此期间汇率波动的可能性就越小，外汇风险也相对较小。

3. 货币兑换

由于不同货币之间的汇率处于不断变化中，外汇将面临贬值或升值，因此，只有将外币兑换成本币，才能消除货币兑换的风险。如果同时涉及某一种货币同等金额的收入和支出，则不论是本币还是外币，由于相互抵消不会存在外汇风险。

二、外汇风险的类型

外汇风险一般可分为交易风险、经济风险和折算风险三种类型。

（一）交易风险

交易风险（transaction exposure）是指在以外币计价的交易中，当前汇率与将来结算时的汇率存在差异，从而导致交易者蒙受损失的可能性。交易风险又分为外汇买卖风险和交易结算风险。

1. 外汇买卖风险

外汇买卖风险又称金融性风险，产生于本币和外币之间的反复兑换。这种风险产生的原因是交易者一度买进或卖出外汇，后来又需要卖出或买进外汇。外汇银行所承担的外汇风险主要就是这种外汇买卖风险；企业所承担的外汇买卖风险主要存在于以外币进行借贷或伴随外币借贷而进行的外贸交易之中。

如一家德国公司与一家美国的银行签订了20亿美元的借款合约，借款利率为10%，合约要求德国公司一年后归还22亿美元的本金和利息。由于欧元对美元的汇率不确定，德国公司在取得借款的时候不能准确地知道一年后需用多少欧元来兑换22亿美元。如果一年后欧元对美元升值（贬值），则德国公司需较少（较多）的欧元来归还美元借款的本金和利息。

2. 交易结算风险

交易结算风险又称商业性风险，当进出口商以外币计价进行贸易或非贸易的进出口业务时，就会面临交易结算风险。

导致交易结算风险的可能情况主要有：①已经签订的以外币计价的进出口合同，在未来的某一时间履行和结算；②以延期付款为结算方式的进出口业务，将要付出或收到的货款用外币结算。而这段时间内汇率可能发生变化，于是，以外币表示的未结算的金额就成为承担风险的受险部分。

（二）经济风险

经济风险（economic exposure）也称经营风险（operating exposure），是指无法预料的汇率变化引起企业未来现金流的变化，进而导致企业价值发生变化的风险。企业价值变化的程度取决于汇率变动对其未来销售额、销售价格和生产成本的影响程度。

如中国一家主要生产出口美国的服装的企业，其生产线是在2005年7月21日人民币汇率制度改革之前建成的，当时每件服装的成本为100元人民币，出口价格为15美元，人民币对美元的汇率为8.27，每件服装的净利润为24.05元人民币，成本利润率为24.05%。人民币汇率制度改革之后，服装的生产成本和出口价格都没有变化，2007年9月19日，人民币对美元的汇率为6.7，则该企业每件服装的利润为0.5元，成本利润率为0.5%，近乎没有利润。如果人民币继续升值，该企业只能调整生产和经营策略，不然就有可能破产。

对于企业来说，经营风险的影响比交易风险和折算风险更大，因为交易风险和折算风险的影响是一次性的，而经营风险的影响是长期的，它可能影响企业整体的生产经营，是企业经营中不可忽视的因素。

（三）折算风险

折算风险（translation exposure）又称会计风险（accounting exposure），是指跨国公司的母公司采用本币编制母公司和国外子公司的合并财务报表时，因汇率变动而使合并财务报表的数字发生变化的可能性。因为国外子公司的财务报表一般是以外币编制的，所以在汇总财务报表时必须折算成以母公司本币计量的财务报表，这个时候就可能出现折算风险。如中国跨国公司的海外子公司，在中国总部需要编制以人民币表示的合并资产负债表和利润表时，必须将其海外子公司使用所在地诸如美元、欧元、日元等国外货币表示的会计科目的价值重新用人民币计算，年末人民币对外币的汇率与业务发生时的汇率可能存在差异，就会导致编制合并报表时产生折算风险。

三、外汇风险的管理

外汇风险是开放经济中客观存在的一种风险，无论政府、企业还是个人都在不同程度上面临外汇风险，因此必须高度重视外汇风险管理问题，将其列为日常经济管理中一个不容忽视的内容。外汇风险管理是指外汇资产或负债的持有者通过风险识别、风险衡量、风险控制等方法，预防、规避、转移或消除外汇业务经营中的风险，从而减少或避免可能的经济损失，在风险一定的条件下使收益最大化或者在收益一定的条件下使风险最小化。

防范外汇风险的基本思路有两个：①防范由外币因素引起的风险。其方法是不使用外币计价结算，而使用本币计价结算，彻底消除外汇风险；或使用同一种外币表示流向相反、数额相等的资金对冲风险；或交易双方在交易合同中通过一系列安排共担外汇风险，以减少外汇风险。②防范由时间因素引起的外汇风险。其方法是把将来外币与本币之间的兑换提前到现在进行，彻底消除外汇风险；或根据对汇率走势的预测，适当调整将来外币收付的时间，以减少外汇风险。

（一）交易风险的管理

对所有交易风险进行防范是不可能的，而且对某些风险的防范要付出很大代价。因此，在防范风险之前，避险者不仅要分别研究各种风险管理工具，更要研究如何对这些工具进行优化组合，根据自身的实际情况确定风险管理目标，以较少的费用支出实现外汇风险管理的总体目标，然后再采取具体的防范措施。

1. 贸易策略法

贸易策略法是指企业在进出口贸易中，通过和贸易对手协商与合作来防范外汇风险。

1）计价货币选择法

该方法通过选择进出口贸易中的计价结算货币来防范外汇风险。

（1）以本币计价。用本币收付不涉及外汇和汇兑，可避免汇率风险。但本币对外国人来说是外币，汇率风险由采用外币的一方来承担，合同采用本币标价并不能消除交易风险，只不过是把风险从本国公司转移到了外国公司。使用该方法的前提是对方能够接受从而不至于使企业丧失贸易机会。

（2）收取硬币，付出软币。这种做法需要对硬币和软币进行预测，如果判断错误，反而不利，因而带有投机的成分。此外，尽管风险转移这种形式只是一种零和博弈，但在国际商务中却很普遍。不过这种策略成功与否要看公司在该笔交易中的谈判地位，因为交易对方也会试图采取这种策略。

（3）“一篮子”货币计价结算。“一篮子”货币是指多种货币分别按一定的比重构成的一组货币。由于“一篮子”货币中既有硬币也有软币，硬币升值所带来的收益与软币贬值所带来的损失大致相抵，因此“一篮子”货币的币值比较稳定，交易双方都可借此减少外汇风险，但“一篮子”货币的组成及货款的结算较为复杂。

2）货币保值条款

这是进出口商经常采用的避免或减少汇率风险的方法。具体做法是：进出口商在交易时，首先确定合同的计价货币，然后再选择另一种货币或一组货币作为保值货币，把保值货币与计价货币的汇价明确规定在合同条款内。收付货款时，如果计价货币贬值的幅度超过合同规定的幅度，则按计价货币与保值货币的新汇率对货款加以调整，使其仍等于合同中原折算的保值货币金额。

3）价格调整条款

在进出口贸易中，一般应坚持出口收硬币、进口付软币的原则，但有时由于某些原因出口交易不得不用软币成交，进口交易不得不用硬币成交，这样双方就存在外汇风险。为了防范风险，可采取价格调整法，如出口加价保值和进口压价保值。

4）期限调整条款

期限调整条款是指进出口商根据对计价结算货币汇率走势的预测，将贸易合同中所规定的货款收付日期提前或延后，以防范外汇风险、获取汇率变动收益的方法。

按照“出口用硬币计价结算，进口用软币计价结算”的原则，当预测计价结算货币升值时，出口商应争取对方的同意，延期收进外汇，以获得所收进的外汇能够兑换更多的本币的好处；而进口商则应争取对方的同意，提前支付外汇，以避免日后需要用更多的本币兑换同样数量的外汇。当预测计价结算货币贬值时，做法则与上述过程相反。严格地说，期限调整只有提前结清外汇才能彻底消除外汇风险。延期结清外汇具有投机性质，一旦汇率预测失误，会使企业蒙受更大的损失。

2. 外汇市场交易法

外汇市场交易法是指避险者利用外汇市场交易，规避外汇风险的方法。

1）即期外汇交易法

即期外汇交易法是指避险者利用即期外汇市场，买进或借入所需支出的外汇，以规避汇率风险的行为。如我国进口商 3 个月后需对外支付 300 万美元，由此所面临的风险是如果 3 个月后美元升值，必定会增加进口商的成本。此时，进口商可以现在买进 300 万美元，在银行存放 3 个月。3 个月后到期时，取出美元完成对外支付。在这个方案中进口商需要考虑美元和人民币的利率水平，该方案存在一定风险。

2）远期外汇交易法

远期外汇交易法是指避险者与银行签订远期合同，在合同中规定买入卖出货币的名称、金额、远期汇率、交割日期等，以防范汇率变动的风险。当然，由于远期外汇合约是必须履行的，所以避险者能否规避汇率风险，有赖于汇率预测是否正确。如果汇率预测正确，就可以以最小的代价获得避险效果；反之，则会丧失汇率变动带来的获利机会。

3）外汇期货交易法

外汇期货交易法是指避险者通过外汇期货交易进行套期保值，以防范外汇风险的方法。由于期货市场价格和现货市场价格之间存在平行变动趋势，因此避险者一旦建立外汇期货头寸，无论未来汇率如何变化，是亏损还是盈利，都可以与现货市场的盈亏进行互补，以规避汇率风险。期货交易一般通过经纪人进行，要缴纳佣金，所以成本比较高。

4）外汇期权交易法

外汇期权交易法是指避险者通过进行外汇期权交易来防范外汇风险的方法。外汇期权交易是一种比较灵活的避险方式，特别适合于未来不确定的外汇收付风险。在一些特殊情形下，如前述出口招标情形下，是否中标不能提前知道，外汇期权交易可以起到其他工具所不具备的独有的作用。

3. 国际信贷法

国际信贷法是指在中长期国际收付中，企业利用国际信贷达到资金融通和规避外汇风险的目的。国际信贷法主要形式有以下三种。

1）出口信贷

出口信贷（export credit）是指一国为了支持和扩大本国大型设备的出口，对本国的出口给予利息补贴并提供信贷担保，由本国银行向本国的出口商或外国的进口商（或其往来银行）提供低利率贷款的融资，包括买方信贷和卖方信贷。

2）福费廷

福费廷（forfaiting）是指在延期付款的国际贸易中，出口商把经进口商承兑并经进口商本地银行担保后，期限在半年以上的中长期汇票，以贴现方式无追索权地出售给出口商所在地的银行或其他金融机构，以提前取得现款。这种融资方式使出口商可以在进口商付款前取得货款，避免了延期收汇造成的汇率风险，因此，福费廷业务可以作为避免外汇风险的一种方法。福费廷业务通常为大企业所采用，并主要针对交易金额大、收款时间长的大型设备交易。

3）保付代理

保付代理（factoring）简称保理，是指出口商以延期付款的形式出售商品，在货物装运后立即将发票、汇票、提单等有关单据卖断给保理机构，提前收回部分货款（一般为货款的 80%～90%），以转嫁或消除外汇风险。保理机构承购应收账款后到期收回，从而获利。保理业务一般为中小企业所采用，并且主要针对批量多、数量少、交易金额不大的一般贸易商品。

（二）折算风险的管理

如前所述，跨国公司在合并处理会计报表过程中，由于折算汇率不同，必然会出现折算损益，表现为会计风险。如何选择计算汇率又取决于不同的折算方法，折算风险的大小与折算方法密切相关。历史上曾先后出现过四种会计折算方法，分别为流动/非流动折算法、货币/非货币折算法、时态法和现行汇率法。

1. 流动/非流动折算法

该方法将跨国公司海外分支机构的资产负债划分为流动资产、流动负债和非流动资产、非流动负债。根据该方法，在编制资产负债表时，流动资产和流动负债按编表时的现行汇率折算，面临折算风险；非流动资产和非流动负债按资产负债发生时的原始汇率折算，没有折算风险。

2. 货币/非货币折算法

该方法将跨国公司海外分支机构的资产负债划分为货币性资产负债和非货币性资产负债。货币性资产负债包括所有金融资产和一切负债，按现行汇率折算，面临折算风险；非货币性资产负债则只包括真实资产，按原始汇率折算，没有折算风险。

3. 时态法

该方法是货币/非货币折算法的变形，只是对真实资产做了更细致的处理。如果真实资产以现行市场价格表示，则按现行汇率折算，面临折算风险；如果真实资产以原始成本表示，则按原始汇率折算，没有折算风险。当全部真实资产均以原始成本表示时，时态法与货币/非货币折算法完全一致。

4. 现行汇率法

该方法将跨国公司海外分支机构的全部资产和全部负债均按现行汇率来折算，这样一来，海外分支机构的所有资产负债项目都将面临折算风险。目前，该方法已成为美国公认的会计习惯做法，并逐渐为西方其他国家所采纳。

涉外经济主体对折算风险的管理，通常实行资产负债表保值。这种方法要求在资产负债表上以各种功能货币[①]表示的受险资产与受险负债数额相等，以使其折算风险头寸为零。只有这样，汇率变动才不会带来任何折算上的损失。其管理的基本原则是：增加强势货币资产，减少弱势货币资产，增加弱势货币负债，减少强势货币负债。

实行资产负债表保值，一般是通过交易活动调节企业的资产负债账户，查明资产负债表中各账户、各科目上各种外币的规模，并明确综合折算风险头寸的大小。根据风险头寸的性质确定受险资产或受险负债的调整方向。如果以某种外币表示的受险资产大于受险负债，则需要减少受险资产，或增加受险负债，或者双管齐下；反之，如果以某种外币表示的受险资产小于受险负债，则需要增加受险资产，或减少受险负债。

（三）经济风险的管理

经济风险是预料之外的汇率变动对经营的影响，所以对经济风险的管理不仅涉及财务领域，而且涉及生产、销售、原料供应及区位等经营管理的各个方面。

经济风险的管理除了与交易风险的管理有交叉的几种方法外，还包括经营多样化，即涉外企业在国际范围内多区位组织原材料、产品生产及销售。这种方法可以不因某个国家货币汇率的变化而使原材料价格全面上涨，也可以因汇率变动使不同市场上产品价格的差异带来的风险相互抵消。

另外，实行财务多样化，在多个金融市场、以多种货币寻求资金来源和资金去向，即实行筹资多样化和投资多样化。这样，在有的外币贬值、有的外币升值的情况下，可以使大部分外汇风险相互抵消。由于资金来源和去向的多渠道，公司具备有利的条件在各种外币的资产与负债之间进行对抵配合。

➢ 专栏 3.3

中国企业如何防范外汇风险

远期结售汇业务是指银行与企业约定在未来某一日期或某一时间段（期限大于

① 功能货币是指子公司所处的主要经济环境中所使用的货币，如一家英国的子公司主要在中国市场从事活动，那么人民币就是其功能货币。

两个工作日）以约定的价格、金额进行人民币与外币的兑换交易，其中远期结汇是企业将外汇卖给银行，远期售汇是企业向银行购买外汇。

定盘汇率可以是市场价、中间价、中国外汇交易中心公布的整点价等境内真实、有效的市场汇率。企业办理远期结售汇业务时，应具有对冲外汇风险敞口的真实需求背景，到期交割时银行比照即期结售汇管理规定为企业办理交割。远期合约到期前或到期时，如果企业因真实需求背景发生变更而无法履约，银行在获取由企业提供的声明、确认函等能够予以证明的书面材料后，可以为企业办理对应金额的平仓或按实际需要进行展期。

按照“实需交易”原则，银行为客户办理远期结售汇业务时应确认客户是对冲外汇风险敞口。与即期结售汇业务有所不同，作为远期结售汇业务交易基础的真实需求背景可能存在预估性和不确定性，不能简单比照即期业务的做法，将是否有交易单证作为实需交易原则审核的唯一或主要标尺。

基于上述产品特征和审核原则，实际操作中的远期结售汇业务情景及应用案例如下。

案例一：企业使用全额交割远期结汇锁定收汇敞口

国内某家具出口企业A公司预计3个月后将收到100万美元的销售收入，该企业财务部门遵循公司内部财务制度和汇率风险中性理念与银行签订了3个月远期结汇业务合约，签约时即期结汇汇率为6.4730，锁定的远期结汇汇率为6.5130。到期日无论市上场人民币对美元即期汇率如何变动，A公司都可以按照6.5130进行结汇交割。

若该企业未签订远期结汇合约，则3个月后该企业可以按照市场即期汇率结汇。假设人民币对美元即期汇率在到期日升至6.40，则该企业只能按照6.40进行结汇；假设人民币对美元即期汇率在到期日贬至6.55，则企业可以按照6.55进行结汇。因此，远期结汇帮助企业提前锁定了汇率风险敞口的结算成本，规避了人民币汇率波动的不确定性，有利于企业更有效地管控财务成本。

案例二：企业使用差额交割远期售汇锁定投资出资成本

国内某精密化学品生产企业B公司主要从事高端精密化学品的研发、生产和销售等。近期该企业与某境外企业X公司拟在境内成立新的合资公司，注册资本2450万欧元，B公司出资1200万欧元，占股比例49%；X公司出资1250万欧元，占股比例51%。

双方于2021年4月底签署投资协议，根据投资协议约定，双方应在2021年7月底完成出资，B公司需支付等值1200万欧元的人民币作为实际出资完成注资，折算汇率以其出资当日人民币对欧元的市场汇率作为参考。近期外汇市场人民币对欧元汇率波动较大，B公司从签署投资协议到出资完成注资，虽不需支付欧元本金，但从完成决策到出资到位，面临汇率波动的实际风险，因此该企业选择通过差额交割远期售汇业务来锁定投资决策汇率风险敞口。B公司与银行签订到期日为2021年7月30日的差额交割远期售汇业务合约，金额1200万欧元，锁定远期汇率为7.9180，签约时即期汇率为7.8730。

假设到期日人民币对欧元的即期汇率为 7.9980，则企业从银行收取轧差结算金额 1200×(7.9980−7.9180)＝96 万元人民币，综合的出资成本为 1200×7.9980−96＝9501.60 万元人民币，也就是将出资汇率固定在 7.9180。假设到期时人民币对欧元汇率低于签约远期价格，则企业需支付给银行一笔轧差结算金额，固定出资成本。

因此，差额交割远期售汇业务帮助此类以外币计价出资、以人民币实际支付的企业锁定了汇率风险、确定了投资总成本，使得企业投资决策更为清晰、确定性提高。

资料来源：根据国家外汇管理局外汇研究中心相关资料整理而得。

本章小结

1. 外汇市场的主要特征为交易规模巨大、交易币种集中于主要国际货币、交易地域分布相当集中、可全天候交易、市场汇率波动频繁。外汇市场的诸多特征一方面使各外汇市场间的汇率差日益缩小；另一方面也促使各国政府对外汇市场进行频繁干预。另外，为了规避风险，外汇衍生工具不断增多，衍生交易规模不断增大。

2. 即期外汇交易是最基本、最原始的外汇交易，是其他外汇交易的基础，即期汇率也是所有其他外汇交易汇率报价的主要依据。

3. 远期外汇交易是交易双方按照事先约定的汇率，在未来某一确定的日期交割一定数量的某种货币的外汇交易。远期合约中的合同金额、到期时间、约定汇率等都可以由签约双方协商确定，所以远期合约可以说是一种为客户“量体裁衣”式的合约。无本金交割远期是交割时不必交付作为标的物的外币本金，而只需支付合同到期时的盈亏差额的远期交易。

4. 套期保值是当事人为了避免自己持有的外币资产或负债在到期时因汇率的变动而面临风险，卖出或买进未来日期办理交割的外汇，使外汇头寸实现平衡的交易。

5. 外汇期货又称货币期货，是指交易双方在交易所买卖标准化合约的交易。这种合约对交易的币种、数量、报价单位和交割日期都有统一的规定。除了合约的标准化以外，这种交易的特征还包括公开叫价制度、保证金制度和每日清算制度，即逐日盯市。

6. 外汇期权是指卖方在收取期权费的条件下赋予买方的一项权利，即买方可以按照合约规定的时间和价格买进或卖出一定数量外汇的权利，而期权卖方只承担按合约规定卖出或买进一定数量外汇的义务，不享有权利。因此，期权买方在锁定风险的同时，也获得了盈利的可能性。

7. 我国的外汇市场主要包括批发市场和零售市场两个层次。批发市场即银行间外汇市场，以中国外汇交易中心为交易平台，实行做市商制度，形成了报价驱动交易模式，但依然保留了原有的竞价驱动模式，两种模式同时运行。其交易品种主要有人民币/外币即期交易、外币/外币即期交易、人民币/外币远期交易、人民币/外币掉期业务、人民币外汇期权五种。

8. 外汇风险是汇率变动引起的当事人未来收益、资产或负债价值变化的不确定性，外汇风险产生的直接原因是汇率的变动。外汇风险可分为交易风险、经济风险和折算风险三种类型。

重点概念

外汇市场	零售市场	批发市场	平行市场	做市商	经纪商
竞价驱动	报价驱动	套汇	外汇远期	场外交易	套期保值
掉期	无本金交割	远期外汇	外汇期货	外汇期权	逐日盯市
保证金制度	看涨期权	看跌期权	美式期权	欧式期权	货币互换

思考与练习

一、思考题

1. 简述全球外汇市场的特点。
2. 外汇市场的结构包括哪些内容？
3. 外汇远期合约与外汇期货合约的异同点有哪些？
4. 有些企业声称因从事套期保值交易而出现亏损，你认为套期保值是否有可能带来损失？
5. 什么是外汇掉期？请举例说明。
6. 请解释外汇期货交易的每日清算制度。
7. 设现汇汇率为 GBP1 = USD1.34，3 个月期的远期汇率为 GBP1 = USD1.29。根据对汇率走势的判断，你认为 3 个月后的即期汇率为 GBP1 = USD1.31（假设你的交易金额为 GBP1 000 000）。

试问：（1）在远期市场上你将做空还是做多？你预期的美元收益是多少？

（2）如果 3 个月后的即期汇率是 GBP1 = USD1.26，你实际的美元收益是多少？

二、选择题

（一）不定项选择题

1. 外汇银行所承担的外汇风险主要是指（　　）。

A. 交易结算风险　B. 外汇买卖风险　C. 会计风险　D. 经营风险

2. 进口商和出口商从签订进出口合同到债权债务的最终清偿，通常要经历一段时间，在这段时间内汇率可能发生变化导致（　　）成为承担风险的受险部分。

A. 以外币表示的已结算的金额　B. 以外币表示的未结算的金额

C. 以本币表示的已结算的金额　D. 以本币表示的未结算的金额

3. 在计算折算风险时，（　　）已成为美国公认的会计习惯做法。

A. 现行汇率法　　B. 流动/非流动折算法
C. 时态法　　D. 货币/非货币折算法

4. 除了现汇汇率外，银行外汇牌价还标出了现钞汇率。一般来说，这两者之间的关系是（　　）。

A. 现钞买入价等于现汇买入价，现钞卖出价低于现汇卖出价
B. 现钞买入价低于现汇买入价，现钞卖出价等于现汇卖出价
C. 现钞买入价和卖出价均低于现汇买入价和卖出价
D. 现钞买入价和卖出价均高于现汇买入价和卖出价

5. 在约定以外币计价的商品交易过程中，由于结算的汇率与交易时的汇率不同而遭受的风险称为（　　）。

A. 交易风险　　B. 经济风险　　C. 储备风险　　D. 市场风险

6. 对企业影响最大，企业最关心的一种外汇风险是（　　）。

A. 汇率风险　　B. 交易风险　　C. 经济风险　　D. 会计风险

7. 交易结算风险是指由（　　）承担的基于进出口合同而在未来由于进行外汇交易时汇率的不确定性所带来的风险。

A. 进口商　　B. 出口商　　C. 外汇银行　　D. 进口银行

8. 当进出口商以外币计价进行贸易或者非贸易的进出口业务时，所面临的风险可称为（　　）。

A. 金融性风险　　B. 交易风险　　C. 经济风险　　D. 外汇买卖风险

9. 防范外汇风险常用的手段是（　　）。

A. 外汇风险管理战略　　B. 货币保值条款
C. 货币选择的方法　　D. 外汇交易的方法

10. 外汇风险主要包括（　　）。

A. 交易风险　　B. 折算风险　　C. 经济风险　　D. 利率风险

11. 某日本公司进口一批机器设备，6 个月以美元付款，该公司所承受的汇率风险类型及其管理方法是（　　）。

A. 交易风险，做远期外汇交易买入远期美元
B. 交易风险，在期货市场上做美元多头套期保值
C. 折算风险，做远期外汇交易卖出远期美元
D. 折算风险，买进一笔美元看涨期权

12. 有多种减少汇率风险的方法。经济主体通过涉外业务中计价货币的选择来减少汇率风险的方法是（　　）。

A. 易货贸易法　　B. 货币选择法　　C. 价格调整法　　D. 平衡法

13. 外汇远期和期货的区别有（　　）。

A. 远期是场内合约，期货是场外合约　　B. 期货实行保证金制度而远期没有
C. 远期是标准化合约　　D. 期货合约更加灵活

14. 已知美元对瑞士法郎的即期汇率为 USD/CHF = 1.4525-1.4585，3 个月掉期率为 150-100，则美元对瑞士法郎 3 个月远期汇率为（　　）。

A. 1.4375-1.4485　　B. 1.4625-1.4635　　C. 1.4625-1.4685　　D. 1.4425-1.4435

15. 已知美国的一年期国债利率为 10%，英国的一年期国债利率为 5%，则（　　）。

A. 美元远期升值　　B. 英镑远期升值　　C. 美元即期贬值　　D. 英镑即期贬值

16. 如果一家进出口公司在三个月后将收到一笔 300 万英镑的外汇，为了防范未来英镑贬值的风险，该公司可以采取的措施有（　　）。

A. 签订一份三个月远期英镑的卖出合约

B. 在期货市场上做三个月英镑的多头

C. 购买一份三个月到期的英镑的看跌期权

D. 以上答案都正确

17. 上一题中进出口公司的做法体现了外汇衍生工具的（　　）功能。

A. 投机功能　　B. 套期保值功能　　C. 套利功能

D. 提供流动性　　E. 以上答案都不正确

18. 如果某个投资者想要在外汇汇率大起大落的时候获利，他应持有的资产组合为（　　）。

A. 买入现汇并同时买入一份看跌期权

B. 买入一份看涨期权并同时卖出一份相同执行价格的看跌期权

C. 卖出一份看涨期权并同时卖出一份相同执行价格的看跌期权

D. 买入一份看涨期权并同时买入一份相同执行价格的看跌期权

E. 以上答案都不正确

19. 中央银行既是外汇市场的管理者，也是外汇交易的参加者。它参加外汇市场交易活动的目的是（　　）。

A. 贯彻执行汇率政策，干预汇率　　B. 外汇投机

C. 进行外汇储备的货币结构的管理　　D. 套期保值

（二）判断题

1. 外汇市场通常是有形市场，如中国外汇交易中心。（　　）

2. 远期外汇的买卖价之差总是大于即期外汇的买卖价之差。（　　）

3. 在择期交易中，银行在汇率的选择上处于有利地位。（　　）

4. 根据利率平价原理，利率相对较低的国家未来货币升水的可能性大。（　　）

5. 外汇衍生工具是为了防范和管理风险而产生的金融创新，因此在有了外汇衍生工具后，国际外汇市场的汇率风险大大降低。（　　）

6. 如果远期汇率升水，远期汇率就等于即期汇率加上升水。（　　）

7. 使用外汇衍生工具进行套期保值，一定会改进最终结果。（　　）

8. 外汇期货与外汇远期相比违约风险更高。（　　）

9. 欧式期权的持有者可以在期权到期日前的任何一个工作日执行该期权。（　　）

10. 外汇互换合约相当于一系列的外汇远期合约。（　　）

11. 折算风险造成的损失是不真实的，只存在于账面上。（　　）

12. 外汇风险管理本质上是为了消除风险。（　　）

13. 在国际经济交易中只有使用外币的一方承担汇率风险，使用本币的一方不承担汇率风险。

（ ）

第三章 课后练习题答案

参考文献

陈雨露. 2019. 国际金融[M]. 6 版. 北京：中国人民大学出版社.

克鲁格曼 P R，奥伯斯法尔德 M，梅里兹 M J. 2021. 国际经济学：理论与政策[M]. 11 版. 丁凯，等译. 北京：中国人民大学出版社.

李波. 2018. 完善外汇市场自律管理体系[J]. 中国金融，（19）：22-23.

马飞. 1998. 索罗斯和全球金融危机[M]. 大连：辽宁人民出版社.

沈国兵. 2018. 国际金融[M]. 3 版. 北京：北京大学出版社.

孙国峰. 2018. 我国外汇市场发展与外汇管理体制改革[J]. 清华金融评论，（12）：38-42.

王国刚，林楠. 2019. 中国外汇市场 70 年：发展历程与主要经验[J]. 经济学动态，（10）：3-10.

王天正. 2020. 香港人民币离岸外汇市场与在岸外汇市场互动关系的研究[D]. 成都：西南财经大学.

奚君羊. 2019. 国际金融学[M]. 3 版. 上海：上海财经大学出版社.

杨胜刚，姚小义. 2016. 国际金融[M]. 4 版. 北京：高等教育出版社.

余永定，肖立晟. 2017. 加速人民币汇率形成机制改革[J]. 新金融，（1）：7-9.

张年华，黄佳耿，徐浩宇. 2021. 金融危机、汇率改革与人民币汇率的波动溢出效应——基于汇率时变溢出检验[J]. 上海经济研究，（12）：80-93.

赵方华，何伦志，张雯. 2018. 中国外汇市场开放综合成效评价[J]. 上海经济研究，（7）：108-118.

周文，漆腊应. 2021. 国际金融[M]. 2 版. 北京：中国金融出版社.

附录 外汇投机策略——立体投机

第四章

汇率制度与外汇管制

【学习目标】

- 理解汇率制度的概念、传统两分法、IMF 四大类事实分类法。
- 熟悉固定汇率制度和浮动汇率制度的优缺点。
- 掌握影响汇率制度选择的主要因素和汇率制度选择理论。
- 掌握外汇管制的概念、内容、方式和经济影响。
- 了解中国的汇率制度和外汇管制的发展。

【本章引入】

不同的汇率制度导致一国汇率的确定方式和调节机制存在差异，进而对该国的资本流动性、货币政策的独立性产生影响。外汇管制（管理）是一国为了平衡国际收支、维持本币汇率稳定，对外汇流动和兑换、汇率制度的选择和形成机制、外汇市场的准入和交易、金融机构的准入和外汇业务等实行的管制性措施。一国的汇率制度与外汇管制关系密切，不同国家或同一国家在不同时期选择的汇率制度与外汇管制内容也不一样。阅读以下两则资料，能够发现影响一国汇率制度和外汇管制选择的因素。

（1）1997 年泰铢受国际炒家攻击急剧贬值，泰国政府动用外汇储备入市干预稳定泰铢汇率的成效甚微，在外汇储备即将售罄之时，1997 年 7 月 2 日泰国政府无奈宣布放弃固定汇率制度，实行浮动汇率制度，当天泰铢对美元汇率下降 17%。

（2）2018 年阿根廷比索对美元汇率一度跌逾 90%，受此拖累，阿根廷经济在 2018 年下滑 2.5%，通货膨胀率高达 47.6%。直到 2019 年阿根廷也未从经济衰退中缓过来，年度通货膨胀率超过 50%。阿根廷 2019 年 8 月举行的总统大选初选反映现届政府有很大可能下台，触发了市场对当地债务前景的忧虑。2019 年 8 月 11 日阿根廷比索对美元汇率一度暴跌超过 20%，创下 2015 年以来最大单日跌幅。由于选举和金融动荡等不稳定因素增多，市场兑换美元的需求持续升高，阿根廷中央银行动用了 30 亿美元的外汇储备干预市场，令外汇储备跌到不足 150 亿美元。为了稳定比索汇率，避免外汇储备被耗尽，阿根廷中央银行宣布加强外汇管制，自 2019 年 10 月 28 日起将 9 月初规定的个人每月可购买 1 万美元的限额降低到 200 美元，额度不可累积，该措施将实行到 12 月。阿根廷实行外汇管制主要有两个目的：一是限制美元等外汇流出，稳定本币汇率；二是进口外国商品的企业要先出口商品、赚取外汇，再用赚取的外汇进口商品，以达到外汇平衡。

泰国为什么放弃固定汇率制度而选择浮动汇率制度？两种不同的汇率制度存在哪些

差异？影响一国汇率制度选择的因素有什么？阿根廷为什么要采取外汇管制？外汇管制的目的、内容和方式是什么？中国当前的汇率制度、外汇管制有什么特点？这些正是本章要介绍的主要内容。

第一节 汇率制度

一、汇率制度的概念

汇率制度（exchange rate regime）是指一国货币当局对本国汇率确定和调整的基本原则和方式所做出的一系列规定或安排，主要包括汇率确定的方式、汇率波动的幅度、汇率调整的手段和维持汇率稳定的措施等。

二、汇率制度的分类

目前汇率制度分类最具有代表性的是传统两分法和 IMF 四大类事实分类法。传统两分法比较简单，长期作为汇率制度划分的标准。1999 年 IMF 在传统两分法的基础上细化了汇率制度的类型，对各成员方的汇率制度进行了事实分类，以便更好地反映一国汇率运行的真实情况。

（一）传统两分法

根据汇率确定的基础即货币平价和汇率调节方式的不同，传统上将汇率制度划分为固定汇率制度和浮动汇率制度两大类。

1. 固定汇率制度

固定汇率制度（fixed exchange rate regime）是指以货币的含金量作为确定汇率的基础，本币对外币规定的货币平价（黄金平价）基本保持稳定，市场汇率只能围绕货币平价在一定幅度内波动的汇率制度。固定汇率制度一般不会轻易变动，具有相对的稳定性，采用固定汇率制度的国家承担干预外汇市场、维持市场汇率稳定的义务。随着货币制度的发展，固定汇率制度可划分为金本位制下的固定汇率制度和纸币流通条件下的固定汇率制度。

1）金本位制下的固定汇率制度

金本位制下的固定汇率制度是指各国根据单位本币实际所含纯金量之比确定铸币平价，市场汇率以铸币平价为中心汇率围绕其在小范围内波动。黄金输送点是市场自发形成的约束汇率波动的上下限[①]。

2）纸币流通条件下的固定汇率制度

纸币流通条件下的固定汇率制度指的是 1944～1973 年布雷顿森林体系下以美元为中

① 金本位制经历了金币本位制、金块本位制和金汇兑本位制三种类型，因为金币本位制存在内生的稳定性，所以没有特指的话，一般所讲的金本位制下的固定汇率制度指的是金币本位制下的固定汇率制度。金块本位制和金汇兑本位制的货币平价称为法定平价，详见第二章第五节。

心的固定汇率制度，各国根据单位本币法定含金量之比确定法定平价，市场汇率在官定上下限内围绕法定平价上下波动。1971 年 12 月之前 IMF 规定官定上下限为法定平价的±1%，1971 年 12 月之后调整为±2.25%[①]。

两种固定汇率制度的共同点主要体现在两个方面：①规定货币的含金量。各国对本币都有含金量规定，货币平价（即中心汇率）是按两国货币各自的含金量之比来确定的。②汇率波动幅度较小。外汇市场上的汇率水平相对稳定，围绕中心汇率在很小的范围内波动。

两种固定汇率制度的不同点也主要体现在两个方面：①形成机制不同。金本位制下的固定汇率制度是自发形成的，货币平价为铸币平价，约束汇率波动的上下限是市场自发形成的黄金输送点。布雷顿森林体系下的固定汇率制度是通过《国际货币基金组织协定》人为建立起来的，各国根据本币的法定含金量确定与美元的法定平价，并通过政府干预将汇率维持在官定波动幅度内。②稳定性不同。金本位制下银行券能自由兑换金币，因而其含金量稳定不变，在此基础上确定的铸币平价能够保持真正的稳定。布雷顿森林体系下流通的是不兑现的纸币，其含金量是名义上的法定含金量，在国内外经济形势发生重大变化或一国国际收支出现根本性失衡时，经 IMF 核准法定平价可以变动。因此，金本位制下的固定汇率制度是典型的稳定的固定汇率制度，而纸币流通条件下的固定汇率制度从严格意义上来说是一种可调整的钉住汇率制度（adjustable peg system），稳定性不如前者。

2. 浮动汇率制度

浮动汇率制度（floating exchange rate regime）是指各国不再规定本币对外币的货币平价，也不规定汇率的波动幅度，市场汇率根据外汇市场供求状况的变动而变动，一国货币当局不再承担维持汇率稳定的义务。1973 年 3 月布雷顿森林体系崩溃后，主要西方发达国家普遍实行浮动汇率制度。

按照政府是否干预，浮动汇率制度可以划分为自由浮动和管理浮动两类。自由浮动（free floating）也称清洁浮动（clean floating），是指一国货币当局对外汇市场不加任何干预，完全听任汇率跟随外汇市场供求状况的变动而变动。管理浮动（managed floating）也称肮脏浮动（dirty floating），是指一国货币当局会对外汇市场进行干预，以使汇率的变动符合宏观经济目标的需要。因此，汇率作为影响一国经济发展的重要因素，当市场汇率偏离一国预定的经济目标时，哪怕是一些汇率市场化程度较高的发达国家也会在需要时入市干预。

（二）IMF 四大类事实分类法

现实中在固定汇率制度和浮动汇率制度之间还存在众多的中间汇率制度。布雷顿森林体系崩溃以后，IMF 开始不断细化汇率制度分类。1994 年 4 月之前 IMF 采用的是名义分类法，即根据各成员方自己公开宣称的汇率制度进行分类。1999 年 4 月起，根据各成员方汇率安排的实际情况，按照汇率弹性程度及对汇率变化路径的承诺，IMF 将汇率制

---

① 布雷顿森林体系详见第八章第三节。

度划分为三大类八小类进行事实分类。2009 年 4 月 IMF 对事实分类法进行了修正，修正后的新事实分类法将汇率制度划分为四大类十小类。1999 年和 2009 年 IMF 对各国汇率的事实分类情况见表 4.1。

表 4.1 1999 年 4 月末和 2009 年 4 月末 IMF 事实分类法的类别

1999 年 4 月末事实分类	合计	2009 年 4 月末事实分类	合计
严格固定汇率	45	硬钉住	23
无独立法定货币的汇率安排	37	无独立法定货币的汇率安排	10
货币局制度	8	货币局制度	13
软钉住	67	软钉住	65
其他传统固定钉住	44	传统钉住制度	42
—	—	稳定化制度	13
爬行钉住	6	爬行钉住	5
爬行带内浮动	9	类似爬行钉住	1
水平区间钉住	8	水平区间钉住	4
浮动汇率制度	73	浮动汇率制度	79
管理浮动	25	浮动汇率	46
独立浮动	48	自由浮动	33
—	—	其他管理安排	21
总计	185	—	188

资料来源：IMF Annual Report 1999，IMF Annual Report 2009，Appendix Ⅱ：Financial Operations and Transactions

1. 硬钉住

硬钉住（hard peg）包括无独立法定货币的汇率安排和货币局制度两类。

1）无独立法定货币的汇率安排

无独立法定货币的汇率安排（exchange arrangements with no separate legal tender）是指一国从法律上认定将另一国的货币作为该国唯一的法定货币。这意味着该国货币当局完全放弃了货币政策的独立性，典型的表现为政策美元化。

美元化是指一国居民在其资产中持有相当大一部分美元外币资产，美元大量进入流通领域，发挥货币的全部或部分职能，并具有逐步取代本币成为该国经济活动的主要媒介的趋势[①]。美元化可以划分为事实美元化、过程美元化和政策美元化。事实美元化和过程美元化更多地体现为民间私人机构使用美元，发挥价值尺度、流通手段、贮藏手段或支付手段职能。政策美元化也称正式美元化或官方美元化，是指一国货币当局明确宣布以美元取代本币，并作为一项货币制度确定下来。

① 美元化中的美元泛指世界上的关键货币，主要是美元，但也包括欧元等货币。有的国家选择用美元替代本币，有的国家选择用欧元或其他外币替代本币。

美元化现象在20世纪70年代的拉丁美洲非常普遍，这些国家之所以采取美元化，是因为美元化具有以下好处：①有助于消除外汇风险，降低交易成本，推动国际经济发展；②有助于避免国际投机冲击，维持金融稳定、安全；③有助于约束政府行为，政府不能再通过发行本币融通财政赤字，可以避免恶性通货膨胀。因此，一些本币出现严重问题的国家可能取消本币而采取官方美元化。但是美元化也存在以下弊端：①损失大量铸币税[①]；②丧失货币政策的独立性和金融主权；③中央银行最后贷款人的能力受到限制。

➢专栏 4.1

去美元化浪潮

为了应对美国次贷危机和国际金融危机的冲击，2008年开始美国实施了多轮QE货币政策，引致全球出现集中性的去美元化浪潮，包括一些国家或地区大幅减持美债、放弃锚定美元、增加非美元货币交易大宗商品、增加非美元的货币储备、增加黄金对冲美元风险等。

（1）从美国国债（简称美债）角度考查。2018年4月至2020年第一季度，全球各国中央银行或金融管理局已连续22个月减持美债，累计减持规模达8000亿美元。2020年3月美联储再次开启无限QE，短短一个月内购买超过1万亿美元资产，成为美债最大接盘侠。2020年7月，美联储持有的美债已超过4万亿美元，超过美债前十大持有者日本、中国、英国、爱尔兰、巴西、卢森堡、中国香港、瑞士、开曼群岛和比利时的总和。1个月期、3个月期的美债收益率跌至负值，美国技术上进入负收益率区间。10年期美债收益率2020年以来史无前例地破"1"，更是坚定了世界对美元走软的普遍预期。

（2）从支付方式考查。近年来，包括中国、法国、德国、俄罗斯、印度、土耳其等在内几乎G20国家均对外宣布在主要大宗商品贸易交易、双边货币结算中减少美元的使用，甚至抛弃美元改用其他货币。2020年5月，美元在国际支付市场所占的比例从3月的最高值44.1%大降至40.88%。传统以美元为贸易清算与支付且被美国绝对控制的SWIFT系统已被世界广泛诟病，各国全力构建去美元支付体系，包括中国人民银行上线的CIPS（cross-border interbank payment system，人民币跨境支付系统）和PVP（payment versus payment，支付-支付）系统、俄罗斯打造的SPFS（financial messaging system of the bank of Russia，俄罗斯银行金融信息系统）、欧洲与伊朗的特殊贸易结算机制INSTEX（instrument for supporting trade exchange，贸易互换支持工具）。

（3）从外汇储备考查。美元在全球外汇储备中的份额已从2000年的72%下降

---

① 铸币税（seignorage）是指货币铸造成本低于其面值而产生的差额。《新帕尔格雷夫经济学大辞典》从机会成本的角度提出了，国际货币体系中用美元等国际货币替代黄金所产生的以铸币税形式存在的社会收益。美国利用美元国际储备货币的地位以及强势的货币政策获得了巨大的铸币税收益，以至于戴高乐将军曾一度谴责美元的这种地位是"一种过分的特权"。

到了2020年第一季度的61.99%。各国中央银行积极增加黄金储备量，过去十年黄金储备均处在净买入的状态，中国的黄金储备更是翻了一番。美国财政部前部长雅各布·卢曾警示，如果美元的支配地位被不断滥用，金融交易转移至现行体系之外是必然。现在他一语成谶。

资料来源：https://zhuanlan.zhihu.com/p/161850714。

2）货币局制度

货币局制度是指政府当局以立法的形式明确规定，承诺本币与某一确定的外国货币（锚货币）之间以一个固定比率进行无限制兑换，并要求货币当局确保这一兑换义务的实现。货币局制度意味着国内货币必须在以确定的外国货币作为充足保证的情况下才可以发行，且必须保持充分的外汇资产作为支持，这削弱了传统中央银行对货币的控制以及最后贷款人的作用，给自主性货币政策留下的空间很小。当然，在该制度下汇率仍然有一定的弹性，这取决于政府当局制定的规则的严格程度。货币局制度实际上是程度较低的美元化制度，香港的联系汇率制属于典型的货币局制度。

香港的联系汇率制不仅是一种汇率制度也是一种货币发行制度。香港没有中央银行，货币发行的职能由汇丰银行、渣打银行和中银集团三家商业银行承担。发钞银行在发行港币现钞时，必须向香港金融管理局[①]按 USD1 = HKD7.8 的固定比率上缴等额美元，换取负债证明书；发钞银行回笼港币现钞时，按照 USD1 = HKD7.8 的固定比率向香港金融管理局交还负债证明书，收回等额美元。这样，港币现钞对美元的汇率就固定在 USD1 = HKD7.8 的水平上。该汇率是发钞银行与香港金融管理局之间的港币现钞官方汇率，而发钞银行与其他银行之间或银行同业之间的现汇交易、客户市场的现钞或现汇交易都按市场汇率进行。

香港的联系汇率制拥有国际收支的自动调节机制和套利机制，从而保证港币对美元的汇率稳定保持在 7.8 的水平。①国际收支的自动调节机制。若香港出现国际收支盈余，则外汇储备增加，货币供应量随之增加，引起物价上涨、利率下降，这将导致贸易收支恶化、资本流出增加，最终使国际收支盈余减少直至恢复均衡。若出现赤字，则反之。②套利机制。若港币市场汇率为 USD1 = HKD7.9，则发钞银行向香港金融管理局以 USD1 = HKD7.8 的比例换回美元，然后在市场上以 USD1 = HKD7.9 的价格出售，这样 HKD7.8 就可获得 HKD0.1 的净收益。发钞银行不断在市场上卖出美元、买进港币使美元贬值，直至回落到 USD1 = HKD7.8 的价格。若港币市场汇率为 USD1 = HKD7.7，则发钞银行在市场上以 USD1 = HKD7.7 的价格买进美元，然后向香港金融管理局换取负债证明书，再按 USD1 = HKD7.8 的价格发行港币，则 HKD7.7 可获得 HKD0.1 的净收益。发钞银行不断在市场上买进美元、卖出港币使美元升值，直至回升到 USD1 = HKD7.8 的价格。

2. 软钉住

软钉住包括传统钉住制度、稳定化制度、爬行钉住、类似爬行钉住和水平区间钉住五类。

---

① 1993年4月1日前为香港外汇平准基金。

1）传统钉住制度

传统钉住（conventional peg）制度是指一国在法律上按一个固定的汇率用本币钉住某外国货币（锚货币）或篮子货币，篮子货币主要是贸易伙伴国、金融合作伙伴国的货币，权重反映了其对外贸易、服务及资本流动的地理分布。锚货币或篮子货币中各货币的权重必须向社会公布或告知 IMF。政府随时准备通过对外汇市场的直接干预，或通过利率政策、外汇管制、限制外汇活动的道义劝说、对其他公共机构的干预等间接干预来维持固定平价。虽然政府当局没有承诺永久保持平价不变，但现实汇率应该围绕中心汇率在不超过±1%的范围内波动，或者即期汇率的最大值和最小值至少 6 个月保持在 2%的范围内。

2）稳定化制度

稳定化制度（stabilized arrangements）是指无论是对单一货币还是对篮子货币，即期外汇市场上的汇率波动幅度至少连续 6 个月不超过 2%，并且该汇率制度不能被视为浮动制度。稳定化制度要求的汇率保持稳定是官方干预后的结果，但该制度并不意味着政府当局要做出政策承诺。

3）爬行钉住

爬行钉住（crawling peg）是指一国政府通过法律规定汇率按照固定的比率或根据选取的定量指标的变化进行小幅调整。爬行的幅度可根据以往通胀的情况设定（过去一段时间与主要贸易伙伴之间的通胀差异，称为后瞻型）或根据预期的通胀之差设定一个固定的幅度（主要贸易伙伴的通胀目标与预期通胀之间的差异，称为前瞻型）。

4）类似爬行钉住

类似爬行钉住（crawl-like arrangement）是指汇率波动幅度至少连续 6 个月不超过 2%，并且年平均波动率在 1%以上。相对于稳定化制度，类似爬行钉住的波动幅度更大。

5）水平区间钉住

水平区间钉住（pegged exchange rates within horizontal bands）是指一国在法律上规定本币对外币的固定平价，本币围绕固定中心汇率在超过±1%的幅度内波动，或者汇率的总波幅超过 2%。

水平区间钉住的典型代表是欧洲货币体系（European monetary system，EMS）下的 ERM 成员方的汇率制度，1999 年 1 月 1 日 ERM 被欧洲第二汇率机制（ERM Ⅱ）取代。

3. 浮动制度

浮动制度包括浮动汇率和自由浮动两类。

1）浮动汇率

浮动汇率是指汇率由市场决定，没有确定的或可预测的汇率变动路径。如果一国的汇率制度满足稳定化或类似爬行钉住制度的统计标准，且能明确其汇率稳定并非官方行动的结果，则可归于浮动汇率。汇率波幅大小取决于影响汇率变动的各经济因素的冲击规模。

2）自由浮动

自由浮动（free floating）是指官方干预只是偶尔发生，旨在应对无序的市场状况，如果当局能够提供信息和数据证明在过去的 6 个月中至多只有 3 次干预，且每次干预的持续时间不超过 3 个工作日，则可归于自由浮动。

4. 其他管理安排

其他管理安排（other managed arrangement）是一个剩余类别，在一国汇率制度没有满足其他类别标准时则归入此类，还有一些频繁转换的汇率安排也归于此类。

根据 IMF 四大类十小类的统计情况来看（表 4.2），采取软钉住的国家和地区最多，呈波动变化，占比接近 50%。采取浮动汇率制度的国家和地区在 2016 年占比达到峰值的 37.0%后呈现不断下降的趋势，占比基本维持在 1/3 左右。采取硬钉住的国家和地区长期维持在 12%～13%。采取其他管理安排的国家和地区在 2010～2014 年基本维持在 10%左右，2015 年骤降到 5.2%，虽然 2016 年反弹超过 10%，但此后几年基本呈下降趋势，维持在 7%左右。2020 年的数据显示采取软钉住和硬钉住的国家和地区共占比 59.4%，采取浮动制度的国家和地区占比 32.8%，由此可见当前全球的汇率安排呈现向更稳定的汇率制度转变的特征。

表 4.2 2010～2020 年 IMF 成员汇率安排 [1]

类别	2010[2]	2011[3]	2012[3]	2013	2014	2015	2016	2017	2018	2019	2020[4]
1. 硬钉住	13.2	13.2	13.2	13.1	13.1	12.6	13.0	12.5	12.5	12.5	12.5
1）无独立法定货币的汇率安排	6.3	6.8	6.8	6.8	6.8	6.8	7.3	6.8	6.8	6.8	6.8
2）货币局制度	6.9	6.3	6.3	6.3	6.3	5.8	5.7	5.7	5.7	5.7	5.7
2. 软钉住	39.7	43.2	39.5	42.9	43.5	47.1	39.6	42.2	46.4	46.4	46.9
1）传统钉住制度	23.3	22.6	22.6	23.6	23.0	23.0	22.9	22.4	22.4	21.9	21.4
2）稳定化制度	12.7	12.1	8.4	9.9	11.0	11.5	9.4	12.5	14.1	13.0	12.0
3）爬行钉住	1.6	1.6	1.6	1.0	1.0	1.6	1.6	1.6	1.6	1.6	1.6
4）类似爬行钉住	1.1	6.3	6.3	7.9	7.9	10.5	5.2	5.2	7.8	9.4	12.0
5）水平区间钉住	1.1	0.5	0.5	0.5	0.5	0.5	0.5	0.5	0.5	0.5	0.0
3. 浮动汇率制度	36.0	34.7	34.7	34.0	34.0	35.1	37.0	35.9	34.4	34.4	32.8
1）浮动汇率	20.1	18.9	18.4	18.3	18.8	19.4	20.8	19.8	18.2	18.2	16.7
2）自由浮动	15.9	15.8	16.3	15.7	15.2	15.7	16.1	16.1	16.1	16.1	16.1
4. 其他管理安排	11.1	8.9	12.6	9.9	9.4	5.2	10.4	9.4	6.8	6.8	7.8

注：1. 包括 189 个国家和 3 个地区：阿鲁巴（荷兰）、库拉索和圣马丁（荷兰）和中国香港特别行政区。数据截至每年的 4 月 30 日

2. 不包括图瓦卢和南苏丹共和国

3. 不包括南苏丹共和国

4. 不包括安道尔

资料来源：IMF《汇兑安排与汇兑限制年报（2018—2020）》

三、固定汇率制度和浮动汇率制度的选择

汇率制度的选择是一个复杂问题，各国政府需要根据本国的实际情况进行全方位考虑选择适合本国经济发展的汇率制度。IMF 对成员方汇率制度事实分类的多样化情况可以说明，汇率制度本身并不存在绝对的优劣，只有适合和不适合的区别。

（一）固定汇率制度的优缺点

1. 固定汇率制度的优点

1）固定汇率制度具有内在的稳定机制

在固定汇率制度下，政府承担维持汇率稳定的职责，当市场上的汇率偏离中心汇率过多时，投资者预期政府将对市场进行干预进而采取的投机交易将有助于保持市场汇率的稳定。

2）固定汇率制度能够减少国际贸易和国际投资的不确定性

在固定汇率制度下，市场汇率围绕中心汇率在小范围内上下波动，市场汇率的稳定可以避免频繁大幅度波动带来的市场风险，为国际贸易和国际投资提供平稳的国际环境。

3）固定汇率制度能够为一国宏观经济政策提供自律

在固定汇率制度下，政府承担稳定汇率的职责，因此不能追求不负责任的宏观经济政策，这成为政府制定宏观经济政策时的自我约束机制，有助于抑制通货膨胀和稳定汇率。如果政府实施大规模的宽松货币政策，则会对本币形成贬值压力，在资本管制较松的情况下，将招致国际投机资本的冲击，最终导致固定汇率制度难以维持，因此政府在采用不合理的过度扩张的宏观经济政策时会十分谨慎，从而达到自律的效果。

4）固定汇率制度有助于促进国际经济合作

为维持固定汇率制度，各国间需要保持一定程度的合作和协调，当各国维持货币平价存在较大压力时，需要采取协调一致的干预措施，提高政策效果，维持汇率的稳定。

2. 固定汇率制度的缺点

1）固定汇率制度缺乏弹性难以调节国际收支平衡

固定汇率制度以维持汇率稳定为目标，由此丧失了通过汇率变动调节国际收支的功能，加大了国际收支失衡的调节难度。

2）固定汇率制度削弱了货币政策的有效性和独立性

在固定汇率制度下，一国有维持汇率稳定的职责，这使得该国的货币政策受到维持汇率稳定的掣肘，无法有效独立地发挥作用。如当一国面临经济低迷、通货紧缩时，该国有必要采取宽松的货币政策以刺激经济发展，但是宽松的货币政策势必导致本币出现贬值的倾向，这使得货币当局被迫抛售外币回收本币以维持汇率稳定，从而抵消宽松货币政策的有效性。

3）固定汇率制度容易引发投机冲击导致货币危机

固定汇率制度下市场信心的强弱取决于投机者对政府维持汇率稳定能力的判断。如果投机者认为政府具有维持汇率稳定的能力，那么其投机行为可以起到稳定汇率的作用；

如果投机者认为政府缺乏稳定汇率的能力，则会招致国际游资的投机冲击，严重时将导致货币危机和金融危机。

（二）浮动汇率制度的优缺点

1. 浮动汇率制度的优点

1）浮动汇率制度可以保证国际收支的持续均衡

在浮动汇率制度下，汇率能够调节进出口商品的价格从而达到自动调节国际收支的效果。当一国出现国际收支逆差时，本币趋于贬值，在满足马歇尔-勒纳条件的情况下，有利于出口、不利于进口，从而可以缩小或消除该国的国际收支逆差；反之，当一国出现国际收支顺差时，本币趋于升值，不利于出口、有利于进口，从而可以缩小或消除该国的国际收支顺差，实现国际收支的持续平衡。

2）浮动汇率制度可以使货币政策的有效性增强

在浮动汇率制度下，能够通过汇率的变动解决国际收支的外部均衡问题，这样货币政策就能与财政政策相配合，共同作为实现内部均衡的政策工具，专注于调整内部均衡，提高政策效果。

3）浮动汇率制度可以缓解汇率波动对经济的冲击

在浮动汇率制度下，汇率波动的不确定性增加了对汇率走势进行预测的难度，有助于熨平汇率的大幅波动，避免汇率在短时间内大起大落对内部经济产生严重冲击。

4）浮动汇率制度可以避免通货膨胀的跨国传播

如果一国的贸易伙伴国出现通货膨胀，在固定汇率制度下由于本币汇率较稳定，该国进口产品的价格会相对上升，出口商品的价格会相对下降，从而导致进口减少、出口增加，国际收支出现顺差，该国商品的价格趋于上升。但在浮动汇率制度下，国际收支顺差会导致本币升值，使该国出口减少、进口增加，国内价格将逐渐回落，从而抑制国外输入的通货膨胀。

2. 浮动汇率制度的缺点

1）浮动汇率制度加大了国际贸易和投资的不确定性

在浮动汇率制度下，汇率的频繁大幅波动会导致对外商品和服务价格的波动，不利于对外经济贸易关系的发展。同时，外汇风险的提高也将阻碍国际贸易和抑制国际投资。

2）浮动汇率制度加剧了国际金融市场的动荡

在浮动汇率制度下，如果一国开放金融账户，则国际游资更容易对该国的金融市场产生冲击。当前国际资本流动的规模越来越大，速度也越来越快，造成了外汇市场频繁、剧烈的汇率波动，导致国际金融市场动荡加剧。

3）浮动汇率制度下一国的宏观经济政策会影响国际经济

在浮动汇率制度下，一国政府不再承担维持汇率稳定的责任，由于无须担心外汇储备减少而可以更加自主地推行扩张性货币政策，从而间接造成本币贬值，使国际贸易摩擦增加，成为影响国际经济体系的不稳定因素。

固定汇率制度和浮动汇率制度的比较见表4.3。

表 4.3　固定汇率制度和浮动汇率制度的比较

汇率制度	优点	缺点
固定汇率制度	1. 防止外汇投机，稳定外汇市场 2. 有利于国际贸易和国际投资活动 3. 有利于抑制国内通货膨胀 4. 作为外部约束，防止不正当竞争	1. 容易出现内外均衡冲突 2. 丧失货币政策的独立性 3. 容易引发投机冲击 4. 容易输入通货膨胀
浮动汇率制度	1. 外部均衡可以自动实现，不会冲击国内经济稳定 2. 增强货币政策的自主性 3. 自动调节短期资金流动，预防投机性冲击 4. 避免通货膨胀的跨国传播	1. 增大不确定性和外汇风险 2. 加剧外汇市场动荡，容易出现资金频繁跨境流动和投机活动 3. 容易滥用汇率政策

（三）影响汇率制度选择的主要因素

没有任何一种汇率制度对于所有国家或者一个国家的所有时期都是最优的，一国可以结合本国的经济发展状况、政策配合的选择、对外经济合作情况，综合考虑各因素后选择适合本国的汇率制度。

1. 本国的经济发展状况

1）经济规模

经济规模以 GDP 衡量。一般而言，一国经济规模越大，越倾向于选择浮动汇率制度，因为大国更关注国内均衡，为了保持货币政策的独立性以稳定国内经济发展，其会选择放弃固定汇率制度。而经济规模较小的国家，为规避汇率变动给经济带来的冲击，更倾向于选择与其主要贸易伙伴国货币保持固定或硬钉住的汇率制度。

2）经济开放度

经济开放度以进出口总额占 GDP 的比重衡量。一般而言，一国经济规模越小，经济对外依赖度越大，就越容易开放，即开放度越高，汇率变化对国内经济的影响就越大。经济规模较小的国家抵御汇率冲击的能力较弱，因此多采用固定汇率制度。对于经济规模较大的国家而言，其经济开放度高，国际资本流动频繁，政府对资本流动的管制较少，实行浮动汇率制度可能更合适。

3）经济发展水平

经济发展水平以人均 GDP 衡量。一般而言，经济发展水平越高的国家越倾向于选择浮动汇率制度。经济发展水平高的国家，经济与金融发展程度高，金融机构和金融制度较为完善，资本管制较少。但是，也存在一些高收入的小型开放经济体选择严格固定汇率制度的情况。

2. 政策配合的选择

美国经济学家蒙代尔指出了宏观经济的三难选择（the macroeconomic trilemma），也称“三元悖论”“不可能三角”，是指货币政策的独立性、固定汇率制度以及资本自由流动这三个目标不可能同时实现，一国当局只能在三个目标中选择两个目标。

在资本完全自由流动的条件下，货币政策的独立性和固定汇率制度不可能同时实现，要维持货币政策的独立性就无法维持汇率的稳定，要维持汇率的稳定就必然会丧失货币政策的独立性（图 4.1）。如果一国货币当局采取扩张性的货币政策，则利率下降会分别

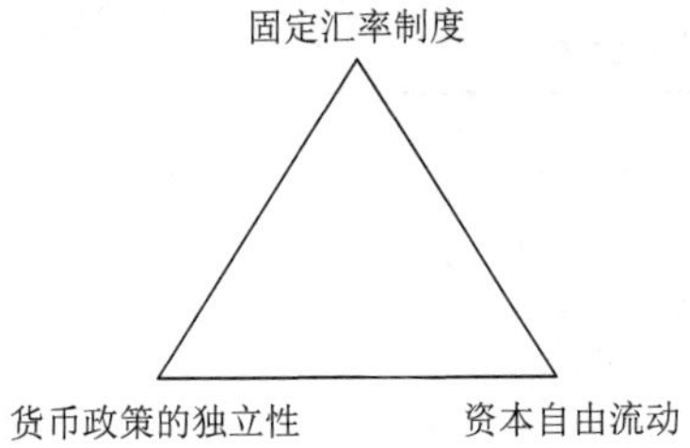

图 4.1 宏观经济的三难选择

影响国际收支的经常账户和金融账户。一方面，利率下降使得投资支出增加，产出增加，就业增加，收入增加，进口支出相应增加，导致经常账户收支恶化；另一方面，利率下降使得资本流出增加，流入减少，导致金融账户收支恶化。因而，扩张性货币政策使得一国国际收支出现赤字，本币倾向于贬值。若要维持汇率稳定，则一国货币当局必须干预外汇市场，抛售外币、购入本币，减少本币的供应量，这样就会抵消扩张性货币政策的效果，结果是维持了汇率的稳定却带来了货币政策的无效。

3. 对外经济合作情况

一国与其他国家的经济合作情况对汇率制度的选择有着重要影响。当两国存在非常密切的贸易往来时，两国货币保持固定汇率有利于贸易发展。在国际资金流动数量非常大的背景下，对于内部金融市场和外界联系非常紧密的国家来说，如果本国对外汇市场进行干预的实力不强和各种条件限制不多，则采用浮动汇率制度更为合适。

（四）汇率制度选择理论

1. 最适度货币区理论

最适度货币区理论由美国经济学家蒙代尔在 1961 年提出，其主张用生产要素的流动性作为最适度货币区域的标准。该理论认为生产要素的流动性与汇率制度的弹性之间具有相互替代的作用。国家之间要素的流动程度越高，越适宜共同组建货币联盟，选择固定汇率制度。因为当一国的国际收支因贸易伙伴国对其产品的需求减少而出现赤字时，若资本国际流动程度高，则可以通过资本的大量流入融通贸易赤字。若劳动力国际流动程度高，则可采取紧缩措施减轻赤字而无须担心失业问题，因此不必通过汇率变动就可维持国际收支平衡。

此后多位经济学家针对该问题展开了多角度的深入分析，麦金农（McKinnon）提出了经济开放度、凯恩（Kenen）提出了产品多样化程度、英格拉姆（Ingram）提出了金融一体化程度等，使最适度货币区理论得以不断完善。麦金农以经济开放程度为标准，认为以贸易品部门相对于非贸易品部门的规模大小来衡量的经济开放程度越高，加入货币联盟越有益。其理由是，贸易品部门占比越大，越容易受到汇率波动的影响，因而越倾向于采取固定汇率制度。凯恩认为一国进出口商品越是多样化，越倾向于加入货币联盟，实行固定汇率制度。其理由是，一国进出口商品越是多样化，出口收入和进口支出越稳定，国际收支越稳定，因而不需要汇率变动进行调节，固定汇率制度就越可行。英格拉姆认为一国与他国之间金融一体化的程度越高，较小的利率变动就可以吸引必要的资本流入来融通其国际收支赤字，就越不需要依赖汇率变动进行调整，固定汇率制度就越有利。

2. 经济论

美国经济学家罗伯特·赫勒（Robert Heller）认为，一国汇率制度的选择是由经济方面的因素决定的，这些因素主要包括经济规模、经济开放程度、进出口贸易结构、国内金融市场的发展程度及与国际金融市场的联系程度、相对通货膨胀率等。如果一国对外经济开放程度高，经济规模小，进出口商品结构单一或进出口地相对集中，则该国倾向于采用固定汇率制度。如果一国进出口商品多样化而且进出口地比较分散，国内经济能够在很大程度上抵御外部干扰，则该国倾向于实行浮动汇率制度。

3. 依附论

在有关发展中国家汇率选择理论的讨论中，一些经济学家提出了有关汇率选择的依附论①。该理论认为，发展中国家汇率制度的选择，主要取决于它们在政治、经济、军事等方面的对外联系特征。发展中国家在实行钉住汇率制度的时候，选择哪种货币作为锚货币，主要取决于其在政治、经济等方面的依附关系。

第二节 外汇管制

一、外汇管制概述

（一）外汇管制的概念

外汇管制（exchange control）也称外汇管理（exchange administration），根据 IMF 的定义，有广义和狭义之分。广义的外汇管制是指一国为了平衡国际收支、维持本币汇率稳定或达到其他政治经济目的，指定和授权进行外汇管制的机构②对国际经济交易中的外汇流动和兑换、汇率制度的选择和形成机制、外汇市场的准入和交易、金融机构的准入和外汇业务等实行的管制性措施。狭义的外汇管制是指一国对经常账户和金融账户采取的管制性措施。

（二）外汇管制的产生及历史演进

外汇管制是国际货币制度发展到一定阶段的产物，第一次世界大战前的金本位制下黄金可以自由兑换、自由铸造和自由输出/入，由于“价格-铸币流动机制”可以自动调节一国的国际收支平衡，黄金输送点可以使汇率在小范围内波动，因此在正常的国际经济往来中，基本上不存在外汇管制。第一次世界大战爆发后，各国为筹措战争经费，取消了黄金自由输出/入国境，限制黄金自由兑换，由此产生了外汇管制。从外汇管制的全球演变进程看，其经历了从无到有、从加强到放松的过程，大致可以分为三个阶段。

1. 第一阶段（1914～1945 年）

第一次世界大战爆发后，西方发达国家纷纷取消金币本位制，为防止资本外逃、抑制汇率波动和防范投机冲击，各国采取严格的外汇管制，取消外汇自由买卖，禁止黄金出口。1929～1933 年世界经济大萧条导致金本位制崩溃，一些严重逆差国加强了外汇管

① 该理论散见于发展中国家学者的研究当中，主要针对赫勒提出的发达国家汇率制度的经济论。

② 每个国家指定和授权的外汇管制机构不同，有的国家设立专门的外汇管制机构，如中国由国家外汇管理局负责；有的国家授权中央银行作为外汇管制机构，如英国由英格兰银行负责；有的国家指定相关的行政部门作为外汇管制机构，如美国由财政部负责，日本由通产省和财务省负责。

制。第二次世界大战爆发后，为了限制资本外流，参战国采取了更加严格的外汇管制。该阶段的外汇管制以防范资本项目下的资本外逃和投机冲击为目的。

2. 第二阶段（第二次世界大战结束至 1958 年）

第二次世界大战结束后，西欧各国普遍面临外汇和黄金短缺的问题，为了恢复经济发展，其继续实行外汇管制。一些国家还将外汇管制的范围从资本项目扩大到经常项目，以调节国际收支平衡。

3. 第三阶段（1958 年至今）

20 世纪 50 年代以后，随着西欧各国和日本经济实力的复苏和增强，1958 年 12 月起，英国、法国、德国、意大利、荷兰等 14 国采取了放宽外汇管制的措施，不同程度地恢复了有限度的货币自由兑换。随着发达国家贸易自由化和资本自由化浪潮的兴起，主要发达国家以及新兴工业化国家放松或取消了大部分外汇管制。虽然很多发展中国家仍然实行严格的外汇管制，但也呈现出逐步放松的趋势，具体表现为由放松经常项目管制向放松资本项目管制的变化。

二、外汇管制的主要内容

从各国的实践来看，一国主要从国际经济交易、汇率、外汇市场和金融机构四个方面采取不同程度的外汇管制措施。

（一）对国际经济交易的外汇管制

1. 经常账户的外汇管制

经常账户的外汇管制包括对贸易外汇的管制和对非贸易外汇的管制。货物贸易在一国经常账户中占据重要地位，货物贸易收入是一国重要的外汇资金来源，政府通常采用“奖出限入”的外汇管制措施，即鼓励出口创汇并集中外汇收入，限制外汇支出，以平衡国际收支并稳定本币汇率。非贸易外汇管制主要是对个人用汇及出入境汇兑进行管制，控制非贸易用途外汇的流动。各国普遍对非贸易外汇的管制比对贸易外汇的管制要宽松，但一些外汇短缺的发展中国家对非贸易外汇的支付仍存在较多的限制。随着国际贸易自由化的推进，全球大多数国家取消了经常账户的外汇管制，成为《国际货币基金组织协定》的第八条款国。

2. 金融账户的外汇管制

金融账户的外汇管制主要是对直接投资、证券投资、金融衍生产品和雇员认股权、其他投资项目外汇流动的管理，采取与经常账户类似的鼓励资金流入、限制资金流出的措施。一般来说，在几类交易中，一国对证券投资项下的资本流动采取的是比较谨慎的态度，以避免对本国证券市场以及其他金融市场造成严重冲击；对其他投资项下的借取外债采取的是比较严格的控制措施，以避免外债负担过重带来偿债困难。从国别来看，各国在具体的规定和操作中也存在差异，发展中国家鼓励吸引外国直接投资、限制对外直接投资，以缓解本国资金短缺、改善生产技术设备落后、缓解就业压力等。发达国家对金融账户的管制比发展中国家宽松，一般较少对资本流动采取管制措施，但碰到极端情况时，为避免对国内经济造成较大影响，也可以转为采取必要的外汇管制措施。

（二）对汇率的外汇管制

对汇率的管制主要体现在汇率制度选择以及汇率形成机制安排两个方面。在汇率制度选择方面，首先需要明确采取的是固定汇率制度还是浮动汇率制度，其次要确定偏向于哪种固定汇率制度或者浮动汇率制度。汇率制度确定后，要明确具体的汇率形成机制。如果倾向于固定的汇率安排，则涉及中心汇率的确定、汇率波幅的确定以及采取什么措施对汇率进行调整等问题；在明确或隐含汇率波幅的情况下如何将汇率维持在设定的波幅内，在没有规定汇率波幅的情况下是否需要以及何时、采用何种方法对汇率进行干预。汇率管制是外汇管制的核心组成部分，一国通过控制汇率波动，保持币值稳定，以促进经济平稳发展。

（三）对外汇市场的管理

对外汇市场的管理包括对外汇市场准入和外汇交易的管理。对外汇市场准入的管理中，包括对外汇市场交易主体、交易种类、交易币种、交易方式等的规定，还规定了哪些机构和个人可以参与外汇市场的交易，其中对于居民的管理要比对于非居民的管理更加严格。在外汇交易的管理中，包括对交易品种的规定，除了外汇即期交易品种，是否还办理外汇远期、期货、期权、掉期、互换交易等，以及如何对这些交易进行管理之外，还包括对外汇交易的币种、交易方式以及清算制度的管理。

（四）对金融机构外汇业务的管理

对金融机构外汇业务的管理包括对金融机构市场准入和经营业务的管理。对金融机构市场准入的管理中，包括什么类型和符合什么条件的金融机构可以办理外汇业务的规定。对金融机构经营业务的管理包括对不同类型的金融机构经营的业务范围的管理以及对具体外汇业务的管理，如对外汇存贷款业务、国际结算业务、外汇买卖业务、发行外币有价证券、外债和对外担保业务的管理。

三、外汇管制的方式

各国实施外汇管制时主要采取数量管制和价格管制两种方式（图 4.2）。

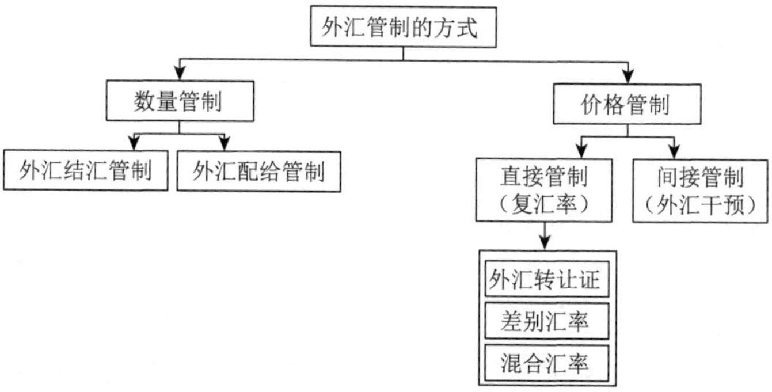

图 4.2　外汇管制的方式

（一）数量管制

数量管制是指对外汇买卖的数量进行限制。通过数量管制可以集中外汇收入，控制外汇支出，对外汇进行统收统支。数量管制包括外汇结汇管制和外汇配给管制。

1. 外汇结汇管制

外汇结汇管制是指一国政府为集中外汇收入，强制外汇收入者将获得的外汇按官价全部或部分出售给指定银行，主要体现为出口结汇制。

2. 外汇配给管制

外汇配给管制是指一国政府为控制外汇支出，根据用汇活动的优先等级对有限的外汇资金在各用汇活动之间进行分配，主要体现为进口批汇制。

（二）价格管制

价格管制是指对外汇买卖的价格即汇率进行限制，以保障外汇供给，限制外汇需求，维持汇率稳定，推动国内经济顺利发展。价格管制包括直接管制和间接管制。

1. 直接管制

直接管制也称复汇率，是指一国外汇管制当局规定本币对外币有两种或两种以上的汇率，不同的汇率用于不同的国际经济活动，以达到预定的经济目的。常用的直接管制包括外汇转让证、差别汇率和混合汇率。

1）外汇转让证[①]

外汇转让证是指出口商向外汇银行结汇时，除了获得相应的本币之外，还可获得中央银行或外汇指定银行开出的外汇转让证。外汇转让证可以在外汇市场上出售，出售所得相当于对出口商的补贴，即变相的出口优惠汇率。对于进口商而言，若想申请进口所需外汇，必须先从外汇市场上购买外汇转让证，然后凭证从外汇指定银行购买进口所需的外汇，相当于提高了进口商的购汇成本，从而达到对进口商购汇进行限制，奖出限入的目的。

2）差别汇率

差别汇率又称双重汇率，是指一国外汇管制当局根据不同的外汇资金来源和用途，规定不同的官方汇率。如对出口和进口规定不同的汇率，以达到促进出口创汇、限制进口用汇的目的。也可以在出口的不同类别上规定不同的汇率，对于缺乏国际竞争力却又需要扩大出口的某些商品，给予较为优惠的汇率，其他出口商品则适用一般的汇率。甚至有的国家还对贸易和金融往来实行不同的双重汇率。

3）混合汇率

混合汇率是指将官方汇率与市场汇率按照不同比例混合使用，对不同交易区别对待。如有的国家规定某类项目外汇收入的全部或部分可以不按官方汇率出售，允许在自由市场上出售，这种做法虽然没有公开宣布双重汇率，但属于事实上的隐蔽复汇率。

---

① 我国在1994年前实行的外汇留成制属于外汇转让证。外汇留成是指实行外汇管制的国家规定外汇收入的厂商能按一定比例得到自留外汇的制度。1979年8月我国颁布的《出口商品外汇留成试行办法》规定，外汇由国家集中管理、统一平衡和保证重点使用的同时，实行贸易外汇和非贸易外汇留成办法，这标志着我国外汇留成制度的出台。

根据IMF的分类，广义的复汇率还包括外汇管制国家采取课征外汇税、给予外汇津贴、官方汇率背离市场汇率而不及时调整等。一国对经常账户和金融账户采取复汇率制，能有效隔绝来自国外的冲击，还可以达到一定的财政目的。但是复汇率制的缺陷十分明显，容易扭曲汇价，提高管理成本，而且它作为一种不公平的歧视措施，容易招致其他国家的报复。随着全球经济一体化的发展，绝大多数国家摒弃了复汇率，实行单一汇率。

2. 间接管制

间接管制也称外汇干预，是指一国外汇管制当局以外汇平准基金为缓冲体，通过直接干预外汇市场来稳定或达到某个预期的汇率水平。外汇平准基金是一国货币当局为稳定本币汇率而设立的专用基金，一般由外汇、黄金和本国货币等构成。对外汇市场进行直接干预的目的在于对汇率波动起到缓冲和稳定的作用，且该干预并非由外汇管制当局直接规定汇率水平，因此属于对汇率的间接管制。从效果看，间接管制的短期效果明显大于长期效果，而且该效果直接取决于该国持有的外汇平准基金的数量。

四、外汇管制的经济影响

（一）外汇管制的积极影响

1. 调节国际收支失衡

为弥补国际收支逆差，一国政府可动用本国的国际储备，也可以通过调整财政政策和货币政策来调节，但这些措施会影响国内经济的均衡，导致内外均衡的冲突。实行外汇管制，可以通过鼓励本国商品和劳务的输出增收外汇，通过限制外国商品和劳务的输入减少用汇，增加外汇供给、减少外汇需求，以实现国际收支平衡，避免采取其他措施对国内经济产生不良影响。外汇管制是调节国际收支失衡的直接有效手段之一。

2. 限制资本外逃

资本流动特别是大量投机性资本的频繁流动，不仅会妨碍国内金融政策的实施，而且容易催生资产泡沫。一旦投机性资本流出导致泡沫破灭，会引发一系列连锁反应，使经济局势迅速恶化。实行外汇管制，可以通过对外汇收支的限制，防止资本外逃，是维护一国金融市场稳定运行和增强本国金融安全的有效手段。

3. 稳定本币汇率和国内物价

当一国本币汇率波动过大时，可以采取直接管制的方式对汇率加以控制，达到稳定汇率的目的。当一国出现严重的通货膨胀时，可以通过高估本币汇率或者使本币升值的措施，抑制出口、增加进口，缓解通货膨胀压力，稳定物价。在一些存在巨额国际收支顺差、汇率趋于坚挺的国家容易出现输入型通货膨胀，通过外汇管制限制资本和商品的输入，可以隔绝国际通货膨胀，保持国内物价和汇率的稳定。

4. 推动本国产业的发展

外汇作为有限的资源，需要相对集中地使用。实行外汇管制能够使外汇资金流入最需要发展的产业和行业，保障社会效益较高的重点部门的外汇需求，实现外汇资源的最佳配置，取得最大的社会经济效益。如果一国的民族产业刚刚起步，则政府可以利用外汇管制措施限制同类商品的进口，保护民族产业的顺利发展。

5. 增加财政收入

实行外汇管制的国家垄断了外汇买卖业务，经营外汇买卖的利润归国家所有。同时，外汇交易税、许可证、预交存款、歧视性关税等可以使国家获得额外的财政收入，这在一定程度上能够缓解一国财政紧张的状况。

（二）外汇管制的消极影响

1. 阻碍国际贸易的正常发展

数量管制下的外汇结汇管制和外汇配给管制会抑制出口积极性和压制进口需求，直接影响一国的对外贸易。采用价格管制，如果本币定值过高，则会打击出口；如果本币定值过低，则不仅会影响进口，而且容易带来国际贸易摩擦，这对于发展国际贸易、建立正常的国际经贸关系不利。

2. 阻碍国际投资的正常发展

一国限制外国对本国投资，或对投资相关的还本付息、红利分配、债务偿还以及利润汇出进行限制，都将减少投资者的兴趣，降低投资意愿，使本国难以吸引外资，也难以进入国际资本市场获取竞争优势。一国限制本国对外国投资，不利于提高资本边际收益、世界市场占有率和国际地位。

3. 导致资源配置和价格扭曲

外汇管制会隔离本国市场和国际市场的联系，使资源配置和价格关系变得扭曲。复汇率作为一种变相的财政补贴，使企业处于不同的竞争地位，不利于建立公平竞争关系和提高市场透明度。

4. 增加交易成本和行政费用

外汇管制的手续繁杂，不仅会增加费用和提高交易成本，还会引起外汇走私与黑市买卖以及非法的套汇行为，使外汇市场陷入混乱状态。

5. 容易滋生腐败的寻租行为

在外汇管制的背景下，外汇黑市不可避免，而外汇黑市意味着存在利用不同市场的价格差异赚取经济租金，并将经济租金转化为自己的收入的寻租行为。寻租者在寻租过程中难免会采取诸如贿赂等方式取得外汇许可证、外汇额度等以获取经济租金，因而必然滋生腐败。此外，外汇管制面临一系列较为复杂的行政管理问题，而且寻租过程中产生的种种成本不仅浪费资源，还可能降低外汇管制的效率。

第三节 中国的汇率制度和外汇管理

一、中国的汇率制度

1978 年改革开放后，随着对外经济活动的增加，人民币汇率制度作为我国经济制度的重要组成部分在国际贸易和国际投资中的作用日益重要。以 1994 年的外汇管理体制改革为分水岭，人民币汇率制度可以划分为 1994 年之前以计划经济为特点的汇率双轨阶段和 1994 年之后的市场化改革阶段，后者又可再细分为汇率并轨和汇率市场化深入改革两个阶段。

（一）汇率双轨阶段（1981～1993 年）

本阶段的人民币汇率采用双重汇率制度，先后经历了官方汇率与贸易结算汇率双轨制、官方汇率与外汇调剂市场汇率双轨制两个阶段。

1. 官方汇率与贸易结算汇率双轨制（1981～1984 年）

1978 年底，我国改革大一统的外贸体制，下放外贸经营权，实行分散经营，使得汇率高估所造成的出口亏损成为一个迫切需要解决的问题。1979 年 8 月国务院改革外贸体制，打破外贸垄断经营、建立外贸企业自我运行机制、改革进出口和外汇管理体制、实施外汇留成制和上缴制。1981 年 1 月 1 日起除继续保留适用于非贸易外汇的官方汇率（公开牌价汇率）外，我国另行规定了一种适用于进出口贸易结算的贸易外汇内部结算价，并根据 1978 年全国平均出口换汇成本 2.53 元加上 10%的利润计算出贸易外汇内部结算价为 USD1 = CNY2.8070。

2. 官方汇率与外汇调剂市场汇率双轨制（1985～1993 年）

1985 年 1 月 1 日起我国取消了贸易外汇内部结算价，官方汇率应用于贸易结算和非贸易外汇兑换。为了消除汇率高估，使人民币汇率与物价变化相适应，起到调节国际收支的作用，1985 年至 1990 年根据国内物价的变化，我国多次大幅度调整官方汇率。为鼓励出口，人民币对美元的年平均汇率从 1985 年的 USD1 = CNY2.9376 下降到 1993 年的 USD1 = CNY5.7620，贬值 49.0%。1985 年 12 月我国改变了多年来由中国银行承办外汇调剂业务的模式，在深圳成立了第一个外汇调剂中心，调剂市场汇率日益成为补偿出口亏损、促进出口增长的重要手段。1988 年 4 月上海外汇调剂中心成立，随后各地陆续成立了外汇调剂市场和调剂中心，增加外汇留成比例，扩大外汇调剂量，放开外汇调剂市场汇率，利用市场汇率解决出口亏损问题。

最初官方汇率和外汇调剂市场汇率双轨制与我国宏观经济形势是相适应的，但是随后汇率的调整幅度大于出口换汇成本的变化，人民币出现低估的倾向，而且随着国内经济体制改革，特别是外贸体制改革的不断深入及对外开放步伐的加快，双轨的汇率安排不利于外汇资源的有效配置和市场经济的推进发展。

（二）汇率并轨阶段（1994～2005 年）

1992 年 10 月中共十四大明确了建立社会主义市场经济体制的改革目标。1993 年受国内经济过热导致进口需求增加的影响，外汇调剂市场汇率不断贬值，与官方汇率的差距越拉越大，套利的空间难以消除，官方汇率高估难以维持，汇率并轨和人民币汇率重估提上了改革议程。1994 年 1 月 1 日，我国开始实行以市场供求为基础的、单一的、有管理的浮动汇率制度。

1. 单一汇率

实现人民币汇率并轨。1994 年 1 月 1 日中国人民银行将 1993 年 12 月 31 日的官方汇率 USD1 = CNY5.8 与外汇调剂市场汇率 USD1 = CNY8.7 合二为一，报出单一的人民币市场汇率 USD1 = CNY8.7。人民币市场汇率由中国人民银行制定，国家外汇管理局提供，每日对外公布。尽管当时外商投资企业还未纳入银行结售汇体系，仍存在外汇调剂市场汇率，但外汇调剂市场汇率与人民币市场汇率保持一致，表现为单一汇率，不再存在双重汇率。

2. 市场汇率

根据外汇市场供求制定人民币市场汇率。中国人民银行按照前一日银行间外汇市场的价格公布当日人民币对美元、港币的中间价，并参照国际外汇市场的变化，同时制定人民币对其他主要货币的汇率。各外汇指定银行以此为依据，在中国人民银行规定的浮动范围内挂牌，向客户买卖外汇。

3. 有管理的浮动汇率

人民币汇率实行有管理的浮动。人民币汇率有管理的浮动表现为分别对外汇银行同业市场、客户市场买卖外汇价格实行浮动幅度管理，市场汇率在中国人民银行公布的美元交易中间价±0.3%的幅度内浮动。中国人民银行向外汇市场吞吐外汇，直接干预人民币汇率的生成，并通过对国内利率和货币供应量的调节，对人民币汇率实行宏观调控。

并轨后的一年半时间内，人民币对美元汇率不断升值，到 1995 年中升至 USD1 = CNY8.28，之后一直维持 8.27 的价格直到 2005 年的“7 · 21”汇改。这一阶段的管理特点明显，而浮动不足。因为人民币对美元汇率长期固定锚定，汇率缺乏弹性，IMF 将这一阶段的人民币汇率制度归入传统的钉住制度。

（三）汇率市场化深入改革阶段（2005 年至今）

1. “7 · 21”汇改

2003 年 10 月中共十六届三中全会提出要深化涉外经济体制改革，全面提高对外开放水平。完善和深化人民币汇率改革，与美元脱钩和增强汇率浮动成为该阶段改革的重点。2005 年 7 月 21 日我国对人民币汇率形成机制进行改革，实行以市场供求为基础、参考一篮子货币进行调节、有管理的浮动汇率制度。“7 · 21”汇改后，人民币不再单一钉住美元。

1）提升人民币对美元双边汇率

2005 年 7 月 21 日 19：00，人民币对美元汇率从 8.28 升至 8.11，升值 2%，作为次日银行间外汇市场中间价，外汇指定银行自此时起调整对客户的挂牌汇价。

2）确定中间汇率

“7 · 21”汇改后，中国人民银行于每个工作日闭市后公布当日银行间外汇市场美元等交易货币对人民币汇率的收盘价，作为下一个工作日该货币对人民币交易的中间价，人民币从钉住单一美元改为参考一篮子货币，提高了汇率政策和货币政策的自主性。2006 年 1 月 4 日中国人民银行引入做市商和询价交易制度，改变了中间价的定价方式。2010 年 6 月 19 日中国人民银行决定重启人民币汇率形成机制改革，进一步增强人民币汇率的弹性，改进人民币汇率中间价的形成方式，继续按照已公布的外汇市场汇率浮动区间，对人民币汇率浮动的动态管理进行调节。

3）确定汇率浮动区间

每日银行间外汇市场上，美元对人民币的交易价在中国人民银行公布的美元交易中间价±0.3%的幅度内浮动。此后中国人民银行根据市场发育状况和经济金融形势，适时调整汇率浮动区间，2007 年 5 月 21 日银行间外汇市场人民币对美元汇率的日波幅扩大到±0.5%，2012 年 4 月 16 日扩大至中间价的±1%，2014 年 3 月 15 日扩大至中间价的±2%。

2.“8 · 11”汇改（2015 年至今）

2015 年以来，中国人民银行一直着力于进一步强化以市场供求为基础、参考一篮子货币进行调节的人民币对美元汇率中间价的形成机制，目标在于建立真正的有管理的浮动汇率制度，增强人民币汇率弹性，避免单一币种走势造成人民币汇率大幅波动。

1）调整人民币对美元汇率中间价的报价机制

为增强人民币对美元汇率中间价的市场化程度和基准性，优化做市商报价，提升中间的价市场化程度和基准地位，自 2015 年 8 月 11 日起，做市商在每日银行间外汇市场开盘前，参考上日银行间外汇市场的收盘汇率，综合考虑外汇供求情况以及国际主要货币汇率变化向中国外汇交易中心提供中间价报价。中国外汇交易中心去掉一个最高价和一个最低价后，取剩余报价的加权平均值，得到当日人民币对美元汇率的中间价，权重由中国外汇交易中心根据报价方在银行间外汇市场的交易量和报价的分布情况而定。人民币对其他货币的中间价根据国际外汇市场上这些货币与美元的双边汇率套算。此次调整加强了市场供求对汇率形成的决定性作用，使汇率向合理均衡水平回归。

2016 年 2 月，我国确立了“收盘汇率 + 一篮子货币汇率变化”的“双因子”人民币对美元汇率中间价形成机制。该报价机制较好地兼顾了市场供求指向、保持一篮子货币基本稳定和稳定市场预期三者之间的关系，提高了汇率形成机制的规则性、透明度和市场化水平，人民币对美元双边汇率的弹性进一步增强，双向浮动的特征显著。

2017 年 5 月，我国确立了“收盘价 + 一篮子货币汇率变化 + 逆周期因子”的“三因子”人民币对美元汇率中间价形成机制。该报价机制增加了“逆周期因子”，以对冲外汇市场的顺周期性，稳定市场预期，防范可能出现的羊群效应。此后人民币对美元双边汇率弹性进一步增强，双向浮动的特征更加显著。

2）公布人民币汇率指数①

为了提高人民币汇率的市场化，改变市场过去主要关注人民币对美元双边汇率的习惯，中国外汇交易中心引入了参考一篮子货币计算的有效汇率作为人民币汇率水平的主要参照系，2015 年 12 月 11 日发布了参考中国外汇交易中心货币篮子的中国外汇交易中心人民币汇率指数，此外还发布了参考 BIS 货币篮子和参考 SDR 货币篮子的人民币汇率指数。这三个汇率指数的基期都是 2014 年 12 月 31 日，基期指数都是 100 点。参考了三个汇率指数的做市商报价可以剔除篮子货币汇率变化中的噪声，在国际市场波动加大时，发挥一定的过滤器作用。2017 年 1 月 1 日，中国外汇交易中心货币篮子重新调整，篮子货币数量由 13 种变为 24 种，其中美元权重由 0.2640 下调至 0.2240。为了使中国外汇交易中心人民币汇率指数更好地反映各国与中国之间的贸易情况，2019 年 12 月 31 日中国外汇交易中心根据 2018 年的贸易数据对中国外汇交易中心篮子权重进行了更新，11 种货

① 中国外汇交易中心人民币汇率指数、参考 SDR 货币篮子的人民币汇率指数于 2017 年 1 月 1 日生效，参考 BIS 货币篮子的人民币汇率指数于 2015 年 1 月 1 日生效。

币权重上调，其中欧元提高 1.06%，升幅最大；12 种货币权重下调，其中美元下调 0.81%，降幅最大，但其占比仍然最高。

从 IMF 对实际汇率制度分类的情况来看，2015 年 11 月 IMF 将人民币汇率制度从其他有管理的制度调整为类似爬行钉住。2016 年 8 月以来，由于人民币对中国外汇交易中心货币篮子保持相对稳定，人民币汇率制度归入稳定化制度。2017 年 6 月以来，人民币对中国外汇交易中心货币篮子保持波动范围在 2%区间内的升值趋势，人民币汇率制度又被重新归入类似爬行钉住。2018 年 6 月以来，人民币汇率制度被归入其他管理安排，直到 2020 年 4 月 30 日。

➢专栏 4.2

美国的汇率操纵论该休矣

2019 年 8 月 6 日，美国财政部以中国在岸和离岸人民币汇率双“破 7”，认定中国是“汇率操纵国”。IMF 在 8 月 9 日发布《中国年度第四条款磋商报告》，重申 2018 年中国经常账户顺差下降，人民币汇率水平与经济基本面基本相符。无论是根据 IMF 还是根据美国对于汇率操纵的相关规定，中国都不符合汇率操纵国的条件。

2007 年 6 月，IMF《对成员国政策双边监督的决定》中认为，“汇率操纵”是指一国货币当局以汇率为目标，通过实际影响汇率水平——包括引起汇率变动和阻止汇率变动，采取货币低估的方式保持根本性的汇率失调，以达到增加出口的目的。具体表现为：①在外汇市场进行持续、大规模的单项干预；②以国际收支为目的的不可持续的或带来过高流动性风险的官方或准官方借款，或者过度的、长时间的官方或准官方外国资产积累；③出于国际收支目的，实行大幅强化或长期维持对经常交易或支付的限制性或鼓励性措施；④出于国际收支目的，实行非正常鼓励或阻止资本流动的货币和其他国内金融政策；⑤根本性汇率失调；⑥大量和持续的经常账户逆差和顺差；⑦私人资本流动导致的对外部门显著脆弱性，包括流动性风险。

美国财政部 2018 年 5 月出台了对于“汇率操纵国”的认定标准，只有同时满足以下 3 条标准才可以被认定为“汇率操纵国”：①经常账户盈余占 GDP 超过 2%；②通过汇率干预买入的外汇超过 GDP 的 2%；③对美贸易顺差达到美国 GDP 的 0.1%。中国显然不符合同时满足 3 项的认定标准。第一，中国经常账户顺差占 GDP 的比重不达标。2018 年，中国经常账户贸易顺差占 GDP 比重为 0.4%，低于美国财政部最新标准 1.6 个百分点，低于国际标准 2.6 个百分点。第二，中国 6 个月购汇规模占 GDP 的比重不达标。2019 年 1～6 月，中国持续购汇规模占 GDP 比重低于 1%。第三，对美贸易顺差超过美国 GDP 的 0.1%。近年来，中国对美贸易顺差连续超过美国 GDP 比重 0.1%。但是，中国对美国的贸易顺差是不均衡的，附加值低的商品贸易是顺差，而服务贸易仍为逆差，这一不均衡的贸易顺差结构，是中国长期大规模出口低附加值产品、美国长期禁止对中国出口高科技产品所导致的结果。

中国实施的是以市场供求为基础、参考一篮子货币进行调节、有管理的浮动汇率制度，在机制上人民币汇率是由市场供求决定的，不存在“汇率操纵”的问题。值得注意的是，日本、德国以及韩国等同样为对美贸易顺差的国家，却均没有被列入“汇率操纵国”。可见，中国被列入“汇率操纵国”，是美国忽略中国社会经济发展的基本事实，实施有偏差的双重标准进行主观认定的结果。无论是从IMF还是从美国规定的“汇率操纵国”定义看，美国显然是罔顾事实。

资料来源：根据2019年8月6日中国人民银行官网，2019年8月8日中华网，2019年8月9日《光明日报》相关报道整理而得。

二、中国的外汇管理

（一）经常账户的外汇管理

1994年1月1日，中国外汇管理体制进行改革，取消外汇留成制，实行强制银行结售汇制度。银行结汇制度是指企业的所有外汇收入必须全部卖给外汇指定银行，不允许留存外汇，这不利于提高企业创汇的积极性和使用外汇的方便度。银行售汇制度是指企事业单位需要外汇时，只要持有效凭证到外汇指定银行用人民币兑换，银行即售给外汇。1996年12月1日我国实现人民币经常项目自由兑换，结售汇管制逐步放松。1997年10月15日起，我国允许部分中资企业开立外汇账户，保留一定限额的外汇收入，开启了逐步从强制结汇向意愿结汇过渡的进程。2007年2月起我国对个人结汇和境内个人购汇实行年度总额管理，年度总额分别为每人每年等值5万美元。2009年开始，涉及强制结售汇的规范性文件逐步被宣布废止、失效或修订，强制结售汇管理完全解除。

（二）金融账户的外汇管理

1994年中国进行外汇管理体制改革后，逐步放松了对金融账户的外汇管理，积极有序地推进人民币金融账户可兑换，但对于金融账户下的用汇继续实行审批制度。1997年亚洲金融危机爆发后，我国曾一度加强了外汇管制。进入21世纪后，我国宏观经济形势好转，2001年正式加入WTO，在外汇储备迅速增长的支撑下，我国对金融账户的外汇管制逐步放松，但对跨境资本流动仍实行一定的限制，特别是严格控制短期资本的流入和证券类的资本交易。

1. 直接投资

改革开放后，我国坚持合理利用FDI做好“引进来”，对涉及FDI的资金流入、汇兑、汇出管理采取宽松的鼓励政策。作为“走出去”的ODI，经历了从审批制到核准制再到备案制的外汇管理演变历程，外汇管理的开放性、便利性和规范性不断提高。1989年我国根据《境外投资外汇管理办法》对境外投资使用外汇进行严格的审批，2003年我国以试点的形式逐步放宽审批条件，2005年将试点政策推行到全国。2006年《关于调整部分境外投资外汇管理政策的通知》作为外汇管理由审批制向核准制转变的转折点，同时放开了对企业购汇额度的限制。2009年出台的外汇管理政策进一步放宽了对外汇来源的限制，简化了登记及核准程序，FDI的资金汇入及结汇更加灵活。2012年和2015年我国相继出台进一步简化的规定，备案制的实施进一步便利了外汇登记核准的业务手续。

2. 证券投资

我国对证券投资的外汇管制要严于对直接投资的外汇管制。最初境外投资者只能投资于我国的B股市场，2001年我国加入WTO，为了加快资本市场的开放步伐，2002年我国先后推出了QFII、QDII、RQFII、RQDII、沪港通、深港通、沪伦通制度，对证券投资的外汇管制逐步放松。

①QFII制度。我国2002年推出QFII制度，第一次允许QFII经审批进入我国A股市场进行投资。②QDII制度。我国2006年推出QDII制度，以加快金融账户开放，使人民币汇率更加平衡和市场化，鼓励国内更多企业走出国门。随着QFII和QDII制度的实施，相关的外汇法规不断推出，这一时期我国对投资境外证券市场的管理虽有所放松，但对境外投资的主体资质、投资额度仍有限制，特别是不允许个人直接投资境外证券市场。③RQFII制度。为了推进人民币国际化，我国2011年推出RQFII制度，允许符合条件的境外机构投资者开展境内人民币证券投资业务。④RQDII制度。我国2014年推出RQDII制度，允许符合条件的境内机构投资者开展境外人民币证券投资业务。从试点类型、试点机构、投资国家和地区、持股比例、业务种类的规定和限制上逐步放松。2018年我国进一步完善合格投资者外汇管理制度，取消QFII资金汇出20%的比例限制，取消QFII、RQFII本金锁定期的要求，允许QFII、RQFII开展外汇套期保值，以对冲境内投资的汇率风险，进一步便利QFII跨境证券投资。2019年我国取消QFII、RQFII投资额度的限制，取消RQFII试点限制。⑤沪港通。2014年11月我国正式启动沪港股票市场交易互联互通机制试点，允许两地投资者通过当地证券公司（或经纪商）买卖规定范围内的对方交易所上市的股票。⑥深港通。2016年12月深港股票市场交易互联互通机制正式启动。⑦沪伦通。2019年6月允许上海证券交易所和伦敦证券交易所开展互联互通存托凭证业务的沪伦通在英国伦敦正式启动，打开了跨境证券投资的新局面。这些互联互通机制有利于加强境内外资本市场的联系，推动资本市场双向开放，助力实现人民币金融账户的可兑换。

3. 外债管理

严格控制外债规模，全口径统计监测外债风险。国家发展和改革委员会、财政部和国家外汇管理局作为外债管理部门，对各类外债和或有外债实行全口径管理，根据国民经济和社会发展需要、国际收支状况和外债承受能力，制订国家借用外债计划，合理确定全口径外债的总量和结构调控目标；根据外债类型、偿还责任和债务人性质，对举借外债实行分类管理。

（三）外汇市场的管理

1994年4月我国建立了全国统一的银行间外汇市场。我国对外汇指定银行的结售汇周转头寸实行限额管理，并规定了周转限额的上下浮动幅度。2005年7月我国改革人民币汇率形成机制，加快了银行间外汇市场的发展。

1. 扩大银行间外汇市场交易主体

银行间外汇市场允许符合条件的非银行金融机构和非金融企业入市交易。同时，一批承担境外人民币清算职能的境外银行相继进入银行间外汇市场，此外更多的境外银行在跨境贸易人民币结算业务项下与境内银行开展场外外汇交易，市场对外开放程度逐步提高。

2. 增加银行间外汇市场交易币种

1994 年建立全国统一的银行间外汇市场时，只有人民币对美元和港币两种货币的交易。1995 年 3 月、2002 年 4 月、2006 年 8 月分别增加了人民币对日元、欧元和英镑的交易。目前，银行间外汇市场已基本涵盖了我国跨境收支的所有结算货币。

3. 增加银行间外汇市场交易品种

2005 年 8 月起允许银行为客户办理人民币对外币的掉期交易，2007 年 8 月 31 日起允许在银行间外汇市场开办人民币外汇货币掉期业务，2011 年 4 月 1 日起允许银行间外汇市场开展人民币外汇期权交易。至此，国内外汇市场具有了国际市场基础的产品体系。

（四）金融机构外汇业务的管理

1. 实行金融机构经营外汇业务许可证制度

金融机构经营外汇业务，必须经国家外汇管理局批准，领取经营外汇业务许可证，并在核定的范围内经营，凡指定金融机构以外的外汇买卖一律禁止。

2. 不断完善金融机构外汇业务管理

金融机构经营或者终止经营结汇、售汇业务，应当经外汇管理机关批准；经营或者终止经营其他外汇业务，应当按照职责分工经外汇管理机构或者金融业监督管理机构批准。国家外汇管理局调整了外汇头寸的管理方式，对金融机构经营外汇业务实行综合头寸管理。

3. 大力推动各类非银行金融机构外汇业务的发展

对于保险机构外汇业务市场准入、资本金结汇等给予便利，简政放权。保险公司、证券公司、基金管理公司及信托公司等各类非银行金融机构在 QFII 制度下有序开展境外证券投资业务。

第四节　货币自由兑换和人民币国际化

一、货币自由兑换

根据国际经济交易中货币兑换程度的差异，货币的自由兑换包括三个层次。

（一）经常项目自由兑换①

经常项目自由兑换是指取消对经常项目外汇支付和转移的汇兑限制，不得实行歧视

① 此处是根据 1944 年 IMF 在《国际货币基金组织协定》中的规定来定义货币不同层次的自由兑换的，因此按照该协定采用经常项目和资本项目的表述，而非 BPM6 中的账户表述。

性货币措施或者多重汇率制度。《国际货币基金组织协定》第八条款规定：不得对国际经常往来的付款和资金转移施加汇兑限制；不得施行歧视性货币措施或多重汇率制；有义务兑付外国持有的在经常性往来中取得或需要支付的本国货币。如果一国接受上述条款，则成为第八条款国。

目前，IMF 的 188 个成员中，接受第八条款的有 168 个，我国于 1996 年 12 月 1 日正式接受该条款成为第八条款国。

（二）资本项目自由兑换

资本项目自由兑换是指取消对资本流出/入的汇兑限制，一种货币不仅在国际收支经常性往来中可用本国货币自由兑换成其他货币，而且在资本项目上也可以自由兑换。目前发达国家基本取消了对国际资本流动的汇兑限制，而大多数发展中国家仍然对资本项目实行不同程度的兑换限制。根据国际经验，大多数国家都是先实现经常项目自由兑换，在条件成熟时再逐步过渡到资本项目自由兑换。如法国、日本、意大利等在成为第八条款国 20 多年以后才完全取消资本项目的兑换限制。采取渐进式还是采取一步到位式战略，取决于一国经济发展的条件和金融配套政策措施。对发展中国家而言，放开资本项目自由兑换更需要慎重，如 1997 年亚洲金融危机中的泰国在条件不成熟时贸然放开了资本项目自由兑换，导致遭受国际投机资本冲击，经济严重倒退。

我国资本项目自由兑换遵循“先流入后流出，先长期后短期，先直接后间接，先机构后个人”的开放逻辑路径。参照 OECD《资本流动自由化通则》的 91 项负面清单，2020 年我国有 86 项实现了不同程度的开放。按照 IMF 法定测度标准，在 7 大类 40 项资本项目子项中，2020 年 6 月我国有 37 项实现了不同程度的开放。

➢专栏 4.3

资本项目自由兑换的条件

1. 健康的宏观经济状况

健康的宏观经济状况包括货币供给和物价稳定，经济稳定增长和合理结构，政府具有较强的宏观调控能力，国际收支基本平衡，国际储备充裕，具备雄厚的经济实力。

2. 健全的微观经济主体

企业要成为真正自负盈亏、自我约束的利益主体，就要能够对价格做出灵敏的变动。银行体系应该经营良好、资本充足，不良资产控制在一定限度内，能够稳健高效地运行。

3. 合理的汇率制度安排

汇率形成机制以及汇率水平符合实际，能够有效反映市场供求状况以及外汇市场交易和真实部门交易之间的平衡状况，避免出现投机性的汇率波动以及由此产生的投机资本的冲击。

4. 成熟的国内资本市场

完善的国内资本市场是实现资本项目自由兑换的基础条件之一，一个完善和成熟的国内资本市场，能够有效避免国际投机资本的冲击。

5. 利率市场化和汇率市场化

利率市场化和汇率市场化可以避免利率和汇率扭曲，减少政府为稳定经济而对利率和汇率进行的调控，为政府自主制定货币政策提供足够的空间。

6. 有效的金融监管体系

建立与更高水平开放相适应的金融监管体系。金融监管当局具有较强的监管能力，监管透明度高，建立了风险预警系统和风险化解机制。

资料来源：根据 https://baike.so.com/doc/7576616-7850710.htm[2021-11-20]和《经济导刊》杂志 2011 年第 10 期，张发茂，李翙亚：《我国资本项目自由兑换的前提条件和基本策略》相关资料整理而得。

（三）货币完全自由兑换

货币完全自由兑换是指取消对外汇交易的所有限制，任何一个货币持有者都可以按照市场汇率自由地把本币兑换成外币，即一国或地区同时实现了经常项目和资本项目的自由兑换。常用的自由兑换货币主要有：美元、欧元、日元、加拿大元、瑞士法郎、澳大利亚元、港币、新加坡元等。一国货币从不能自由兑换到有条件地自由兑换，从经常项目自由兑换到资本项目自由兑换，是该国外汇管制不断放宽在国际交易货币兑换上的体现。

二、人民币国际化

（一）货币国际化的概念

货币国际化是指一国主权货币作为国际经济交易中被普遍接受的可自由兑换货币，具有国际计价、结算、支付功能，充当国际清算手段、国际投资货币、国际储备资产，成为全球广泛接受的国际货币。

（二）人民币国际化的发展进程

随着我国经济实力的提高，人民币利率和汇率市场化改革的推进，金融市场的开放，金融监管体系的完善，国际收支稳定、外汇储备充足，人民币国际化的条件逐步形成。2009 年 7 月《跨境贸易人民币结算试点管理办法》的实施，开启了官方推动的人民币国际化进程。经过 10 多年的国际化发展，2020 年人民币的国际货币功能不断深化、储备货币功能得到提升、计价货币功能有新的突破。人民币国际化指数（RMB internationalization index，RII）在 2020 年第四季度创下历史新高的 5.02，同比大幅增长了 54.2%，比 2010 年第一季度的 0.02 更是增长了 251 倍①。人民币国际化随着各项制度的推进而不断发展。

① 资料来源：中国人民大学国际货币研究所（2021）。

1. 跨境贸易人民币结算

2009 年 7 月中国人民银行、财政部、商务部、海关总署、税务总局、银监会六部委发布《跨境贸易人民币结算试点管理办法》，批准上海市和广东省广州市、深圳市、珠海市、东莞市的 365 家企业开展跨境贸易人民币结算试点，以帮助企业规避汇率风险，减少汇兑损失，推动中国与周边国家和地区的经贸关系的发展。2010 年 6 月六部委发布《关于扩大跨境贸易人民币结算试点有关问题的通知》，将境内试点地区由上海市和广东省的 4 个城市扩大到 20 个省区市，将境外地域范围由港澳和东盟扩大到所有国家和地区，明确试点业务范围包括跨境货物贸易、服务贸易和其他经常人民币结算。2011 年 8 月六部委发布《关于扩大跨境贸易人民币结算地区的通知》，跨境贸易人民币结算业务在国内全面铺开。2012 年 3 月六部委发布《关于出口货物贸易人民币结算企业管理有关问题的通知》，跨境贸易人民币结算对所有的企业放开，六部委对采用人民币结算的出口企业实行重点监管名单管理。

2020 年，跨境贸易人民币结算收付金额合计 6.77 万亿元，同比增长 12.1%，其中收入 2.91 万亿元，同比增长 9.8%，支出 3.86 万亿元，同比增长 14.2%，净支出 0.95 万亿元，同比增长 31.5%。跨境贸易人民币结算占同期本外币跨境收付的 17.8%，较 2019 年提高 1.7 个百分点。

2. 跨境人民币直接投资

2011 年 1 月中国人民银行发布《境外直接投资人民币结算试点管理办法》，境内企业获得境外直接投资资格的都可在境外以人民币进行直接投资，国内商业银行按照境外直接投资主管部门的核准证书和文件为境内企业办理人民币结算业务。中国人民银行、国家外汇管理局和境外直接投资主管部门通过建立信息共享和监管合作机制，做好真实性审核和事后监管。2011 年 10 月商务部发布《关于跨境人民币直接投资有关问题的通知》，包含港澳台在内的境外直接投资者可以使用合法获得的境外人民币开展跨境人民币直接投资。2013 年 12 月商务部发布《关于跨境人民币直接投资有关问题的公告》，鼓励外商开展跨境人民币直接投资，明确跨境人民币直接投资及再投资应当符合外商投资法律法规的有关规定。2021 年 1 月六部委发布《关于进一步优化跨境人民币政策 支持稳外贸稳外资的通知》，从结算便利化、结算流程简化、投融资管理优化等方面，持续优化人民币跨境使用政策。

2020 年，跨境人民币直接投资收付金额合计为 3.81 万亿元，同比增长 37.1%。其中跨境人民币对外直接投资收付金额 1.05 万亿元，同比增长 39.1%；跨境人民币外商直接投资收付金额 2.76 万亿元，同比增长 36.3%。

3. 跨境人民币证券投资

2011 年 12 月证监会、中国人民银行、国家外汇管理局发布《基金管理公司、证券公司人民币合格境外机构投资者境内证券投资试点办法》，符合条件的境外基金公司、证券公司香港子公司作为 RQFII 试点开展境内人民币证券投资业务。2013 年 3 月证监会、中国人民银行、国家外汇管理局发布《人民币合格境外机构投资者境内证券投资试点办法》，扩大放宽 RQFII 试点机构的类型及投资范围，明确境外投资者境内证券投资的持股比例限制。2014 年 9 月上海证券交易所发布《上海证券交易所沪港通试点办法》和《上海证券交易所港股通投资者适当性管理指引》，对沪港通下的沪股通和港股通试点相关活动进行规范。2014 年 11 月中国人民银行发布《关于人民币合格境内机构投资者境外证券投资有关事项的通知》，允许 RQDII 开展境外人民币证券投资业务。2016 年 9 月深圳证券交易所发布《深圳证券交易所深港通业务实施办法》，规定深港通业务的基本模式和具体要求。2018 年 6 月国家外汇管理局发布《合格境外机构投资者境内证券投资外汇管理规定》，取消对 RQFII 的多项要求，进一步便利跨境证券投资。2018 年 10 月证监会发布《关于上海证券交易所与伦敦证券交易所互联互通存托凭证业务的监管规定（试行）》，明确上海证券交易所与伦敦证券交易所互联互通的机制。2019 年 9 月国家外汇管理局发布《取消合格境外投资者（QFII/RQFII）投资额度限制扩大金融市场对外开放的通知》，取消 QFII 和 RQFII 投资额度和试点国家及地区的限制。2019 年 10 月上海证券交易所和深圳证券交易所分别公布《上海证券交易所沪港通业务实施办法（2019 年修订）》《深圳证券交易所深港通业务实施办法（2019 年修订）》，明确不同投票权架构公司股票的首次纳入条件。

2020 年，跨境人民币证券投资收付金额合计为 16.50 万亿元，同比增长 73.6%，净流入 5783.85 亿元。

4. 跨境人民币债券投资

2007 年 1 月中国人民银行发布《扩大为香港银行办理人民币业务提供平盘及清算安排的范围》，经批准的境内金融机构可以在香港发行离岸人民币债券。2007 年 6 月中国人民银行、国家发改委发布《境内金融机构赴香港特别行政区发行人民币债券管理暂行办法》，对境内金融机构在香港发行人民币债券的发行主体、发行条件、监管部门、募集资金调回做出具体规定。2010 年 8 月中国人民银行发布《关于境外人民币清算行等三类机构运用人民币投资银行间债券市场试点有关事宜的通知》，境外中央银行或货币当局、港澳人民币业务清算行、跨境贸易人民币结算境外参加行这三类机构可以在中国人民银行审批的额度内进入银行间市场。2010 年 9 月中国人民银行、财政部、国家发改委、证监会发布《国际开发机构人民币债券发行管理暂行办法》，允许人民币债券发行人将发行债券所筹集的资金汇出境外，允许人民币债券发行人从境外调入人民币资金用于债券的还本付息。2017 年 6 月中国人民银行发布《内地与香港债券市场互联互通合作管理暂行办法》、中央国债登记结算有限责任公司发布《“债券通”北向通登记托管结算业务规则》，规范内地与香港债券市场的互联互通合作。2018 年 9 月中国人民银行、财政部发布《全国银行间债券市场境外机构债券发行管理暂行办法》，规范境外机构在中国发债的基本原则，明确“熊猫债”的发行审批、登记托管结算流程、信息披露、会计准则、审计监管等问题。2019 年 9 月中国人民银行、国家外汇管理局发布《关于进一步便利境外机构投资者投资银行间债券市场有关事项的通知》，同一境外主体 QFII、RQFII 与直接入市渠道下的债券进行的非交易过户，可以在不同的账户之间直接划转资金，且只需一次备案。2020 年 9 月中国人民银行、证监会、国家外汇管理局发布《关于境外机构投资者投资中国债券市场有关事宜的公告（征求意见稿）》，境外机构投资者可以在中国债券市场开展债券现券、相关衍生产品、债券基金（含 ETF[①]）以及其他中国人民银行和证监会许可的交易。

截至 2020 年末，共有 905 家境外机构进入银行间债券市场。其中，直接入市 468 家，通过“债券通”入市 625 家，有 188 家同时通过以上两种渠道入市。全年债券投资流

① 交易型开放式指数基金，exchange traded fund。

入 6.44 万亿元，流出 5.48 万亿元，净流入 9630.24 亿元。其中，直接入市渠道净流入 4723.70 亿元，“债券通”渠道净流入 4906.54 亿元。

5. 政府间双边本币互换

2008 年国际金融危机之前，我国主要与日本等周边国家签订以美元为标的的政府间双边货币互换协议。国际金融危机后为了避免美元和欧元汇率剧烈波动带来的汇率风险，推动双边贸易和投资，2009 年开始中国人民银行先后与周边国家和地区的中央银行或货币当局签署以人民币为标的的政府间双边本币互换协议。政府间双边货币互换协议与政府间双边本币互换协议虽然只有一字之差，但却存在本质差异，政府间双边本币互换协议使得人民币在官方结算账户下的跨境流动变得合法和有序。中国人民银行不断加强与其他国家和地区中央银行或货币当局的合作，完善了政府间双边本币互换的机制，签订了多项政府间双边本币互换协议。

2020 年，中国人民银行与老挝中央银行新签双边本币互换协议，与埃及、瑞士、蒙古国、阿根廷、新西兰、韩国、冰岛、俄罗斯、中国香港等国家和地区的中央银行或货币当局续签双边本币互换协议，扩大与巴基斯坦、智利、匈牙利等国中央银行双边本币互换协议的规模。截至 2020 年末，中国人民银行共与 40 个国家和地区的中央银行或货币当局签署双边本币互换协议，互换总金额超过 3.99 万亿元。

2021～2022 年中国人民银行双边本币互换协议的签订情况

6. 人民币跨境支付系统

2012 年中国人民银行开始组织建设 CIPS。2015 年 10 月 CIPS 第一期上线运行，为境内外金融机构的跨境人民币业务和离岸人民币业务提供资金清算和结算服务。跨境银行间支付清算有限责任公司负责独立运营 CIPS，接受中国人民银行的监督和管理，通过代理行模式和清算行模式支持跨境人民币支付业务。CIPS 首批直接参与机构包括 19 家境内中外资银行，间接参与机构包括 38 家境内银行和 138 家境外银行。2018 年 5 月 CIPS 第二期上线运行，与 CIPS 第一期比较，CIPS 第二期做到了对全球金融市场业务的全覆盖，通过引入定时净额结算机制满足参与机构的差异化需求，以国际标准打造业务模式支持金融市场的资金结算，增加参与者的类型并扩大境外直接参与者，更好地满足跨境人民币清算和结算的需求。

2020 年，CIPS 稳定运行，累计处理跨境人民币业务 220.49 万笔，金额 45.27 万亿元，同比分别增长 17.0%和 33.4%，日均处理业务 8855 笔，金额 1818.15 亿元。

7. 离岸人民币清算中心

离岸人民币清算中心是跨境人民币流动最重要的基础保证设施，通过中国人民银行与驻在国或地区的中央银行或货币当局签署协议，指定人民币清算行依法完成跨境人民币清算。离岸人民币清算中心的建立能够满足企业和金融机构使用人民币进行跨境交易的需求，促进跨境人民币贸易和投资的自由化以及便利化。2009 年跨境贸易人民币结算试点启动后，离岸人民币清算中心已由最初的中银香港、中国银行澳门分行拓宽到全球，多家银行获得授权成为人民币清算行。目前中国人民银行已经在全球 25 个国家和地区建立人民币清算机制，授权 25 家中资银行和美国摩根大通银行、日本三菱日联银行，2 家外资银行担任离岸人民币清算行。

2020年，在境外人民币清算行开立清算账户的参加行及其他机构达907个，2020年境外人民币清算行人民币清算量合计为369.49万亿元，同比增长6.1%。

2021年人民币国际化报告

本章小结

1. 汇率制度是一国货币当局对本国汇率确定和调整的基本原则和方式所做出的一系列规定或安排，包括汇率确定的方式、汇率波动的幅度、汇率调整的手段和维持汇率稳定的措施等。

2. 汇率制度分类有传统两分法和IMF四大类事实分类法。传统两分法是根据汇率确定的基础即货币平价和汇率调节方式的不同，将汇率制度划分为固定汇率制度和浮动汇率制度两类。IMF的四大类事实分类法是在2009年4月的《汇兑安排与汇兑限制年报》中将汇率制度划分为四大类10小类。

3. 汇率制度的选择是一个复杂问题，没有任何一种汇率制度对于所有国家或者一个国家的所有时期都是最优的。一国可以结合本国的经济发展状况、政策配合的选择、对外经济合作情况，综合考虑各因素后选择适宜于本国的汇率制度。

4. 外汇管制有广义和狭义之分。广义的外汇管制是指一国为了平衡国际收支、维持本币汇率稳定或达到其他政治经济目的，指定和授权进行外汇管理的机构对国际经济交易中的外汇流动和兑换、汇率制度的选择和形成机制、外汇市场的准入和交易、金融机构的准入和外汇业务等实行的管制性措施。狭义的外汇管制是指一国对经常账户和金融账户采取的管制性措施。

5. 外汇管制既有积极影响也有消极影响。积极影响包括调节国际收支失衡、限制资本外逃、稳定本币汇率和国内物价、推动本国产业的发展、增加财政收入；消极影响包括阻碍国际贸易的正常发展、阻碍国际投资的正常发展、导致资源配置和价格扭曲、增加交易成本和行政费用、容易滋生腐败的寻租行为。

6. 1994年1月1日，我国开始实行以市场供求为基础的、单一的、有管理的浮动汇率制度。2005年7月21日，我国开始实行以市场供求为基础、参考一篮子货币进行调节、有管理的浮动汇率制度。

7. 1996年12月1日，人民币实现了经常项目的自由兑换。中国资本项目的兑换遵循“先流入后流出，先长期后短期，先直接后间接，先机构后个人”的开放逻辑路径，2020年6月中国在40个项目中有37项实现了不同程度的开放。

8. 2009年7月随着《跨境贸易人民币结算试点管理办法》的颁布，我国开启了官方推动的人民币国际化进程。经过10多年的国际化发展，2020年人民币的国际货币功能不断深化、储备货币功能得到提升、计价货币功能有新的突破。

重点概念

固定汇率制　浮动汇率制　美元化　货币局制度　联系汇率制　外汇管制
数量管制　直接管制　间接管制　货币完全自由兑换　货币国际化

思考与练习

一、思考题

1. 固定汇率制度好还是浮动汇率制度好？
2. 金本位制下的固定汇率制与纸币流通条件下的固定汇率制有什么区别？
3. 什么是美元化和去美元化？
4. 香港的联系汇率制有什么规定？国际收支的自动调节机制和套利机制是如何保持港币汇率稳定的？
5. 影响一国汇率制度选择的因素有哪些？
6. 阐述几种汇率制度选择理论的观点。
7. 外汇管制的内容和方式有哪些？
8. 外汇管制的积极影响和消极影响分别是什么？
9. 改革开放以来我国的汇率制度经历了哪几个阶段的发展变化？各有什么特点？

二、练习题

（一）不定项选择题

1. 一国确定汇率制度时，涉及（　　）内容。

A. 汇率确定的方式　　B. 汇率波动的幅度
C. 汇率调整的手段　　D. 维持汇率稳定的措施

2. 按照汇率制度的传统划分，汇率制度包括（　　）。

A. 固定汇率制度　　B. 浮动汇率制度　　C. 爬行钉住　　D. 稳定化制度

3.（　　）IMF 按事实分类法将汇率制度划分为四大类 10 小类。

A. 1999 年 1 月　　B. 2009 年 4 月　　C. 2010 年 4 月　　D. 2015 年 7 月

4. 布雷顿森林体系下，IMF 先后确定过的汇率波动官定上下限为平价基础的（　　）。

A. ±1%　　B. ±1.25%　　C. ±2.25%　　D. ±2.5%

5. 硬钉住包括（　　）。

A. 无独立法定货币的汇率安排　　B. 货币局制度
C. 传统钉住制　　D. 稳定化制度
E. 水平区间钉住

6. 美元化的好处包括（　　）。

A. 消除外汇风险　　B. 避免国际投机冲击　　C. 维持金融稳定安全
D. 约束政府行为　　E. 获得铸币税

7. 港币的发钞银行有（　　）。

A. 汇丰银行　　B. 渣打银行　　C. 中银集团　　D. 花旗银行

8. 港币发钞银行与香港金融管理局之间按照 USD1 = HKD（　　）的固定比率发钞或回笼港币现钞。

A. 7.6　　B. 7.7　　C. 7.8　　D. 7.9

9.（　　）属于固定汇率制度的优点。

A. 防止外汇投机，稳定外汇市场
B. 有利于国际贸易和国际投资活动
C. 有利于抑制国内通货膨胀
D. 增强货币政策的自主性
E. 避免通货膨胀的跨国传播

10.（　　）属于浮动汇率制度的优点。

A. 自动实现外部均衡，不会冲击国内经济稳定
B. 有利于国际贸易和国际投资活动
C. 有利于抑制国内通货膨胀
D. 增强货币政策的自主性
E. 避免通货膨胀的跨国传播

11. 蒙代尔的“三元悖论”是指（　　）不可能同时实现，一国当局只能在三个目标中选择两个目标。

A. 货币政策的独立性　　B. 固定汇率制度
C. 浮动汇率制度　　D. 资本自由流动

12. 常用的复汇率包括（　　）。

A. 外汇转让证　　B. 差别汇率
C. 混合汇率　　D. 外汇平准基金

13. 1994 年 1 月 1 日，我国实行（　　）汇率制度。

A. 以市场供求为基础的　　B. 单一的
C. 参考一篮子货币进行调节　　D. 固定汇率
E. 有管理的浮动

14. 2005 年 7 月 21 日，我国实行（　　）汇率制度。

A. 以市场供求为基础　　B. 单一的
C. 参考一篮子货币进行调节　　D. 固定汇率
E. 有管理的浮动

15. 为了更好地关注人民币有效汇率，外汇交易中心同时发布的人民币汇率指数包括（　　）。

A. CFETS 人民币汇率指数　　B. 参考 BIS 货币篮子的人民币汇率指数
C. RII 指数　　D. 参考 SDR 货币篮子的人民币汇率指数

16. 属于跨境人民币证券投资的举措有（　　）。

A. RQFII　　B. RQDII　　C. 沪港通
D. 深港通　　E. 沪伦通

（二）判断题

1. 金币本位制下的固定汇率制中，货币平价为铸币平价，市场汇率以铸币平价为中心汇率围绕其在小范围内波动。（　）

2. 管理浮动也称肮脏浮动，发达国家全部采用这种汇率制度。（　）

3. 美元化可以划分为事实美元化、过程美元化和政策美元化。（　）

4. 香港特别行政区的联系汇率制不仅是一种汇率制度也是一种货币发行制度。（　）

5. 如果港币市场汇率为 USD1 = HKD7.9，发钞银行向香港金融管理局以 USD1 = HKD7.8 的汇率换回美元，在市场上以 USD1 = HKD7.9 的价格出售，通过不断在市场上卖出港币、买进美元，使汇率回到 USD1 = HKD7.8 的水平。（　）

6. 一般而言，经济规模越小的国家越倾向于选择浮动汇率制度，因为这样可以保持货币政策的独立性以稳定国内经济发展。（　）

7. 蒙代尔提出的最适度货币区理论认为，国家之间要素的流动程度越高，越适宜共同组建货币联盟，选择固定汇率制度。（　）

8. 外汇管制也称外汇管理，从全球发展历程看，其经历了从无到有、从加强到放松的过程。（　）

9. 外汇的间接管制也称外汇干预，是指外汇管理部门以外汇平准基金为缓冲体，通过直接干预外汇市场来稳定或达到某个预期的汇率水平。（　）

10. 2009 年 7 月推出的《跨境贸易人民币结算试点管理办法》开启了官方推动的人民币国际化进程。（　）

11. CIPS 是人民币跨境支付系统，能够为境内外金融机构的跨境人民币业务和离岸人民币业务提供资金清算和结算服务。（　）

第四章　课后练习题答案

参 考 文 献

陈雨露. 2021. 国际金融[M]. 北京：中国人民大学出版社.

刘昊虹，李石凯. 2016. 人民币国际化的战略支撑体系与非均衡问题研究[J]. 经济学家，(3)：66-74.

沈国兵. 2018. 国际金融[M]. 3 版. 北京：北京大学出版社.

王晓雷，刘昊虹. 2012. 论贸易收支、外汇储备与人民币国际化的协调和均衡发展[J]. 世界经济研究，(11)：29-37，88.

吴志明，杨胜刚. 2021. 国际金融[M]. 5 版. 北京：高等教育出版社.

奚君羊. 2019. 国际金融学[M]. 3 版. 上海：上海财经大学出版社.

中国人民大学国际货币研究所. 2021. 人民币国际化报告 2021[M]. 北京：中国人民大学出版社.

周文，漆腊应. 2021. 国际金融[M]. 2 版. 北京：中国金融出版社.

附录　2021 年人民币国际化大事记

第五章

国际储备

【学习目标】

- 理解国际储备的概念、作用，国际储备和国际清偿力的区别。
- 掌握国际储备的构成。
- 了解国际储备的现状及特点。
- 掌握国际储备规模管理和外汇储备结构管理的主要内容。
- 熟悉国际储备体系的发展演变历程，知晓多元化货币储备体系的成因及缺陷。
- 了解我国国际储备的结构变化及其管理体系。

【本章引入】

国际储备是一国对外经济和国内经济的结合点，它不仅关系到各国调节国际收支和稳定货币汇率的能力，而且会影响国际金融的稳定和世界经济的增长。因此，国际储备的管理，尤其是占比最多的外汇储备的管理，一直受到国际金融机构以及各国政府包括我国货币当局的高度重视。

我国的外汇储备经历了一个从无到有，从少到多的积累过程。国家外汇管理局的数据显示，我国外汇储备在改革开放之初仅为1.67亿美元，1980年甚至为-12.96亿美元，随后我国开始增持外汇储备，1990年首次突破100亿美元大关，1996年突破1000亿美元大关，2006年突破1万亿美元大关，2014年6月达到历史性高点39 932.13亿美元。当时，许多学者认为我国外汇储备持续高增长以及其高于常规水平的规模孕育着巨大的风险，“消肿”外汇储备已经刻不容缓。但从2014年下半年开始，我国外汇储备的规模持续下降，两年左右的时间里外汇储备减少了近1万亿美元，此时人们转为担心，按照这个速度消耗，我国的外汇储备是否又太少了呢？国家外汇管理局的最新数据显示，即使经历了新冠疫情的冲击，截至2021年10月，我国外汇储备仍然稳定在3.2万亿美元左右，并没有出现储备不足的情况。

与此同时，《国家外汇管理局2020年报》显示，2007～2016年我国外汇储备经营平均收益率为3.42%，在全球外汇储备管理机构中处于较高水平。外汇储备的货币结构中美元占比从1995年的79%下降到2016年的59%，外汇储备的货币结构日益分散，比全球平均水平更为多元、分散。

通过阅读以上资料，我们开始思考：究竟我国持有多少国际储备才是最合适的呢？如果不持有国际储备而直接将其投入到经济中，收益是否会更高一些？储备货币结构是否还有优化的空间，能否再分散化、多元化？这些都是本章需要重点关注的问题。

第一节 国际储备概述

一、国际储备的概念和作用

（一）国际储备的概念

国际储备（international reserve）是指一国货币当局[1]所持有的，随时用于弥补国际收支逆差、稳定货币汇率等的流动性资产。

作为国际储备资产（reserve asset）需要具备以下特征：①官方持有性。国际储备必须是一国货币当局实际持有的资产，并受到货币当局直接且有效的控制[2]。非官方金融机构、企业和私人持有的资产均不能算作国际储备，因而国际储备又被称为官方储备（official reserve）。②充分流动性。因为国际储备资产要随时供货币当局使用，所以它必须是能迅速变现的流动资产，要有发达的流通市场保证能及时将储备资产转化为货币资金，满足对外支付的需要。③普遍接受性。国际储备资产必须能够被世界各国普遍接受和使用，即能在世界范围内发挥货币职能。④可兑换性。国际储备资产要能自由地与其他可对外支付的资产进行兑换，具有充分的可兑换性。⑤外币计价。为了满足国际收支的融资需求和为汇率稳定提供支持，国际储备资产一般以外币计价和结算。

根据上述特征，国际储备也可以概括为：一国货币当局所实际持有的、以外币计价的、流动性较好的、可直接或通过有保证的机制兑换成其他资产[3]并在对外支付时为各国普遍接受的金融资产。

（二）国际储备和国际清偿力

国际清偿力（international liquidity）是指一国对外支付的总体能力，即当一国因平衡国际收支逆差或干预外汇市场等需要进行国际支付时，政府既可动用货币当局已经持有的国际储备，又可临时向外借款，这种临时借入的资金称为借入储备。国际清偿力包括一国的自有储备和借入储备（图 5.1）。

- 国际清偿力（广义的国际储备）
  - 自有储备（国际储备）（狭义的国际储备、无条件的国际清偿力、第一线储备）
  - 借入储备（有条件的国际清偿力、第二线储备）
    - 备用信贷
    - 互惠信贷
    - 本国商业银行的对外短期可兑换货币资产

图 5.1 国际清偿力的构成

① 货币当局包括中央银行、货币机构、外汇平准基金和财政部。

② 货币当局“随时可利用”和“控制”这些储备，是国际储备概念必不可少的组成部分。

③ 有的国际储备资产可直接用于对外支付，如美元、欧元等储备货币。有的国际储备资产不能直接对外支付，需要先兑换成其他资产，如黄金储备和 SDR 不能直接对外支付，但能有保证地兑换成美元等储备货币用于对外支付。

1. 自有储备

我们通常所说的国际储备就是自有储备，也称狭义的国际储备、无条件的国际清偿力、第一线储备。一国拥有充足的自有储备，说明该国实际的对外清偿能力较强，能够从容应对对外支付和按期偿还到期债务，具有较高的国家信誉。自有储备的最终所有权属于本国货币当局，因而可以自由支配。自有储备包括四个组成部分，即黄金储备、外汇储备、在 IMF 的储备头寸和 SDR①。

2. 借入储备

借入储备也称有条件的国际清偿力、第二线储备。借入储备是一国潜在的对外清偿能力，反映一国全部的借款能力，包括从国际金融机构和国际金融市场融通资金的能力、该国商业银行所持有外汇和借款的能力、其他国家希望持有这个国家资产的程度，以及该国提高利率时可以引起的资金流入程度等。由于借入储备是以负债的方式通过资本流入获得的，因而其最终所有权属于本国非居民。

借入储备主要包括：备用信贷、互惠信贷协定和本国商业银行的对外短期可兑换货币资产。

1）备用信贷

备用信贷（standby credit facility）是指一成员方在国际收支发生困难或预计要发生困难时，与 IMF 签订的一种备用借款协议。协议通常包括借款额度、使用期限、利率、币种和分阶段使用的规定等。协议一经签订，成员方便可在需要时按协议规定的方法提用，无须办理新的手续。凡按规定可随时使用但未使用的借款额度，计入借入储备。

2）互惠信贷协定

互惠信贷协定（swap arrangement）也称货币互换安排，是指两个国家签订的使用对方货币的协议②。当其中一国发生国际收支困难时，其可按协议规定的高低限额和最长使用期限自动地使用对方的货币，然后在规定期限内偿还。这是一种双边协议，只能用来解决协议国之间的收支差额，而不能用于清算同第三国的收支差额。

3）本国商业银行的对外短期可兑换货币资产

本国商业银行的对外短期可兑换货币资产是指那些流动性强，对政策反应灵敏，在政府引导下可以及时转化为外币资金并为政府所用的资产。

借入储备与一国的资信有着密切联系，而一国资信又受到自有储备的影响，因而当一国自有储备大量流失时，它的资信也会随之下降，与之相对应的是借入储备的来源开始枯竭。

3. 国际清偿力和国际储备的关系

（1）国际清偿力是一个比国际储备范畴更加广泛的概念。国际清偿力反映了一国在国际经济活动中所能动用的一切金融资源的总和，不仅包括货币当局所持有的国际储备（自有储备），还包括借入储备，可以理解为广义的国际储备。

---

① 详见本节第二部分。

② 这些临时性的筹款协议，虽尚未形成现实的储备资产，但只要协议达成，便使该国政府获得了潜在的支付能力，一旦该国发生国际收支逆差，国际金融机构或他国政府便保证及时提供一定的贷款予以弥补，因而构成一国的国际清偿能力。

（2）一般来说，发达国家的国际清偿力要比发展中国家强，但是其国际储备（自有储备）不一定比发展中国家多，因为发达国家筹集借入储备的能力更强，而且像美国等国际货币发行国，其本币就是国际储备货币，所以其无须持有太多的外汇储备。

（3）货币当局对国际储备（自有储备）这类现实清偿力，既拥有所有权，也拥有无条件的使用权。但对于借入储备这种潜在清偿力而言，货币当局只拥有使用权而没有所有权，并且使用时通常要附带条件。可见，国际清偿力与国际储备的区别在于，国际清偿力更强调对外支付能力而不是所有权关系。

（三）国际储备的作用

1. 弥补国际收支逆差，充当缓冲库存

一国因偶发性或季节性因素出现短期国际收支逆差时，首选动用国际储备进行弥补。可以通过动用外汇储备、减少在IMF的储备头寸和SDR持有额、在国际市场上变卖黄金来弥补国际收支逆差所造成的外汇缺口，而无须采用任何影响本国经济正常运行的特别调节措施，如压缩进口来紧缩国内经济等，从而可以避免引发经济衰退、失业加剧等不利影响。

但是，国际储备弥补国际收支逆差的能力是有限的。如果一国的国际收支逆差是长期性的、巨额的，则动用国际储备并不能从根本上解决问题，必须采取支出变更或支出转换等调节政策。但为了避免快速调整带来的国内经济震荡，可先使用国际储备作为缓冲手段，为调节政策的从容实施赢得时间。

2. 干预外汇市场，稳定本国货币汇率

一国政府所拥有的国际储备尤其是外汇储备的多少，可以在一定程度上反映该国政府干预外汇市场能力的强弱。当一国货币汇率发生波动时，特别是投机因素造成的汇率波动，该国政府通常会利用外汇储备进入外汇市场进行干预，将本国货币汇率稳定在与国内经济政策相适应的水平上。由于一国国际储备的数量有限，所以外汇干预只能在短期内对汇率产生影响，而无法从根本上改变汇率变动的长期趋势。

3. 充当信用保证

国际储备是一国经济实力和金融实力的体现。一方面，雄厚的国际储备表明该国弥补国际收支逆差和维持汇率稳定的能力强，国际社会对该国货币的币值与购买力充满信心，使得该国货币在外汇市场上走势坚挺；另一方面，国际储备是衡量一国经济实力和偿付能力的标志，也是国际评级机构评估国家风险、评定借款资信的重要指标之一①。因此，充足的国际储备可以作为借款国对外借款和偿债的信用保证。国际储备越充裕，政府筹措外部资金的能力就越强，越容易获得贷款机构的信任，最后借得的借入储备就越多。

4. 抵御外部冲击

为潜在的国家灾难或自然灾害、经济金融危机等紧急情况保留储备。在危急时期或

① 国际三大评级机构为：标准普尔、穆迪投资者服务公司、惠誉国际信用评级有限公司。

借贷渠道受限时，充足的国际储备有助于一国抵御冲击，降低外部脆弱性，减轻危机对国民经济、国际收支的负面影响。

➢专栏 5.1

国际储备的功能

哥伦比亚和墨西哥在1975～1984年不同的经历生动地说明了国际储备的功能。在这10年中，这两个国家都出现了非常有利的外部环境时期。1977～1979年，世界市场上咖啡价格上涨，哥伦比亚的外汇收入快速增加。1977～1981年石油第二次大幅度提价，墨西哥靠出口石油赚取了大量的外汇。

面对当时国际收支的有利形势，哥伦比亚和墨西哥两国政府采取了截然相反的政策。哥伦比亚政府为了保持经济稳定增长，把增加的外汇收入储存起来。1980年该国的外汇储备为48.31亿美元，当年的进口额为47.39亿美元，其外汇储备已经超过了12个月的进口额，而1975年该国的外汇储备仅为4.75亿美元，5年时间里哥伦比亚的外汇储备增加到之前的近10倍。墨西哥在1975年的外汇储备为13.83亿美元，1980年虽然增长到了29.60亿美元，但其进口额高达183.39亿美元，外汇储备仅占全年进口额的1/6左右，从未满足超过3个月进口额的外汇储备要求。墨西哥政府借助出口增长，有恃无恐地大量举债增加消费，其速度之快，超过了其收入的增长。

两种相反的政策产生了两种不同的结果。哥伦比亚政府由于积累了充裕的外汇储备，20世纪80年代前5年，在美元升值、国际利率提高、外债负担加重的情况下，其从容地应对外债冲击，没有发生债务危机，维持了经济的稳定增长。而墨西哥面对大好的经济形势，不知谨慎，耗费了全部的外汇收入，没有保留足够的外汇储备，在美元升值、利率提高、石油价格下跌时，无法应对外部冲击，在1982年不得不宣布无力对外按期偿还利息和本金，要求对外债重新安排，并在国内实行紧缩政策，墨西哥经济由此陷入了衰退。

资料来源：https://www.docin.com/p-611858511.html。

二、国际储备的构成

目前，各国国际储备主要包括黄金储备、外汇储备、在IMF的储备头寸和SDR。

（一）黄金储备

黄金储备（gold reserve）是指一国货币当局持有的货币性黄金（monetary gold），不包括工业用金和民间藏金等非货币用途的黄金。

黄金储备的来源有两种途径：①在国际黄金市场购买黄金。一国政府收购黄金必须动用外汇储备，这种收购只是黄金储备和外汇储备之间的结构转换，因此它并不会改变一国的国际储备总量。②在国内市场收购黄金。一国政府通过向一些大型采金企业有计划地收购黄金，满足政府对黄金储备的需要，这种用本国货币在国内收购黄金的做法被称为“黄金的货币化”，即将黄金从非货币用途转引至货币用途，这种收购会增加一国的国际储备总量。

黄金作为储备资产具有的优势和劣势见表 5.1。

表 5.1 黄金储备的优劣势

优势	劣势
1. 黄金是相对可靠的保值手段，具有内在价值，购买力也相对稳定	1. 世界黄金产量受到自然条件的限制，从而制约了黄金储备供应数量的增长，难以满足世界经济对货币黄金的增长需求
2. 黄金储备完全属于国家主权范围，一国可以自主控制其拥有的黄金，不受任何其他国家权力的制约。而外币的收付始终会受到货币发行国的限制和约束	2. 黄金储备的流动性欠缺，不能直接用于对外支付。需要先将黄金在国际黄金市场上出售，换取外汇才能进行国际支付 3. 国际市场上黄金价格波动频繁，价格风险较大
3. 在政治经济动乱时期，人们对纸币的信心会受到极大的削弱，货币的支付能力也会受到挑战。这时，黄金在对外支付时更容易被人们接受	4. 黄金本身不能生息，不像货币可以通过固定收益资产增值。此外，黄金还会产生不菲的保管费用

在国际金本位制和布雷顿森林体系下，黄金一直是最重要的储备资产，直到 1976 年《牙买加协定》（*Jamaica Agreement*）确定了黄金非货币化①。黄金非货币化取消了黄金的货币职能，使其与货币完全脱离联系，重新成为单纯的商品，因此黄金实际上已不是真正的国际储备，而是演变成一种潜在的国际储备。但由于黄金突出的安全性及其良好的保值功能，各国政府在选择储备资产的形式时，仍愿意保有一定量的黄金。

IMF 的数据显示，2005～2021 年全球中央银行的黄金储备呈小幅上升态势，其中发达经济体的黄金储备较平稳，新兴及发展中经济体的黄金储备保持小幅增长的态势。截至 2021 年第三季度，发达经济体持有的黄金储备占世界黄金总储备的 62%，远超新兴及发展中经济体，黄金储备的全球分布极不均衡。受国际金融危机下国际金融风险加剧的影响，近 10 年来我国持续增持黄金，所持黄金储备的全球占比由 2005 年的 1.9%快速增长到 2021 年第三季度的 5.5%（表 5.2）。

表 5.2 2005～2021 年 IMF 成员方持有的黄金储备 单位：百万盎司②（金衡制）

年份	世界	发达经济体	新兴及发展中经济体	中国
2005	992.95	744.64	138.89	19.29
2006	981.21	733.57	138.68	19.29
2007	964.99	716.96	140.17	19.29
2008	964.60	708.25	148.91	19.29
2009	981.47	704.72	175.16	33.89
2010	991.79	704.50	180.71	33.89
2011	1003.55	705.61	191.86	33.89

① 黄金非货币化相关内容详见第八章第四节。

② 100 万盎司 = 28.35 吨。

续表

年份	世界	发达经济体	新兴及发展中经济体	中国
2012	1018.83	706.44	205.19	33.89
2013	1030.01	706.92	221.44	33.89
2014	1037.54	706.81	231.68	33.89
2015	1061.56	706.65	261.04	56.66
2016	1080.08	706.34	264.63	59.24
2017	1093.06	706.20	278.75	59.24
2018	1100.61	705.92	292.04	59.56
2019	1118.27	705.15	309.36	62.64
2020	1134.05	705.34	317.43	62.64
2021	1143.65	709.28	327.22	62.64

注：2021 年数据截至 2021 年第三季度

资料来源：International Monetary Fund. International financial statistics[EB/OL]. [2022-01-10]. https://data.imf.org/?sk=4c514d48-b6ba-49ed- 8ab9-52b0c1a0179b.

2021 年各国黄金储备排名

➢专栏 5.2

黄金在去美元化进程中的作用

增加黄金储备已成为全球多国去美元化的一大重要举措。自 20 世纪 40 年代中叶以来，美联储和英国中央银行等地下金库替全球约 60 个货币当局和国际组织保管黄金储备，约占全球黄金储备的 1/4，同时这也是美元经济体系保障美元国际地位的方法。近年来，伴随去美元化进程的加速，已有多国宣布运回或计划运回黄金，以对冲美元货币的风险。

俄罗斯在全方位去美元化中，不但清仓式地抛售了美债，还大幅增加了黄金储备。匈牙利中央银行将“囤积大量黄金”作为经济和国家的重要战略，称该举措可以使该国的国际储备更安全并降低风险，2018 年一季度匈牙利中央银行宣布决定运回此前寄存在海外的黄金。意大利欧盟议员赞尼表示，欧元区成员方的黄金储备均需储存在自己国家的系统中，而非存在欧洲中央银行或其他银行，意大利必须拥有对黄金储备的直接控制权。截至 2021 年 11 月，德国、荷兰、意大利、法国、土耳其、匈牙利、俄罗斯、斯洛伐克、奥地利、罗马尼亚、波兰、澳大利亚、比利时、瑞士、委内瑞拉至少 15 国宣布运回存放在美国等海外金库中的黄金储备。

通过增加黄金储备去美元化正在成为全球去美元化的一道风向标，正如西方经济学家凯恩斯曾说的，黄金作为最后的卫兵和紧急需求时的储备金，还没有任何其他更好的东西可以替代。

同时，我们还注意到，欧洲一些国家在去美元化道路上还用到了其他更为直接的方式。例如，德国中央银行和法国中央银行早在 2018 年初就相继宣布将人民币列为外汇储备，而欧洲中央银行在此之前也宣布增加购买人民币储备资产。

欧洲多国去美元化布局良久，无论是对于黄金储备还是非美元货币，抑或是独立的支付系统，欧洲考虑去美元化已非常深入。尽管这看起来任重道远，但在发达国家都开始向美元说不的情况下，全球去美元化的趋势将愈演愈烈。

资料来源：https://baijiahao.baidu.com/s?id=1628889199902034620&wfr=spider&for=pc。

（二）外汇储备

外汇储备是指一国货币当局持有的可兑换货币和以其表示的流动资产。外汇储备包括现钞、在国外银行的活期存款、外币有价证券（政府公债、国库券、公司债券、股票）、外币支付凭证（票据、银行存款凭证、邮政储蓄凭证）等[①]。

能够充当外汇储备资产的货币必须具备以下条件：①在国际货币体系中占有重要地位；②能自由兑换成其他储备货币；③内在价值比较稳定。全世界约有 180 种主权货币，但只有少数货币能被广泛用于国际交易，目前用作外汇储备的主要货币有美元、欧元、日元、英镑、人民币等。

外汇储备主要来源于两种渠道：①国际收支顺差是外汇储备最主要和最直接的来源，其中经常账户盈余是尤为可靠和稳定的来源。虽然资本与金融账户盈余也会增加外汇储备，但是短期资本的频繁流动会使得该账户下的国际储备积累不稳定，其借入储备性质也增加了一国的偿债压力。②外汇干预是一国增减国际储备的主要渠道。一国货币当局在外汇市场上抛售本币购入外汇，可以增加该国的外汇储备；反之，一国货币当局在外汇市场上抛售外汇购入本币，可以减少该国的外汇储备。

与黄金储备相比，外汇储备具有以下优势：①外汇储备的供应增长不受生产条件的限制，更容易满足国际经济发展的需要；②外汇储备具有较强的流动性，政府能够随时直接使用，能够及时满足国际收支调节和外汇市场干预的需要；③外汇储备无论是以银行存款的形式存在还是以其他投资性金融资产的形式存在，均可获得一定的利息收益。但是，外汇储备作为储备资产也存在以下缺陷：①可能存在汇率波动导致的外汇资产贬值损失；②会受到货币发行国的主权限制，如美国经常冻结其敌对国家存放在美国的美元资产；③外汇供应缺乏约束和保障，容易产生过多或不足的问题。但从总体来看，外汇储备的优点远超其缺点，因而外汇储备是当今储备资产最主要的形式，是国际储备的主体。

IMF 的数据显示，从总体考察，2005～2021 年各经济体的外汇储备量都呈明显的大幅增长态势，其中新兴及发展中经济体的增长趋势更为迅猛，占外汇储备总额的比重从 2005 年的 52%上升到 2021 年的 58%，其所持有的外汇储备量已远超发达经济体。究其原因，除了经济发展的因素之外，美联储和其他中央银行实行的 QE 货币政策也直接导致大量热钱流入新兴及发展中经济体，增加了其外汇储备的来源。从阶段性考察，2015～2018 年世界和新兴及发展中经济体的外汇储备都曾出现短暂缩水，主要原因在于 2014 年

① 外汇储备是存放在国外的。这也解释了为什么在国际收支平衡表中，外汇储备的增加在借方记录：当一国外汇储备增加时，就意味着同时有等额的外汇流出。外汇储备为什么会被存放在国外呢？首先，储备货币的发行国是该货币的国际清算中心，一国将外汇储备存放在发行国可便于清算，可保持外汇储备较强的流动性；其次，储备货币发行国拥有发达的国际金融市场，一国能对外汇储备进行有效的资产组合，在保持安全性与流动性的前提下，争取最大限度的盈利。

10 月美联储宣布结束长达六年的 QE 货币政策，受其影响，带有趋利性的资金从新兴市场回流到发达市场，导致多个新兴及发展中经济体出现金融动荡，外汇储备锐减。2020 年 3 月随着新冠疫情在美国蔓延，美联储宣布实施无限量 QE 货币政策刺激经济，各国的外汇储备又有所回升。从单个国家考察，2021 年中国持有的外汇储备份额在单个国家中最高，占全球外汇储备规模的近 25%（表 5.3）。

表 5.3 2005～2021 年 IMF 成员方持有的外汇储备 单位：百万美元

年份	世界	发达经济体	新兴及发展中经济体	中国
2005	4 320 991.26	2 091 131.42	2 229 859.83	818 872.00
2006	5 253 749.35	2 271 671.03	2 982 078.32	1 066 344.00
2007	6 706 256.26	2 458 547.32	4 247 708.95	1 528 249.11
2008	7 347 780.61	2 518 430.72	4 829 349.90	1 946 030.00
2009	8 166 208.96	2 809 625.03	5 356 583.93	2 399 152.29
2010	9 265 410.16	3 129 124.29	6 136 285.87	2 847 338.11
2011	10 204 936.63	3 446 220.72	6 758 715.90	3 181 148.00
2012	10 950 312.85	3 722 451.48	7 227 861.37	3 311 589.23
2013	11 696 202.95	3 840 516.95	7 855 686.00	3 821 315.00
2014	11 602 675.33	3 872 855.00	7 729 820.33	3 843 017.94
2015	10 928 126.74	3 975 019.51	6 953 107.23	3 330 362.00
2016	10 721 385.73	4 135 280.81	6 586 104.92	3 010 517.00
2017	11 453 186.98	4 562 197.05	6 890 989.93	3 139 949.00
2018	11 432 416.92	4 577 769.47	6 854 647.45	3 072 712.00
2019	11 823 165.54	4 734 253.06	7 088 912.48	3 107 924.00
2020	12 700 666.12	5 309 960.95	7 390 705.17	3 216 522.00
2021	12 831 718.49	5 390 314.75	7 441 403.74	3 200 626.00

注：2021 年数据截至 2021 年 10 月

资料来源：International Monetary Fund. International financial statistics[EB/OL]. [2022-01-10]. https://data.imf.org/?sk=4c514d48-b6ba-49ed- 8ab9-52b0c1a0179b.

➢专栏 5.3

多国正式把人民币列入外汇储备

中国人民银行的数据显示，截至 2021 年 9 月，已经有 70 多个境外中央银行或货币当局在中国境内持有人民币金融资产并将其纳入官方外汇储备。

2014 年 9 月 12 日，中英两国在伦敦举行第六次中英财金对话，对话后英方公告称："英国政府确认其计划在未来数周或数月内发行人民币债券，具体情况依市场条件而定。债券发行数量将在发行时确定，但是预计将会达到市场的基准规模。"这是第一个明确表示发行人民币债券的外国政府。英国政府发行人民币国债将为英国的储备金提供财政支持。英国财政大臣乔治·奥斯本在媒体见面会上表示，此举是英国对人民币将成为全球主要储备货币的一种信心声明，英国将会尝试在外汇储备中加入人民币。

2016 年 6 月 22 日，新加坡金管局宣布将人民币纳入官方外汇储备。新加坡金管局认为中国金融市场持续稳定进行标准化改革，国际市场对人民币认可度不断提升，中国采取了有效措施放宽人民币汇率的自由度，为外国投资者提供了更多参与中国金融和债券市场的机会。

2016 年 10 月 24 日，菲律宾中央银行发表声明将人民币纳入官方外汇储备，以确保在必要时供银行业系统使用。菲律宾中央银行表示此举是在两国贸易额上升的背景下，随着中国全球经济和金融影响力的增强，人民币的使用率将随之增加而做出的决定。

2017 年起欧洲中央银行开始增加购买人民币资产储备，2018 年欧盟最大的三个成员方德国中央银行、法国中央银行、意大利中央银行相继宣布将人民币纳入外汇储备。

目前有 149 个国家和地区自愿向 IMF 报告其官方外汇储备货币构成(currency composition of official foreign exchange reserves，COFER)。IMF 将成员方持有的美元、欧元、英镑、日元、瑞士法郎、澳大利亚元、加拿大元和人民币 8 种货币的外汇储备总量单独列出。IMF 的数据显示，截至 2021 年第三季度，全球官方外汇储备资产约为 12.83 万亿美元。其中，美元资产占比降至 59.15%，欧元资产占比 20.48%，各国货币当局持有的人民币外汇储备资产达 3189 亿美元，占比 2.66%，高于加拿大元的 2.19%和澳大利亚元的 1.81%，位居全球第五。

资料来源：根据 2014 年 9 月 24 日《光明日报》，2016 年 6 月 23 日国际在线，2016 年 10 月 24 日新浪财经和 2019 年 5 月 17 日搜狐财经相关报道，中国人民银行《2021 年人民币国际化报告》，IMF 2021 年 COFER 等资料和数据整理而得。

（三）在 IMF 的储备头寸

成员方在 IMF 的储备头寸也称普通提款权，是指成员方在 IMF 普通账户中可自由提取和使用的资产。

1. 向 IMF 认缴份额中 25%的外汇部分

当一国加入 IMF 时必须向 IMF 缴纳一笔资金，称为份额。份额的 25%用可兑换货币缴纳，称为外汇份额，其余 75%用本国货币缴纳，称为本币份额。其中，25%的外汇份额被 IMF 认定为自动信贷额度，当成员方发生国际收支困难时，可自由提用而无须批准。

2. IMF 为满足其他成员方借款而动用的本币份额

IMF 对某一成员方的贷款是通过向其提供另一成员方的货币来实现的。因而，当 A 成员方的国际收支出现赤字时，IMF 就会动用 B 顺差国缴纳的 75%的本币份额，从中提取一部分贷款给 A 赤字国，B 国 75%的份额中被动用的部分即构成 B 国对 IMF 的债权，IMF 具有随时向 B 国偿还这部分债权的义务，即 B 国可以无条件地自由提用这个被动用的份额。

3. IMF 从成员方处获得的临时借款

成员方所缴的份额是有限的，在严重危机来袭之时，为尽快帮助成员方抑制和缓解危机，往往需要动用更多的资金。此时，IMF 就需要向一些金融实力雄厚的成员方政府进行临时借款，这些借款也构成了该成员方对 IMF 的债权，该成员方可自由提用此部分。

一国持有的普通提款权与其份额有关，而新兴及发展中经济体由于份额较少，在 IMF 的储备头寸远远低于发达国家（表 5.4）。普通提款权在所有国际储备资产中所占的比重较小，平均约为 1%～3%，因此对多数成员方而言，没有太大的现实意义。

表 5.4 2005～2021 年成员方持有的 IMF 储备头寸 单位：百万美元

年份	世界	发达经济体	新兴及发展中经济体	中国
2005	40 821.48	31 032.38	9 789.10	1 390.70
2006	26 337.86	18 818.90	7 518.96	1 080.91
2007	21 701.46	14 737.54	6 963.92	840.39
2008	38 662.22	27 887.47	10 774.75	2 030.71
2009	63 248.91	45 638.83	17 610.08	4 381.79
2010	84 078.29	62 089.48	21 988.80	6 396.67
2011	150 858.24	113 477.40	37 380.84	9 784.92
2012	158 678.31	119 334.39	39 343.93	8 174.85
2013	150 162.74	112 731.42	37 431.32	7 059.53
2014	118 419.45	87 848.94	30 570.51	5 695.51
2015	87 929.52	63 911.90	24 017.62	4 547.47
2016	106 270.88	70 657.64	35 613.23	9 596.94
2017	96 700.94	63 547.19	33 153.75	7 947.01
2018	113 317.99	76 857.03	36 460.96	8 479.22
2019	125 351.23	83 949.56	41 401.67	8 443.60
2020	166 992.91	113 891.13	53 101.78	10 765.45
2021	164 710.57	112 015.12	52 695.45	10 688.92

资料来源：International Monetary Fund. International financial statistics[EB/OL]. [2022-01-10]. https://data.imf.org/?sk=4c514d48-b6ba-49ed- 8ab9-52b0c1a0179b.

IMF 份额的确定

（四）SDR

SDR 是指 IMF 为解决储备资产的不足而分配给成员方的一种账面资产[①]。因为是成员方普通提款权以外的一种补充，所以称为 SDR。

与前三种储备资产相比，SDR 具有以下特点。

1. 账面资产

SDR 是一种人为创造的、纯粹账面上的资产，是一种记账单位。虽然 SDR 也规定了含金量，被称为“纸黄金”，但它本身并不具有内在价值，并不是真正的货币，使用时需要先兑换成外汇。

① 1969 年，第 24 届 IMF 年会通过协议，正式创立 SDR。《国际货币基金组织协定》第 15 条第 1 款明确写道：“当发生需要时，IMF 有权将 SDR 分配给参与 SDR 账户的会员方，以补充其现有储备资产之不足。”

2. 无偿分配

SDR 是由 IMF 按照各国份额比例无偿分配的，而黄金、外汇、普通提款权等储备资产是成员方通过贸易、投资、借贷等活动取得的。

按照《国际货币基金组织协定》，IMF 每隔一段时期会根据世界经济发展的实际情况来决定是否分配 SDR。截至 2021 年底，IMF 只进行过四轮普通分配和一轮特殊分配①，共分配约 6607 亿 SDR（折合约 9430 亿美元）。其中，IMF 于 1970～1972 年、1979～1981 年进行过两轮 SDR 的普通分配，分配额分别为 93 亿 SDR 和 121 亿 SDR。2009 年 IMF 进行了第三轮普通分配和一轮特殊分配，目的在于应对全球金融危机，帮助各国从危机中复苏，分配额分别为 1612 亿 SDR 和 215 亿 SDR。2021 年 IMF 进行了第四轮普通分配，目的在于帮助全球合力应对新冠疫情、遏制复苏分化加剧和为促进经济复苏注入新的动力②，该轮分配额高达 4565 亿 SDR，但是其中 60%分配给了高收入国家，SDR 在成员方间分配严重失衡的问题仍然存在。

总体来看，各经济体的 SDR 持有量呈阶段性变化，除 2009 年和 2021 年出现显著跃升外，其他年份基本保持平稳。由于 SDR 的分配以份额为基础，份额越大，分配得越多，故发达经济体的 SDR 持有量远远高于新兴及发展中经济体，是其 1.6 倍（表 5.5）。发达国家持有 SDR 数量过剩，而新兴及发展中经济体持有 SDR 严重不足，两者分配的不对称性十分明显。

表 5.5 2005～2021 年各经济体持有的 SDR 单位：亿 SDR

年份	世界	发达经济体	新兴及发展中经济体	中国
2005	214.33	148.47	65.86	2.37
2006	214.33	148.47	65.86	2.37
2007	214.33	148.47	65.86	2.37
2008	214.33	148.47	65.86	2.37
2009	2039.84	1286.30	753.54	69.90
2010	2039.85	1286.30	753.56	69.90
2011	2039.85	1286.30	753.56	69.90
2012	2040.91	1286.30	754.61	69.90
2013	2040.91	1286.30	754.61	69.90
2014	2040.91	1286.30	754.61	69.90
2015	2040.91	1286.30	754.61	69.90
2016	2041.58	1286.30	755.28	69.90

① 特殊分配是指 SDR 的分配不按份额比例发放。一般，SDR 的分配为普通分配，IMF 是严格按照各国份额比例发放的。

② IMF 总裁格奥尔基耶娃在 2021 年 8 月 2 日发表声明称："这是一个历史性的决定，本轮分配是 IMF 历史上规模最大的一次 SDR 分配，也是在空前危机下对全球经济的一剂强心针。本轮 SDR 分配将使所有 IMF 成员受益，满足全球各经济体对储备资产的长期需求，巩固信心，并提升全球经济的抗风险能力和稳健性。特别是本轮分配将为最脆弱的经济体提供支持，帮助其应对疫情危机。"

续表

年份	世界	发达经济体	新兴及发展中经济体	中国
2017	2907.48	1286.30	755.28	69.90
2018	2839.41	1286.30	755.28	69.90
2019	2823.15	1286.30	755.28	69.90
2020	2041.97	1286.65	755.32	69.90
2021	6606.99	4089.80	2517.19	362.06

注：2021 年数据截至 2021 年第三季度

资料来源：International Monetary Fund. International financial statistics[EB/OL]. [2022-01-10]. https://data.imf.org/?sk=4c514d48-b6ba-49ed- 8ab9-52b0c1a0179b.

3. 使用受限

SDR 具有严格限定的用途，只能在 IMF、BIS 等机构及各国政府之间发挥作用，任何非官方金融机构和企业、个人不得持有和运用，不能直接用于贸易或非贸易的支付。各成员方可以用 SDR 向 IMF 指定的成员方换取外汇，用于干预外汇市场或弥补国际收支逆差，或者直接用于偿还 IMF 的贷款。不过，IMF 规定各成员方所能实际动用的 SDR 数额不能超过其分配额的 70%[①]，因而 SDR 作为各国弥补国际收支逆差的手段，其作用是相当有限的。

➢专栏 5.4

人民币入篮 SDR

1. SDR 的定值

根据 1969 年的规定，1 单位 SDR = 0.888 671 克纯金，与当时的 1 美元等价。自 1974 年 7 月开始，SDR 改用一篮子主要国际货币定价，并被 IMF 及多个国际组织作为记账单位。

IMF 每隔 5 年对篮子货币进行一次调整（表 5.6），确保所包含的货币具有代表性，是国际交易中常用的主要货币，同时，有关货币所占比重能适当反映其在全球贸易与金融体制中的相对重要性。由于篮子货币是世界上的主要货币，因而 SDR 的价值比较稳定。

2015 年 11 月 30 日，IMF 执董会决定将人民币作为第五种货币，与美元、欧元、日元和英镑一道构成 SDR 篮子货币。从 2016 年 10 月 1 日起，人民币在 SDR 篮子货币中所占权重为 10.92%。2022 年 5 月 11 日，IMF 执董会完成了 5 年一次的 SDR 定值审查。这是 2016 年人民币成为 SDR 篮子货币以来的首次审查。执董会一致决定，维持现有 SDR 篮子货币构成不变，即仍由美元、欧元、人民币、日元和英镑构成，并将人民币的权重由 10.92%上调至 12.28%（升幅 1.36 个百分点），将美元权重由 41.73%上调至 43.38%，同时将欧元、日元和英镑权重分别由 30.93%、8.33%和 8.09%

① IMF 规定每一成员方手中必须至少保持 30%分配到的 SDR。

下调至29.31%、7.59%和7.44%，人民币权重仍保持第三位。执董会决定，新的SDR货币篮子在2022年8月1日正式生效，并于2027年开展下一次SDR定值审查。

表5.6 SDR篮子货币历次调整

货币	1996.1.1 占比	货币	2006.1.1 占比	货币	2011.1.1 占比	货币	2016.10.1 占比	货币	2022.8.1 占比
美元	39%	美元	44%	美元	41.9%	美元	41.73%	美元	43.38%
德国马克	21%	欧元	34%	欧元	37.4%	欧元	30.93%	欧元	29.31%
法国法郎	11%					人民币	10.92%	人民币	12.28%
日元	18%	日元	11%	日元	9.4%	日元	8.33%	日元	7.59%
英镑	11%	英镑	11%	英镑	11.3%	英镑	8.09%	英镑	7.44%

资料来源：IMF官网

2. 人民币纳入SDR的意义

1）入篮是IMF对人民币国际地位的认可

人民币在国际化进程中，作为跨境贸易和直接投资结算支付货币的使用量大幅度上升，在外汇市场的交易量也明显增加，已成为国际债券发行的计值货币，但是作为国际储备货币在国际市场的接受度仍不是很高。人民币纳入SDR篮子货币后，极大地提升了人民币作为国际储备货币的地位，人民币国际地位得到提高。

2）进一步推动中国金融改革开放及人民币的国际化进程

中国人民银行行长易纲指出，人民币加入SDR不是一劳永逸的。SDR每5年做一次评审，一种货币在符合条件的时候可以加入SDR，在不符合条件的时候也可以退出SDR。所以只有继续坚持改革开放，人民币作为SDR篮子货币的地位才能不断巩固。

加入SDR以后，人民币成为IMF官方储备货币之一，这意味着国际市场对人民币有更高的期许和更严格的要求，国内和国际多方面市场环境的监督、制约、观察、研究，都加强了对人民币的要求。整体来看，人民币的形象和市场对人民币的预期提升，人民币将成为更加稳定和更被广泛接受的货币，人们也将更有信心持有人民币资产。不仅对中国百姓，对东南亚地区周边国家、"一带一路"国家及世界各国来说，人民币纳入SDR都会带来实惠和好处。

资料来源：根据International Financial Statistics数据，2015年12月7日《国际金融报》相关报道整理而得。

三、国际储备的现状及特点

（一）储备资产的规模高速增长

布雷顿森林体系结束时，全球储备持有量并不多。此后，全球储备总规模虽有所增加，但在亚洲金融危机前仍处于较低水平，截至1996年为1.8万亿美元。亚洲金融危机期间，一些新兴国家面对大规模的货币攻击，因外汇储备不足而未能成功捍卫其汇率。危机后，许多国家从中吸取教训，认识到了拥有一定国际储备的重要性，全球储备出现爆发式增长，从 1998 年的 1.92 万亿美元增长到 2021 年的近 16 万亿美元，增长到之前的 8.3 倍（图 5.2）。

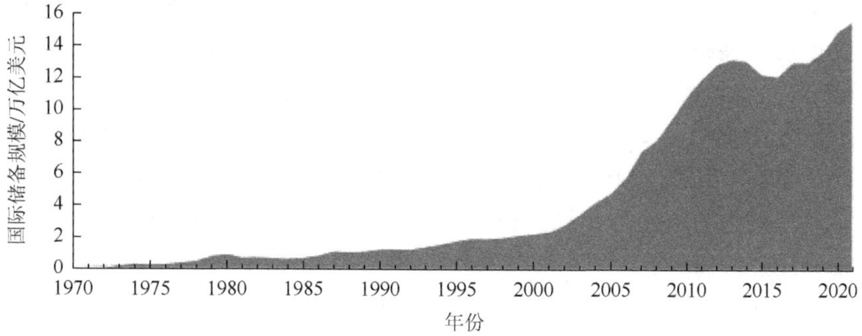

图 5.2 亚洲金融危机后全球国际储备的爆发式增长

2021 年数据截至 2021 年第三季度

资料来源：International Monetary Fund. International financial statistics[EB/OL]. [2022-01-10]. https://data.imf.org/?sk=4c514d48-b6ba-49ed- 8ab9-52b0c1a0179b.

（二）储备资产的结构日趋外汇储备化

1970 年全球国际储备资产中，外汇储备占比 49%，黄金储备占比 39%，在 IMF 的储备头寸占比 8%，SDR 占比 4%。随着《牙买加协定》黄金的非货币化，黄金储备占比不断下降，外汇储备占比不断上升。2021 年外汇储备全球占比已高达 84%，黄金储备占比只有 9%，在 IMF 的储备头寸只有 1%，SDR 为 6%。无论从其占全球国际储备总额的比例来看，还是从其增长趋势来看，外汇储备在国际储备中均居主导地位，国际储备日趋外汇储备化的特征日益明显。1970 年后国际储备各组成部分的增长趋势见图 5.3。

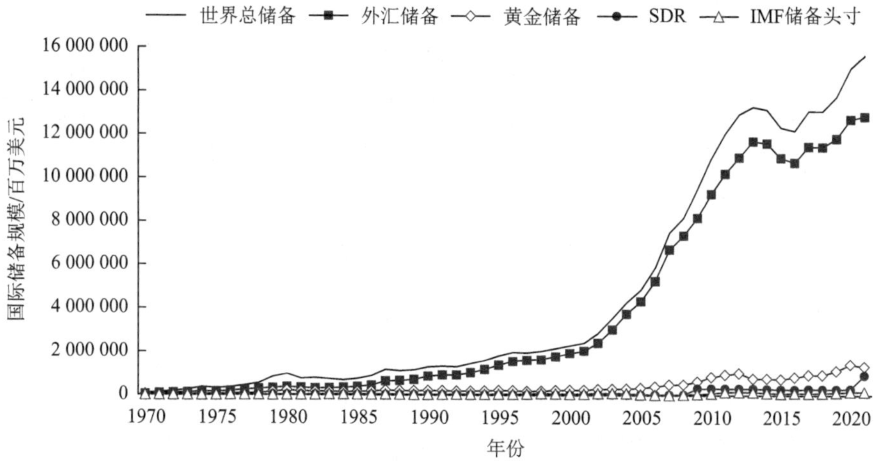

图 5.3 1970 年后国际储备各组成部分的增长趋势

2021 年数据截至 2021 年第三季度

资料来源：International Monetary Fund. International financial statistics[EB/OL]. [2022-01-10]. https://data.imf.org/?sk=4c514d48-b6ba-49ed- 8ab9-52b0c1a0179b.

（三）美元比重下降，其他货币比重上升

随着布雷顿森林体系的崩溃和《牙买加协定》的签署，外汇储备占比上升的同时也呈现出多元化的发展特征，英镑、欧元、日元等发达国家货币先后跻身外汇储备货币行列。近20年来，美元占比不断下降，从1999年的71.01%下降至2021年的59.15%，但美元在外汇储备中仍处于绝对优势地位。欧元的占比先升后降，从1999年欧元诞生以来一路上升至2009年的27.70%，之后呈逐步下降趋势，截至2021年第三季度其占比为20.48%。日元和英镑的占比基本稳定在第三和第四位。2016年随着人民币加入SDR，人民币占比显著提升，2018年达到1.89%，超过了加拿大元的1.84%和澳大利亚元的1.63%，之后呈现持续上升的态势。截至2021年第三季度，人民币占比提升到2.66%，成为第五大国际储备货币。1999～2021年主要储备货币占比见表5.7。

表5.7　1999～2021年主要储备货币占比

年份	美元	欧元	人民币	日元	英镑	澳大利亚元	加拿大元	瑞士法郎	其他
1999	71.01%	17.90%	—	6.37%	2.89%	—	—	0.23%	1.60%
2000	71.14%	18.29%	—	6.07%	2.75%	—	—	0.27%	1.48%
2001	71.52%	19.18%	—	5.04%	2.70%	—	—	0.25%	1.31%
2002	66.50%	23.65%	—	4.94%	2.92%	—	—	0.41%	1.58%
2003	65.45%	25.03%	—	4.42%	2.86%	—	—	0.23%	2.01%
2004	65.51%	24.68%	—	4.28%	3.49%	—	—	0.17%	1.87%
2005	66.52%	23.89%	—	3.96%	3.75%	—	—	0.15%	1.74%
2006	65.04%	24.99%	—	3.46%	4.52%	—	—	0.17%	1.81%
2007	63.87%	26.13%	—	3.18%	4.82%	—	—	0.16%	1.83%
2008	63.77%	26.21%	—	3.47%	4.22%	—	—	0.14%	2.20%
2009	62.15%	27.70%	—	2.90%	4.25%	—	—	0.12%	2.87%
2010	62.25%	25.76%	—	3.66%	3.94%	—	—	0.13%	4.26%
2011	62.70%	24.45%	—	3.61%	3.84%	—	—	0.08%	5.32%
2012	61.50%	24.07%	—	4.09%	4.04%	1.46%	1.43%	0.21%	3.20%
2013	61.28%	24.21%	—	3.82%	3.99%	1.82%	1.83%	0.27%	2.78%
2014	65.17%	21.22%	—	3.55%	3.70%	1.60%	1.75%	0.24%	2.78%
2015	65.75%	19.15%	—	3.75%	4.72%	1.77%	1.78%	0.27%	2.82%
2016	65.36%	19.14%	1.08%	3.95%	4.35%	1.69%	1.94%	0.16%	2.33%
2017	62.73%	20.17%	1.23%	4.90%	4.54%	1.80%	2.03%	0.18%	2.43%
2018	61.75%	20.67%	1.89%	5.19%	4.43%	1.63%	1.84%	0.14%	2.47%

续表

年份	美元	欧元	人民币	日元	英镑	澳大利亚元	加拿大元	瑞士法郎	其他
2019	60.74%	20.58%	1.94%	5.87%	4.64%	1.70%	1.86%	0.15%	2.53%
2020	58.92%	21.29%	2.29%	6.03%	4.73%	1.83%	2.08%	0.17%	2.67%
2021	59.15%	20.48%	2.66%	5.83%	4.78%	1.81%	2.19%	0.17%	2.91%

注：1. 2021 年数据截至 2021 年第三季度

2. 随着 1999 年 1 月 1 日欧元的正式启动，德国马克和法国法郎已不复存在，因此，本节统计时期选择从 1999 年开始

3. 在 2015 年第一季度的考察中，人民币被归入占比为 3.11%的“其他货币”中。自 2016 年 10 月 1 日开始，IMF 在其 COFER 的季度调查中单独列出人民币资产，以反映全球人民币外汇储备的持有情况。这一变化在 2016 年第四季度 COFER 调查中得到体现

资料来源：International Monetary Fund. International financial statistics[EB/OL]. [2022-01-10]. https://data.imf.org/?sk=4c514d48-b6ba-49ed- 8ab9-52b0c1a0179b.

（四）新兴及发展中经济体持有的国际储备所占比重不断攀升

近年来，新兴及发展中经济体持有的国际储备所占比重已超过发达经济体。如图 5.4 所示，新兴及发展中经济体的国际储备自 20 世纪 90 年代以来快速增长，尤其是亚洲金融危机后增速更为明显，2006 年新兴及发展中经济体的国际储备量已超过发达经济体，占全球总储备的份额从 1997 年的 33.3%扩大到 2013 年的 65.8%，其中大部分增幅由亚洲国家贡献。随后，虽然增幅有所下降，但是截至 2021 年第三季度，新兴及发展中经济体的国际储备仍占世界总额的 53.3%，超过了一半。

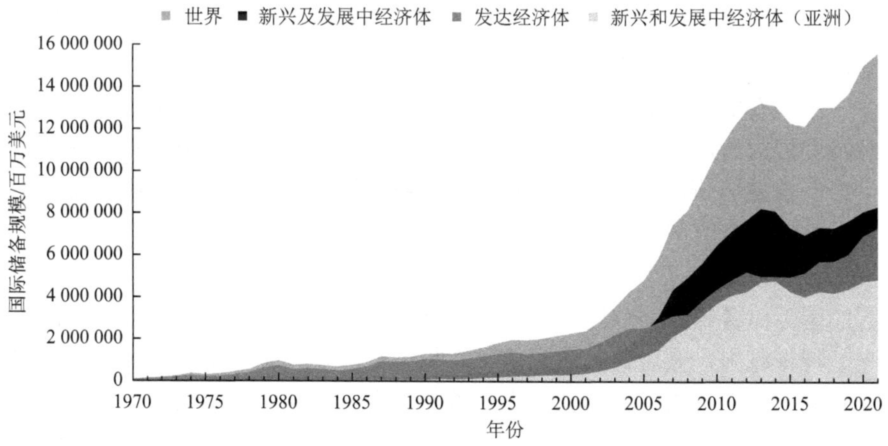

图 5.4 1970～2021 年各经济体持有的国际储备

资料来源：International Monetary Fund. International financial statistics[EB/OL]. [2022-01-10]. https://data.imf.org/?sk=4c514d48-b6ba-49ed- 8ab9-52b0c1a0179b.

第二节 国际储备管理

国际储备管理是指一国政府根据该国国际收支状况和经济发展要求，对其国际储备的规模、结构及资产运用进行管理，以实现储备资产规模适度化、结构最优化、使用高效化的整个过程。

一、国际储备规模管理

弗里兹•马克卢普（Fritz Machlup）在研究国际储备需求时曾提出衣柜效应（wardrobe effect），即一国货币当局对国际储备的需求犹如其夫人对衣柜中时装的需求——多多益善，即国际储备越多越好。但实际上，一国的国际储备规模不宜过大，因为这不仅会牺牲投资收益，导致持有国际储备的机会成本上升，还会增加本国基础货币的投放量，引发通货膨胀。当然，一国的国际储备规模也不宜过小，因为这会使一国政府在经济运行出现问题或遭到外部冲击时，难以通过自己的力量解决问题或化解冲击。因此，确定并维持最优国际储备量对于一国的经济发展具有深远和重大的意义。

（一）国际储备规模的定性分析

一国保持多少国际储备量为宜，与一国国际储备的需求密切相关。影响一国国际储备需求大小的因素主要有以下几种。

1. 持有国际储备的机会成本

一国的国际储备需求与持有国际储备的机会成本成反比。持有国际储备的机会成本越高，对国际储备的需求就越小。一国持有国际储备的同时相当于放弃了利用实际资源的权利。一国持有的国际储备越多，意味着被放弃的实际资源就越多，大量的资源闲置将导致经济发展放缓。如果一国不持有或者减少持有国际储备，所节约下来的外汇就可以用于进口经济发展所需的国外资本品或者投资，加快经济增长。因此，持有国际储备的机会成本是牺牲经济增长和投资收益。

2. 国际收支赤字的规模

一国的国际储备需求与该国国际收支的赤字规模成正比。一国国际收支出现赤字的频率越高、规模越大，其所需的国际储备就越多。国际收支赤字的规模与一国的进口规模、遭受到的国内外冲击密切相关。大多数发展中国家由于经济结构不平衡、宏观经济政策不当以及可能遭受到不合理的国际经济秩序的制约，国际收支经常遭遇逆差，因此也需要更多的国际储备。

3. 国际收支失衡的类型

如果一国的国际收支赤字偏向于短期性，则其需要持有更多的国际储备。对于短期、暂时性的国际收支失衡而言，最有效的调节手段是运用国际储备进行弥补。但如果一国面临的是长期、根本性的国际收支失衡，则其应主要依靠实施调节政策来恢复均衡，此时就不需要过多的国际储备。

4. 汇率制度

固定汇率制度下一国持有的国际储备比浮动汇率制度下持有的国际储备多。固定汇率制度下，政府有义务干预外汇市场，需要持有较多的国际储备以维持汇率波动的界限和应对突发性的巨额赤字。浮动汇率制度下，汇率变动灵活、富有弹性，政府干预外汇市场的压力较小，可适当降低国际储备的持有量。

5. 对外经济的发展规模

一国的国际储备需求与该国对外经济的发展规模成正比。一国对外经济往来的规模越大，则需要持有的国际储备越多。反之，如果一国对外经济的发展规模较小，则会减少对国际储备的需求。

6. 本币的国际地位

如果一国货币为国际储备货币，则当该国出现国际收支不平衡时可以直接使用本币对外支付和清偿债务，因此，国际储备货币发行国无须保持规模过大的国际储备，如美国、欧盟等发达经济体。但相应地，储备货币发行国必须具有强大的经济实力以维持其货币的国际地位。如果一国正处于本币国际化进程中，为了推动货币的自由兑换，则需要较多的国际储备来稳定或提高本币汇率，推动本币的国际接受度，最终实现国际化。

7. 国际收支的调节效能

一国的国际储备需求与国际收支的调节效能成反比。当一国国际收支的自动调节机制和政策调节效能较低时，该国会偏向于使用国际储备来平衡国际收支，所需要的国际储备就较多。反之，一国国际收支的调节效能越高，所需要的国际储备就越少。

8. 融资能力

一国的国际储备需求与其融资能力成反比。发达国家的融资能力较强、资信等级较高，可以通过外部融资获得国际清偿力，对国际储备的需求可以少一些。原则上说，如果一国确保能够随时从国外筹借到应急资金，则该国就不需要持有任何国际储备。反之，资信较差、融资能力较差的发展中国家由于从国际金融市场上筹措资金的难度较大，很难获得国际金融机构、外国政府的贷款，只能持有较多的国际储备。

9. 国际协调程度

如果一国与其他国家政府或国际金融组织有良好的合作关系，在经济、金融、货币等方面互相协调支持，较易通过国际协调解决国际收支失衡问题或获得融资，则可以减少对国际储备的需求。反之，若一国国际协调程度较差，则会增加对国际储备的需求。

10. 国际资本的流动状况

当今国际资本流动频繁，国际储备对国际收支的平衡作用更多地体现在抵消国际资本流动的冲击上。经济金融体系比较薄弱的发展中国家和地区，需要持有较多的国际储备来抵御外部冲击。1997 年亚洲金融危机中，大多数危机发生地区由于国际储备有限，被迫放弃固定汇率制度。而遭受同样境遇的中国香港，却依靠自身充足的外汇储备和中央政府外汇储备的支持以及完善的金融体系，成功应对投机资本的冲击，捍卫了港币的联系汇率制度。

综上所述，影响国际储备量的因素涉及政治、经济及社会等许多方面，一国在确定最优国际储备量时必须综合考虑上述各种因素。

（二）国际储备规模的定量分析

关于适度国际储备量的测算，学术界存在不同的理论和模型。

1. 比率分析法

美国经济学家罗伯特·特里芬（Robert Triffin）在《黄金和美元危机——自由兑换的未来》（*Gold and the Dollar Crisis—The Future of Convertibity*）一书中提出以外汇储备与进口比率（*R*/*M*）作为衡量国际储备充裕程度的指标。特里芬认为，一国国际储备应与该国进口额保持一定的比例关系。具体来说，一国应把满足进口需求作为衡量适度国际储备规模的标准，即该比率至少保持在25%，或外汇储备应能支持至少3个月的进口需求。若过度偏离这一标准，则可认为该国的国际储备过剩或短缺。这是衡量适度国际储备规模最常用的经济指标，具有简单易行的优点，但仅用进口额这一个变量来决定国际储备规模存在一定缺陷，因为除了进口，国民收入、货币供应量、政府意愿等因素也会对国际储备规模产生影响。

继特里芬之后，一些学者又建立了若干包括国际储备的趋势变动和存量调整的指标作为补充，如：①外汇储备与外债余额比率（*R*/*D*）。该比率反映了一国清偿外债的能力，应保持在30%～50%，不能低于30%，否则会引发债务危机。②外汇储备与短期外债比率（*R*/SD）。该比率反映了一国的快速偿债能力，指标警戒线不得低于100%。③外汇储备与国内生产总值比率（*R*/GDP）。该比率认为一国经济规模越大，越需要持有更多的国际储备来满足经济发展的需要，应保持在10%左右。④外汇储备与货币供应量比率（R/M_2）。该比率表明外汇储备的需求主要由国内货币供应量的增减来决定，当一国国内货币的供应超过需求时，多余的货币就会流向国外，从而引起该国国际储备的减少。反之，当一国国内货币的供应低于需求时，货币就会从国外流回国内，从而引起该国国际储备的增加。

2. 回归分析法

20世纪60年代以后，弗兰克尔等纷纷运用回归技术建立经济计量模型分析国际储备的最优水平。回归分析法将对国际储备的分析从单纯的规范分析转为实证分析，引入了国民收入、货币供给量、国际收支变量、进口水平、边际进口倾向、持有国际储备的机会成本等诸多经济变量，这一方法使得国际储备水平的分析更为全面。但是回归模型的建立主要依赖于过去的经验数据，因此要预测未来的国际储备量还要与其他理论相结合。

3. 成本–收益分析法

该理论认为，持有国际储备既会获得一定的收益，也会付出一定的成本。一方面，持有国际储备的收益主要表现为节约了融资成本和调节成本。如果一国国际储备较少，则为了弥补国际收支逆差就要付出较多的政策调节成本或以较高的成本从国际金融市场上融资。反之，一国国际储备越多，节约的政策调节成本就越多，收益也就越大。但是，根据边际收益递减原则，随着国际储备持有额的增多，弥补国际收支逆差的边际效用将下降，从而导致持有国际储备的边际收益递减，如图5.5中国际储备的边际收益线（MR）所示。另一方面，持有国际储备也要付出代价和成本，表现为一国资本生产力和储备资产收益率之差。持有国际储备的边际成本会随着储备的增加而递增，如图5.5中边际成本线（MC）所示。只有当持有国际储备的边际收益等于边际成本时，才能达到储备量的均

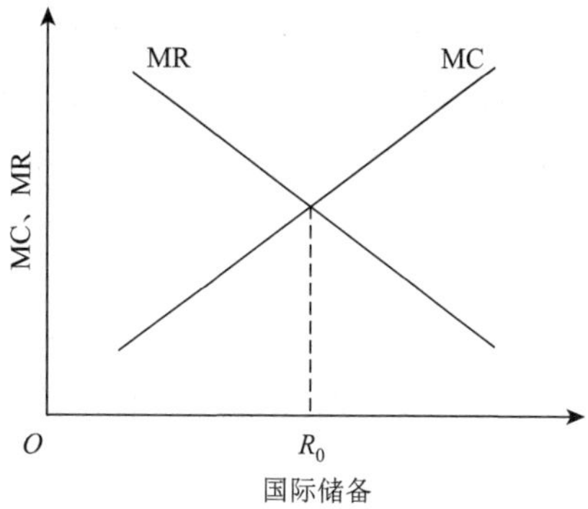

图 5.5 成本-收益分析法

衡点，即一国最适度的储备水平 R_0。尽管此方法在理论上没有问题，但是在实践中准确衡量持有国际储备的收益和成本十分困难，再加上对政治等非经济因素的考虑，难度进一步增加。

4. 区间分析法

在实际操作中，把国际储备维持在一个确定的数值是非常困难的，因此一些学者认为最适度的国际储备是一个区间值，国际储备只要保持在这一目标区间内，就可以说已达到最优水平。目标区间的上限是一国的保险储备量，它指的是一国经济发展最快时，既能满足一国在国际收支逆差时的对外支付，又能保证国内经济增长所需要的实际经济资源投入，而且不会引起通货膨胀；目标区间的下限是一国经常储备量，它指的是保证一国最低限度进出口贸易总量与其他国际支付所必需的储备资产量。区间分析法为各国货币当局更加灵活地管理国际储备提供了现实可能性。

IMF 的外汇储备充足性评估模型

二、国际储备结构管理

国际金融市场动荡不定，国际储备资产价格波动频繁，如果国际储备结构选择不当，就会使储备资产损失惨重。这就要求一国货币当局对于国际储备除了在量上保持适度规模外，还必须重视质的管理，即确定一个最优的国际储备结构，尤其是对占比最多的外汇储备结构加强管理。

（一）国际储备结构管理的基本原则

国际储备结构管理应贯彻坚持安全性、流动性和盈利性三项原则，始终把安全性和流动性放在首位，其次才是争取最大限度的盈利性。

1. 安全性

安全性是指保持储备资产的安全、有效和价值稳定。如果储备资产在用于对外支付时受到约束和限制，即货币当局不能充分控制和支配其储备资产，则储备资产的安全性就会相应下降。如美国曾经因为与伊朗发生外交冲突，冻结了伊朗在美国的金融资产，致使伊朗持有的存放在美国境内的金融资产无法变现和转账支付，大量以美元计价的外汇储备不能动用。同样，如果一国的黄金储备存放在国外，其安全性也可能受到不利影响。

因此货币当局在确定储备资产时，应事先充分了解储备货币的稳定性，发行国和国际金融中心所在国的外汇管制情况、银行资信状况等。

2. 流动性

流动性是指储备资产能随时变现，并用于对外支付。流动性较好的储备资产能随时兑换成现汇或其他可兑换货币，满足实际支付需求。储备资产的流动性还取决于其是否被各国普遍接受，因此货币当局会大量持有国际上广泛使用的储备货币，以保持储备资产的流动性。

与黄金储备相比，外汇储备具有较好的流动性，因此全球国际储备的增长主要表现为外汇储备的增长。但由于各种外汇储备资产的流动性不同，各国在安排外汇储备资产时，应根据具体情况，做出短、中、长不同期限的投资，以保证国际储备的充分流动性。

3. 盈利性

盈利性是指储备资产在满足安全性和流动性的基础上能够实现一定程度的增值。黄金储备虽然具有良好的保值功能，但黄金本身不能增值，其收益主要来自市场价格变动，而外汇储备可通过债券等生息资产形式获得利息收益，因此，外汇储备比黄金储备更具盈利性。但是，在选择外汇储备货币时，应关注汇率、利率和通货膨胀率的变动对收益率的影响。另外，对于同一币种的不同投资方式，其收益率和风险也不相同，因此应当构建合理的投资组合，使得收益最大化或风险最小化。

（二）外汇储备结构管理

鉴于外汇储备在国际储备中所占的比重极高，因此，外汇储备结构管理是国际储备结构管理的核心所在。

1. 外汇储备的币种结构管理

自 20 世纪 70 年代以来，储备货币从单一美元转变为多种储备货币并存，但各储备货币在汇率、利率和通货膨胀率上存在较大差异，这使得储备货币的币种管理显得尤为重要。进行币种选择时，应考虑以下标准。

（1）储备货币要与弥补赤字和干预外汇市场所需要的货币保持一致，以确保外汇储备的使用效率①。

（2）储备货币的币种结构应尽可能与一国的国际贸易结构和债务结构相匹配，从而在一定程度上避免汇率风险，节约交易成本。

（3）尽可能选择有升值趋势的硬币，减持有下降趋势的软币，保证储备货币的币值稳定。

（4）尽可能增持汇率波动幅度较小的货币，减持汇率波动幅度较大的货币。

（5）实行储备货币多元化，做到分散风险，不把鸡蛋放在一个篮子里。

（6）在充分考虑安全性和流动性的前提下，还要比较各种不同货币的盈利性，尽可能持有高收益率的货币。

2. 外汇储备的资产结构管理

对同一种储备货币，有多种资产形式可供选择，既可将其存放在国外银行的活期账户上，又可将其投资于收益较高的债券。确定同一储备货币的最优资产结构时，可以根据一国实际情况选择储备资产的不同形式进行组合。

根据流动性的高低，英格兰银行将储备资产划分为以下三类。

（1）一级储备，包括活期存款、短期国库券等。这类资产流动性最高，但收益性差，主要用来满足经常性的对外支付需求。

---

① 以美国为例，1995 年上半年，美元对德国马克、美元对日元大幅度贬值，美国基于缩小其外贸逆差等考虑，先是坐视不管，后因贬值事关美元的国际储备货币地位，美国才与其他西方 6 国联手对外汇市场进行干预，大量购入美元，抛售德国马克与日元，这才遏止了美元继续下滑的势头。若美国与其他西方 6 国无大量的德国马克与日元储备，则难以实施稳定美元国际储备货币地位的政策。

（2）二级储备，包括各种定期存单、大额存单和政府中期国库券。这类资产的收益性高于一级储备但流动性一般，主要用于应对意料之外的短期对外支付需求。

（3）三级储备，包括长期公债、AAA 级欧洲债券等各种长期投资工具。这类资产收益性高但流动性差，风险也较大。

由于持有储备最直接的目的是弥补国际收支逆差和干预外汇市场，因此，一级储备虽然收益率最低，但是一国货币当局必须持有足够多的这类资产。除此之外，为了应对诸如自然灾害等难以预期的偶然性变动，一国货币当局还必须持有一定数量的二级储备，以备急用。在确定了一级储备和二级储备之后，剩余的部分才可考虑进行长期性投资。

➢专栏 5.5

中国外汇储备多元化运用成效卓著

中国外汇储备通过富有创造性的股权、债权、基金等多元化运用安排，防范投资风险，服务国家宏观经济发展和改革需求，形成了涵盖国内金融机构及企业、国际多边开发机构等多类合作主体的完整体系。

（1）成立中央汇金投资有限责任公司。2003 年 12 月中央汇金投资有限责任公司注册成立，其动用外汇储备向中国银行、中国建设银行注资 450 亿美元，2004 年向交通银行注资 30 亿美元，2005 年向中国工商银行注资 150 亿美元，2008 年向中国农业银行注资约 190 亿美元，完成了五大国有商业银行的股份制改造。

（2）成立中国投资有限责任公司。2007 年 9 月，国家外汇储备注资 2000 亿美元成立中国投资有限责任公司（简称中投公司），该公司主要从事外汇资金投资管理业务，是全球最大主权财富基金之一。中投公司和中国主权财富基金①的成立，标志着我国外汇储备资产管理开始趋向于主动性投资。《中投公司年报》显示，2020 年境外投资净收益率为 14.07%，境外投资组合中，公开市场股票、固定收益、另类资产和现金产品分别占比 38%、17%、43%和 2%。

（3）创设委托贷款业务，支持企业对外投资。2010 年 5 月国家外汇管理局中央外汇业务中心与国家开发银行签署外汇储备委托贷款协议，支持国内企业开展对外投资，加强区域互联互通，为我国企业融入经济全球化、稳定全球产业链供应链发挥重要作用。

（4）成立国新国际投资有限公司，支持中国企业国际化经营。2012 年 5 月国家外汇储备、国务院国资委共同出资在香港设立国新国际投资有限公司，其主要职责是支持中国企业国际化经营，实现国有资本保值增值。

（5）注资多项基金，助力经济发展。2014 年以来外汇管理部门先后牵头注资设立丝路基金、中拉产能合作投资基金和中非产能合作基金等股权投资机构，为“一带一路”建设提供了长期、稳定的资金支持。其中，在丝路基金首期资本金 100 亿

---

① 主权财富基金是指由主权国家或地区建立和拥有的，资金来源于主权国家或地区政府财政盈余或货币当局外汇储备的金融投资工具。1953 年科威特建立了世界上第一家主权财富基金——科威特投资局。

美元中，外汇储备出资 65 亿美元，中投公司、进出口银行和国家开发银行分别出资 15 亿美元、15 亿美元和 5 亿美元。

（6）注资两大政策性银行。2015 年 7 月国家外汇储备通过其投资平台公司梧桐树分别向国家开发银行和中国进出口银行注资 480 亿美元和 450 亿美元，顺利完成两家银行改革方案要求的资本金补充工作，为金融机构服务实体经济提供了强大的资本支持。

（7）加强与第三方市场合作。外汇储备多元化运用还通过与第三方市场合作，先后出资 30 亿美元、20 亿美元、20 亿美元和 2.5 亿欧元，与国际金融公司（International Finance Corporation，IFC）、泛美开发银行（Inter-American Development Bank，IADB）、非洲开发银行（African Development Bank，AFDB）和欧洲复兴开发银行等数家多边开发机构开展联合融资，向发展中国家进行投资，推动广大发展中国家经济社会共同发展。

（8）推动绿色金融发展。在外汇储备的创新运用上，我国通过多渠道开展绿色债券投资，有效地发挥了储备投资对绿色低碳发展的支持和引领作用。《外汇局 2020 年报》显示外汇储备自 2012 年起就已积极开展绿色债券投资，发展至今，2015～2020 年复合增长率约为 63%。2021 年 4 月，中国人民银行行长易纲在博鳌亚洲论坛上表示："将在外汇储备中继续增加对绿色债券的配置，控制投资高碳资产，在投资风险管理框架中纳入气候因素。"

资料来源：根据《国家外汇管理局年报（2020）》；2015 年 8 月 19 日中国新闻网和 2016 年 12 月 7 日国务院国有资产监督管理委员会官网等相关新闻报道；《中国金融》杂志 2018 年第 23 期，朱隽：《积极参与全球经济金融治理》；《金融时报》2019 年第 2 期，潘功胜：《外汇管理改革发展的实践与思考》；《中投公司 2020 年报》整理而得。

第三节 国际储备体系的变迁和前景

一、国际储备体系的变迁

国际储备体系是国际货币体系的重要组成部分，其核心问题是以什么储备资产作为体系的中心。随着主要发达国家货币的国际化进程发展，国际储备体系经历了四个阶段的演变。

（一）"黄金-英镑"储备体系

国际金本位制时期，黄金是体系的中心，发挥着世界货币的职能。当时英国在世界工业和金融中占据统治地位，英镑随之成为比肩黄金的储备货币。这一时期的国际储备体系被称为"黄金-英镑"储备体系，虽然其基础是黄金，但由于黄金的流动性较差，实际的国际支付仍大量使用英镑。这一体系一直维持到第一次世界大战爆发，随着金本位制的崩溃而瓦解。

（二）“英镑-美元-黄金”储备体系

两次世界大战期间，主要资本主义国家企图恢复金本位制，英国和法国实行金块本位制，美国实行金币本位制，其他国家实行金汇兑本位制。英镑、美元和法郎成为主要的储备货币，其中，美国经济力量的增强使美元的国际地位不断上升，英镑和美元作为两强货币呈现出此消彼长的趋势。

（三）“美元-黄金”储备体系

第二次世界大战后，英国经济在战争中遭受严重破坏，英镑的国际地位随之下降，而美国则一跃成为世界最大的债权国和黄金储备国。布雷顿森林体系的建立赋予了美元等同于黄金的地位，形成了“美元-黄金”储备体系，它与“黄金-英镑”储备体系的本质区别在于前者的中心是信用货币，后者的中心是金属货币。20 世纪 70 年代初，随着美元危机的不断爆发，美元的信用持续恶化，各国政府纷纷用美元从美国换取黄金，导致美国的黄金储备急剧流失，美国政府被迫宣布停止美元与黄金的可兑性，“美元-黄金”储备体系也随之宣告结束。

（四）多元化货币储备体系

1973 年布雷顿森林体系崩溃后，储备货币开始走向多元化。各国为避免美元汇率动荡带来外汇储备资产的损失，开始调整外汇储备构成，增持德国马克、瑞士法郎、日元、英镑等货币。1999 年欧元启动后，迅速成为储备货币的重要构成，使得各国外汇储备的币种结构呈现出更加多元化的特征。

二、多元化货币储备体系的成因和缺陷

（一）多元化货币储备体系的成因

1. “美元-黄金”储备体系存在不可克服的内在缺陷

“美元-黄金”储备体系要求美元的数量必须不断增长，以满足国际流通的需要，但由此产生了特里芬难题①。美元的不断增长，使得美元和黄金之间的可兑换性难以维持，进而产生信用危机。人们不得不寻找新的国际储备来源以减轻对美元的依赖，缓和美国经济衰退和国际收支恶化带来的消极影响。

多元化货币储备体系下，同时以几个国家的货币作为中心货币，使这几个国家的国际收支逆差共同支撑世界对国际储备增长的需求，从而减轻对单一储备货币的依赖，相对摆脱特里芬难题对储备货币发行国造成的困境。

① 布雷顿森林体系下，各国为了发展国际贸易，必须持有大量的美元作为结算与储备货币，这使得美元源源不断地流出美国，导致美国国际收支产生长期逆差。而美元作为国际货币核心的前提是保持美元币值稳定，这要求美国必须是一个国际收支长期顺差国。这两个要求互相矛盾，因此是一个悖论，这一内在矛盾称为特里芬难题。详见第八章第三节。

2. 各国的经济实力发生相对变化

由于各国经济发展的阶段性和相对地位的此消彼长，国际储备货币呈现分散化的特点。在美元危机爆发的同时，西欧和日本的经济开始崛起，许多国家纷纷将美元储备兑换成德国马克、瑞士法郎、日元，出现储备货币分散化。1999 年欧元的诞生更是使这种多元化得以加强，特别是 2004 年 5 月东欧十国的加盟，增强了欧盟在国际经济中的地位，欧元在国际储备体系中的重要性大大增加。近年来，以中国为首的新兴及发展中经济体发展迅速，2016 年 10 月 1 日人民币被正式认定为 SDR 的第五种货币，随着人民币在全球外汇储备中的比重逐年上升，国际储备货币分散化的趋势得以持续发展。

3. 规避汇率风险的客观需要

在美元作为唯一中心货币的储备体系下，一旦美元贬值，便会给持有美元储备的国家带来难以防范的损失。加之，1973 年后西方国家普遍实行浮动汇率制度，外汇市场上的汇率波动日益频繁，汇率风险明显加大。因此，出于防范和降低汇率风险、保持国际储备价值相对稳定的考虑，各国有意识地将储备货币分散化，以避免或减少美元或其他任何单一储备货币贬值造成的损失。这种主观行为也进一步推动国际储备体系走向多元化。

4. 为促进国际金融领域的合作和协调

布雷顿森林体系时期，美国基本垄断了国际金融领域，国际货币体系过分依赖美元，各国经济也受制于美国经济。在多元化货币储备体系下，美元与其他多种储备货币公平竞争，避免了单一储备货币体系下货币发行国在操纵或控制储备货币供应方面的金融霸权主义。同时，为了维持多元化货币储备体系的正常运转和国际金融局势的稳定，储备货币发行国必须互相协作与约束，共同干预与管理，从而促进国际金融领域的合作，改善国际经济金融关系。

（二）多元化货币储备体系的缺陷

1. 没有从本质上解决特里芬难题

多元化货币储备体系的建立并未真正解决特里芬难题，只不过是将特里芬难题造成的困难分散化而已。储备货币的分散化，使得国际储备的增长依赖于几个而不是一个储备货币发行国的国际收支逆差，但任何国家持续出现国际收支逆差，都必定会削弱其货币的信用基础。如果某个储备货币发行国想要保持国际收支平衡，必然会给其他储备货币发行国增加压力。可见，多元化货币储备体系仍具有内在的不稳定性，随着储备货币发行量的不断增长，最终仍会导致储备货币的信用危机。

2. 加剧了国际金融市场的动荡，不利于世界经济的稳定与发展

多元化货币储备体系下，任何一个储备货币发行国的经济、政策发生变动，都会使其他国家相继调整其币种结构，导致外汇市场上各储备货币的汇率波动频繁。具体来说，当某种储备货币趋于坚挺时，大量的其他储备货币会被竞相兑换成该种货币，然而当该种货币由于偶然因素变得疲软时，它又会被大量抛售。各国的这种频繁兑换必然会导致

国际间的资本大规模地盲目流动，加剧国际金融市场的动荡与混乱，给储备货币发行国的经济管理和宏观调控带来巨大困难。

3. 增加了各国管理国际储备的难度

在单一储备货币体系下，各国只需要根据一种货币的汇率变化来安排储备资产的结构、统计核算储备资产的价值。在多元化货币储备体系下，则要求各国随时根据每种中心货币的汇率变化及其影响因素进行相应的调整，大大增加了储备管理的难度。

三、国际储备体系的前景

（一）黄金的地位

黄金仍将作为一种重要的储备资产，但是其重要性将持续降低。因为黄金不具有直接支付能力，其使用最终仍要通过外汇来实现，即外汇才是实际运用的国际支付工具，黄金只发挥最后保证的作用，而非现实的国际支付手段。

（二）SDR 的地位

IMF 创设的 SDR 为储备货币的多元化提供了示范，促进了储备资产多元化。但是由于 SDR 的使用有着严格的限制，而且其分配数量有限且存在分配严重失衡的问题，SDR 将很难在短期内发展成为中心货币。

（三）美元的地位

美元目前仍占有很大优势，但其比重明显下降。随着全球经济多极化发展，美国经济占全球比重明显下降，加上美联储长期实施 QE 货币政策，以及美元在某种程度上被政治化等，可以预见美元在国际储备体系中的地位将进一步下降。

（四）欧元的地位

欧元的重要性提高，有望挑战美元。1999 年欧元正式启动，对国际储备体系产生了深远的影响。随着欧元在国际支付结算、国际投资、国际信贷领域的逐步推广和使用，它在国际储备体系中的重要性大大增强，有望挑战美元的霸主地位。

（五）人民币的地位

人民币国际地位提高，在全球官方外汇储备中的占比上升。IMF 的 COFER 的数据显示，2021 年第三季度，人民币在全球官方外汇储备中的占比为 2.66%，排名第五，较 2016 年人民币正式加入 SDR 篮子时上升 1.58 个百分点。《2021 年人民币国际化报告》的数据显示，人民币资产对全球投资者的吸引力持续增强，截至 2021 年 6 月末，境外主体持有境内人民币股票、债券、贷款及存款等金融资产合计 10.26 万亿元，同比增长 42.8%。人民币作为国际储备资产的优势愈发明显，人民币国际化进程将进一步加快。

第四节 中国的国际储备

一、中国国际储备的结构变化

我国于 1980 年恢复在 IMF 的合法席位后，开始正式公布国际储备各个组成部分的具体情况①。

（一）黄金储备

我国的黄金储备呈现阶段性平稳变化的特征。1980 年我国的黄金储备为 1280 万盎司，1981～2000 年稳定在 1267 万盎司，2001 年小幅增加到 1608 万盎司，2002～2008 年稳定在 1929 万盎司，2009 年跳跃式增长到 3389 万盎司，2015 年再次跳跃式增长到 5666 万盎司，此后稳步增长。截至 2021 年 10 月，我国黄金储备的规模达到 6264 万盎司，约 1948.32 吨，位居全球第六。1980～2021 年我国黄金储备的规模变化见图 5.6。

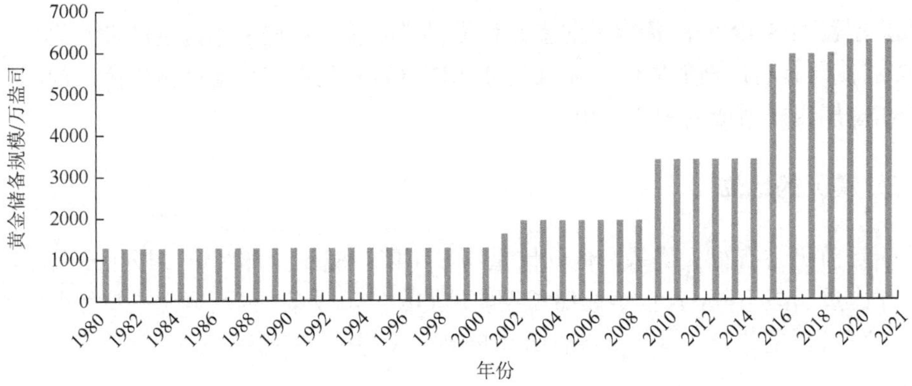

图 5.6 1980～2021 年中国黄金储备规模

资料来源：世界黄金协会（World Gold Council，WGC）官网

我国增持黄金储备主要有以下两个原因：①国际金融市场的风险加大，加之黄金价格进入上升通道，黄金抵御风险的保值功能得以再次凸显；②黄金起到最后保证的作用，我国从长期战略角度出发，为保障国际储备的安全性、流动性以及保值增值功能，要确保黄金储备在国际储备组合中占到一定的比例。

（二）外汇储备

外汇储备是我国储备资产的主体。根据外汇储备的数量增长变化特征可以将我国的外汇储备划分为四个阶段。1980～2021 年我国外汇储备的规模变化见图 5.7。

① 1980～2021 年中国国际储备的结构变化详见本章附录。

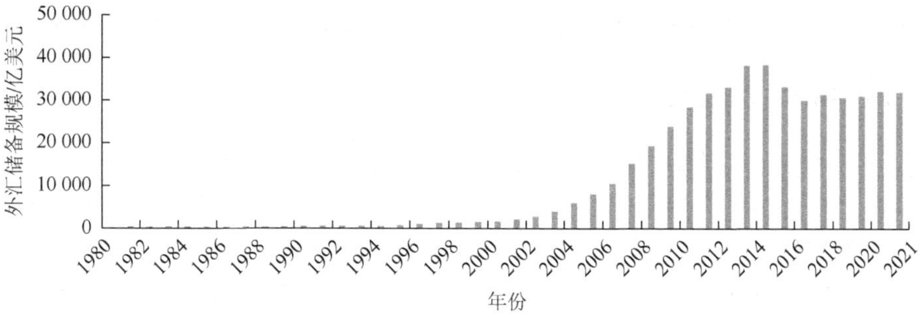

图 5.7 1980～2021 年中国外汇储备规模

资料来源：国家外汇管理局官网

1. 第一阶段（1980～1993 年）

这一阶段我国外汇储备严重不足。1980 年我国外汇储备为负 12.96 亿美元。整个 20 世纪 80 年代我国外汇储备一直低于 100 亿美元，同时各年间数量增减不稳定。外汇储备严重不足成为制约我国经济发展的因素之一。

2. 第二阶段（1994～2000 年）

这一阶段我国外汇储备开始不断增长。1994 年我国对外汇管理体制进行了重大改革，取消了经常项目下的外汇留成制度，实行银行结售汇制度；实现了人民币官方汇率与外汇调剂市场汇率并轨，并轨后人民币汇率发生大幅贬值带动我国出口大幅增长，在强制性结售汇制度下表现为外汇储备的大幅增加。1996 年，我国外汇储备达到 1050.29 亿美元，成为仅次于日本的全球第二大外汇储备国。

3. 第三阶段（2001～2014 年）

这一阶段我国外汇储备迅猛增长。2001 年 12 月 11 日我国正式加入 WTO。之后，原先强加于我国的各种不合理的贸易壁垒和限制措施被逐步取消，加上我国自身独特的贸易比较优势，以及与主要贸易伙伴间的互补性贸易，促使对外贸易出现了大幅增长。随着我国经济的持续增长和对外贸易的发展，国际上逐渐形成了人民币升值的预期，导致大量投机性资金为追求高回报通过各种渠道进入中国，在人民币升值预期和结售汇制度下，必然表现为外汇储备的巨额增加。2006 年 2 月我国外汇储备首次超过日本，成为全球第一大外汇储备国。2014 年我国外汇储备达到峰值的 3.98 万亿美元，是同期日本外汇储备的 3.2 倍。

4. 第四阶段（2015 年至今）

这一阶段我国外汇储备增速放缓。2015 年以来受到国内外经济发展步伐放慢，我国国际收支由长期的“双顺差”转为 2014～2016 年的经常账户顺差、金融账户逆差的“一顺一逆”，美联储加息和继续加息预期，人民币汇率形成机制改革，人民币国际化加快，藏汇于民政策的实施等多重因素影响，外汇储备规模增长速度放缓。2015 年我国外汇储备降至 3.33 万亿美元，同比减少 5126 亿美元，这也是自 1994 年以来外汇储备规模首次出现负增长。近几年，我国外汇储备稳定在 3 万亿～3.2 万亿美元。虽然 2020 年全球爆发了新冠疫情，加之受到主要国家货币政策和财政政策等因素影响，我国的外汇储备规模出现小幅波动，但国内经济基本面持续向好，外汇储备规模具备保持长期稳定的基础。

（三）在 IMF 的储备头寸

一国持有的储备头寸与其份额相关，份额增加，其储备头寸也相应增加。随着新兴及发展中经济体经济实力的提升，包括我国在内的新兴及发展中经济体份额很低、与国家经济实力不符的情况需要改革。IMF 份额改革以客观反映成员方在全球经济中的相对地位，以及增强新兴及发展中经济体的话语权与代表性为目标，在 2010 年 12 月 15 日由 IMF 理事会完成的第 14 次份额总检查中①，其决定将 IMF 份额增加一倍，并向新兴及发展中经济体转移约 6%的份额。2016 年 1 月 26 日修正案正式生效，我国跃升为 IMF 第三大股东，份额占比从 3.994%升至 6.390%，仅次于美国和日本。2016 年 IMF 改革前后份额排名前 10 的国家见表 5.8。

表 5.8　2016 年 IMF 改革前后份额排名前 10 的国家

排名	改革前		改革后	
	国家	份额	国家	份额
1	美国	17.661%	美国	17.398%
2	日本	6.553%	日本	6.461%
3	德国	6.107%	中国	6.390%
4	法国	4.502%	德国	5.583%
5	英国	4.502%	法国	4.225%
6	中国	3.994%	英国	4.225%
7	意大利	3.305%	意大利	3.159%
8	沙特阿拉伯	2.929%	印度	2.749%
9	加拿大	2.670%	俄罗斯	2.705%
10	俄罗斯	2.493%	巴西	2.315%

资料来源：IMF 官网

（四）SDR

1980 年 4 月 17 日中国正式恢复在 IMF 的代表权，当年我国仅持有 1.14 亿 SDR。2009 年 9 月 IMF 为应对国际金融危机进行了 SDR 的第三轮分配和特殊分配，当年我国共增持了 67.6 亿 SDR。2021 年 8 月 IMF 为帮助各国应对新冠疫情进行了第四轮分配，我国增持了 292 亿 SDR。截至 2021 年 10 月，我国累计持有 362 亿 SDR，占总额的 5.5%，继美国、日本、德国之后，位列第四。1980～2021 年我国 SDR 的规模变化见图 5.8。

① 2020 年 2 月 7 日，IMF 理事会结束第 15 次份额总检查，决议表明不增资，继续维持第 14 次检查的份额。第 16 次检查应不迟于 2023 年 12 月 15 日。

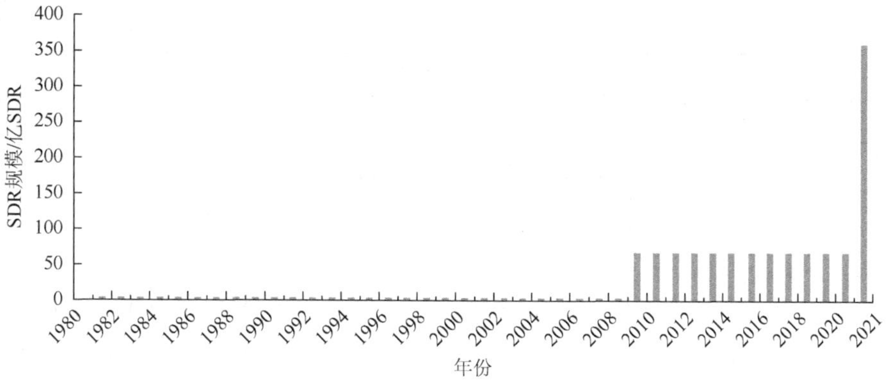

图 5.8 1980～2021 年中国 SDR 规模

资料来源：International Monetary Fund. International financial statistics[EB/OL]. [2022-01-10]. https://data.imf.org/?sk=4c514d48-b6ba-49ed-8ab9-52b0c1a0179b.

2009 年 SDR 分配　2021 年 SDR 分配

二、中国国际储备管理面临的挑战

由于我国的外汇储备在国际储备中占比近 90%，因此外汇储备管理是国际储备管理中最主要的内容。从国际环境看，20 世纪 90 年代中期以来，国际经济金融局势变化不定，各类金融危机频发，市场动荡不安。从国内环境看，目前我国经济已由高速增长阶段转向高质量发展阶段，“一带一路”倡议顺利实施，人民币国际化进程不断提速，在国内外复杂的背景下，外汇储备管理也面临着更多的挑战和更高的要求。

（一）外汇储备规模过大

从外汇储备规模来看，我国各项指标均突破了国际通行标准并远远高于新兴及发展中经济体的平均水平。

1. *R*/*M*

2004 年以前，我国的 *R*/*M* 大多保持在 100%以下。2004 年以后，随着我国外汇管理体制和人民币汇率形成机制改革的逐步推进，*R*/*M* 持续快速增长，2010 年达到峰值 240%。随着我国经济发展进入新常态，该指标也逐渐进入常态，2011～2016 年在 190%上下波动，2017 年开始有所下降，但是仍然维持在较高水平。虽然 2020 年下降到 156%，但仍远远高于 25%的国际通行标准，这说明我国外汇储备总体规模偏高（表 5.9）。

表 5.9 1990～2020 年中国的 *R*/*M*

项目	具体数据								
年份	1990	1991	1992	1993	1994	1995	1996	1997	1998
R/*M*	21%	34%	24%	20%	45%	56%	76%	98%	103%
年份	1999	2000	2001	2002	2003	2004	2005	2006	2007
R/*M*	93%	74%	87%	97%	98%	120%	124%	135%	160%
年份	2008	2009	2010	2011	2012	2013	2014	2015	2016
R/*M*	172%	239%	240%	182%	182%	196%	196%	198%	190%

续表

项目	具体数据								
年份	2017	2018	2019	2020					
R/M	170%	144%	150%	156%					

资料来源：根据国家统计局官网《中国统计年鉴》和国家外汇管理局官网相关数据整理而得

2. *R/D*

1999 年以来，我国的 *R/D* 一直在 100%以上，2009 年达到峰值 560%。2009 年以后，*R/D* 受美国次贷危机、国际金融危机的影响而逐渐下降，2020 年降到 134%。虽然近年来我国外汇储备的增长速度有所减缓，但 *R/D* 仍高于 50%的国际通行标准（表 5.10）。这表明我国外汇储备过于充足，持有外汇储备的机会成本较高，可以适当减持外汇储备，把外汇运用于投资或进口资本品等。

表 5.10　1990～2020 年中国的 *R/D*

项目	具体数据								
年份	1990	1991	1992	1993	1994	1995	1996	1997	1998
R/D	21%	36%	28%	25%	56%	69%	90%	107%	99%
年份	1999	2000	2001	2002	2003	2004	2005	2006	2007
R/D	102%	114%	125%	167%	208%	267%	308%	315%	393%
年份	2008	2009	2010	2011	2012	2013	2014	2015	2016
R/D	499%	560%	520%	460%	450%	440%	220%	240%	210%
年份	2017	2018	2019	2020					
R/D	179%	155%	151%	134%					

资料来源：根据国家外汇管理局官网相关数据整理而得

3. *R*/SD

1990 年以来，我国的 *R*/SD 呈现先上升、后逐渐下降的特点，但该比率一直远高于 100%的国际警戒线，尤其是 2000 年竟高达 1266%（表 5.11）。从这一比率来看，我国外汇储备的规模相对短期外债来说增长速度过快，规模过大。

表 5.11　1990～2020 年中国的 *R*/SD

项目	具体数据								
年份	1990	1991	1992	1993	1994	1995	1996	1997	1998
R/SD	164%	211%	179%	156%	496%	618%	744%	711%	835%
年份	1999	2000	2001	2002	2003	2004	2005	2006	2007
R/SD	1019%	1266%	419%	513%	523%	585%	579%	894%	648%
年份	2008	2009	2010	2011	2012	2013	2014	2015	2016
R/SD	860%	925%	758%	635%	612%	565%	296%	375%	346%
年份	2017	2018	2019	2020					
R/SD	274%	238%	258%	244%					

资料来源：根据国家外汇管理局官网相关数据整理而得

尽管从理论上难以确定外汇储备适度规模的具体数额，但是毫无疑问，目前我国的外汇储备存在一定程度的过量。因此，我国通过完善外汇储备管理体系、完善人民币汇率形成机制、推进人民币国际化进程、实施藏汇于民政策等来进一步控制和优化我国的外汇储备规模。

（二）外汇储备的币种结构需要优化

国际外汇市场动荡不已，储备货币汇率波动频繁，导致外汇储备结构管理的市场风险增加。如何合理选择储备货币以及科学进行储备货币配比是我国目前面临的重要问题。《国家外汇管理局年报（2020）》的数据显示，我国外汇储备的币种结构中美元的占比从 1995 年的 79%下降至 2016 年的 59%，非美元货币的占比同期从 21%上升至 41%，这与全球的变动保持了一致。

考虑到我国外汇储备的币种结构依旧以美元为主，为了避免美元汇率动荡带来的外汇储备资产损失，我国还需进一步调整外汇储备构成，相应地减持美元，增持其他货币。同时，我国对日本的贸易比重一直较大，对欧洲地区的贸易也在不断扩大，欧盟是我国第二大出口市场和第一大进口来源地，因此，贸易货币的多样化也要求我国储备币种结构不能再以单一美元为主，要做好各种储备货币的合理搭配和调整，向多元储备货币的发展转变。

本章小结

1. 国际储备是一国货币当局所实际持有的、以外币计价、流动性较好的、可直接或通过有保证的机制兑换成其他资产并在对外支付时为各国普遍接受的金融资产。国际储备的主要作用是弥补国际收支逆差和稳定本国货币汇率。

2. 自有储备是本国货币当局持有的储备资产，其主要来源是经常账户顺差，其最终所有权属于本国货币当局，因而可以自由支配。

3. 借入储备以负债方式获得，主要来源于资本流入，以后需要偿还或被抽走，其最终所有权属于非居民。与自有储备相比，借入储备不可靠也不稳定。

4. 国际清偿力是一国货币当局筹措和动员一切国际支付手段的能力，它由无条件国际清偿力和有条件国际清偿力组成，前者主要是一国的自有国际储备，后者主要是借取外债等其他筹措资金的能力。国际清偿力是衡量一国对外支付地位的重要概念。

5. 国际储备由黄金储备、外汇储备、在 IMF 的储备头寸和 SDR 四种资产组成，其中，外汇储备是国际储备的主体。

6. 黄金储备具有良好的安全性，但流动性和收益性较差。随着黄金货币职能的日益衰退，其在国际储备中的比重正在持续下降，而外汇储备因其突出的流动性日益成为重要的储备资产，全球储备的资产结构日趋外汇储备化。

7. 持有国际储备需要付出一定的代价，如造成资源闲置和引发通货膨胀。一国货币当局的国际储备规模管理最重要的内容就是确定和保持国际储备的最优水平。迄今为止，学术界提出的种种确定国际储备最优水平的方法都有各自的缺陷，但储备与进口比率是被广泛运用的方法，该比率反映最优储备规模与进口额的比率应保持在25%以上，或一国的储备量应能至少满足3个月的进口需要。

8. 国际储备结构管理主要指外汇储备的结构管理，包括币种和资产形式的选择，通过合理调整储备货币的币种和资产形式，在动态变化中实现国际储备安全性、流动性和盈利性的统一。

9. 自20世纪70年代起，除了美元以外，德国马克、法国法郎（这两种货币后被欧元取代）和日元也开始被许多国家作为储备货币，由此形成了多种货币储备体系，这是美国经济实力相对下降的产物。2016年10月1日人民币被正式纳入SDR篮子货币，这有助于进一步推动人民币国际化进程，人民币在跨境贸易和投资中的使用量不断增长，并已经成为部分国家的储备货币。

重点概念

国际储备	国际清偿力	自有储备	借入储备
黄金储备	外汇储备	储备货币	储备头寸
SDR	份额	储备进口比率法	国际储备体系
多种货币储备体系	最佳国际储备量		

思考与练习

一、思考题

1. 国际储备和国际清偿力的区别是什么？借入储备是不是国际储备？为什么？
2. 国际储备有什么作用？当前不同国际储备资产的相对重要性发生了什么变化？为什么会出现这种变化？
3. 外汇储备是否多多益善？为什么？请谈谈你的理解。
4. 什么是SDR？如何使用SDR？
5. 什么是最优国际储备量？测算储备适度规模时需要考虑哪些因素？
6. 简述多元化货币储备体系的成因和影响。
7. 国际储备结构管理涉及哪些内容？
8. 试述人民币纳入SDR篮子对中国的影响。

二、练习题

（一）不定项选择题

1. 国际储备的主要特点有（　　）。

A. 官方性　　B. 自由兑换性　　C. 充分流动性　　D. 普遍接受性

2. 一国的自有储备主要包括（　　）。

A. 外汇储备　　B. 特别提款权　　C. 普通提款权　　D. 黄金储备

3. 一国的借入储备主要包括（　　）。

A. 备用信贷

B. 互惠信贷协定

C. 本国商业银行的对外短期可兑换货币资产

D. 外汇储备

4. 与国际储备相比，国际清偿力的范畴（　　）。

A. 更大　　B. 更小　　C. 相等　　D. 两者无法比较

5. 下面哪一项不是国际储备的作用（　　）。

A. 弥补国际收支差额　　B. 操纵汇率，赚取利润

C. 干预外汇市场　　D. 充当信用保证

6. 以下不属于储备资产的有（　　）。

A. 中央银行在国外的本币存款　　B. 特别提款权

C. 中央银行在国外的外币存款　　D. 货币性黄金

7. 在国际储备的构成中，无直接盈利性，反而会产生不菲的保管费用的储备形式是（　　）。

A. 外汇储备　　B. 特别提款权　　C. 普通提款权　　D. 黄金储备

8. 一国政府的储备，往往以存款的形式存放在（　　）。

A. 外国银行　　B. 本国银行　　C. 本国的外资银行　　D. 世界银行

9. 国际储备最主要和最直接的来源是（　　）。

A. 中央银行持有的黄金　　B. IMF 成员方所分得的特别提款权

C. 政府或中央银行的对外借款　　D. 国际收支的顺差

10. 一国在 IMF 的储备头寸包括成员方向 IMF 认缴份额，其中，可兑换货币部分和可用本国货币缴纳部分的比例是（　　）。

A. 40%　　B. 30%　　C. 25%　　D. 20%

11. 一国在 IMF 的储备头寸包括（　　）。

A. 向 IMF 认缴的外汇份额

B. IMF 为满足其他成员方的借款需要而使用掉的本币份额

C. 特别提款权

D. 黄金储备

E. IMF 向该国借款净额

12. 下列关于特别提款权说法错误的有（　　）。

A. 是 IMF 分配给成员方的一种账面资产

B. 是 IMF 成员方普通提款权以外的一种补充

C. 可以用于弥补国际收支逆差但不可以用于干预外汇市场

D. SDR 又被称为纸黄金，因为其像黄金一样具有内在价值

13. 关于SDR，下列说法正确的是（ ）。

A. SDR是由美元、欧元、日元和瑞士法郎四种货币来定值的

B. SDR共分配过两次

C. SDR是国际货币基金组织创造的账面资产

D. SDR可以充当储备资产，直接用于国际贸易支付和国际投资

14. 与其他储备资产相比，特别提款权主要有（ ）的特点。

A. 不具有内在价值 B. 是纯粹账面上的资产

C. 分配极不均匀 D. 具有严格限定的用途

15. 当今国际储备中，比重最大的资产是（ ）。

A. 黄金储备 B. 外汇储备 C. 特别提款权 D. 普通提款权

16. 一般而言，进出口规模越大，表明对外贸易在该国国民经济中的地位越高，对外贸易的依存度也就越高，需要的国际储备（ ）。

A. 较多 B. 较少 C. 关系不大 D. 无法确定

17. 以下影响国际储备规模的因素中，与一国国际储备需求负相关的因素是（ ）。

A. 国际协调程度

B. 国际收支顺差

C. 货币的国际地位

D. 一国在国际市场上的融资能力（对外筹集应急资金的能力）

E. 持有国际储备的成本

18. 一个实行浮动汇率制度的国家，国际储备的需求相对（ ）。

A. 较多 B. 较少 C. 关系不大 D. 无法确定

19. 美国经济学家特里芬认为，一国储备与进口之间的比例应在（ ）以上。

A. 25% B. 33% C. 40% D. 45%

20. 下列关于国际储备规模管理的说法中，错误的是（ ）。

A. 国际储备规模的下限是经常储备量

B. 国际储备规模不足会对一国造成不利影响，因此，一国持有的国际储备应越多越好

C. 国际储备规模的上限是保险储备量

D. 一般认为，全年国际储备占进口额的比例应在25%左右

21. 在国际储备构成当中，由各种长期投资工具构成的国际储备资产通常称为（ ）。

A. 一级储备 B. 二级储备 C. 三级储备 D. 四级储备

22. 按西方经济学家和英格兰银行对储备资产流动性的分级标准，下列属一级储备资产的是（ ）。

A. 活期存款 B. 短期国库券 C. 企业债券 D. 长期公债

23. 下列哪种外汇储备资产的流动性差，而收益水平高（ ）。

A. 长期的，变现能力强 B. 短期的，变现能力差

C. 短期的，变现能力强 D. 长期的，变现能力差

24. 20世纪30年代之前，（ ）是全球的主要储备货币。

A. 美元 B. 日元 C. 英镑 D. 德国马克

25. 在当今全球储备体系中（　　）是最主要的储备货币。

A. 美元　　B. 日元　　C. 英镑　　D. 欧元

（二）判断题

1. 国际清偿力包含国际储备。（　　）

2. 国际清偿力与国际储备一样，都是一国官方可以无条件动用的对外支付手段。（　　）

3. 互惠信贷协定也称货币互换安排，是一成员方在国际收支发生困难或预计要发生困难时，同 IMF 签订的一种备用借款协议。协议通常包括可借用款项的币种、额度、利率、使用期限和分阶段使用的规定等。（　　）

4. 在国际储备资产中，黄金储备属于外汇储备的一部分。（　　）

5. 国际储备除了用于国际支付，还可以作为货币当局进行外汇干预的手段，以维持本国货币汇率的稳定。（　　）

6. 由于黄金非货币化，储备账户中不再包含货币性黄金账户。（　　）

7. 外币有价证券（如政府公债、国库券、公司债券、股票等）以及外币支付凭证（如票据、银行存款凭证、邮政储蓄凭证等）属于外汇储备。（　　）

8. 国际收支盈余不是一种自有储备。（　　）

9. 从根本上讲，只有国际收支盈余才是一国国际储备最重要的来源。（　　）

10. 特别提款权具有严格限定的用途，只能用于政府间偿付国际收支逆差或偿还 IMF 贷款，不能直接用于贸易或非贸易的支付。（　　）

11. 特别提款权与黄金和外汇一样，都是通过贸易或非贸易交往取得的。任何私人企业都可以持有和运用。（　　）

12. 特别提款权只能在各成员方货币当局之间及其与 IMF 和 BIS 之间使用。（　　）

13. 当一成员方国际收支发生逆差时，经 IMF 批准，它可用特别提款权向 IMF 指定的某一国际收支顺差国换取外汇以偿付逆差。（　　）

14. 一国持有的国际储备越多越好。（　　）

15. 一般认为，国际储备应能满足三个月的进口需求，国际储备与进口额的比率应不低于 25%。（　　）

16. 持有国际储备的机会成本越高，国际储备的保有量越低。（　　）

17. 国际储备的持有是以牺牲储备资产的生产性运用为代价的，因而一国持有国际储备是一种非理性的行为。（　　）

18. 国际储备的结构管理必须遵循安全性、流动性和盈利性三个原则。（　　）

19. 二级国际储备的流动性较一级国际储备强。（　　）

20. 黄金储备是我国最主要的国际储备资产。（　　）

第五章　课后练习题答案

参考文献

国家统计局. 2020. 中国统计年鉴. 2020[M]. 北京：中国统计出版社.

国家外汇管理局. 2021. 国家外汇管理局 2020 年报[M]. 北京：国家外汇管理局.

国家外汇管理局. 官方储备资产（2021）[EB/OL]. [2022-01-08]. http://www.safe.gov.cn/safe/2021/0202/20626.html.

蒋先玲. 2021. 国际金融[M]. 2 版. 北京：中国人民大学出版社.

刘昊虹. 2004. 人民币自由兑换进程中的外汇储备[J]. 南方经济，（6）：62-65.

裴平，等. 2013. 国际金融学[M]. 4 版. 南京：南京大学出版社.

沈国兵. 2018. 国际金融[M]. 3 版. 北京：北京大学出版社.

奚君羊. 2019. 国际金融学[M]. 3 版. 上海：上海财经大学出版社.

杨胜刚，姚小义. 2016. 国际金融[M]. 4 版. 北京：高等教育出版社.

中国投资有限责任公司. 2021. 中投公司 2020 年度报告[R]. 中投公司 2020 年度报告发布会.

周文，漆腊应. 2021. 国际金融[M]. 2 版. 北京：中国金融出版社.

IMF. 2013. International reserves and foreign currency liquidity guidelines[M]. Washington：International Monetary Fund.

International Monetary Fund. Currency composition of official foreign exchange reserves[EB/OL]. [2022-01-10]. https://data.imf.org/?sk= E6A5F467-C14B-4AA8-9F6D-5A09EC4E62A4.

附录 1980～2021 年中国国际储备结构变化

第六章

国际金融市场

【学习目标】

- 了解国际金融市场的概念、分类、演变发展。
- 掌握国际金融市场形成的基本条件。
- 掌握国际货币市场、国际资本市场的主要内容及构成。
- 掌握欧洲美元、欧洲货币、外国债券、欧洲债券等概念。
- 理解欧洲货币市场的形成、发展、特点及影响。

【本章引入】

随着生产和资本的国际化发展，各国相互间的经济往来越来越密切，国际金融市场是国际信用关系的集中体现，是世界各国在国际范围内筹资、投资、再分配资金的重要平台，它在全球范围内调剂资金，为各国国际贸易和国际投资的发展提供高效的服务。国际金融市场的发展促进了全球金融一体化、金融证券化及金融创新的不断发展和变化。

2021 年 3 月 17 日，英国智库 Z/Yen 集团发布的第 29 期全球金融中心指数（29th global financial centers index，GFCI 29）显示，根据最新排名，上海蝉联全球第三。全球前十大金融中心依次为：纽约、伦敦、上海、香港、新加坡、北京、东京、深圳、法兰克福、苏黎世。

2021 年 12 月 25 日，2021 上海国际金融中心发展论坛举行，论坛的主题为“新发展格局中的上海国际金融中心建设”。上海成为国内大循环的中心节点和国内国际双循环的战略链接，已基本建成与中国经济实力和人民币国际地位相适应的国际金融中心，全球资源配置的功能不断增强。“十四五”时期，上海会不断推动国际金融中心迈向更高台阶，会大力发展绿色金融、研究推进国际板建设、积极争取国际碳定价权、增强上海配置全球资源的能力。博鳌亚洲论坛副理事长、中国金融学会会长周小川表示，2021 年是“十四五”开局之年，也是上海国际金融中心建设迈向新征程的起始之年。从股权和债券市场来看，上海国际金融中心的建设主要聚焦两个方面：一方面是资金，要引导国内资金和国际资金流入流出；另一方面是筹资主体，建设国际金融中心需要国内和国际机构深度参与中国市场。从当前的国内外环境来看，上海国际金融中心建设有必要研究推进国际板建设。当前国际环境面临诸多挑战，在推动“一带一路”倡议的过程中，沿线许多国家的相关企业很难通过股权和债权进行融资，因此可以考虑允许“一带一路”国家中比较好的企业到中国市场进行融资。

通过上述资料，我们需要思考：国际金融中心的形成需要具备哪些条件？在全球国际金融中心十强中，我国的上海、香港、北京和深圳成功上榜，这与我国坚持改革开放，国家经济实力和国际影响力不断提升密切相关。如何在加快构建双循环相互促进的新发展格局中进一步推动人民币离岸金融中心的建设，助力人民币国际化发展，这些都是本章需要重点关注的问题。

第一节　国际金融市场概述

一、国际金融市场的概念

国际金融市场（international financial market）是指进行国际间资金融通或各种金融产品交易的场所。

（一）广义的国际金融市场[①]

广义的国际金融市场是指在国际范围内，运用各种现代化的技术手段和通信工具，进行资金融通、证券买卖及相关金融业务活动的场所或网络。根据市场功能的不同，可以划分为国际货币市场、国际资本市场、国际外汇市场、国际黄金市场、国际金融衍生产品市场。这几类市场联系密切，如短期资金的借贷往往离不开外汇的交易，外汇的交易又会引起资金借贷关系的形成，黄金的买卖也离不开外汇的交易。

1. 国际货币市场

国际货币市场（international money market）又称短期资金市场，是指期限在一年或一年以内的国际间资金交易的场所。国际货币市场主要包括银行短期信贷市场、短期证券市场和贴现市场。

2. 国际资本市场

国际资本市场（internaitonal capital market）又称中长期资金市场，是指期限在一年以上的国际间资金交易的市场。国际资本市场主要包括国际银行中长期信贷市场、国际债券市场和国际股票市场。

3. 国际外汇市场[②]

国际外汇市场（international foreign exchange market）是指在国际间进行货币兑换和外汇买卖的市场。国际上最有影响力的外汇市场包括伦敦、纽约、法兰克福、苏黎世、巴黎、悉尼、东京、香港、新加坡等，交易货币主要有美元、欧元、日元、英镑、澳大利亚元、加拿大元和瑞士法郎等。

4. 国际黄金市场

国际黄金市场（international gold market）是指世界上集中进行黄金交易的场所，一般在各个国际金融中心。虽然 1976 年《牙买加协定》宣布黄金非货币化，但是黄金仍然

① 若无特别说明，本书所论述的国际金融市场即广义的国际金融市场。

② 外汇市场详见第三章，本章不再赘述。

作为国际储备资产和重要的价值储藏手段，国际黄金市场的发展并未受到影响。

国际黄金市场

5. 国际金融衍生产品市场

金融衍生产品又称金融衍生工具，是从股票、债券、存单、货币等基础性金融工具派生出来的产品，包括金融期货、金融期权、金融互换等，其价值依赖于基础标的资产。国际金融衍生产品市场是指在国际间进行金融衍生工具交易的市场，是当代金融创新最重要的代表之一。

国际金融衍生产品市场

（二）狭义的国际金融市场

狭义的国际金融市场是指专门从事国际间资金借贷和融通的市场，也称国际资金市场，包括国际货币市场和国际资本市场。

二、国际金融市场的分类

国际金融市场可以从市场功能[①]、营业组织方式、交易对象所在区域和交易币种的不同进行划分。

（一）从营业组织方式的角度划分

国际金融市场可以分为有形的国际金融市场和无形的国际金融市场。

1. 有形的国际金融市场

有形的国际金融市场作为国际金融资产交易的场所，往往是国际金融机构聚集的城市或地区，也称国际金融中心。

2. 无形的国际金融市场

无形的国际金融市场是指由各国经营国际金融业务的机构如银行、非银行金融机构或跨国公司构成，市场交易者通过电话、传真、互联网等通信设施进行交易的网络系统。

（二）从交易对象所在区域和交易币种的角度划分

国际金融市场可以分为传统的国际金融市场（在岸金融市场）和新型的国际金融市场（离岸金融市场）。

1. 传统的国际金融市场

传统的国际金融市场又称在岸金融市场，它是国内金融市场的延伸，是指从事市场所在国货币的国际借贷活动，受市场所在国政府政策金融法规管制的市场。其特点主要表现为：①受市场所在国法律和金融法规的制约较多、借贷成本较高；②交易活动是在市场所在国居民与非居民之间进行的，国际化程度不高；③通常只经营市场所在国货币的借贷业务，是市场所在国资金输出的窗口。伦敦、纽约、苏黎世是三大传统的国际金融市场。

---

① 从市场功能角度划分的几类市场即广义的五类国际金融市场，在此不再赘述。

2. 新型的国际金融市场

新型的国际金融市场又称离岸金融市场、境外市场（external market）或欧洲货币市场（Euro currency market），它是传统的国际金融市场的扩展，是指从事市场所在国货币以外的货币的国际借贷活动，不受任何国家政府政策金融法规管制的市场。作为当今国际金融市场的核心，其特点主要表现为：①资金业务基本不受市场所在国及其他国家的政策法规的约束；②交易活动是在市场所在国非居民与非居民之间进行的，国际化程度较高；③交易货币是市场所在国货币之外的货币，也称境外货币、离岸货币或欧洲货币。

三、国际金融市场的历史演变

（一）第二次世界大战之前的国际金融市场

第一次世界大战前，伦敦形成了最初的国际金融市场。由于资本主义工业化革命在英国和其他资本主义国家先后爆发，英国的自由资本主义迅速发展并向海外极度扩张，这使其经济实力跃居世界首位。当时英国伦敦囊括了世界上的大部分财富，英镑成为最主要的国际储备货币和国际结算货币，伦敦以其政治稳定、经济繁荣和较完备的金融制度等条件率先成为世界上最大的金融市场。

第一次世界大战到第二次世界大战期间，伦敦作为国际金融市场的地位衰落。第一次世界大战爆发后西方发达国家放弃了金币本位制，英镑作为最主要的国际储备货币和国际结算货币的地位削弱，伦敦的国际金融市场地位也随之下降。第二次世界大战爆发后，英国的经济持续遭到重创，伦敦的国际金融市场作用逐渐削弱。而与此同时，美国的经济实力迅速膨胀，第二次世界大战后美国成为世界经济霸主，其工业生产总值占资本主义世界工业生产总值的一半，拥有西方世界 2/3 的黄金储备，其资本输出约占当时主要发达国家资本输出的 1/3，纽约取代伦敦成为最大的国际金融市场。

第二次世界大战结束初期，也是西方发达国家在货币金融领域开始重新合作的时期。

（二）第二次世界大战后至 20 世纪 60 年代形成的国际金融市场

第二次世界大战后到 20 世纪 60 年代初期，是资本主义世界经济快速发展的时期，其间国际资本流动规模的增长远远快于世界贸易额的增长。西欧、日本等西方发达国家的经济得到迅速恢复和发展，伦敦、苏黎世、法兰克福、巴黎等国际金融中心的地位也逐渐恢复和加强，其中由于瑞士保持了瑞士法郎的自由兑换并快速发展了黄金市场，苏黎世成为伦敦之外的欧洲另一个比较活跃的国际金融市场。1944 年布雷顿森林体系确立了以美元为中心的国际货币体系，美元成为各国的储备货币和国际结算货币。世界各国的外汇储备中大部分是美元资产，均存放于美国，由纽约联邦储备银行代为保管，纽约联邦储备银行在金融市场上的活动直接影响国际金融市场利率和汇率的变化。世界各地的美元买卖都必须在美国进行清算，纽约成为世界美元交易的清算中心和最大的国际金融市场。

这一时期，虽然国际货币合作加强，但是各国际金融中心在整体上仍然是分散的，没有形成世界范围的一体化国际金融市场。

（三）20世纪60年代国际金融市场由集中转向分散

20世纪60年代开始，西方发达国家的经济实力发生了变化，世界经济发展不平衡的矛盾日益尖锐。美国由于连续发动战争，国际收支恶化、黄金大量外流、美元地位急剧下降，美国的世界经济霸主地位开始动摇。由于美国采取了一系列的保护性措施限制资本外流，纽约金融市场对外限制较多，降低了纽约在国际金融市场的作用。在欧洲形成的欧洲美元市场使得国际金融市场不再局限于少数传统的金融中心，而是迅速扩展到巴黎、法兰克福、布鲁塞尔、阿姆斯特丹、东京、新加坡和卢森堡等地。

（四）20世纪70年代至今新型金融市场建立并向国际化发展

20世纪70年代以后以美元为中心的国际货币体系崩溃，随着发展中国家金融市场的兴起，国际金融市场的发展产生了深刻的变化。布雷顿森林体系崩溃后西方发达国家的货币纷纷实行自由浮动，并且美元以外的其他国家的货币也相继跨越国界，在伦敦等国际金融中心进行交易，欧洲美元市场逐渐扩展为由多种境外货币组成的欧洲货币市场。作为境外货币的交易市场，欧洲货币市场的形成表明国际金融市场的发展突破了传统的模式，进入了涵盖国内市场交易、在岸市场交易和离岸市场交易三种功能的新阶段。从此国际金融中心不再局限于少数西方发达国家的金融市场，而是向亚太地区、中东地区、拉丁美洲和全世界范围扩展。

20世纪70年代后亚洲的新加坡、马来西亚、菲律宾、印度尼西亚、泰国、中国香港和中国澳门及拉丁美洲、非洲等国家和地区的金融市场都有较大程度的发展，它们在进一步发展本国和本地区金融业的同时，逐步建立和发展了一些区域性的国际金融市场。如亚洲美元市场自1968年在新加坡建立后，迅速扩展到马尼拉、东京乃至非洲和拉丁美洲；又如70年代中期以后，石油输出国由于积累了巨额的石油美元，促进了阿拉伯银行体系的建立及巴林国际金融中心的形成和发展。

20世纪70年代后期随着浮动汇率制度的确立，国际金融市场的波动更加频繁，市场风险进一步加大，为了规避各种金融风险，金融衍生产品被不断创新。同时受20世纪70年代初美国经济学家麦金农和爱德华·肖的“金融抑制论”和“金融深化论”的影响，一些国家相继开启金融自由化改革，迎来了80年代全球金融创新的浪潮，从而使得金融衍生产品市场的交易量不断扩大，成为当今国际金融市场的重要组成部分。

四、国际金融市场形成的条件

从国际金融市场的发展历史看，国际金融市场的建成必须具备以下几个条件。

（一）稳定的经济和政治环境

国际金融市场的建立，意味着一个连接各国交易者的业务网络的形成。从债权人到债务人的利益保障、业务的稳定发展、交易风险等方面来看，都需要一个相对稳定的经济和政治环境。第二次世界大战后，随着经济的复苏，发达国家依靠稳定的经济和政治环境迅速建立起多个国际金融中心。一些发展中国家和地区也通过政府的特别政策扶持建立起国际金融中心。在一个经济紊乱、政局动荡的国家或地区，不可能建立起稳定的国际金融中心。

（二）自由宽松的金融制度

自由宽松的金融制度包括货币自由兑换、金融管制较少、外汇调拨方便和税率较低等，这是金融市场形成和发展的必要条件。只有实行自由宽松的金融制度，才能为投资和借款提供便利条件，按市场供求规律制定国际融资成本，保证资本的国际调拨畅通无阻，满足国际市场经营自由度与灵活性的要求。

（三）发达的金融市场和专业化的金融人才

国际金融市场必须具备健全的金融制度、发达的金融机构以及经验丰富的国际金融专业人才，以保证市场高质量、高效率的金融交易活动。

（四）优越的地理环境

国际金融市场必须具有较完善的现代化通信设施和交通便利的地理位置，这样有利于适应国际金融业务的发展和提高跨国金融交易的效率。

第二节　国际货币市场

一、国际货币市场概述

作为国际金融市场的重要组成部分，国际货币市场是指期限在一年或一年以内的国际间资金交易的市场，又称短期资金市场。

国际货币市场包括无形市场和有形市场，货币市场融通的资金主要用于满足短期周转的需要。货币市场资金盈余的参与者可将其多余的资金用于购买货币市场上的信用工具，而那些缺乏资金的参与者则可通过出售持有的货币市场信用工具或借款，即发行新的货币市场信用工具获得所需要的资金。

二、国际货币市场的特点

一般而言，国际货币市场的特点主要体现在以下几个方面。

（一）国际货币市场工具的平均质量较高，风险较小

国际货币市场的发行人主要有三类：政府、金融机构、少数资信程度或知名度极高的大公司。这三类发行人都是一流的借款人，极少发生违约情况，因此货币市场上交易的金融工具一般都时间短、流动性强、价格相对平稳、风险小，随时可以在市场上转换为现金，且各种金融工具之间的利率差距也小。

（二）国际货币市场是一个典型的单纯的柜台市场

国际货币市场上的绝大部分交易都是通过电话、电传进行的。由于货币市场交易的双方多数是银行，因而交易多采用银行的传统业务方式如记账、转账等进行。

（三）国际货币市场工具的发行多采用贴现方式

贴现发行方式是投资者最喜欢的方式，但股票和债券因为期限不可能大量采取或根本不可能采取这种发行方式。

（四）国际货币市场上有中央银行的直接参与

在实行中央银行制的国家的金融体系中，货币市场是中央银行同商业银行及其他金融机构的资金连接渠道，是国家利用货币政策工具调节全国金融活动的杠杆支点。

三、国际货币市场的构成

按借贷关系不同，国际货币市场主要分为银行短期信贷市场、短期证券市场和贴现市场三个子市场。

（一）银行短期信贷市场

银行短期信贷市场主要包括银行同业拆借市场和银行对非银行客户的短期信贷市场。

1. 银行同业拆借市场

银行同业拆借市场（interbank market）作为国际货币市场的主体，是指以银行为主体的金融同业之间相互借贷资金的市场。银行同业拆借市场是银行之间通过买卖超额准备金，实现调剂准备金余缺所形成的市场。各国在确立中央银行制度后，都通过立法或其他形式要求各金融机构将一定比例的存款，即法定存款准备金存入中央银行。此外，各金融机构为了方便清算，也愿意将一部分资金存入中央银行，形成超额存款准备金。各金融机构特别是商业银行的资产和负债的变动必然引起其在中央银行的法定存款准备金在短期内出现不足或盈余。大多数国家的中央银行对法定存款准备金不支付利息，但是，如果金融机构在中央银行的法定存款准备金未达到要求，则要接受惩罚。因此，有超额存款准备金的金融机构把多余的部分短期资金拆借出去，以获取利息收入，而法定存款准备金不足的金融机构必须设法借入资金以弥补存款准备金的不足。金融机构之间短期拆借超额存款准备金的市场应运而生。

在国际货币市场上，伦敦银行同业拆借市场处于重要的地位。该市场形成的利率——

LIBOR[①]是英国货币市场乃至世界货币市场的基准利率，许多国家和地区的金融市场以及离岸金融中心的国际贷款或债券发行的利率通常以此为基础。除 LIBOR 以外，新加坡银行同业拆借利率（Singapore inter bank offered rate，SIBOR）、香港银行同业拆借利率（Hong Kong inter bank offered rate，HIBOR）、美国联邦基金利率（federal funds rate）等，也常被当作国际信贷的基准利率。

2. 银行对非银行客户的短期信贷市场

银行对非银行客户的短期信贷市场是指商业银行为外国政府、工商企业提供的短期信贷市场。这部分贷款在短期信贷市场上不占主要地位。银行在对非银行客户发放短期信贷时多采用浮动利率，通常以 LIBOR 加上一个利率差即加息率作为贷款利率。

（二）短期证券市场

短期证券市场是指进行短期证券发行和买卖的场所。在市场上进行交易的短期证券主要包括以下四种。

1. 国库券

国库券是指各国财政部发行的短期政府债券。国库券的发行以贴现方式进行，到期时按照票面金额进行偿还，投资者的收益是证券的购买价与证券面额之间的差额。国库券的期限种类较多，3 个月期、6 个月期和 1 年期最为常见。

国库券交易具有较明显的投资特征，这些特征对投资者购买国库券具有很大影响。这些特征表现为：①违约风险小。由于国库券是国家的债务，因而它被认为是没有违约风险的。相反即使是信用等级最高的其他货币市场票据，如商业票据、大额可转让定期存单等，都存在一定的风险，尤其在经济衰退时期。②流动性强。国库券能在交易成本较低及价格风险较低的情况下迅速变现。③面额小。相对于其他货币市场票据来说国库券的面额较小，对许多小投资者来说国库券通常是其能直接从货币市场购买的唯一有价证券。由于存在这些特点，国库券已经成为货币市场上发行量最大、流通最广的一种证券，广泛地被各金融机构和广大公众所持有。

2. 大额可转让定期存单

大额可转让定期存单（certificate of deposit，CD）是指由商业银行或储蓄机构发行的、可以在市场上流通转让的存款凭证。大额可转让定期存单具有以下特点：①不记名、不挂失、不能提前支取，但可以流通转让。②面额大。美国的最小交易单位为 10 万美元，二级市场上的交易单位为 100 万美元。③利率多样化。大额可转让定期存单既有固定利率，也有浮动利率。

大额可转让定期存单是美国花旗银行于 1960 年 8 月创立的一种金融工具。在 20 世纪 50 年代末，美国金融市场的利率上升，而定期存款受到 Q 条例[②]的限制，导致银行客

---

① 2021 年 3 月 5 日，英国金融市场行为监管局（Financial Conduct Authority，FCA）发布 LIBOR 终止报价的公告，2021 年 12 月 31 日之后立即停止所有英镑、欧元、瑞士法郎、日元，以及 1 周和 2 个月期的美元 LIBOR 报价。2023 年 6 月 30 日之后所有剩余期限美元利率终止报价。

② 1929 年世界经济大萧条后，美联储颁布了一系列金融管理条例。Q 条例指的是银行对于活期存款不得公开支付利息，并对储蓄存款和定期存款的利率设定最高限度。

户大量流失，形成了存款非中介化，即“脱媒”现象。为了阻止存款外流，花旗银行设计了大额可转让定期存单这种短期的有收益票据来吸引企业的短期资金。大额可转让定期存单受到市场的追捧，其他银行相继效仿。现在大额可转让定期存单因其良好的流动性而成为银行主动负债的最重要工具之一。

3. 商业票据

商业票据（commercial paper）是指由信誉良好的大企业、非银行金融机构发行的短期无担保的期票，属于本票范畴。它仅凭信用发行，没有抵押担保，期限一般为30天到1年不等，其中以30天到60天最多。商业票据多以贴现方式发行，到期时按面额偿还，持有者也可于到期前在二级市场上出售。商业票据可以在市场上自由买卖和流通，而且融资成本低，因此商业票据越来越多地通过循环机制被用来为长期工程项目提供短期资金融通。

4. 银行承兑汇票

银行承兑汇票（bank's acceptance bill）是指由出口商或出口方银行签发，由进口方银行承兑，保证到期支付的汇票。经银行承兑后，出票人可以持有汇票，但通常情况下是将银行承兑汇票在市场上贴现以融通资金。银行承兑汇票的期限一般为1～6个月，多为3个月。银行承兑汇票实际上是银行将其信用出借给企业，具有银行的信用，因而违约风险很小，成为国际贸易中的重要融资工具。

（三）贴现市场

贴现市场（discount market）是指办理票据贴现、进行短期资金融通的市场。贴现是指将未到期的票据按照贴现率扣除自贴现日到票据到期日的利息后，向银行或贴现公司换取现金的一种方式。西方国家贴现市场的参与者主要是商业票据持有人、商业银行、中央银行以及专门从事贴现业务的承兑公司和贴现公司。商业银行、承兑公司和贴现公司为企业及个人办理贴现业务，中央银行为商业银行、承兑公司和贴现公司办理再贴现业务。贴现市场成为商业银行运用资金的重要场所。

➢ 专栏 6.1

上海银行同业拆借利率

上海银行同业拆借利率（Shanghai inter bank offered rate，SHIBOR）从2007年1月4日起开始正式运行，是根据信用等级较高的银行自主报出的人民币同业拆出利率计算确定的算术平均利率，是单利、无担保、批发性利率。对社会公布的SHIBOR品种包括隔夜、1周、2周、1个月、3个月、6个月、9个月及1年。

SHIBOR报价银行团现由18家商业银行组成，是公开市场一级交易商或外汇市场做市商，是中国货币市场上人民币交易相对活跃、信息披露比较充分的银行。

中国人民银行成立SHIBOR工作小组，依据《上海银行间同业拆借利率（SHIBOR）实施准则》确定和调整报价银行团成员、监督和管理SHIBOR运行、规范报价行与指定发布人行为。与以往基于回购和成交价形成的基准利率体系不同，SHIBOR是以拆借利率为基础，根据18家银行对各期限资金拆借品种的报价形成的基准利率。全国银行间同业拆借中心授权SHIBOR的报价计算和信息发布，每个交易日根据各报价行的报价，剔除最高、最低各2家报价，对其余报价进行算术平均计算后，得出每一期限品种的SHIBOR，并于11：30对外发布。

SHIBOR促进了货币市场的快速发展。2021年上半年，银行间市场成交总量折合人民币787.2万亿元，其中，银行间货币市场成交529.4万亿元（其中信用拆借成交58.1万亿元），债券市场成交122.6万亿元。各关键期限点均有成交，弥补了货币市场中长端的交易空白。

SHIBOR与货币市场已经形成了良性互动的格局。2020年SHIBOR在市场化产品定价中得到了广泛运用。①SHIBOR对债券产品定价的指导性持续增强。发行以SHIBOR为基准的浮息债券159亿元、短期融资券4.99万亿元(含超短期融资券4.5万亿元),SHIBOR 3M的利率互换成交2.69万亿元，同业存单18.98万亿元。②以SHIBOR为基准的金融创新产品成交活跃。利率互换285亿元、远期利率协议10.5亿元，同业借款、同业存款和理财产品等约1300亿元。③票据转贴现、回购业务初步建立了以SHIBOR为基准的市场化定价机制。④报价行的内部资金转移价格已经不同程度地与SHIBOR结合。金融市场正在形成以SHIBOR为基准的定价群，各种利率之间的比价关系日趋合理、清晰。

资料来源：根据全国银行间同业拆借中心官网相关资料整理而得。

第三节　国际资本市场

国际资本市场是指提供期限在一年以上的中长期资金借贷和证券业务的国际金融市场，其主要功能是筹集和运用各国的国内外资金，以满足本国生产建设和国民经济发展的需要。国际资本市场主要包括国际银行中长期信贷市场、国际债券市场和国际股票市场。

一、国际银行中长期信贷市场

（一）国际银行中长期信贷市场的概念

国际银行中长期信贷市场是国际资本市场的一个重要组成部分，是指银行为企业等长期资金需求者提供一年以上的中长期贷款的市场，贷款期限为1～10年不等。中长期信贷期限长、金额大、风险大，因此借贷双方要签订严格的贷款协议，同时还需要借款人所属国政府提供担保。

（二）国际银行中长期信贷的形式

1. 双边贷款

双边贷款（bilateral loan）是指一家银行向借款人提供贷款，也称独家银行贷款，这是一种最简单的贷款形式。双边贷款通常只涉及一家贷款银行与另一国借款人之间的关系，所涉及的管理费用以及其他费用较少，从而可以降低信贷成本。双边贷款提供的贷款金额一般较小，金额最多是 1 亿美元。贷款期限多为 5 年以内的中期，贷款手续比较简便，资金用途不受限制，贷款利率以市场利率为准。

2. 银团贷款

银团贷款（consortium loan）又称辛迪加贷款（syndicated loan），由一家或几家银行牵头，多家商业银行联合向借款人提供贷款。银团贷款是银行中长期贷款的典型方式，由多家商业银行共同提供，因而能够满足大规模的资金需要。由于贷款数量巨大，通常在合约签订时明确规定贷款的用途，贷款期限一般在 5～10 年或 10 年以上。由于贷款涉及数家甚至数十家银行，贷款成本较高。同时，风险由各成员银行依其所提供的贷款额大小共同分担，从而达到分散风险、共同获利的目的。

银团贷款有两种方式：①直接银团贷款。这是由银团各成员行委托代理行向借款人发放、收回和统一管理的贷款。②间接银团贷款。这是由牵头行直接向借款人发放贷款，然后再由牵头行将贷款份额分别转售给其他参与银行，贷款管理、放款及收款全部由牵头行负责。牵头行是整个银团的组织者，通常是排名靠前、信誉良好、声望较高的国际银行。

（三）国际银行中长期信贷的特点

1. 信贷资金可以由借款人自由使用

国际银行中长期信贷在贷款资金的用途上不受贷款银行的限制，没有任何项目相连，也没有商品采购条款，贷款的用途可由借款人自行安排。因此对于借款人来说，国际银行贷款的使用相对自由宽松一些。

2. 信贷资金供应充裕，借贷方便

国际银行中长期信贷市场资金供给比较充裕，特别是进入 20 世纪 70 年代后，随着欧洲货币市场的迅速发展，金融中介既可以通过发行债券的方式将资金转贷给借款人，也可以到欧洲货币市场上筹集大量资金，而且欧洲货币市场中长期信贷的手续比较简便。中长期信贷的金额相当大，双边贷款一般在千万美元以上，银团贷款可在亿美元以上。

3. 信贷条件严格，利率较高

国际银行中长期信贷一般提供欧洲货币形式的贷款，利率属于市场利率，受国际资本市场供求和环境变化的影响大，贷款利率依市场的变化而定，通常以 LIBOR 再加上一个附加利率，就期限而言，中期为 1～5 年，长期为 5～10 年。

二、国际债券市场

（一）国际债券市场的概念

国际债券市场（international bond market）是指在国际金融市场上通过发行债券来筹集资金的市场。国际债券是指一国政府、企业、金融机构等为筹措外币资金而在国外发行的以外币计值的债券。发行国际债券的主要目的是满足大型工程项目的资金需要或帮助政府筹措经济建设资金。国际债券的特点：①国际债券是一种债权债务凭证，债券发行人到期时需要偿还本息；②利息是预先规定好的，其风险比股票小，但它在通货膨胀时期给投资者造成的损失最大、流动性不如股票；③需要承担汇率风险。

（二）国际债券的种类

按发行市场不同，国际债券可以分为外国债券、欧洲债券。

1. 外国债券

外国债券（foreign bonds）是指筹资者在国外债券市场发行的、以发行市场所在国货币为面值的债券。外国债券的发行必须经发行市场所在国批准，并接受该国金融法规、法令的管理。如在美国发行外国债券要在美国证券交易委员会注册，在日本发行外国债券要经日本财务省批准。目前，主要的外国债券市场包括苏黎世、纽约、东京、伦敦及阿姆斯特丹等。

在国际债券市场上，外国债券一般以该国最具特征的标志物命名，如外国筹资者在美国发行的美元债券称为扬基债券（yankee bond）、在日本发行的日元债券称为武士债券（samurai bond）[①]、在英国发行的英镑债券称为猛犬债券（bulldog bond）、在西班牙发行的欧元债券称为斗牛士债券（matador bond）。我国从 2005 年 9 月 28 日起批准外国金融机构在我国境内发行人民币债券，称为熊猫债券（panda bond）。

2. 欧洲债券[②]

欧洲债券（Euro bond）也称离岸债券（offshore bond），是指一国居民在另一国发行的以第三国货币作为面值的债券。由于发行和买卖欧洲债券的各方一般均非该市场所在国居民，所使用的货币也非所在国货币，因此欧洲债券的交易对所在国的经济影响不大，所在国政府对欧洲债券的发行和交易限制较少，这成为推动欧洲债券市场迅速发展的重要制度原因。外国筹资者在东京发行的欧洲债券称为将军债券（shogun bond），在除日本以外的亚洲地区发行的欧洲债券称为龙债券（dragon bond），在香港发行的欧洲债券称为点心债券（dim sum bond）。目前全球欧洲债券交易市场的中心在卢森堡。

➢ 专栏 6.2

点心债券

点心债券也叫离岸人民币债券（offshore yuan bond），是 2007 年 7 月起开始在香港发行的以人民币计价的债券。“点心债券”名称的由来，有说是因为其最初仅在香

---

① 我国金融机构进入国际债券市场首次发行的外国债券就是武士债券。1982 年 1 月中国国际信托投资公司在日本发行了 100 亿日元的武士债券，1984 年 11 月中国银行在日本发行了 200 亿日元的武士债券。1993 年 9 月财政部在日本发行了 300 亿日元的武士债券，这标志着我国主权外债发行的正式起步。

② 欧洲债券还存在全球债券这种特殊形式，指的是可以同时在几个国家的资本市场上发行的欧洲债券。全球债券在美国证券交易委员会登记，以记名形式发行。它的特点有：全球发行；全球交易和流动性高；发行人的信用等级高，多为政府机构。

港发行（其后市场拓展至新加坡、伦敦），而点心是香港酒楼的著名食品；也有说是由于其在国际债券市场中的份额微不足道，带有一口就可吃掉的意思。作为离岸债券，与中国境内的债务类金融工具相比，点心债券无论从发行者本身还是从债券定价上基本没有什么管制，当然，如果需要将资金注入境内使用，则需要得到中国境内相关监管机构的允许。

2007 年点心债券建立之初，发行人仅限于中国的金融机构，所以规模一直较小。2011 年 2 月后其发行人资格扩展到全球任何一家公司，只要愿意付出相应价格，任何公司都可以在香港通过人民币借债来融资。麦当劳成为第一个“吃点心”的外国公司。

2009 年 9 月 28 日，中国中央政府在香港发行 60 亿元人民币的国债。这是中国国债首次在内地以外的地区发行，也是首次在内地以外的地区发行以人民币计价的主权债券，因而被认为具有里程碑式的意义。

2021 年 9 月深圳市政府宣布将于 10 月在香港发行不超过 50 亿元的离岸人民币地方政府债券，并将在香港联合交易所上市，发行期限为两年期、三年期及五年期，三年期及五年期的债券属于绿色债券。这是首次内地地方政府在境外发行债券。香港特别行政区行政长官林郑月娥对此表示欢迎，认为此举进一步丰富了香港市场的人民币金融产品，充分体现了“十四五”规划纲要支持香港强化全球离岸人民币业务枢纽的地位，标志着香港金融服务业发展迈向另一重要里程。

资料来源：根据《中国外汇》杂志 2011 年第 3 期，张明：《“点心债券”将变大餐》；《中国日报》2012 年 5 月 10 日《“点心债券”是什么》（http://language.chinadaily.com.cn/news/2012-05/10/content_15259785.htm）和 2021 年 9 月 25 日《羊城晚报》相关报道整理而得。

三、国际股票市场

（一）国际股票市场的概念

国际股票市场（international stock market）是指在国际金融市场上通过发行股票来筹集资金的市场。与国内股票市场不同，国际股票的发行是跨国界的，股票的认购、销售和交易都在发行公司所在国之外进行，体现为整个融资过程的跨国性。

（二）国际股票市场的分类

1. 国际股票的发行市场

国际股票的发行市场也称初级市场或一级市场，是指在国际金融市场上发行新股的市场。它主要由投资银行、信托公司和证券商构成，专门从事证券的发行和分销业务。发行的方式有公募和私募两种。

2. 国际股票的流通市场

国际股票的流通市场也称次级市场或二级市场，是指买卖、转让已发行股票的市场。它由证券交易所、证券商、经纪人和证券管理机构组成，证券交易所是股票市场的中心，有固定交易场所。

股票的发行市场与流通市场是相辅相成的。发行市场发行股票后，筹资者获得资金，已发行的股票再通过流通市场上的买卖交易，为投资者提供获得资金的机会，使发行市场的投资者具有重新投资股票的能力。

（三）国际股票和国际债券的区别

国际股票和国际债券虽然同属有价证券，但两者存在以下区别：①债券持有人与发行人是债权债务关系，而股票是所有权凭证。②债券的收益固定，期限固定，到期还本付息，而股票的收益与筹资者的收益状况有关。③债券持有人在法律上没有管理企业的权利和表决权；而股票的投资者持有一定规模的股票则具有公司的管理权。④总体上债券的风险小于股票，但是流动性较差。

世界交易所联合会（World Federation of Exchanges，WFE）公布的数据显示，截至2020年底，全球共有87个股票市场，国际股票市场已在交易所分布地点和时间上形成全球24小时不间断交易的金融市场。2020年全球股票市值最大的6家交易所是纽约证券交易所（New York Stock Exchange，NYSE）、纳斯达克证券交易市场、上海证券交易所、日本交易所集团、香港联合交易所、泛欧交易所。

➢ 专栏 6.3

债 券 通

债券通是内地与香港债券市场互联互通的创新合作机制，包括“北向通”和“南向通”。2017年4月11日国务院总理李克强在会见新晋香港特区行政长官林郑月娥时表示，2017年中央政府要研究制订粤港澳大湾区发展规划，将推出内地和香港之间的债券通，目的就是进一步密切内地与香港的交流合作，继续为香港发展注入新动能。2017年7月3日“北向通”正式开启，它是指香港及其他国家与地区的境外投资者经由香港与内地基础设施机构连接，投资于内地银行间债券市场的机制安排。2021年9月24日“南向通”正式开启，它是指内地机构投资者通过内地与香港基础服务机构连接，投资于香港债券市场的机制安排。

推动债券通有以下三方面的意义：①巩固和提升香港国际金融中心的地位。债券通以香港为节点，连接起中国与多个不同经济体市场及投资者，可以对香港在金融市场对外开放中的地位进行强化，有利于增强香港在全球金融中心的竞争力，也可以维护香港的长期繁荣与稳定。②债券通可以加强内地和香港的合作。债券通的推出可以促使两地在监管执法合作、金融市场基础设施互联互通等方面更加紧密地沟通和协调，实现双赢甚至多赢的效果。③债券通有利于提高我国金融市场的对外开放水平。在我国金融市场对外开放的内容中，债券市场是非常重要的一环，作为世界第二大经济体，而且人民币已经纳入SDR货币篮子，债券通将会进一步丰富境外投资者的投资渠道、增强投资者的信心，有利于在开放环境下更好地促进我国国际收支的平衡。

资料来源：根据中国人民银行官网相关资料整理而得。

第四节　欧洲货币市场

一、欧洲货币市场的形成和发展

（一）欧洲货币市场的形成

20 世纪 50 年代初期，朝鲜战争爆发。美国政府冻结了中国在美国存放的全部美元资产。苏联与其他东欧国家唯恐遭到同样的风险，纷纷将存放在美国的资产转移至英国伦敦的莫斯科人民银行和法国巴黎的北欧商业银行。这些资产形成了最早的欧洲美元存款。当时欧洲国家之所以允许本国商业银行吸收美元存款，主要目的在于缓解布雷顿森林体系初期的美元短缺。欧洲货币市场的发端是欧洲美元市场，当非居民存户将美元资金以存款的形式存放在美国境外的其他国家的商业银行或美国商业银行的海外分行时，就形成了欧洲美元。

1956 年英法不顾美国反对，联合入侵埃及，重新控制苏伊士运河。美国采取报复行动在国际外汇市场上大量抛售英镑，英镑汇率不断贬值，英国的国际金融条件迅速恶化，1957 年英镑危机爆发。一方面，为了控制外汇市场上的英镑供给、稳定英镑汇率，英格兰银行开始限制本国商业银行对外发放英镑贷款；另一方面，市场上对美元的需求旺盛，放贷利润相当可观，伦敦的一些商业银行便把吸收的境外美元存款贷放出去，从而出现了最早的欧洲美元贷款。随着欧洲美元存款和欧洲美元贷款的出现，逐渐形成了以伦敦为中心的欧洲美元市场。

20 世纪 60 年代，欧洲货币贷款业务迅速发展起来，除了作为市场交易主体的欧洲美元外，其他境外货币如欧洲马克、欧洲法郎也陆续出现。20 世纪 70 年代石油价格飞速增长，石油产出国获得了大量石油美元，而石油消费国出现了巨额国际收支逆差，欧洲货币市场为两方提供了资金融通的平台，欧洲货币市场进入高速发展时期。

随着经营欧洲美元业务的跨国银行机构遍布全球，欧洲美元的范围也从欧洲逐步扩大到亚洲的日本东京、中国香港、新加坡和拉丁美洲的巴哈马、开曼群岛等。1981 年 12 月美联储通过在其境内建立国际银行业设施（international banking facility，IBF）的法案，使欧洲美元的发行国美国也可以建立欧洲货币市场。该法案的主要内容包括：①允许美国银行和在美国的外国银行吸收外国居民、银行、公司以及美国海外公司的存款；②免除存款准备金要求，不受存款利率上限的约束，同时免除联邦存款保险公司规定的保险总额和保险课税；③允许上述银行为外国居民、企业及美国的海外附属公司提供贷款，但贷款必须用于美国境外。以纽约为代表的 IBF 属于境内金融业务与离岸金融业务严格分离的离岸市场类型。由于美国政府除了将在美国境内流通的外国货币视为欧洲货币外，又将在美国境内流通但不受美国金融当局管理的非居民美元存贷款定义为欧洲美元，欧洲货币的概念从此突破了特定地理区域的限制，表现出鲜明的国际借贷机制的特点。

（二）欧洲货币市场发展的原因

欧洲货币市场的出现与迅速发展，主要原因在于以下四个方面。

1. 美国国际收支逆差增大

20 世纪 50 年代，美国海外军事开支庞大，海外投资增加，美元大量外流，国际收支出现巨额逆差，相应地提供了更多境外美元的供应。

2. 美国政府金融政策的影响

为改善国际收支状况，美国从 20 世纪 60 年代起采取了一系列限制美元外流的措施。①利息平衡税[①]。1963 年美国开始征收利息平衡税（interest equalization tax），规定美国人购买外国证券所得收益高出本国证券投资收益的部分，必须作为税款交给国家，这使得外国筹资者转向欧洲货币市场筹集资金，促进了欧洲货币市场的发展。②Q 条例。受美联储 Q 条例的限制，美国商业银行的存款利率最高不能超过 6%，而西欧诸国商业银行的存款利率可自由变动，这使得美国存款利率常常低于西欧，导致大批美元存款从美国转移到欧洲货币市场。此外，1965 年美国政府限制本国银行向外国人扩大借贷额度，1968 年禁止美国企业汇出美元到国外投资，这导致美国的银行纷纷到海外设点开展业务，带来了美元资金的大量外流，推动了欧洲美元市场的发展。

3. 其他国家政策的影响

1958 年西欧各国基本上取消了外汇管制，经营美元存放业务的银行不受所在国法令的限制，存放自由，不必缴纳存款准备金，存款利率的高低也不受管制，宽松的环境成为欧洲货币市场发展的有利条件。另外，一些新兴的工业国为加快经济发展，积极进入欧洲货币市场筹资，增加了欧洲货币市场的业务量。

4. 美元币值不断降低

20 世纪 60 年代以后，美元的霸主地位动摇。每当出现美元危机时人们纷纷抛售美元，购买黄金和德国马克、英镑、法国法郎等，加之有些国家对非本国居民存入本国的货币施加种种限制，而对存放在境外的本国货币不加限制或较少限制，使得一部分资金转存到这些硬币发行国国境以外的银行，形成欧洲英镑、欧洲马克、欧洲法郎等，扩充了欧洲货币的币种并推动欧洲货币市场快速发展。

二、欧洲货币市场的有关概念

（一）欧洲货币

欧洲货币又称境外货币，是指在货币发行国境外被存储和借贷的各种货币的总称。最早出现的欧洲货币是欧洲美元，即境外美元，后来扩展到欧洲英镑、欧洲欧元、欧洲日元、欧洲瑞士法郎等。

---

① 按照美国政府的最初规定，利息平衡税实施到 1965 年底，但为限制美元外流和平衡国际收支而一再延期，直至 1974 年 6 月 30 日才废止。

（二）欧洲货币市场

欧洲货币市场又称离岸金融市场，是指在货币发行国境外进行该国货币的存储与贷放的市场。欧洲货币市场是目前国际金融市场的核心，根据其构成可以划分为欧洲信贷市场和欧洲债券市场。

（三）欧洲债券[1]

欧洲债券作为国际债券的一种形式，是指一国居民在外国发行的，以发行市场国之外的其他国家货币为面值的债券。

（四）欧洲银行

欧洲银行是指经营欧洲货币业务的银行，即接受其所在国以外的其他国家货币的存款业务及贷款业务的银行。欧洲银行通常是大型的跨国银行。欧洲银行信贷市场是国际信贷业务的主要市场，其信贷业务主要分为短期资金信贷和中长期信贷两种。

根据上述与欧洲货币有关的概念理解欧洲货币市场时，应注意以下几点：①“欧洲”不是地理概念，不仅包括欧洲，而且包括亚洲、北美洲、大洋洲、南美洲以及其他各个经营境外货币存放款业务的国际金融中心；②“货币”不限于境外美元，任何可自由兑换的货币都能以欧洲或境外的形式存在，如境外欧元、境外英镑、境外日元等，因此，欧洲美元市场逐渐扩展演变为欧洲货币市场；③“欧洲货币”的发行国也可以设立欧洲货币市场，如美国通过在境内建立 IBF 从事欧洲货币业务；④“欧洲货币市场”经营的业务范围，并非单指短期资金交易市场，而是既包括短期资金交易（货币市场）又包括中长期资金交易（资本市场）的金融市场[2]。

三、欧洲货币市场的特征

（一）经营十分自由

欧洲货币市场最大的特点就是其交易几乎完全不受市场所在国金融政策、法规及外汇管制的限制。对欧洲货币的发行国来说，这种境外交易对本国并无直接的影响，因而缺乏干预的必要性。对欧洲货币市场所在地政府而言，因为欧洲货币的存款人和借款人为非居民，其交易具有离岸性质，且又属外币交易，这种交易有利于本国的就业和其他收入，因而不仅不予限制，反而还加以鼓励。这就使得欧洲银行不必缴纳存款准备金，不受利率上下限约束，经营成本极为低廉，资金划拨相当自由。这不仅符合跨国公司和

---

① 详见本章第三节。

② 欧洲货币市场中的“货币市场”概念需要与第一节广义的国际金融市场中的“国际货币市场”区分，后者所讲的货币市场是期限在一年或一年以内的短期资金市场，这一点与金融学课程所学内容一致。

进出口商的需要，而且也符合许多国家政府的需要。因此，欧洲货币市场是一种超国家或无国籍的金融市场。

（二）经营的是境外货币，币种较多，交易规模巨大

欧洲货币市场范围广阔，币种多、规模大，其市场范围已超出欧洲遍布世界各地，各种主要可兑换货币应有尽有，市场规模之大是其他国际金融市场所无法比拟的。这种完全国际性的金融市场，能满足各种不同特性的国家及银行、企业对于各种不同期限与不同用途的资金的需要。

（三）以银行间交易为主，具有独特的利率结构

欧洲货币的交易以银行同业为主，即使是参与交易的非银行企业也多为大型跨国公司，这就使得欧洲货币的交易具有批发性质，动辄以千万甚至上亿计数。这种批发业务导致交易的单位成本极低，较低的存款准备金率又使资金得到了充分的利用，因此，欧洲银行能够以较高的利率吸引存款，以较低的利率提供贷款，存贷利差小（图 6.1），更具有吸引力和竞争力。

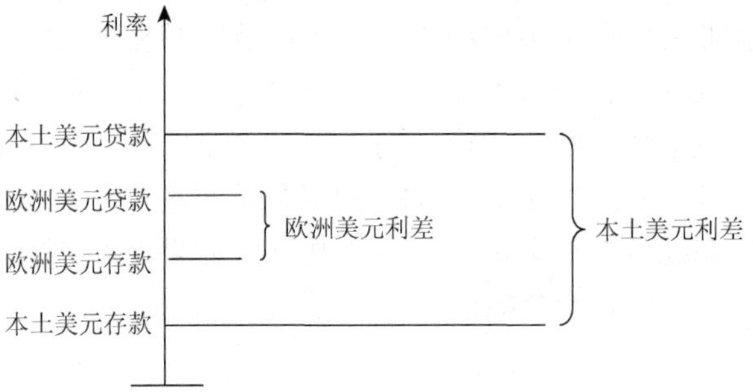

图 6.1 欧洲美元利率结构

四、欧洲货币市场的类型

（一）一体型或内外混合型中心

一体型或内外混合型中心是指离岸金融市场业务和市场所在国的在岸金融市场业务不分离的中心。这一类型的市场允许非居民在进行离岸金融交易的同时进行在岸金融交易。

一体型或内外混合型离岸金融市场是典型的国内金融市场和国际金融市场一体化的市场，其目的在于发挥两个市场资金和业务相互补充和相互促进的作用。离岸金融业务和在岸金融业务没有严格的界限，居民与非居民均可从事有关货币的存款和贷款业务。离岸金融交易的币种是市场所在国家或地区以外的货币，离岸资金可随时被转换为在岸资金和国内资金，在岸资金也可随时被转换为离岸资金。如一英国居民到香港将一笔港元存入某香港银行属于在岸交易，如果该银行将此笔港币贷放给新加坡的某一企业，则该业务属于离岸金融业务。随着管制的放松，两类市场的界限被打破并日趋模糊，拥有这种类型市场的典型代表是英国伦敦和中国香港。

（二）内外分离型中心

内外分离型中心是指离岸金融市场业务与市场所在国的在岸金融市场业务严格分离的中心。这种分离可以是经营场所上的分离，也可以是账户上的分离，目的在于防止离岸金融交易活动影响或冲击本国货币金融政策的实施。

这种市场会限制外资银行和金融机构与居民往来，并只允许非居民进行离岸金融交易。内外分离型的市场有助于隔绝国际金融市场的资金流动对本国货币存量和宏观经济的影响。新加坡于 1968 年设立的亚洲货币账户①，美国于 1981 年在纽约设立的国际银行离岸业务，日本于 1986 年设立的海外特别账户，都属于这种类型。

（三）分离渗透型中心

分离渗透型中心是指将离岸金融业务与在岸金融业务分立，把居民的存款业务与非居民的存款业务分开，但允许将离岸账户的资金贷放给居民，这种类型的离岸市场兼有一体型和内外分离型的特点，区别是离岸资金可贷放给居民，即国内企业可以直接在离岸金融市场上融入资金，但不能融出资金。

根据渗透程度的不同，分离渗透型有以下三种情况：①允许把非居民离岸账户吸收的资金向在岸账户贷放，并渗透到国内金融市场上来，目的在于利用地理优势更好地使用外资，但禁止资金从在岸账户流入离岸账户。典型的代表是马来西亚的纳闽岛和泰国的曼谷。渗透到国内市场的离岸资金应取消作为离岸资金的一切优惠，以防止扰乱国内金融市场。一般来说，该类型的市场有较大的管理难度，若管理不善，将会带来负面影响。如 1997 年泰国金融危机发生的原因之一就是其对离岸资金的管理过于放松。②允许在岸账户资金向离岸账户流动，但禁止离岸账户向境内放贷。③允许资金在离岸账户与在岸账户之间双向渗透。

（四）避税型或走账型中心

避税型或走账型中心没有或几乎没有实际的离岸业务交易，只是为在其他金融市场上发生的资金交易进行注册、记账、转账，目的是逃避管制和征税，所以又被称为记账结算中心。

避税型或走账型中心大多位于北美、西欧、亚太等经济发达或投资旺盛、经济渐趋繁荣的地区附近，大多是发达国家的殖民地或附属国。这些地区多为岛屿，与大陆分离，资源贫乏，制造业非常有限，对经济发展有许多制约和不利。为发展本地经济，改善国

---

① 为克服 1997 年亚洲金融危机的影响，泰国、马来西亚、菲律宾、印度尼西亚等国纷纷选择更为开放和自由的金融改革政策，影响了新加坡离岸金融市场的拓展。为此，新加坡金融管理局进行了一系列金融改革，其中包括将新加坡离岸金融市场从内外分离型向一体型转型，目前属于分离渗透型，允许资金在离岸账户与在岸账户之间双向渗透。

际收支状况，挖掘自身有利的条件，这些地区通过提供税收优惠吸引非居民开展离岸金融业务。这些地区共同的特点是虽然经济不甚发达，但国家稳定，一般都有较充分的商务基础设施，特别是有较先进的交通设施和通信设施。许多跨国金融机构在这些免税或无监管的国家或地区设立贝壳分行（shell branch）或纸银行，将在其他市场上进行的金融交易记录在贝壳分行的账户上，以享受税收上的优惠，使其全球性税务负担和成本降至最低。如加勒比海地区的巴哈马、开曼群岛以及百慕大、巴拿马和西欧的海峡群岛都属于这种类型。

五、欧洲货币市场对世界经济的影响

欧洲货币市场的存在和发展，给世界经济带来了广泛而深远的影响。

（一）欧洲货币市场的积极影响

1. 促进了国际贸易的发展

无论对于发达国家还是发展中国家而言，对外贸易都是促进经济增长的重要途径，而欧洲货币市场大规模的融资活动为贸易融资提供了充分的资金来源，从而加速了国际贸易的发展。

2. 促进了西欧的经济复兴和一些发展中国家的经济发展

欧洲货币市场为第二次世界大战后西欧国家的经济恢复和发展注入了资金，在德国、日本等战败国的经济恢复和发展过程中，欧洲货币市场为它们提供了重要的资金来源。后来一些发展中国家在经济发展的过程中，也从欧洲货币市场获取了大量资金，补充了国内资金的不足，如韩国、巴西、墨西哥等国，其经济起飞和发展都大量地利用了欧洲信贷。

3. 缓和了全球国际收支的矛盾

欧洲货币市场极大地便利了短期资金的国际流动，特别是促进了石油美元的回流，缓解了全球国际收支不平衡的问题。国际储备多余的国家和国际储备短缺的国家通过欧洲货币市场的资金融通，平衡国际收支，有助于实现宏观经济均衡。20 世纪 60 年代的美元危机和 20 世纪 70 年代的两次石油危机，使国际收支失衡成为一种全球性现象。据 IMF 估计，1973～1983 年的 10 年间，石油输出国组织（Organization of the Petroleum Exporting Countries，OPEC）成员方和一些工业国经常账户上的顺差额累计约为 3868 亿美元，同期非产油发展中国家则累计 5972 亿美元的逆差，仅靠 IMF 的贷款无法解决这一矛盾。欧洲货币市场通过把 OPEC 成员方存入的石油美元贷放给逆差国，一方面为顺差国的盈余资金找到了出路；另一方面为逆差国提供了清偿手段，从而缓和了全球性的国际收支矛盾。

4. 推动了国际金融一体化的形成与发展

欧洲货币市场的出现打破了国际金融市场受国界分割而存在相互隔绝的状态，通过跨国银行的业务活动将遍布世界各地的金融市场紧密地联系在一起，从而促进了国际资金的流动和国际金融的一体化，顺应了世界经济发展的基本趋势。

（二）欧洲货币市场的消极影响

1. 增加了国际金融市场的脆弱性

欧洲货币存款绝大多数是一年以下的短期资本，而欧洲货币放贷多半属于中长期，这种存短放长的特性形成的期限错配，使得一旦金融市场出现风吹草动，便会导致资金周转困难。而且这些资金通过银行的多次转存形成了借贷关系债务链，一旦客户纷纷提取存款，容易使银行出现资金周转困难，面临挤兑甚至出现金融危机。

2. 削弱了一国货币政策的效力

如一国货币当局为了反通货膨胀而收紧银根，实行紧缩政策，而国内银行和工商企业却可从欧洲货币市场上借入资金，使该国的紧缩政策不能达到预期效果。又如，当一国货币当局为刺激经济而放松银根时，大量资金为追求高利率而流向欧洲货币市场，迫使该国货币当局提高国内利率以防止资金外流，导致扩张性的金融政策难以奏效。

3. 加剧了国际金融市场的动荡

欧洲货币市场的大量短期资金用于外汇交易，套汇与套利活动使大规模资金在几种货币之间频繁转换，导致汇率波动剧烈，甚至一些银行因参与外汇交易而倒闭破产，从而引起国际金融市场的动荡。另外，在欧洲货币市场上，大量游资冲击金价、汇率和商品市场，也不可避免地会影响到各国的价格水平，引致输入性通货膨胀。

➢ 专栏 6.4

香港人民币离岸市场的优势与不足

香港作为全球第一大离岸人民币结算中心，2021 年前 11 个月人民币即时支付累计 320 万亿元，2021 年前三季度的人民币收付额占全球七成以上。2021 年 11 月，香港首次发行了 50 亿元的离岸人民币绿色债券。内地在推进碳达峰和碳中和的进程中，将产生巨量的绿色融资需求，强力带动香港绿色金融市场扩张。

1. 香港人民币离岸市场发展经历的三个阶段

（1）第一阶段，2003 年 11 月至 2007 年 6 月，主要开展个人人民币业务。

（2）第二阶段，2007 年 7 月至 2010 年 6 月，主要特征是内地金融机构发行香港离岸人民币债券，开展跨境贸易和投资人民币结算试点。

（3）第三阶段，2010 年 6 月至今，主要是扩大跨境贸易和投资人民币结算。从 2012 年起，人民币离岸市场建设的重心从扩大香港人民币市场转向推动人民币走向海外，人民币的海外之旅将会带动所有人民币离岸中心人民币流动性的增强。

2. 香港人民币离岸市场的优势

香港人民币离岸市场仍将在相当长的一段时间里保持领先的地位，这种优势主要体现在以下四个方面：①与伦敦和新加坡相比，香港有“一国”优势；②与使用外语为主的国家和地区相比，香港因中英文通用而更具有语言优势；③与上海等内地城市相比，香港有“两制”优势；④香港具备高效率、服务型的人民币结算平台。与此同时，香港还建有一个重要的债务工具——中央结算系统。

3. 香港人民币离岸市场存在的问题

（1）香港人民币离岸市场的流动性趋紧。2012 年下半年以来，香港人民币离岸市场流动性出现紧张，人民币银行间拆借利率波动大，2012 年 7 月银行间拆借利率曾高达 7%～8%。

（2）香港人民币市场缺乏基准利率。目前，香港财资市场公会组织 13 家银行作为报价商，每天公布香港人民币离岸市场人民币同业拆借利率参考价格（包括隔夜、1 周、2 周等 9 个期限品种），但受 LIBOR 事件影响，尚未制定正式的香港人民币基准利率形成规则。

（3）其他人民币离岸市场的发展可能对香港产生一定影响。新加坡、伦敦等人民币离岸市场快速发展，其他离岸市场的发展可能影响香港在人民币离岸市场的地位。一是其他国家和地区建立人民币清算安排将降低人民币跨境清算对香港清算平台的依赖度；二是香港对人民币业务的监管较为严格，在人民币业务发展上并不具备竞争优势；三是如何处理好同其他人民币离岸市场的竞争与合作关系是香港需要考虑的重要问题。

资料来源：根据中国人民银行官网相关资料整理而得。

➢ 专栏 6.5

伦敦成为全球第一大人民币离岸交易中心

2019 年 11 月 11 日，伦敦金融城及中国人民银行欧洲办事处共同发布的第五期《伦敦人民币业务季报》的数据显示，2019 年第二季度，伦敦的人民币离岸外汇日均交易额突破了 850 亿英镑（约 7650 亿人民币），较上一季度增长 8.8%，比去年同期增长 22.9%，创下历史新高。伦敦依靠世界第一大外汇交易中心的优势，在全球人民币离岸交易总额中占比 43.9%，成为第一大人民币离岸交易中心，香港排名第二，占比 24.37%。

伦敦成为排名在香港之后的全球第二大人民币离岸清算中心。《伦敦人民币业务季报》的数据显示，2019 年 6～8 月，英国指定的人民币清算银行——中国建设银行伦敦分行日均清算规模达 439.7 亿元，相比上期报告增长 18.4%。自 2014 年 6 月业务开始以来，中国建设银行伦敦分行已完成的清算规模达 40 万亿元人民币。为此，中国建设银行伦敦分行还特别邀请驻英大使刘晓明，举办了清算量突破 40 万亿元庆祝酒会。在庆祝酒会上，中国驻英国大使刘晓明作了一番发言，从某种程度上解释了为什么中国要大力推进伦敦成为人民币离岸中心。“英国人民币清算行地处伦敦全球金融中心，借助独特时区优势，协同北京和纽约两大资源，不仅实现了人民币清算业务对亚洲、欧洲和美洲主要工作时段的覆盖，更使伦敦成为中国与世界各国开展人民币离岸业务的重要平台。金融合作是中英合作最具活力和潜力的领域之一”。

为什么是伦敦？目前，伦敦占人民币离岸外汇交易量的份额，几乎与伦敦在全球外汇市场中的份额持平。这显示出伦敦在保持全球外汇交易中心地位的同时，一直在人民币方面默默发力。无论是看排名还是看实力，世界顶级的金融中心都只有两处：纽约和伦敦。在中美相争的大背景下，伦敦成了人民币国际化唯一的现实选择。

抛开自身的优势，伦敦政府也给出了很大支持。早在 2012 年，伦敦金融城政府就发起了伦敦人民币离岸发展中心计划，希望把伦敦打造成人民币国际市场的“西方中心”，与香港和其他金融中心相辅相成。在 2019 年 6 月举行的第十次英中经济财金对话上，英国政府还提出倡议，计划让英格兰中央银行允许将人民币计价债券列入其合格质押品清单。一旦通过，将会进一步加固伦敦人民币离岸中心的地位。

另外，前英国财相乔治·奥斯本（George Osborne）也在这一过程中发挥了巨大作用。借着中国推进人民币国际化的东风，奥斯本在七年前提出伦敦需要把握这一机遇，建立一个大型人民币离岸交易市场，这个历史性的机遇将给英国带来数十亿英镑的税收收入。现在回过头看，奥斯本的布局非常正确，英国不但在人民币离岸方面大丰收，而且在与中国资本市场的合作方面，也进入了史无前例的蜜月期。

资料来源：https://www.sohu.com/a/353611057_627135。

本章小结

1. 国际金融市场经历了从传统的国际金融市场到新型的国际金融市场的发展过程，其活动范围涉及全球各地，作用也不断扩大。

2. 传统的国际金融市场经营在岸业务，主要是市场所在国货币的国际信贷和国际证券业务，同时要受市场所在国法令的管制。

3. 离岸金融市场与在岸金融市场相比，具有三个突出特点：第一，资金业务基本不受市场所在国及其他国家的政策法规的约束；第二，交易活动是在市场所在国非居民与非居民之间进行的，国际化程度较高；第三，交易货币是市场所在国货币之外的货币。

4. 国际银行中长期贷款是指由一国的一家商业银行，或一国（多国）的多家商业银行组成的贷款银团，向另一国银行、政府或企业等借款人提供的期限为一年以上的贷款，是国际资本市场的重要组成部分，主要有双边贷款和银团贷款两种形式。双边贷款是一国的一家银行向另一国的政府、银行、公司企业等借款者发放的贷款。银团贷款即辛迪加贷款，是由一国或几国的若干家银行组成的银团，按共同的条件向另一国借款人提供的长期巨额贷款。

5. 国际债券是一国政府、企业、金融机构等为筹措外币资金在国外发行的以外币计值的债券。按照是否以发行地所在国货币为面值可分为外国债券和欧洲债券。外国债券是发行者在某外国债券市场上发行的以市场所在国货币为标价货币的国际债券，包括英国的猛犬债券、美国的扬基债券、日本的武士债券等。欧洲债券是在面值货币所在国以外的国家用欧洲货币发行的债券，包括欧洲美元债券、欧洲日元债券、欧洲英镑债券、欧洲瑞士法郎债券等。

6. 国际股票市场是指在国际范围内发行并交易股票的场所或网络，它是在各国国内股票市场的基础上发展起来的。发达国家股票市场的对外开放与跨国公司的海外筹资是推动国际股票市场产生、发展的主要原因。

7. 欧洲货币市场的形成基于 20 世纪 50 年代的东西方冷战和 1957 年的英镑危机。欧洲货币市场迅速发展的主要原因在于美国国际收支逆差增大、美国政府金融政策的影响、其他国家政策的影响、美元币值不断降低等。欧洲货币市场的特点体现在：经营十分自由；经营的是境外货币，币种较多，交易规模巨大；以银行间交易为主，具有独特的利率结构。欧洲货币市场可以划分为一体型或内外混合型中心、分离型中心、分离渗透型中心、避税型或走账型中心四种类型。

重点概念

国际金融市场	国际货币市场	国际资本市场	在岸金融市场	离岸金融市场
欧洲美元	欧洲货币	外国债券	欧洲债券	辛迪加贷款

思考与练习

一、思考题

1. 新型的国际金融市场与传统的国际金融市场有何不同？
2. 试述20世纪80年代以来国际金融市场发展的新趋势。
3. 简述离岸金融市场的形成与发展过程及从中能得到的启示。
4. 比较欧洲债券与外国债券的区别。
5. 欧洲货币市场有什么类型和特点？

二、练习题

（一）不定项选择题

1. 不属于欧洲短期资金借贷市场特点的是（　　）。
   A. 要签订贷款协议　　B. 利息一般先付
   C. 期限较短　　D. 贷款条件灵活
2. 狭义的国际金融市场包括（　　）。
   A. 货币市场　　B. 黄金市场　　C. 资本市场　　D. 外汇市场
3. 外国人在英国发行的英镑债券称为（　　）。
   A. 扬基债券　　B. 伦布兰特债券　　C. 武士债券　　D. 猛犬债券
4. 欧洲债券是指（　　）。
   A. 筹资者在国外债券市场发行的以东道国货币为面值的债券
   B. 筹资者在国外债券市场发行的以东道国的境外货币为面值的债券
   C. 筹资者在本国债券市场发行的以境外货币为面值的债券
   D. 筹资者在本国债券市场发行的以外国货币为面值的债券
5. 外国债券的特点是（　　）。
   A. 发行人在一个国家
   B. 发行市场在外国

C. 债券的票面货币为发行市场以外国家的货币
D. 债券的票面货币与发行市场所在国家货币相同

6. 伦敦离岸金融中心属于（　　）。
A. 内外混合型　　B. 内外分离性　　C. 分离渗透性　　D. 避税港型

7. 传统国际金融市场的参与者是（　　）。
A. 国内投资者或存款者与国内借款者
B. 国内投资者或存款者与国外借款者
C. 国外投资者或存款者与境外借款者
D. 国外投资者或存款者与国内借款者

8. 目前，在美国的外国债券市场称为（　　）。
A. 扬基债券市场　　B. 武士债券市场
C. 猛犬债券市场　　D. 将军债券市场

9. 最初促使欧洲货币市场形成的直接原因有两点：冷战和（　　）。
A. 1957 年美元危机　　B. 1973 年美元危机
C. 1957 年英镑危机　　D. 1973 年英镑危机

10. 货币市场的主要工具有（　　）。
A. 国库券　　B. 商业票据　　C. 大额可转让定期存单　　D. 股票

11. 下列正确的说法有（　　）。
A. 欧洲货币市场专指欧洲的货币市场
B. 欧洲货币市场交易的是境外货币
C. 欧洲债券市场是欧洲货币市场的一种短期借贷形式
D. 美国国际收支的巨额逆差是欧洲货币市场得以发展的重要原因

12. 在两次世界大战期间，所形成的三大国际金融市场有（　　）。
A. 纽约国际金融市场　　B. 伦敦国际金融市场
C. 苏黎世国际金融市场　　D. 香港国际金融市场

（二）判断题

1. 外国金融机构在我国境内发行的人民币债券称为点心债券。（　　）

2. 美国的 Q 条例规定银行对储蓄和定期存款支付利息的最高限额，这项措施适用于境外银行。（　　）

3. 通常所指的欧洲货币市场，主要是指在岸金融市场。（　　）

4. 欧洲货币市场的存贷款利差一般大于各国国内市场的存贷款利差。（　　）

5. 石油美元是指 OPEC 国家出口石油所赚取的美元外汇，是欧洲货币市场最初的资金来源。（　　）

6. 欧洲货币市场的中长期贷款以银团贷款为主。（　　）

7. 以欧元标价的国际债券是欧洲债券。（　　）

8. 国际银行中长期信贷的条件严格，但利率较低。（　　）

9. 外国债券的发行和担保是由发行所在国的商业银行承担的，并在该国的主要市场上发售。（　　）

10. 美国国际收支的巨额逆差是欧洲货币市场得以发展的重要原因。（　　）

第六章　课后练习题答案

参考文献

李学峰. 2021. 国际金融市场学[M]. 4 版. 北京：首都经济贸易大学出版社.

刘惠好. 2021. 国际金融[M]. 2 版. 北京：中国金融出版社.

刘元春，胡曙光，范志勇. 2012. 国际金融市场与投融资[M]. 北京：中国人民大学出版社.

全国银行间同业拆借中心. 上海银行间同业拆放利率[EB/OL]. [2022-01-27]. https://www.chinamoney.com.cn/chinese/bkshibor/.

沈国兵. 2018. 国际金融[M]. 3 版. 北京：北京大学出版社.

奚君羊. 2019. 国际金融学[M]. 3 版. 上海：上海财经大学出版社.

杨胜刚，姚小义. 2018. 国际金融[M]. 北京：高等教育出版社.

中国人民银行网站. 债券通[EB/OL]. [2021-12-25]. http://wzdig.pbc.gov.cn：8080/search/pcRender?pageId=fa445f64514c40c68b1c8ffe859c649e&ext=-siteId%3A3688005&ty=&dr=true&w=&f=&rp=&sr=score+desc&q=%E5%80%BA%E5%88%B8%E9%80%9A.

第七章

国际资本流动与国际金融危机

【学习目标】

- 了解国际资本流动的实质、类型及特点。
- 理解国际金融危机产生的原因及分类。
- 理解国际货币危机爆发的原因及防范措施。
- 掌握国际债务危机产生的原因及国际债务指标。
- 了解中国利用外资、对外投资及对外债务的基本情况。

【本章引入】

国际资本流动是伴随着各国经济贸易联系日益密切而出现的一种现象。随着全球经济的一体化及通信技术的发展，资金的国际流动规模逐渐超过了国际贸易额，形成了庞大的国际资金流，这给相关国家及全球经济带来了积极作用。

德意志银行集团大中华区宏观策略主管刘立男发表了对2022年中国债券市场的展望报告。他认为，尽管在全球新冠疫情、通货膨胀和货币政策常态化方面依然存在大量不确定因素，但中国固定收益市场在2022年仍将是全球投资者进行多元化投资时的有利选择。2022年人民币债券市场将有三大决定性趋势，分别是去相关性、久期风险和全球投资者的增持。截至2021年11月底，境外投资者持有约4万亿元的人民币债券，规模较2018年底增长一倍以上。由于中美长期利差维持在145基点左右的高位，全球投资者对人民币资产的持有比例相对较低，且中国正不断开放金融市场准入，全球投资者仍将继续加码对人民币资产的投资，截至2021年12月3日，中资离岸债存量2056只，规模9403亿美元，占据了亚洲离岸债券市场的半壁江山。然而，鉴于全球利率和美元方面的风险，加上中国国债已被纳入富时世界国债指数，预计被动资金流入的速度将有所放缓。预计2022年将有4500亿元流入人民币债券市场，主要来自全球外汇储备管理机构及主动型资产管理公司。

国际资本流动在给相关国家带来积极作用的同时也带来了严重冲击，如20世纪80年代的拉丁美洲债务危机、1997年的亚洲金融危机和2008年的国际金融危机等。从经验事实看，在经济金融开放的背景下，几乎所有的大型金融危机背后都存在着国际资本流动的影响。

因此，了解国际资本流动的形式和特点，引导国际资本合理、有序流动，对参与国际市场竞争、发展本国经济具有重要的意义。

第一节 国际资本流动概述

一、国际资本流动的概念和表现形式

（一）国际资本流动的概念

国际资本流动（international capital flow）是指一个国家（或地区）的政府、企业或个人与另外一个国家（或地区）的政府、企业或个人之间，以及国际金融组织之间资本的流入和流出。这里的“资本”可以是货币形态的资本，也可以是实物形态的资本，如生产设备、技术、原材料、劳动力等。

国际资本流动是资本要素在不同主权国家和法律体系管辖范围之间的输出与输入，不同于以所有权的转移为特征的商品交易，它以使用权的转让为特征，一般以营利为目的。一国（或地区）的国际收支平衡表中的金融账户集中反映该国（或地区）在一定时期内与他国（或地区）的资本流动的综合情况。国际资本流动的本质就是资本的国际化，即资本的循环与增值运动从一国范围向国外延伸。

（二）国际资本流动的表现形式

国际资本流动从流向上分为资本流入和资本流出，可以从国际收支的角度进行理解。资本流入是指资本从国外流向国内，通常表现为国际经济交易的四种形式：①外国在本国的资产增加；②外国对本国的负债减少；③本国对外国的负债增加；④本国在外国的资产减少。而资本流出是指资本从国内流向国外，其国际经济交易也有四种：①外国在本国的资产减少；②外国对本国的负债增加；③本国对外国的负债减少；④本国在外国的资产增加。

二、国际资本流动的类型

国际资本流动通常按资本使用的期限长短来划分，可分为长期资本流动和短期资本流动两大类。国际资本流动的类型见图 7.1。

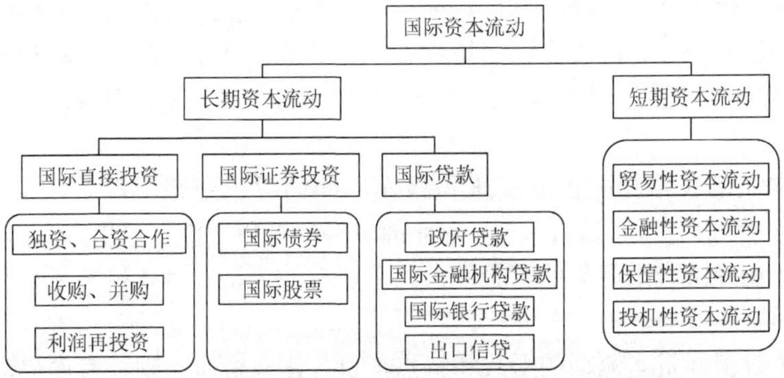

图 7.1 国际资本流动的类型

（一）长期资本流动

长期资本流动（long-term capital flow）是指使用期限在一年以上或未规定使用期限的资本流动，包括国际直接投资、国际证券投资和国际贷款三种主要方式。

1. 国际直接投资

国际直接投资（international direct investment）又称 FDI，是指一个国家的企业或个人对另一国的企业部门进行的投资。IMF 对 FDI 的定义是：对投资者母国以外的另一国经济中经营的企业进行的具有持续收益的一种投资，其目的在于取得对该企业经营管理的控制权。由此可以看到 FDI 的投资主体是以对外投资为媒介，取得企业经营控制权，并最终获取利润为目标的。

FDI 主要有三种类型：①创办新企业（独资、合资合作）。这类直接投资往往不限于货币资本的投资，特别是创办合资企业时，机器设备、存货、技术专利、商标权、特许经营权等无形资产都可以折价入股。②收购或并购外国企业。这类投资包括建立附属机构，收购国外企业的股权达一定比例。IMF 规定，外国投资者拥有当地企业 10%的投票权，就可视为对外直接投资；美国规定本国公司拥有外国企业股权达 10%以上，就属于对外直接投资，但外国企业只要拥有美国企业股权达 5%以上，就属于对外直接投资。③利润再投资。投资者在国外企业投资所获利润并不汇回国内，而是作为保留利润投入该企业或其他企业，这种投资不会引起一国资本的流入流出。

2. 国际证券投资

国际证券投资（international portfolio investment）又称国际间接投资，是指投资者通过在国际证券市场上购买中长期债券或购买外国企业发行的股票所进行的投资。IMF 对间接投资的定义是：间接投资是为了获得投资收入或资本收益的一种投资，而不是对企业的经营有直接兴趣。对购买有价证券的国家来说是资本流出，对发行有价证券的国家来说则是资本流入。国际证券投资可以分为国际股票投资和国际债券投资，其主要特征有：①是一种金融投资活动；②相对于 FDI 而言，流动性大，风险性小；③投资收益主要来自利息、股利及交易差价等；④投资者对投资企业无实际控制权和管理权；⑤在国际证券市场上发行债券，构成发行国的对外债务。

FDI 和国际证券投资的区别在于：①是否拥有投资企业的控制管理权。这是两者最大的区别，FDI 更多地和国际贸易相联系，通常用于购买机器设备、厂房等实物资产，即便是收购股权达到一定比例的方式，也是为了控制目标公司并参与其经营活动。国际证券投资的对象主要是国际金融资产和国际金融衍生工具。②站在东道国的视角，稳定性和风险性不同。FDI 中，只要东道国的投资气候和条件不发生变化，投资者一般不会轻易撤资。国际证券投资期限较短，具有较强的流动性和变现性。由于对象和来源的特殊性，国际证券投资往往将追逐高利润作为唯一目的，因而风险也大。

3. 国际贷款

国际贷款（international credit）是指一年以上的政府贷款、国际金融机构贷款、国际银行贷款和出口信贷。国际贷款的基本特征有：①不涉及在外国建立生产经营实体或收购企业的股权；②不涉及国际证券的发行和买卖；③贷款的收益是利息，其风险主要由借款者承担；④国际贷款构成借款国的对外债务。

1）政府贷款

政府贷款（government credit）是指一国政府向另一国政府提供的双边优惠贷款。其特点是：①通常建立在良好的政治外交关系的基础上，是政府间的借贷行为；②一般附带条件或指定用途；③利率较低，期限较长，资金来源于国家财政预算。

2）国际金融机构贷款

国际金融机构贷款（loan from international financial institution）是指世界性国际金融机构（如IMF、世界银行和国际开发协会（International Development Association，IDA）等）和区域性国际金融机构向成员方政府提供的贷款。这种贷款具有国际援助的性质，但是往往限定用途。IMF发放贷款的特点是：①贷款的对象仅限于成员方政府；②贷款的用途仅限于弥补经常账户收支引起的国际收支逆差；③贷款方式采取用成员方货币购买外汇的形式；④贷款具有条件性，典型的条件包括削减政府预算、增加税收和抑制货币供应量的增长。

3）国际银行贷款

国际银行贷款（international bank loan）是指国际商业银行提供的贷款，可以由独家银行提供，也可以是银团贷款。这类贷款的特点是以营利为目的，不限定贷款用途，借款人可以自由运用资金；贷款金额大、时间长、贷款利率较高。除了利息外，国际商业银行还要求借款人承担与借贷协议的签署、贷款资金的调拨和提取等有关的一系列杂项费用。

4）出口信贷

出口信贷（export credit）是指出口国为了支持本国资本货物的出口，鼓励本国银行为本国出口商或外国进口商（或进口方银行）提供利率较低的贷款。其目的是解决本国出口商资金周转的困难，或满足国外进口商支付货款的需要。出口信贷的主要形式包括买方信贷、卖方信贷、福费廷、信用安排限额、存款安排和混合贷款等。

（二）短期资本流动

短期资本流动（short-term capital flow）是指期限在一年或一年以内的资本通过一定的信用工具实现在国际间的转移。这类信用工具包括银行票据、商业票据、银行活期存款凭证、短期政府债券以及可转让银行定期存单等。由于这些短期资本容易转化为货币，而且不涉及生产要素的转移，没有完整的资本循环与增值过程，具有流量大、流动频繁、复杂多变等特征，因此其可以迅速和直接地影响一国的货币供应量。

金德尔伯格（Kindleberger）将短期资本流动按照投资者的动机分为贸易性资本流动、金融性资本流动、保值性资本流动和投机性资本流动四种类型。

1. 贸易性资本流动

贸易性资本流动又称贸易资金融通，是指国际间贸易往来的资金融通或资金结算引起的国际短期资本流动。为结清国际贸易往来所产生的债权债务，货币资本必然从一国流向另一国，从而形成贸易性资本流动。

2. 金融性资本流动

金融性资本流动是指各国经营外汇的银行和其他金融机构之间的资金融通引起的国际间资本转移。它主要包括套汇、套利、头寸调拨、同业拆借，其目的在于调剂金融机构间的资金余缺，这些都会产生频繁的国际短期资本流动。

3. 保值性资本流动

保值性资本流动又称资本外逃，是指金融资产持有者为了保证资金的安全性或保持其价值不下降，进行资金调拨转移而形成的国际短期资本流动。如某国或某地区政治局势不稳，则可能引起其国内资本或国内的外国资本外流。再如一国经济情况不好，国际收支状况恶化，那么其货币必定趋于贬值，从而引起国内资金向币值稳定的国家移动。另外，如果一国宣布实行外汇管制、限制资金外流或增加某些征税，也可能引起大量资本外流，形成突发性的大规模短期资本流动。

4. 投机性资本流动

投机性资本流动是指投资者利用国际金融市场上利率、汇率、金价、证券和金融商品价格的变化与差异性，进行各种投机活动而引起的国际间资本转移。这种资本流动以获取差价收益即投机盈利为根本目的。这种短期投机性国际资本流动常被称为国际游资或热钱，具有非常强的流动性、敏感性、虚拟性、投机性和破坏性。国际市场上能引起投机性资本流动的因素很多，除了贵金属及证券价格的剧烈波动能引起投资者的极大兴趣外，某些重要商品价格的大幅涨跌也会诱使投机者不断买入卖出，这都形成了短期资本市场上的投机性资本流动。

三、国际资本流动的外部条件和内在原因

对于迅速增长的国际资本流动，除了源于世界经济和各国对外贸易、对外投资的需求以外，还源于国际资本流动的外部条件和内在原因。

（一）国际资本流动的外部条件

国际资本流动，是一种供给与需求关系产生的结果。正因为存在这样的一种供求关系，才从根本上导致了国际资本流动。

1. 资本供给

在国际资本流动中，长期资本流动与短期资本流动的具体原因各不相同，但从总体上看，其动因不外乎两个：一是追求利润；二是规避风险。第二次世界大战后，由于世界经济发展的不平衡，各国资本的预期收益率必然会出现差异，资本追逐利润最大化的本性驱使它从一国流向另一国。若一国资本的预期收益率高于他国，则在其他因素相同的情况下，他国资本便会流入该国；反之，若一国资本的预期收益率低于他国，或者在相同收益率下风险高于他国，则不仅外国资本会从该国抽走，本国资本也会出现外逃现象。

在国际资本流动中，追逐利润并非唯一动机。对投资者来说，还要考虑资本的相对安全性。在某国或地区的风险因素超过投资者所能承受的范围时，资本外流就产生了。因此，任何国际资本的流入流出，都是追求利润和规避风险的权衡结果。也正是因为这两个原因的存在，谋求流动的国际资本始终存在，从而产生了资本供给。

2. 资本需求

资本需求是多方面的，但是发展中国家的资本需求更为明显。在发展中国家，由于国内储蓄不足以支持经济发展或无法满足起飞阶段所需的投资需求，收入不足以支付进口所需的资金，为了开发本国资源、本国新产品、扩大生产能力以及引进先进的技术和管理经验，需要利用外资弥补经济发展的资金缺口，从而形成了对国际资本持续的需求。同时，国际投机者尤其是以对冲基金为代表的机构投机者在进行投机交易时，需要动用巨额资金，对国际资本的投机性需求也是非常大的。

（二）国际资本流动的内在原因

1. 利率

利率水平的高低不仅制约着资本的收益率，而且直接影响资本流动的方向。当今世界各国经济发展程度与富裕程度不一，各国之间的利率水平不同，因而存在利差。资本会在逐利本性的驱动下，从利率较低（可能资本比较充裕）的国家或地区流向利率较高（可能资本比较短缺）的国家或地区，直到利差消失，投资的利润在这个过程中达到最大化。

2. 汇率

汇率的高低和稳定与否也决定着资本的流动，尤其是短期资本的流动。1973 年以后西方发达国家普遍实行浮动汇率制度，汇率波动的频率和幅度增大。如果一国汇率不稳定，当该国资本所有者预期所持资本的价值将发生贬值时，就会把手中的资本或货币资产转换成另一种货币资产存放在国外，从而使资本向汇率较为稳定的国家或地区流动。因此，为了避免贬值造成的损失或为了获得升值带来的收益，投资者会根据对汇率的预期，将资金在不同货币之间进行转换，从而使资本在国际间发生流动。

3. 财政赤字与通货膨胀

财政赤字和通货膨胀在一定条件下是相通的，两者都会引起国际资本流动。如果一国发生的财政赤字以发行纸币进行弥补，则必然会产生通货膨胀压力。一旦发生严重的通货膨胀，居民为避免持有的资产贬值，减少通货膨胀带来的损失，会把国内资产转化为国外资产。如果一国发生财政赤字以出售债券或向外国借款来弥补，也可能导致国际资本流动。因为若居民预期到在将来某个时期政府可能又会靠发行纸币来抵偿债务或通过征收额外赋税来偿付债务，则居民会把手中的资产从国内转移到国外。

4. 政府的经济政策

一国的国际资本流动与该国的宏观经济政策有很大的关系。当一国采取金融自由化政策时，意味着其对资本的流入流出不过多干预，此时国际资本在该国的流入流出往往比较频繁，规模也较大。许多发展中国家为了弥补本国储蓄的不足，制定了许多鼓励外资流入的政策，这对于加快国际资本流动产生了极大的影响。在世界经济萧条或国际经济关系不稳定的时候，国家经济政策对国际资本流动的影响作用会更加明显。

5. 国家风险

国家风险包括政治风险和经济风险。政治风险是指一国的投资气候恶化而可能使投资者所持有的资本遭受损失。投资气候指的是被投资国的政局是否稳定、法律是否健全以及政治态度是否友好等，投资气候的好坏是判断政治风险程度的一个重要标准。经济风险是指一国投资条件发生变化而可能给资本所有者招致的损失。这里所说的投资条件指的是被投资国的经济状况是否良好、经济前景是否广阔、基础设施是否完善、居民与非居民的资产是否安全等。投资条件的好坏是判断投资经济风险程度的一个重要标准。

四、国际资本流动的发展特征

第二次世界大战后，国际资本流动重新走上全球化发展道路，呈现出以下几个重要的阶段性发展特征。

（一）欧洲资本时期（1945 年至 20 世纪 60 年代）

欧洲资本的首要来源是第二次世界大战后大规模的欧洲重建引起的官方资本的流动。美国政府实施的“马歇尔计划”和杜鲁门的“第四援助计划”导致美元大量流入欧洲。在第二次世界大战结束后的很长一段时期内，国际资本流动的主流是大规模的国际援助，以及逐渐复兴的直接投资。欧洲资本的第二个来源是欧洲美元，这一阶段的国际资本流动与欧洲美元的产生和大量使用直接相关。这一阶段美国在官方资本流动中居于主导地位，也是私人资本流动的主体。

（二）石油资本时期（20 世纪 70 年代初至 80 年代初）

这一阶段对国际资本流动产生决定性影响的是 1973～1974 年和 1979～1980 年的石油危机及石油美元的产生。石油美元时期的国际资本流动进一步推动了欧洲资本市场的发展。

（三）债务危机及国际资本流动的收缩期（1982～1987 年）

进入 20 世纪 80 年代，多数中等收入的发展中国家成为债务沉重的借款国，面临着债务还本付息的困难，国际资本流动开始显示出收缩迹象。

（四）全球资本时期（1988 年至今）

1988 年以来，国际资本流动进入了一个全球化发展阶段，其发展呈现出许多新的特征。

1. 筹资证券化导致国际资本流动的结构发生变化

1988 年以来，以国际债券和股票发行为主的直接融资在国际资本市场中逐渐取代以银团贷款为主的中长期间接融资，进而呈现出筹资证券化的特征。20 世纪 70 年代初，银团贷款在国际资本市场的交易中几乎占到 60%～70%。20 世纪 80 年代中期，国际证券的融资规模超过了国际银行的信贷规模，成为国际资本市场的一个转折。目前，筹资证券化在中长期国际借贷中占比越来越高。

2. 发展中国家已成为国际资本流动的重要场所

20 世纪 90 年代以来，发展中国家出现了资本项目开放的浪潮。20 世纪六七十年代资本管制的放松主要是放松对资本流入，特别是直接投资和银行信贷的管制。20 世纪 90 年代不仅对直接投资和银行信贷更加放松，而且对证券资本流入流出也放松管制，开放资本项目的发展中国家不断增多，如东欧国家和苏联各加盟共和国等。这一阶段一些发展中国家经历了由计划经济向市场经济转轨的艰难历程。大多数东欧及波罗的海沿岸国家，在其转轨的初始阶段即走向经常项目可兑换，有些国家，如爱沙尼亚、拉脱维亚、立陶宛实际上建立的是完全可兑换货币，没有资本管制。而俄罗斯和其他苏联国家，由于在苏联解体后维持卢布区的尝试未能成功而遇到了严重的支付问题，从 1994 年初起，随着新货币的引入，这些国家很快接受了《国际货币基金组织协定》第八条款，同时放开了对资本流入的限制。一些 OECD 的国家，如捷克、匈牙利和波兰，放松了对资本流入购买房地产和资本流出进行长期证券投资的限制。

3. *机构投资者已成为国际资本流动的主力*

在主要工业化国家，非银行金融机构所持有的金融资产在 20 世纪 90 年代中期就已超过其 GDP，而在 20 世纪 80 年代初，没有一个国家的机构的金融资产超过其 GDP。世界交易所联合会的统计显示，到 1999 年 1 月底，纽约证券交易所市价总值达 10.5 万亿美元，纳斯达克的市价总值达 3 万亿美元，而同期美国的 GDP 仅为 8 万亿美元。在机构投资者中发展较快的是对冲基金。1990 年全球对冲基金只有 1500 只，资产总额不过 500 亿美元，而到了 2012 年上半年对冲基金已近 1.2 万只，资产总额超过 2.1 亿美元。其中，在美国注册的占到一半以上，管理的资产占对冲基金管理总资产的 30%。很多对冲基金在离岸市场注册，如索罗斯的量子基金便是注册于加勒比海的荷属安的列斯群岛。由于杠杆效应，对冲基金的收益和风险都急剧放大，凭借资金实力及经营的隐蔽性和灵活性，它们对发展中国家外汇市场的冲击是相当大的。

4. *资本流动的规模巨大，相当一部分已经脱离实物经济基础*

国际资本流动规模的扩大，一方面表现为金融资本的增长大大快于世界贸易的增长，且不受经济周期的影响；另一方面表现为在一些经济与贸易并不发达的国家和地区，产生了一大批在国际资本流动中发挥重要作用的离岸金融中心。

5. *官方融资比重下降，私人资本的主导地位不断上升*

国际资本流动从性质或主体结构看，大致可分为政府（官方）和私人两大部门。第二次世界大战后，官方融资在整个国际资本流动中占主导地位，在战后欧洲的恢复、重建和日本经济的崛起过程中更是如此。2015 年以来，官方融资逐年减少，私人资本流动已占全球资本流动的 3/4 以上。国际私人资本扩张主要得益于科技进步和世界经济全球化发展。科技进步提高了企业、公司的盈利能力和水平，为资本积累创造了条件，从而出现了大量资本过剩。世界经济全球化发展则为过剩资本提供了新的跨国投资和盈利机会，特别是许多发展中国家实行市场经济改革和大规模私有化以及放松金融管制，为资本的流入创造了前所未有的条件，从而使私人资本流动的主导地位进一步加强。

6. *长短期资本互相快速转换，国际资本流动的期限结构日益模糊*

国际资本流动通常被划分为长期资本流动和短期资本流动进行考察，主要关注规模、方式和流向。显然，这两类资本流动的动机、目的以及对一国国际收支平衡乃至整个世界经济金融稳定与发展的影响是不同的，对其监管的要求和认知程度也不一样。人们对长期资本流动基本上是肯定、支持、欢迎和鼓励的，而对短期资本流动往往是关注、警惕甚至设法限制。但是，随着全球金融与贸易管制的放松，金融创新层出不穷，尤其是金融产品创新和资产证券化，使得国际资本流动中长短期资本相互转化既方便迅速又极为频繁，如大额定期存单、货币与利率互换、票据贴现与展期以及各种基金运作等，从而使国际资本流动的期限结构日趋模糊。现实经济生活中，已经很难明确区分长期资本流动和短期资本流动。同时，大量短期资本经常混杂在国际贸易或长期资本中一起流动，监管难度和成本也越来越高。

五、国际资本流动的影响

（一）国际资本流动的积极影响

1. 国际资本流动可以调节一国的国际收支

资本流入意味着本国外汇收入，资本流出则意味着本国外汇支出，因此资本流动具有调节国际收支的作用。长期资本流动的影响更为突出，长期资本流入不仅可以增加东道国的外汇收入，而且可以改善东道国的投资能力，扩大生产和增加出口，从而起到改善国际收支的作用。

2. 国际资本流动可以缓和各国的内部与外部冲击

国际资本流动可以缓和内部冲击与外部冲击的原因在于，资本输出有带动出口贸易发展的作用，而资本输入则能使资本输入国获得进出口贸易的资金融通，从而有利于进出口贸易的扩展。出口贸易规模的扩大能使本国更多的商品销往国际市场，使资本再循环顺畅进行，有助于缓和经济衰退和经济危机。进口贸易的正常进行与发展，有助于缓解自然灾害造成的商品短缺。IMF 发放的出口波动补偿贷款①、缓冲库存贷款②和石油贷款③都是为缓和国际商品市场价格波动对其成员方造成的冲击而设立的。

3. 国际资本流动可以促进全球经济效益的提高

国际资本流动促进全球经济效益提高的原因在于：①资本流动大多伴有生产要素的转移，这有利于生产要素在全球范围内的合理配置，能产生较高的经济效益；②伴随资本流动而发生的是先进的技术和管理知识的扩散与传播，有利于促进全球经济效益的提高；③资本流动推动了国际分工的深化。资本流动会带动资本输出国出口贸易与国民收入的增加，同时缓解资本输入国的资金短缺并创造就业机会。各国国民收入的增加又反过来促进国际贸易的扩大和国际经济联系的加强，增强了各国之间经济的互相依存和经济合作关系，从而推动国际分工在全世界范围内展开，有利于提高全球经济效益。当然，这种经济影响主要是针对长期资本流动而言的，短期资本流动一般不具有这样的效益。

---

① 出口波动补偿贷款是 IMF 于 1963 年 2 月创立的，旨在为初级产品出口国因出口收入下降而引发国际收支困难所发放的贷款。

② 缓冲库存贷款是 IMF 为稳定初级产品（锡、可可糖、橡胶等）的市场价格于 1969 年 6 月设立的专项贷款。这项贷款用于资助初级产品生产国建立缓冲库存，为其提供经营费用或偿还短期负债。

③ 石油贷款是 IMF 于 1974 年 6 月至 1976 年 5 月，专为解决成员方因 1973 年石油涨价出现国际收支困难而设立的临时性贷款。

4. 国际资本流动可以加速各国经济的国际化进程

第二次世界大战后，资本流动国际化已经形成趋势，尤其是资本流动国际化的外部环境与内部条件不断充实，如全球金融市场的建立与完善、高科技的发明与运用、新金融主体的诞生与金融业务的创新，以及知识的累积、思维的更新等都使资本流动规模大增、流速加快、影响更广，而其所创造的雄厚的物质基础又反过来推动生产国际化与市场国际化，使各国经济在更广的空间、更高的水平上发展。

（二）国际资本流动的消极影响

1. 国际资本流出/入易造成一国货币及对外收支的混乱

短期资本流动在这方面的消极影响最为明显。短期资本的大量流入，会导致资本输入国利率水平降低和通货膨胀加剧；短期资本的大量流出，会导致资本输出国利率水平升高。另外，短期资本的大量流入流出，会加剧有关国家的收支不平衡并引起汇率的剧烈波动。因此，短期资本的流动使当事国稳定汇率、平衡国际收支及控制通货膨胀的目标难以实现，也是造成国际金融形势动荡不稳的一个重要原因。

2. 国际资本流出不利于本国经济的发展

在货币资本额一定的条件下，大量的资本输出会使本国国内投资下降，国内就业机会减少，国内财政收入降低，对本国经济发展造成压力。另外，资本输出会导致先进技术及投资所产生的生产率提高与产品质量改进等经济效益转移到资本输入国，从而培养和造就贸易竞争对手。

3. 国际资本流入会使东道国陷入经济附庸的境遇

利用外国直接投资虽然有助于加速资本输入国的经济发展，但如果资本输入国缺少正确的政策、管理不善、使用不当，不仅会使本国资源遭到掠夺，无法建立自己的优势产业，而且可能会使本国的部分行业，甚至国家的经济命脉受到外国垄断资本的控制，国家主权受到侵犯，处于依附发达国家的地位。

4. 易造成东道国外债负担加重导致其陷入债务危机

对资本输入国来说，除外国的直接投资以外，流入的所有其他类型的资本都属于外债，都需还本付息。如果外债金额过大，超出了本国还本付息的能力，则会陷入债务危机的困境之中。

六、国际资本流动的管理

IMF 原则上不限制成员方管制资本流动的自由，因此，各成员方有权自主决定对资本流动的管制程度和措施。国际资本流动虽然总体上利大于弊，但是其带来的负面影响也不容小觑。各国在制定政策时都应以有利于本国经济发展为依据，对于国际资本流动的态度和政策也应“因国而异，因时而异”。

（一）鼓励资本输出的措施

各国鼓励资本输出的措施包括：①资本输出国放宽对资本流动的外汇管制，允许资本自由流出；②本国以对外援助为手段，通过外交政策予以支持；③设立专门的机构提供财政信贷资金，支持本国企业海外投资；④通过减免税收鼓励本国企业海外投资，制定海外投资风险保障制度。

（二）鼓励资本输入的措施

各国鼓励资本输入的措施包括：①东道国努力改善投资环境，提供税收优惠，吸引、鼓励和引导外商投资；②东道国放宽外汇管制，为资本投资者提供融资便利和各种金融服务；③东道国提高金融市场的开放程度和交易自由度，扩大国际证券融资；④政府引导外资投向，优化外资结构，提高外资使用的质量和效益。

（三）管制国际资本流动的措施

各国管制国际资本流动的措施包括：①根据宏观经济状况实行外汇管制，必要时政府干预金融市场，防止投机行为；②通过颁布各种限制性政策、条例和法令，对资本流动进行必要的限制和干预；③对于银行采用限制性贷款的方式，将借款与出口创汇联系起来；④根据本国经济发展的需要，自身还债能力的情况，设立外债偿还能力临界点；⑤促进各国国内政策的协调，加强国际间的相互协调合作。

七、国际资本流动与国际金融危机

（一）国际资本流动引起国际金融危机的主要机制

从经验事实来看，在经济金融开放的背景下，几乎所有的大型金融危机背后都存在着国际资本流动的影响。一般而言，国际资本的大规模流动可能对金融稳定产生一定的不利影响，从而引发国际金融危机，其主要机制包括以下几个方面。

1. 国际资本外逃导致金融市场不稳定

当金融危机发生时，国际资本会大量从东道国撤离，引发东道国资产价格泡沫破灭，微观经济主体的资产负债表恶化，影响其偿还贷款的能力，导致银行呆账与坏账大幅度上升。银行为了抵御风险，会实行紧缩的信贷政策，而信贷紧缩的直接后果就是以银行为主要资金来源的企业财务状况恶化，从而面临倒闭和破产的局面，这会进一步导致银行的不良贷款上升，从而形成“信贷紧缩—不良贷款”的恶性循环。同时，资产价格的下跌也会加速国际资本的外逃，从而导致利率上升、汇率不稳定、国际收支失衡等一系列不良后果。此时，东道国政府会动用本国的外汇储备干预外汇市场，以维持本币汇率的稳定。但外汇储备的明显下降会动摇投资者对政府维持汇率稳定能力的信心，从而造成进一步的国际资本外逃。

2. FDI 撤资对金融稳定的负面影响

在传统观点下，FDI 一般被认为是相对稳定的引资方式，但随着经济全球化和金融自由化的发展，很多因素使得 FDI 的稳定性下降。特别是在金融危机发生时，虽然厂房和设备等不易流动，但投资者可以将其资产作为抵押向银行取得贷款，再通过资本运作将这部分资金汇往国外，从而实现 FDI 的实质性撤资，将金融风险转嫁给东道国银行。同时，新兴市场国家的 FDI 近年来越来越多地流向第三产业，但第三产业 FDI 大多是市场需求型的，很难直接赚取外汇，而在设备进口和利润汇回等项目上又会形成对外支付。并且，随着盈利的不断持续，利润汇回的总额将会很快超过 FDI 的初始流入额，从而对东道国国际收支产生负面影响。

3. 国际证券投资对金融稳定的负面影响

当国际资本流动表现为证券投资时，由于这一形式的短期资本波幅最大并且最不稳定，往往会加大东道国证券市场的波动。新兴市场国家的证券市场一般发育程度较低，当其开放本国证券市场时，更容易受到外部风险的冲击。特别是在金融危机时，证券投资最容易表现出逆转性，当投资者预期资产价格缩水时，便会迅速撤回资本，从而对东道国金融市场产生极大冲击。

4. 大规模国际资本流动的溢出效应给金融稳定带来的不利影响

当金融危机发生时，一国由于其自身市场流动性不足，会迫使金融中介清算其在其他市场上的资产，从而通过国际资本流动的渠道产生溢出效应。这会造成与其具有密切金融关联的国家市场流动性不足，引起相关国家的资本大规模外逃，使资本流出国的资产价格和汇率产生波动，加剧金融溢出效应。

5. 共同贷款者效应引发的大规模国际资本流动导致金融危机的传染

跨国银行一般会为多个国家和地区提供贷款，但当其中一个国家发生金融危机，导致金融资产价格下跌和偿债能力下降，使得跨国银行在该国的投资发生损失时，为了提高资产质量、恢复资本资产比率以满足监管要求，作为共同贷款者的跨国银行会收缩对其他国家的贷款。随着这一过程，会产生大规模的国际资本流动，对这些国家的金融市场产生冲击，引发货币危机和银行危机，从而使金融危机在国际传递。

6. 国际债务结构不合理引发的金融不稳定

新兴市场国家在面对资本稀缺对经济发展的制约时，往往选择对外举债，但逐步扩大的债务规模最终会带来过度信贷综合征的现象。在国际债务中，大多以短期外债为主，但通过金融机构的运作，这些短期外债被转化为国内的长期贷款，由此就造成了短期外债和国内长期贷款的结构和期限错配。同时，在经济过热时，以外币为主的债务会不断增加，而一旦受到外部冲击导致本币贬值，借款者无力偿还贷款，则会导致银行的不良贷款急剧上升，银行系统的稳定性受到冲击。

（二）国际金融危机概述

回溯历史，从 17 世纪荷兰的“郁金香泡沫”破灭到 2010 年欧洲主权债务危机爆发，这期间，20 世纪爆发了多次金融危机，具有典型代表性的包括：20 世纪 30 年代的世界经济大萧条、60 年代的英镑危机、80 年代的拉丁美洲债务危机、90 年代的亚洲金融危机。进入 21 世纪后的短短 20 年间，爆发了 2007 年的美国次贷危机、2008 年的国际金融危机、2010 年的欧洲债务危机。这些频繁发生的金融危机成本巨大、影响深远，而且朝着越来越复杂的形态转变。如 20 世纪 30 年代的世界经济大萧条过后，世界大战随即爆发；20 世纪 80 年代的拉丁美洲债务危机过后，经济陷入长期停滞；20 世纪 90 年代的亚洲金融危机过后，经济滑坡和社会矛盾接踵而至。除了这些具有典型代表性的金融危机外，2008 年 IMF 的统计数据显示，从 20 世纪 70 年代以来，世界范围内共发生 124 起银行危机，208

起货币危机，63 起债务危机。在某些国家，银行危机、货币危机和债务危机不断出现，给实体经济带来了毁灭性打击。

表 7.1 列举了自荷兰“郁金香泡沫”到 2010 年欧洲主权债务危机近 400 年间发生的主要国际金融危机，这有助于我们从历史维度来审视全球范围内的金融危机。进入 20 世纪以来，金融危机的发生频率明显增加，几乎每隔 10 年就会发生一场世界瞩目的金融危机，横扫了包括发达国家和发展中国家在内的全球主要经济体。

表 7.1 17～21 世纪主要国际金融危机

时间	地区	事件描述
17 世纪 30 年代	荷兰	“郁金香泡沫”是人类历史上第一次有记载的金融泡沫。16 世纪中期，郁金香从土耳其引入西欧，不久后成为时尚。17 世纪 30 年代，人们购买郁金香不再是为了观赏，而是期望从价格上涨中获利。1636 年，郁金香在阿姆斯特丹及鹿特丹股市上市，在附近的欧洲股市也有交易，有的甚至推出了期权，分割成细股，使投机者可以买到几分之一的郁金香。通过期权，获利可放大 100 倍。当近乎全民崇拜的疯狂达到顶点时，荷兰政府开始采取刹车行动，同时由土耳其运来的郁金香也大量抵达，忽然之间郁金香不再稀有，其价格在六个星期内的跌幅达到 90%，很多股市无法完成交割，荷兰政府只好宣布这一事件为赌博事件，豁免交割，这才结束了这一场疯狂的“郁金香泡沫”。关于这场泡沫的详细记载中，我们几乎可以看到所有与金融危机相关联的基本元素：价格泡沫、投机狂热、过度杠杆、金融创新以及意外事件的冲击等
1719～1720 年	法国	1719 年法国出现了著名的“密西西比泡沫”金融危机。从 1719 年 5 月开始，法国股票价格连续上升了 13 个月，股票价格从 500 里弗尔上涨到 1 万多里弗尔，涨幅超过 20 倍。但在无可避免的通货膨胀压力下，法国股市从 1720 年 5 月开始崩溃，连续下跌 13 个月，跌幅达到 95%。这一事件的关键人物是被称为“天才加骗子”的一代怪杰约翰·劳。接受过良好政治经济学教育的约翰·劳坚信“增发银行纸币→换成股票→最终可以抵消国债”的逻辑，结果却缔造了历史上一次巨大的金融泡沫。如果说荷兰的“郁金香泡沫”基本上是民间投机炒作的话，那么法国的“密西西比泡沫”就有着明显的官方背景。“密西西比泡沫”的破产连累“银行”这个名词在法国被诅咒了一个世纪
1907～1908 年	美国	1907 年 3 月，美国爆发了交易所危机。1907～1908 年，美国破产的信贷机构超过 300 个，共负债 3.56 亿美元，另外还有 2.74 万家工商企业登记破产，共负债 4.2 亿美元。随着恐慌加深，储户一窝蜂地拥到各家银行提款。1907 年危机导致的失业人数最多时达到 500 万之多。危机波及了世界许多国家，加剧了英德、法德之间的矛盾，第一次世界大战在危机中酝酿
1929～1933 年	美国	1929 年 10 月 29 日，纽约证券交易所里所有的人都陷入了抛售股票的旋涡之中，这是美国证券史上最黑暗的一天，其影响波及美国、西方国家乃至全世界。这场发端于 1929 年并持续到 1933 年的金融经济危机，无论是从深度还是从广度上看，都是史无前例的。此后，美国和全球经济进入了长达 10 年的世界经济大萧条时期
1948～1949 年	美国	这次危机在美国经历战后短暂繁荣后突然爆发。危机期间，美国工业生产指数下降了 10.1%，失业率达到 7.9%，道琼斯工业股票的平均价格下降了 13.3%。这场危机导致了著名的“马歇尔计划”的出台
20 世纪 60 年代	英国	第二次世界大战后，尤其是从 20 世纪 60 年代开始，英镑危机日益频繁和深化。英镑区许多国家的货币脱离了与英镑的关系，改与美元挂钩，外汇储备也部分改用其他货币
20 世纪 80 年代	拉丁 美洲	20 世纪 70 年代，拉丁美洲国家的债务迅速膨胀。1981 年，墨西哥到期的公共债务本息达到 268.3 亿美元，由于无力支付本息，墨西哥政府不得不在 1982 年夏宣布无限期关闭汇兑市场，暂停偿付外债等措施，债务危机爆发。此后，巴西、阿根廷、秘鲁等国家也相继爆发危机
20 世纪 80 年代	日本	20 世纪 80 年代，日本的房地产和股价持续上涨，股价平均每年上涨 30%，大城市地价平均上涨了 3～4 倍。1990 年末，股市和房地产价格开始大幅度下跌，到 1992 年已比 1989 年高峰时期下跌了 50%以上。房地产和股价暴跌使企业和居民资产缩水，投资和消费倾向明显减弱
1992～1993 年	欧洲	20 世纪 90 年代初，两德合并。为发展东部经济，德国于 1992 年 6 月将贴现率提高至 8.75%，结果德国马克汇率开始上升，引发欧洲汇率动荡。1992 年 8 月，欧洲货币体系中的意大利里拉、英镑、西班牙比塞塔、葡萄牙埃斯库多和爱尔兰镑等货币首先遭受攻击。1992 年 9 月 17 日，欧洲共同体财政官员宣布意大利里拉、英镑脱离欧洲货币汇率机制自由浮动。欧洲货币体系危机持续了一年多的时间

续表

时间	地区	事件描述
1994～1995年	墨西哥	1994年12月20日，墨西哥突然宣布比索对美元汇率的波动幅度扩大到15%，经济中的长期矛盾积累，触发了市场信心危机，人们纷纷抛售比索。1995年初，比索贬值30%，股市随之下跌。为稳定货币，墨西哥大幅提高利率，结果国内需求减少，企业大量倒闭，失业率剧增
1997～1998年	亚洲	1997年7月2日，泰国宣布放弃固定汇率制度，实行浮动汇率制度，泰铢对美元的汇率下降了17%。1998年10月23日，香港恒生指数大跌，下半年日本的一系列银行和证券公司相继破产。这场危机迅速波及亚洲其他国家和地区，尤其是韩国和日本，并蔓延至东欧和拉丁美洲
1997～1998年	俄罗斯	1997～1998年，俄罗斯发生了四次金融危机（1997年10～11月，1998年1月、5月、7～8月），一次比一次严重，1998年8月，股价比1997年10月高峰时下跌94%，卢布贬值75%，半数银行关门
2007～2008年	美国	2007年，美国发生了一场次级抵押贷款机构破产、投资基金关闭、股市剧烈震荡引发的金融风暴——次贷危机。次贷危机于2006年春逐步显现，至2007年8月，危机已经席卷美国、欧盟和日本等世界主要金融市场。全球范围内参与次级债交易的各方因此蒙受了巨大损失。2008年次贷危机演变为国际金融危机
2010～2012年	欧洲	2009年12月，希腊的主权债务问题凸显，三大国际评级机构先后调低希腊的主权信用评级，致希腊主权债务危机爆发。2010年3月进一步发酵，爱尔兰、葡萄牙、意大利、西班牙等国家也开始陷入危机，债务危机在欧盟迅速蔓延。受危机影响，市场出现恐慌，欧元遭到大肆抛售，欧洲股市暴跌，整个欧元区面临严峻的考验

从表7.1金融危机的历史演变趋势来看，可以发现：①债务的累积和流动性问题几乎伴随着所有的危机事件，这说明过度负债和流动性枯竭一直在金融危机中扮演着重要角色；②资产价格泡沫从20世纪80年代以来越来越频繁地出现于各类危机事件中，成为现代金融危机的重要特征之一；③伴随制度转变的危机逐渐增多，尤其是在20世纪90年代的主要危机事件中几乎都可以看到制度转变的影响；④20世纪90年代以后，危机的国际传导呈现出上升趋势。

现代金融危机与金融自由化和金融全球化密切相关。在20世纪70年代现代金融体系基本建立的背景下，由金融自由化和金融全球化推动的现代意义上的金融危机具有以下几个基本特征：①随着金融创新越来越频繁，金融创新和金融危机之间的关系越来越紧密；②伴随金融开放和金融自由化的发展，危机频繁发生；③在通货膨胀得到较好控制的背景下，信贷扩张在特定领域（如房地产）的集中导致资产价格泡沫愈演愈烈，成为导致现代金融危机的主要路径；④全球金融一体化和全球产业链的转移分工，使得国家间的相互依赖性加强，金融危机的全球感染范围在迅速扩大；⑤在全球金融资本投机性大大增强的背景下，国家的金融控制力在一国的金融稳定中扮演着重要角色。

（三）金融危机的概念和类型

1. 金融危机的概念

根据《新帕尔格雷夫经济学大辞典》的定义，金融危机是指一个国家或几个国家与地区的全部或大部分金融指标，如短期利率、资产价格（包括证券、房地产、土地）、商业破产数和金融机构倒闭数，急剧、短暂和超周期地恶化。金融危机的一般特征是国内出现货币大幅度贬值或通货膨胀、资本外逃、股市暴跌、大量企业倒闭、失业率提高，正常信用关系遭到破坏；经济总量与经济规模出现较大损失、社会出现普遍的经济萧条，有时甚至伴随着社会动荡或国家政治局面动荡。

2. 金融危机的类型

金融危机通常可以划分为货币危机、银行危机、系统性金融危机以及债务危机四种类型。IMF 在 1998 年 5 月的《世界经济展望》中给出了四种类型危机的定义。

1）货币危机

货币危机是指一国货币的汇率受到攻击，该国货币出现大幅度贬值，迫使该国当局为捍卫本币动用大量国际储备或迅速提高市场利率从而引发的危机。

2）银行危机

银行危机是指银行不能如期偿付债务，或迫使政府出面提供大规模援助，以避免违约现象的发生。银行危机极易扩散到整个金融体系。

3）系统性金融危机

系统性金融危机通过削弱市场功能的有效性对金融市场造成潜在的严重破坏，使真实经济体产生严重的不良后果。系统性金融危机涵盖面广，是波及整个金融体系乃至整个经济体系的危机。系统性金融危机必然包含货币危机，但是货币危机不一定会发展成系统性金融危机。

4）债务危机

债务危机是指一国无力偿还国外债务（主权债务或私人债务）而导致的危机。

近年来发生的金融危机越来越呈现出混合危机的特点，本书重点介绍货币危机和债务危机。

第二节　货币危机

一、货币危机的概念

除了上述 IMF 的定义外，不同学者分别从广义和狭义两个角度定义了货币危机。从广义的概念看，货币危机是指一国货币的汇率变动在短期内超过一定幅度（有的学者认为该幅度为 15%～20%）[①]。从狭义的概念看[②]，货币危机是指市场参与者通过在外汇市场抛售一国货币，致使该国固定汇率制度崩溃和外汇市场持续动荡的事件。因此，无论是从广义还是狭义看，货币危机的一个明显特征就是本国货币大幅贬值。如果货币贬值预期引起的投机性攻击使得一个采取固定汇率制度的国家或地区放弃固定汇率制度，或者使得采取浮动汇率制度的国家或地区的货币大幅度贬值，我们就认为发生了货币危机。

IMF 在 1998 年 5 月的《世界经济展望》报告的数据显示，53 个国家在 1975～1997 年共

---

① 不同的学者对货币危机的定义并非完全一致。弗兰克尔和罗斯通过货币的名义汇率变化来定义货币危机，他们认为，当某种货币的年贬值率超过 25%，并且该贬值率比前一年的贬值率高 10%时，该国在当年就发生了货币危机。卡明斯基和莱因哈特则通过货币汇率、外汇储备以及利率的加权变化来定义货币危机。

② 如果没有特殊说明，本章所讨论的货币危机是指狭义的货币危机。

经历了158次货币危机，其中22个发达国家发生了42次，31个发展中国家发生了116次。

二、货币危机产生的原因

(一)投机性资本流动

当一国爆发货币危机时，如果国内并不存在经济或政治因素的恶化，那么这一危机通常是由国际投机性资本流动带来的投机性冲击引起的。一般来说，投机性资本流动是引发货币危机的直接原因。

国际投机性资本流动具有以下特点：①从期限上看，国际投机性资本都是短期资本；②从动机上看，国际投机性资本追求的是短期高额利润，而非长期利润；③从活动范围上看，国际投机性资本并无固定的投资领域，而是在各金融市场上迅速移动，它们可以在黄金市场、房地产市场、艺术品市场以及其他投机性较强的市场上频繁转移；④对经济和政策的各种变动极为敏感，资金流动的反复性大，具有较强的投机性；⑤受心理预期因素影响突出，这些预期有时是建立在经济基础上的，有时纯粹是未经证实的信息和谣言导致的。

(二)以投机性冲击为目的的投机策略

投机者利用各类金融工具的交易（如即期交易、远期交易、期货交易、期权交易、互换交易等）同时在各类市场（如外汇市场、证券市场以及各类衍生产品市场）上做全方位的投机，构成了立体投机策略。

在典型的投机性冲击策略中，使用得最多的是对冲基金。对冲基金也称避险基金或套期保值基金，是指投机性的投资公司利用各种金融衍生工具建立资产组合以求获利的金融基金。对冲基金的特点有：①经常脱离本土在境外活动。②高杠杆性。杠杆率高达30～50倍，其在交易中的负债比率非常高，往往从银行或金融市场借入远超其资本数量的资金进行投机活动。③私募性。对冲基金属于私募基金，因而与共同基金和养老基金相比，其受到的监管较少，无须进行严格的信息披露。④大量从事金融衍生工具交易。由于在金融衍生交易中只要少量的保证金就可以进行交易，故对冲基金获得了远超其实力的对市场的控制力。这些特点使得对冲基金的投机成分浓厚，成为在国际金融市场上兴风作浪的急先锋。如1992年的欧洲货币体系危机和1997年的亚洲金融危机就是对冲基金的投机活动直接引发的。

三、货币危机的防范与控制

(一)选择合适的汇率制度和汇率政策

在资本高度流动的条件下，有条件的国家和地区应选择富有弹性的汇率制度，这对提高本国竞争力，及时释放金融风险压力是非常必要的。汇率制度的选择是金融当局必须谨慎考虑的问题。金融市场尚未完善的发展中国家应该建立适当灵活的管理浮动汇率制度以支持本国货币政策的自主性和有效性，通过汇率浮动增加外汇投机者的风险，从而阻止国外投机性资本进入国内，减弱国外资本流入引起的国内通货膨胀压力，保持宏观经济的稳定。

（二）建立健全金融体系，加强金融监管

1. 金融监管的内容

1）预防性管理

预防性管理包括行政管理和预警制度。行政管理以市场准入为核心，包括金融机构及其分支机构的设立、组成、命名、变更、合并、停业、复业或破产，以及所有权、管理人员、业务范围等。预警制度包括业务限制、监督管理资产负债结构和资产负债表外业务等。

2）保护性管理

保护性管理包括存款保险制度和中央银行最后贷款人制度等。存款保险制度是指参保的金融机构出现经营危机或面临破产倒闭时，可以获得存款保险机构的财务救助或其直接向存款人支付部分或全部存款，从而达到保护存款人利益，维护银行信用，稳定金融秩序的目的。最后贷款人制度能确保中央银行在金融恐慌来临时维持流通中的货币总量，保障经济金融的正常运转。

2. 金融监管的方式

1）调控管理

调控管理是指一国金融监管当局通过宏观调控工具（如基准利率、汇率、再贴现率等，若加上财政部门，则还有税率等）、调整法规、动用资金干预市场等，影响金融机构的经营行为、投资者的投资行为和金融市场的动向，防止经济泡沫的过度膨胀。

2）稽核管理

稽核管理是指一国金融监管当局对金融机构经营的合法合规性、业务经营状况等进行监督控制，主要有现场稽核、非现场稽核和外部审计（信息鉴证、法定审计和监管审计）。

（三）谨慎开放资本市场

根据国际经验，实现资本项目可兑换需要较长的准备时间，即便如法国、意大利、日本等发达国家，也是在实现经常项目可兑换的二十多年之后，才完全取消对资本项目的管制。发展中国家全面开放金融市场时，至少应具备以下几个条件：①比较成熟的国内市场；②比较完善的法规制度；③熟练的专业技术人员；④比较丰富的管理经验；⑤有效的政府管理机构和灵活机动的应变机制；⑥与金融开放相适应的市场经济体制和发展规划；⑦一定的经济实力，如足够的国际储备、充分的支付能力和有效的融通手段及能力等。

我国金融市场的对外开放应严格依据我国国情，根据需要和可能，实行必要而适当的准入、监管和退出管理。根据国家综合国力和法律的完善程度、管理当局的监管能力和管理效率，适度调整包括外汇管理在内的金融管理制度，但决不能完全放开外汇和金融管理制度。

（四）确立合理的外资投向结构和方向

首先，一国必须制定明确的引进外资的政策和法规；其次，建立有利于经济稳定的外资结构，在积极引导 FDI 的同时，限制短期投机性资本流入；最后，加强对资本流入流出的审查和监管，逐步开放国内资本市场。

（五）控制举借外债的数量，提高使用外债的质量

一国政府要根据经济发展的需要、经常项目的收支状况、还本付息的能力，确定引入外资的总规模，坚持外债规模与国内经济发展水平和国际收支状况相适应的原则。同时，加强对外债使用方向的宏观调控，调整举债和吸引外资的结构。

（六）建立风险转移机制

首先，一国必须建立存款保险制度；其次，建立不良债权的担保抵押机构，降低金融机构坏账；最后，通过立法迫使银行解决坏账问题。

（七）夯实经济政治基础

首先，一国应该优化产业结构，使出口多元化，不断提高劳动生产率，提高企业及产品在国际市场上的竞争力；其次，促进和扩大内需；最后，确保政治与社会稳定。

四、货币危机理论

学者围绕货币危机的爆发与国际游资的关系进行研究，产生了三代货币危机模型。

（一）第一代货币危机模型

第一代货币危机模型始于 20 世纪 70 年代，由克鲁格曼（Krugman）在 1979 年提出。他认为，货币危机源于政府的宏观经济政策和固定汇率制度之间的矛盾，即过度扩张的货币政策与财政政策（财政赤字的货币化政策）和维持固定汇率目标之间存在着根本性的不协调。当一国政府预算存在持续的财政赤字时，中央银行会通过发行大量的货币来弥补财政赤字，随着财政赤字的货币化，国内物价水平持续上涨。当该国通货膨胀率高于国外水平时，本币面临贬值压力。为了维持固定汇率，中央银行只能动用外汇储备。一旦外汇储备接近耗尽，投机者就会对该国货币发起冲击，迅速消耗掉外汇储备之后，迫使中央银行放弃固定汇率制度，本币汇率迅速贬值，货币危机随即爆发。

第一代货币危机模型指出，危机的根本原因在于宏观经济基础变量的恶化，包括过度扩张的货币政策与财政政策、实际汇率升值、经常项目恶化等。该模型较好地解释了 20 世纪 70～80 年代的货币危机，突出强调了与固定汇率制度相矛盾的宏观经济政策主要是扩张性的财政政策，它最终将不可避免地导致外汇储备耗尽，从而导致固定汇率

制度崩溃，这一点和大量的经验事实是相吻合的。该模型的特点还在于，在现实中很多货币危机都是国内经济政策和固定汇率制度的不协调引发的。第一代货币危机模型对这种不协调做了高度的理论抽象，因而适用于分析各种因这种不协调而爆发的危机。另外，该模型还表明，投机者在短期内大量抛售本币并非一种非理性行为，也不是市场受到操纵的结果，它是一国经济形势发展到一定阶段的合乎逻辑的结果。但是，这个模型的高度简化使其存在以下缺陷：①假定的政府政策太机械，只是增加货币发行。②假定的中央银行干预市场的方式太简单，只是外汇买卖。事实上政府可以改进财政政策，中央银行可以采取紧缩的货币政策，如提高利率来保护汇率等。③将财政赤字以及因弥补财政赤字而进行的货币扩张作为危机爆发的几乎唯一的原因，但现实比这要复杂得多。如亚洲金融危机在初始阶段，政府的财政赤字微不足道甚至存在盈余，这与该模型的前提完全相反。

（二）第二代货币危机模型

第一代货币危机模型对于 20 世纪 70 年代所发生的一系列危机给出了比较准确且适合的解释，然而，面对 1992～1993 年的欧洲货币体系危机、1994 年的墨西哥危机，却难以给出完美的解释。因为许多发生货币危机的国家在危机爆发前并没有明显的财政或货币扩张。而且在危机发生两年后，这些国家货币的币值又恢复到了危机发生前的水平。第二代货币危机模型最早由奥伯斯特菲尔德（Obstfeld）在 1996 年提出，它与第一代货币危机模型在本质上是相同的，都将危机爆发的原因归结为国内经济政策同维持固定汇率的对外经济政策的矛盾。两个模型的差别在于，第二代货币危机模型更注重货币政策以及强调货币危机预期自我实现的性质，其基本假定是：①存在促使货币当局捍卫固定汇率的动机；②存在促使货币当局放弃固定汇率的动机；③市场的预期最终导致政府放弃固定汇率制度。事实上，货币当局如何行动取决于对维持固定汇率制度利弊的权衡，但是，当市场预期汇率贬值的时候，捍卫固定汇率的成本将大大增加，最终促使货币当局放弃固定汇率制度。

由于捍卫固定汇率成本巨大，迫使货币当局放弃固定汇率制度的可能因素有：①本国经济萧条，存在较高的失业率。为了刺激经济、降低失业率，政府希望采用扩张的货币政策，但在固定汇率制度下无法实现。②本国有巨大的外债，货币贬值可以减轻实际的债务。

市场预期汇率贬值之所以导致政府放弃固定汇率，是因为当市场预期汇率贬值的时候，捍卫固定汇率的成本会随着人们预期的加强而提高。市场参与者会在经济决策时将预期因素考虑进去，投机者也会尽量提前大量抛售本币，由此使得政府捍卫固定汇率的成本提高，最终放弃固定汇率制度。因而，预期本身就是汇率危机的直接原因。

第二代货币危机模型在强调各种宏观因素构成的经济基本面的基础上，还指出政策和经济之间具有互动性。经济政策并不是事先决定的，而是随着经济状况的变化而变化，市场参与者在形成预期的时候会将这种关系考虑在内。同时，市场参与者的预期与行动将会影响货币当局的政策制定。这种相互关系使得即使宏观经济基础变量没有发生变化，预期的突然变化也会带来政策的变化，导致汇率的崩溃，经济从一个与固定汇率协调的平衡点，转移到另一个与崩溃后的汇率相协调的平衡点。第二代货币危机模型指出即使不存在不断恶化的经济基础，危机也有可能发生。

（三）第三代货币危机模型

第三代货币危机模型是在1997年亚洲金融危机以后发展起来的。该模型强调了以往危机理论所忽视的一个现象，在新兴市场经济国家中，普遍存在道德风险问题。麦金农和克鲁格曼认为，在新兴市场经济国家中，危机的爆发始于经济泡沫的破裂，根源在于金融上层建筑的过度扩张导致了经济泡沫，而金融上层建筑的恶性膨胀源于经济中普遍存在的道德风险；普遍存在的道德风险归因于政府对企业和金融机构的隐性担保，以及政府同这些企业和机构的裙带关系。在政府的隐性担保下，或者在企业和金融机构与政府官员相勾结的情况下，企业和金融机构肆无忌惮地大量借取外债，同时，它们借取资金的投向又极不谨慎，大量资金投到了容易产生泡沫的股票市场和房地产市场，从而促使资金价格膨胀，泡沫由此产生。当泡沫破裂或行将破裂时，国外贷款人以及投资者就会因对该国经济金融状况的担心而将资金抽回，从而引发大规模的资本抽逃。这种危机已经不仅仅是单纯的国际收支危机，国内包括银行部门在内的金融机构都将面临资产价格剧烈下跌造成的大量不良贷款的压力，进而引发全面的危机，包括银行危机、金融危机、社会危机和政治危机。

从上述三种货币危机模型中可以看到，受国际游资攻击的国家普遍存在经济发展的失衡，正是这种失衡给国际游资创造了投机攻击的基础和可能性，而受害国政策上的失误则为国际游资提供了合适的攻击时点和途径。

第三节　国际债务危机

国际资本流动在促进全球经济与贸易发展的同时，也隐藏着一定程度的风险，特别是中长期资本流动管理不当可能加大违约风险，导致国际债权债务关系不能如期了结。当债务负担超过借款国自身的清偿能力，导致其无力还债或必须延期还债时，就会引发债务危机。在第二次世界大战后，随着国际资本的大规模流动，债务危机屡屡发生，其中影响最广泛且最具典型代表性的有两次，分别是20世纪80年代初爆发的拉丁美洲债务危机和2009年底爆发的欧洲主权债务危机。

一、国际债务概述

（一）国际债务的概念

国际债务（international debt）又称外债（external debt），是指在任何给定的时刻，一国居民欠非居民的已使用但尚未清偿的具有契约性偿还义务的全部债务。

国际债务的概念应该从以下四个方面把握：①它是居民与非居民之间的债务，债权方是本国非居民，债务方是本国居民；②它是具有契约性偿还义务的债务，国际债务不包括外国直接投资，因为它不是具有契约性偿还义务的债务；③它是某时点的外债余额，外债是一个存量概念而非流量概念；④它包括以外币表示的外债和以本币表示的外债[①]。

国际债务与国际资本既有联系又有区别。国际资本比国际债务包括的范围广，国际资本包括需要偿还的国际借贷资本和一般不采取偿还方式的 FDI，而国际债务指的只是需要还本付息的国际间接投资。同理，一个国家利用的外资和外债也是两个相互联系但又完全不同的概念，外资比外债的范围更广，外资包括 FDI，而外债是外资当中需要还本付息的那一部分。

（二）国际债务的范畴

IMF 和 OECD 计算国际债务的统计口径大致分为以下几类：①官方发展援助，即 OECD 成员方提供的政府贷款和其他政府贷款；②多边贷款，包括国际金融机构，如世界银行、亚洲开发银行（Asian Development Bank，ADB）等机构提供的贷款；③IMF 的贷款；④债券和其他私人贷款；⑤对方政府担保的非银行贸易信贷，如卖方信贷；⑥对方政府担保的银行信贷，如买方信贷；⑦无政府担保的银行信贷，如银行同业拆借；⑧外国使领馆、外国企业和个人在一国银行中的存款；⑨公司、企业等从国外非银行机构借入的贸易性贷款。

（三）国际债务的衡量指标

国际上对一国的外债承受能力和偿还能力，通常有以下几个重要的衡量指标。

1. 偿债率

偿债率是指一国当年应偿还的外债本息额占当年商品、劳务出口收入额的比率。这是衡量偿还能力的主要参考指标。其公式为

$$偿债率 = 当年应偿还的本金与利息/当年商品与劳务出口收入 \times 100\%$$

国际上一般认为偿债率在 20%以下是安全的，该比率称为国际债务警戒线。当然并非一旦超过 20%就一定会发生债务危机，因为一国的偿债能力不仅取决于所借外债的种类、数量、期限，还取决于一国的经济增长速度和出口增长速度等。

2. 债务率

债务率是指一国当年外债余额占当年商品与劳务出口收入的比率。这是衡量一国负债能力和风险的主要参考指标。其公式为

$$债务率 = 当年年末外债全额/当年商品与劳务出口收入 \times 100\%$$

国际上公认的债务率为 100%，超过 100%为外债负担过重。

3. 负债率

负债率是指一国当年外债余额与当年 GDP 的比率，有时也用当年外债余额与当年国民生产总值（gross national product，GNP）的比率表示。这是衡量一国对外资的依赖程度，或一国总体债务风险的主要参考指标。其公式为

---

① 我国定义的外债与国际上通行的外债概念存在一定差异，详见本章第四节。

负债率＝当年年末外债余额/当年GDP（或GNP）×100%

外债余额占GDP的比率，一般参考安全值为10%以下；外债余额占GNP的比率，一般参考安全值为20%以下。

4. 短期债务比率

短期债务比率是指在一国当年的外债余额中，一年和一年以内的短期债务所占的比率。这是衡量一国外债期限结构是否安全合理的指标。其公式为

短期债务比率＝当年年末短期外债余额/当年年末外债余额×100%

国际上公认的短期债务比率为25%以下。

5. 其他外债衡量指标

（1）外汇储备与短期外债之比。该指标衡量的是一国偿还短期外债的能力，是国际清偿力的重要标志，该指标应大于100%。

（2）外汇储备与外债余额之比。该指标反映一国偿付全部外债的能力，是一国国际清偿力和国际信誉的重要保证。根据国际惯例，该指标的合理水平应该保持在30%～50%。

（3）当年外债付息额与当年GNP之比。根据经验数据，这个比率控制在5%以下是安全的。

（4）外债总额与本国黄金、外汇储备之比。该指标一般控制在3倍以下是安全的。

总之，将衡量外债风险的各项指标综合起来考虑，才能较客观地判断一国外债水平的安全值。

二、国际债务危机爆发的原因

国际债务危机（international debt crisis）也称主权债务危机（sovereign debt crisis），是指一国不能按时偿付其主权债务和私人债务在内的国外债务，所导致的主权信用水平下降的危机。国际债务危机表现为大量的公共或私人部门无法清偿到期外债，一国被迫要求债务重组和国际援助。国际债务危机的爆发是国内外因素共同作用的结果，但外因往往具有不可控的性质，并且外因总是通过内因起作用。

（一）国际债务危机爆发的内在原因

1. 不切实际地追求高速经济增长目标

盲目借取大量外债、追求不切实际的经济发展速度是拉丁美洲债务危机爆发的根本原因。第二次世界大战后，许多拉丁美洲国家急于实现经济现代化，制订了远超本国财力的经济发展规划。如1960～1980年拉丁美洲地区的GDP（按1980年美元计算）和国民储蓄仅增加了2倍，而总投资却提高了2.9倍。这种不切实际、急于求成的增长目标，最终使拉丁美洲国家陷入债务泥潭而不能自拔。

2. 国内经济政策失误导致不合理的经济发展结构

国内经济政策失误导致不合理的经济发展结构，从而引起外汇收入不稳定，造成外债偿还困难。如拉丁美洲国家长期经受殖民统治，经济发展畸形，多数国家是以出口少数几种农产品和矿产品为主的单一经济结构，对外部经济依赖性很强。拉丁美洲各国都必须靠进口来弥补国内生产与消费的缺口，而其本身的出口收入又不足以填补

进口支出所需要的外汇，从而不得不依赖外国资金，这也是导致拉丁美洲债务危机的一个重要原因。

类似的现象也出现在欧洲主权债务危机中。遭受主权债务危机的欧元区国家普遍存在经济结构不合理的现象，包括国内产业结构单一、工业基础薄弱、收入过于依赖外向型产业以及经济金融化等，其中希腊、爱尔兰和冰岛最为显著。希腊采用典型的外向型经济发展模式，国内收入主要依赖农业，而国际收入以海运、旅游和侨汇三大外需型产业为主要来源，其中又以旅游业对 GDP 的贡献最大。2008 年国际金融危机的爆发直接导致其赖以生存的旅游业和海运业受到重创，两个支柱产业的萎缩大幅减少了其财政收入。爱尔兰和冰岛过度依赖房地产开发以及经济金融化，从而导致了经济结构的失衡。

3. 财政赤字庞大，债务负担沉重

一国的巨额财政赤字迫使政府和国有企业大举借用外债，最终导致偿债困难。如 2007 年美国次贷危机爆发后，为避免陷入与美国类似的经济深渊，欧元区国家开始实施财政刺激政策，对金融体系进行担保、启动财政政策的自动稳定器机制等，这些政策直接导致了欧元区国家财政状况的恶化以及债务规模的攀升。根据欧洲中央银行的统计，2008～2010 年欧洲的总体债务水平从 2008 年的 69.4%增至 2010 年的 84.7%，其中因金融危机而出台的刺激政策和金融支持政策使债务水平提高了 25%～30%。居高不下的财政赤字和债务水平加大了相关国家经济的脆弱性，在市场疲弱时期很容易演变成危机。

4. 债务国缺乏有效的外债宏观调控，管理混乱

债务国缺乏有效的外债管理，主要表现在以下三个方面。

（1）外债规模膨胀，远超本国的还本付息能力。国际公认的偿债率安全线为 20%以下，但 1983 年墨西哥、巴西、阿根廷和委内瑞拉的偿债率分别高达 126%、117%、153%和 101%。这四国的外债规模远超警戒线，最终导致了债务危机。

（2）外债结构不合理。这种不合理表现在：①商业贷款比重过大，增加偿债负担；②外债币种过于集中，汇率风险大，一旦该外币升值，外债就会增加；③外债期限结构不合理，短期外债比重过大，超过国际警戒线；④偿债期限不合理，造成偿债时间集中，若流动性不足以支付到期外债，就会爆发危机。如在拉丁美洲债务危机中，拉丁美洲国家所借外债的 80%～90%来自外国私人银行贷款，而且短期债务比率高达 30%以上。这类贷款的条件苛刻、偿还期短，大多数贷款的利率随美国利率浮动，在美国利率多次上调后，拉丁美洲国家的债务负担大幅增加，造成不得不借新债还旧债的恶性循环。

（3）外债投向不当，投资效率和创汇率较低。20 世纪 80 年代，拉丁美洲国家借入的大部分外债不是用于生产性投资，而是用于非生产性支出或用于弥补国有企业的亏损，这大大削弱了其外债偿还能力，埋下了债务危机的隐患。

（二）国际债务危机爆发的外在原因

1. 世界经济衰退和金融危机是引发债务危机的主要外因

两次石油危机导致了 20 世纪 80 年代初以发达国家为主导的世界经济衰退，西方经济陷入了停滞与通货膨胀并存的局面。为了自身的利益，发达国家在采取紧缩性政策的同时，加强了贸易保护主义，向发展中国家转嫁危机。除提高进口关税外，西方发达国

家还设置了各种非关税壁垒，包括进口限额、进口最低限价以及严格的海关手续、质量检查等。贸易保护主义对以出口为外汇收入主要来源的拉丁美洲国家造成了沉重打击。

欧洲主权债务危机是 2007 年美国次贷危机及 2008 年国际金融危机的延续，美国次贷危机和国际金融危机也是欧洲主权债务危机的主要诱因。在国际金融危机后，全球经济低迷对欧洲经济体造成了巨大冲击。欧元区 16 国 2009 年的 GDP 增长率为负 4%，是欧元区成立以来的首次年度负增长，而失业率由 2008 年底的 8.2%上升到 2009 年的 9.9%。更为严重的是，以冰岛、希腊和西班牙为代表的高债务国家在 2009 年和 2010 年进入集中还款期，由此引发了严重的债务问题。再加上欧元区有关国家为应对国际金融危机的冲击，纷纷实行扩张性财政政策，使得本已状况不佳的财政和公共债务问题雪上加霜。

2. 外债币种过于集中，国际金融市场上利率和汇率的上浮增加了债务成本

国际金融市场上借贷利率的急剧上升，增加了债务国的偿债负担。20 世纪 70 年代美国的实际利率都在 2%以下。进入 20 世纪 80 年代后，美国的利率持续攀升，1988 年达到自 20 世纪 30 年代世界经济大萧条以来的最高水平。债务成本的提高，使拉丁美洲国家的债务负担大大增加。1972 年拉丁美洲国家外债的利息为 69 亿美元，1982 年上升到 390 亿美元，1987 年更是高达 610 亿美元。1977～1987 年的 10 年间，拉丁美洲国家的债务额增加了 3 倍，而利息支出额更是增加了 9 倍。

三、国际债务危机的对策

在已发生的国际债务危机的应对措施中，主要包括援救计划和债务重组。

（一）援救计划

当面临债务危机时，各国政府通常会寻求新的过渡性贷款展开援救计划，以帮助债务国渡过危机。援救计划的作用表现为：①可以弥补危机中私人贷款的减少，为国内新的投资提供资金，减缓国内总需求和生产的下降；②可以增加债务国的官方国际储备，帮助重建投资者的信心；③可以避免债务危机的国际蔓延，防止危机的国际传递。作为救援的条件，IMF 通常会要求危机发生国政府进行政策改革以迅速结束债务危机，这些改革通常包括实行更紧缩的货币政策和财政政策，甚至可能包括其他一些结构性改革，如解除对国际贸易的限制、加强对银行系统的管制。援救计划并非一定能达到预期目的，存在两个方面的问题：①援救计划的实际效果可能并不确定，尤其是要求债务国实行更紧缩的货币政策与财政政策，这可能导致债务国经济的进一步衰退，最终影响债务国偿债能力的恢复与危机的解决；②援救计划可能带来道德风险，鼓励过度放贷和过度借债，从而实际上增大了发生金融危机的可能性。

（二）债务重组

债务重组包括债务条件的两种变化：①债务延期，即在债务到期时，将偿债期延长至未来某个时点，债务总金额维持不变，但借款人可以在更长的时间内偿债；②债务削减，指的是减少债务总量甚至豁免债务。当债务量超过债务国愿意或能够偿还的数量时，危机通常需要通过债务重组的方式解决，通过延长偿债期或减少债务量，债务国可以更

好地安排当前及未来的债务偿付，从而避免违约。

世界银行曾对45个债务国进行外债问题专项研究，研究结果表明，出现债务危机的国家，除了债务规模过大、增速过快、短期债务比例过高、币种选择不当等原因外，很重要的一点是外债使用不当。一国的外债总政策必须与本国的国民经济发展相适应，与本国的发展战略相适应，同时也要考虑外部资金的供应状况和本国的债务偿还能力。对外债应统一管理和严格审查，控制举债增长速度，合理安排借债期限、货币种类和利率结构，避免偿债期过分集中和重复引进等问题。与此同时还必须坚持筹措资金以国内积累为主、外部资金为辅的原则，借债要多元化，并提高其使用效益。所以，保持合理的外债规模和结构、适当地监管利用外资、循序渐进地开放本国资本市场，是维持一国经济健康发展的基础。

➢ 专栏7.1

20世纪80年代的拉美债务危机

以1982年8月墨西哥宣布无力偿还外债为标志，拉美债务危机爆发，随后巴西、委内瑞拉、阿根廷、秘鲁和智利等国也相继发生还债困难。债务危机使拉美经济陷入“失去的十年”和“中等收入陷阱”。

（1）起因。①原油涨价背景下，石油输出国美元收入充足和美联储维持低利率，共同提供了宽松的外部借债环境。②拉美国家经济扩张激进，盲目举债，但外债使用效率低下。大量外债被用于投资项目周期长、效率低、流动性和变现能力差的大型公用事业，并且部分被用于非生产性支出。③财政政策和货币政策失误导致拉美经济陷入严重通胀和衰退，进一步刺激举债。④外债规模持续扩大，短期外债占比快速攀升，拉高了债务风险。⑤债务结构不合理，加重了拉美国家的债务负担，拉高了债务风险。

（2）导火索。美联储加息，国际金融市场利率攀升，拉美外债负担加重。拉美国家举借的外债多为浮动利率，国际借贷成本骤升，债务负担加剧，点燃了债务危机的导火索。1982年8月，墨西哥宣布无限期关闭全部汇兑市场，暂停偿付外债，拉开了危机序幕。随后，巴西、委内瑞拉、阿根廷等国也相继发生还债困难，债务危机全面爆发。

（3）传导。全球大宗商品价格下跌，拉美国家出口减少，利息负担上升，偿债能力大幅下滑。国际资金加速流出，加剧了拉美地区的资金短缺。国际收支状况日益恶化，资本外流加剧，拉美国家的货币被迫贬值。

（4）影响。债务危机对拉美国家的经济发展造成了剧烈冲击。①经济增长率大幅下降；②通胀率持续攀高；③失业率大幅升高，实际工资水平普遍下降；④经济动荡引起社会矛盾进一步尖锐。

（5）应对思路。由危机初期的紧缩调整逐步转向偿债能力修复，但多个方案均未彻底摆脱牺牲债务国经济换取危机解决的固有思路，危机久拖不决，经济改革迟缓，拉美陷入“失去的十年”和“中等收入陷阱”。

资料来源：根据《国际融资》杂志2020年10期，任泽平、马家进、石玲玲、王孟媖、范城恺：《20世纪80年代拉美债务危机是如何发生的》整理而得。

➢ 专栏 7.2

欧债危机

欧债危机始于希腊的债务危机，2009 年 12 月 8 日全球三大评级机构下调希腊主权评级。2010 年起欧洲其他国家也开始陷入危机，整个欧盟都受到债务危机的困扰。因为欧元大幅下跌，加上欧洲股市暴挫，整个欧元区正面临成立 11 年以来最严峻的考验，更有评论家推测欧元区最终会以解体收场。希腊财政部部长称，希腊在 2010 年 5 月 19 日之前需要约 90 亿欧元的资金以度过危机。但是欧洲各国在援助希腊的问题上迟迟达不成一致意见，2010 年 4 月 27 日标准普尔公司将希腊主权评级降至“垃圾级”，危机进一步升级。

（1）导火索。2009 年 12 月全球三大评级机构下调希腊主权评级，使其陷入财政危机，欧元对美元大幅下跌。希腊的财政问题或将拖累其他欧盟国家，欧盟、希腊政府官员都在寻求解决希腊财政问题的方法。

（2）成因。①国际金融危机的爆发是欧债危机产生的直接诱因；②经常账户长期失衡是导致债务危机的主要原因；③主权信用评级下调加剧了债务危机形势；④高福利保障制度是导致欧债危机的原因之一；⑤产业结构不合理难以抵御风险冲击。

（3）处置措施。①通过国内经济财政政策调整进行自救；②“三驾马车”助力进行救助。

（4）对我国的启示。①正确认识主权信用评级；②进一步促进我国财税体制走向现代化、法制化；③继续坚持中国特色经济发展道路；④进一步强化对政府债务的监管。

资料来源：根据《青海金融》杂志 2017 年第 7 期，彭毛吉、纳琰春：《欧债危机成因分析及启示》和 https://baike.baidu.com/item/%E6%AC%A7%E6%B4%B2%E5%80%BA%E5%8A%A1%E5% 8D%B1%E6%9C%BA/8278190?fr=aladdin 相关资料整理而得。

➢ 专栏 7.3

美国的债务危机

2008 年国际金融危机的爆发使美国政府财政赤字大幅度上升，举债度日成为家常便饭，国债纪录屡创新高。2011 年 5 月，美国国债触顶，开创了 14.29 万亿美元的历史新高。北京时间 2011 年 8 月 1 日上午，美国两党就提高债务上限达成一致，此举虽然避免了美债违约，但意味着美国继续开动美元印钞机。2011 年 8 月 6 日，三大国际评级机构之一的标准普尔公司将美国长期主权信用评级由 AAA 下调至 AA+，这是标准普尔公司百年来首次下调美国信用评级。

（1）原因。①美国历来积极的财政政策以及巨额的财政赤字导致国债积累得越来越多；②美联储货币政策的影响，自 2008 年金融危机以来，美联储实施了 4 轮 QE 货币政策；③国际金融形势不稳定。

（2）影响。①美国政府将面临减少巨额财政赤字这个棘手问题；②给国际金融市场的稳定带来了负面影响；③会带来全球输入性通货膨胀；④中国作为世界上最大的外汇储备国，其中七成以上是美元资产，此次美债危机可能会引起投资者抛售美债，美元可能会贬值，进而导致中国外汇储备资产价值的减少。

资料来源：根据《现代国际关系》杂志 2013 年第 4 期，廖峥嵘：《美国主权债务问题及其影响》和相关资料整理而得。

第四节　中国利用外资、对外投资和外债管理

一、中国利用外资的情况及管理

（一）中国直接利用外资

1. 中国直接利用外资的情况

1978 年改革开放以来，我国 FDI 经历了起步阶段（1979～1986 年）、缓慢发展阶段（1987～1991 年）、高速增长阶段（1992～1995 年）、调整提高阶段（1996～2001 年）、稳定发展阶段（2001 年至今），逐步成长为全球引资大国。“十三五”期间，我国持续优化营商环境，认真落实《中华人民共和国外商投资法》及配套法规，全面取消各级商务主管部门针对外商投资企业设立及变更事项的审批或备案，进一步提升外商投资自由化、便利化水平。2020 年，在全球 FDI 大幅下降 35%的情况下，我国实际使用 FDI 逆势增长 4.5%，达到 1443.7 亿美元，连续四年成为全球第二大引资国。随着我国利用 FDI 规模的不断扩大，FDI 成为我国利用外资的主要渠道，对国民经济的发展起到极为重要的作用。

1）中国 FDI 数量逐年增加

可以从投资项目数和投资金额两个方面对我国利用 FDI 的情况进行考察，其中投资金额更能够反映情况。近 20 年来，随着我国市场开放程度的提高，除了 2005 年、2009 年、2012 年和 2016 年我国利用 FDI 有小幅减少外，其余年份都呈增长态势（表 7.2）。2001 年我国利用 FDI 仅有 468.78 亿美元，2010 年突破 1000 亿美元大关，达到 1057.30 亿美元，2017～2019 年稳定在 1300 亿美元以上，2020 年更是达到峰值的 1443.70 亿美元。近几年在欧美贸易壁垒和全球新冠疫情的压力下，我国 FDI 的规模还能一直保持稳定增长，验证了中国投资环境对全球资本流入的吸引力在进一步增强。

表 7.2　2001～2020 年中国利用 FDI 的情况

年份	外商直接投资项目/个	实际利用外商直接投资金额/亿美元
2001	26 140	468.78
2002	34 171	527.43
2003	41 081	535.05
2004	43 664	606.30
2005	44 001	603.25
2006	41 473	658.21

续表

年份	外商直接投资项目/个	实际利用外商直接投资金额/亿美元
2007	37 871	747.68
2008	27 514	923.95
2009	23 435	900.33
2010	27 406	1 057.30
2011	27 712	1 160.11
2012	24 925	1 117.16
2013	22 773	1 175.86
2014	23 778	1 195.62
2015	26 575	1 262.67
2016	27 900	1 260.01
2017	35 652	1 310.35
2018	60 533	1 349.66
2019	40 888	1 381.35
2020	38 570	1 443.70

资料来源：根据国家统计局官网相关数据整理而得

2）FDI 对中国经济发展的贡献增大

FDI 对一国经济发展的贡献程度如何，一般可以从 FDI 与 GDP 的比率、FDI 与固定资产投资额的比率两个方面进行考察。随着我国改革开放的不断推进，20 世纪 80～90 年代这两个比重不断上升，在中国经济发展中发挥了重要作用。进入 21 世纪的 20 年来，这两个比值都出现了显著下降（表 7.3），但究其原因，并非在于我国吸引 FDI 的减少，而在于我国 GDP 不断增加。当然从另外一个角度看，这两个比值的降低也说明了近年来我国对外资依存度的降低，与我国经济由高速增长阶段转向高质量发展阶段的特点是相符的。

表 7.3　2001～2020 年 FDI 对中国国民经济增长的贡献

年份	FDI/GDP	FDI/固定资产投资额
2001	3.52%	10.43%
2002	3.60%	10.04%
2003	3.23%	8.23%
2004	3.11%	7.58%
2005	2.63%	6.10%
2006	2.39%	5.38%
2007	2.10%	4.80%
2008	2.02%	4.44%
2009	1.77%	3.38%
2010	1.75%	3.27%
2011	1.55%	3.14%

续表

年份	FDI/GDP	FDI/固定资产投资额
2012	1.31%	2.50%
2013	1.22%	2.21%
2014	1.14%	1.96%
2015	1.14%	1.94%
2016	1.12%	1.93%
2017	1.07%	1.92%
2018	0.98%	1.83%
2019	0.96%	1.86%
2020	0.97%	1.89%

注：FDI 为当年外资直接投资额、GDP 为当年国内生产总值，根据当年人民币汇率的年平均值计算

资料来源：根据国家统计局官网相关数据整理而得

3）中国利用 FDI 的方式多元化

我国利用 FDI 有五种方式：合资经营、合作经营、独资经营、合作开发和外商投资股份制企业。在 20 世纪 80 年代前半期，我国利用 FDI 的基本格局是合作经营占优势，合资经营次之，独资经营刚起步，合作开发则很少。1986 年开始情况发生了变化，合资经营的比重超过合作经营，成为 FDI 的主要方式。进入 20 世纪 90 年代，我国利用 FDI 的方式向多元化方向发展，独资经营的比重不断提高，与合资经营成为利用 FDI 的主要形式。进入 21 世纪后，我国利用 FDI 的方式中，外商独资经营占比最高，超过了 50%，2014 年更是接近八成；合资经营次之，基本维持在 20%左右；合作经营最少，2016 年开始占比低于 1%（表 7.4）。

表 7.4　2001～2019 年中国利用 FDI 主要方式的构成

指标	2001	2002	2003	2004	2005	2006	2007	2008	2009	2010
合资经营	34.0	30.4	30.5	27	24.3	22.8	20.9	18.7	19.2	21.3
合作经营	6.08	4.67	3.77	5.13	3.03	3.08	1.47	2.10	2.30	1.50
独资经营	59.8	64.9	65.6	66.3	71.2	73.4	76.6	78.3	76.3	76.6
指标	2011	2012	2013	2014	2015	2016	2017	2018	2019	
合资经营	18.5	19.4	20.2	17.6	20.5	24.0	22.7	25.6	23.0	
合作经营	1.50	2.10	1.70	1.40	1.50	0.70	0.60	0.60	0.20	
独资经营	78.6	77.1	76.2	79.2	75.5	68.4	69.7	66.2	67.8	

注：2020 年国家统计局没有公布三种方式的具体数据

资料来源：根据国家统计局官网相关数据整理而得

2. 中国直接利用外资存在的问题

1）投资结构不合理

我国 FDI 结构不合理主要表现在两个方面：①外商投资产业结构不合理。外商投资

在国民经济三大产业中，第一产业 FDI 无论是项目数还是金额都较低；第二产业 FDI 比重虽然较高，但是大多集中于一般劳动密集型的加工产业，技术密集型和基础产业偏少。2011 年第三产业 FDI 首次超过第二产业，占比达 50.21%，但是存在内部发展不平衡的问题，房地产业、金融保险业的外商投资发展较快，而交通运输、科教文体卫的发展迟缓。②外商投资地区分布不平衡。我国沿海地区较早享有吸引 FDI 的政策优惠，再加上沿海地区在自身地理位置和经济发展上的特殊优势，使得 FDI 主要集中于东部沿海地区。目前我国利用 FDI 仍存在“东重西轻”的不合理格局，中西部地区引进外资困难重重。

2）吸收 FDI 成本较高

各地普遍存在投资饥渴症，导致外商资本要素价格被高估，以致在利用 FDI 时付出了一定的代价，主要表现在以下三个方面：①外商投资的资金到位率不高；②外商利用中方引资心切、急于求成的心理，乘机提高投资要素的价格，牟取不正当利益；③我国外汇储备不断增加，外资机会成本高。

3）投资环境亟待完善

第一，政策法规环境不尽如人意。具体表现在：①政策法规缺乏透明度，相互有出入。各地为了吸引外资，优惠政策层出不穷，使外商难以适从。②政策法规缺乏统一解释和实施，随意性较大。③重要法规的制定、颁布大大滞后于利用外资实践的发展。

第二，知识产权保护制度仍需继续完善。改革开放以来，我国在知识产权保护方面做了许多努力，近年来积极向国际惯例靠拢，在世界知识产权组织发布的《2019 年全球创新指数报告》中我国的排名由第 17 位提升到第 14 位，2020 年延续了第 14 位的排名。虽然我国的知识产权保护取得了长足进步，但是为了更好地适应建设创新型国家的要求，还需进一步完善知识产权法律法规体系，充分发挥知识产权对外促进开放的重要作用。通过有效的知识产权保护，创造更具吸引力的营商环境，吸引更多的国外企业来华投资兴业，开展经贸科技文化交流。

3. 中国直接利用外资的政策调整

1）正确选择外币，适度控制引资规模，提高资金使用效益

我国引资借债要掌握一定限度，要考虑清偿能力，设立偿债率，并注意利息和费用。在选择外资投资方式时，力求降低利息和费用负担。同时，必须考虑国内的配套能力和管理能力，以使外资发挥最大的经济效益。

2）根据地区差异，加强投资产业与区域导向管理，合理引导外资投向

我国东部地区应以利用 FDI 投资于高新技术产品制造业和服务业为主，中西部地区则应以利用外资投资于劳动密集型产品制造业为主。外资使用重点向关键行业的关键技术及设备的引用倾斜，鼓励并积极促进外商投资企业向中西部地区投资，把引进的外资用于我国关键的薄弱环节之上。

3）对于内资和外资应一视同仁，逐步对外资实施国民待遇

我国应逐步取消外资企业在税收、外汇管理、土地使用、关税待遇、市场准入等方面的优惠政策，取消对外资企业在投资领域、行业和额度方面的限制；逐步开放资本市场，促进外资以多种形式投资国有企业的改造，参与不良资产的处理；完善产权交易制度，为外资参与国内企业的跨国兼并、重组提供良好的制度环境。

4）将外商投资与对外借款相结合，促进我国资本市场的发展

我国今后应坚持以直接投资和长期借贷资本为主的外资结构，同时培育、完善和开放国内资本市场，向 QFII 开放国内股票市场，允许外资并购某些竞争性行业企业的股权，积极研究中外合资、外资企业在国内上市的可行性。

5）进一步推进服务贸易领域对外开放

外商投资是我国产业结构优化升级的重要途径，政府应加快出台新的外资产业投资指南，重点鼓励外资投向高新技术产业和先进制造业，引导外商投资于一些薄弱的第三产业。

（二）中国间接利用外资的情况

间接利用外资作为引进外资的另一重要方式，不仅弥补了我国经济建设过程中的资金缺口，而且刺激了国内投资和资本积累。我国间接利用外资的具体形式表现为外国来华证券投资。

鉴于证券投资具有波动性较大以及稳定性较差的特点，易诱导货币危机、债务危机，21 世纪以前我国对外国来华证券投资一直持审慎推进的态度，规模比较小。在证券投资包含的股权投资和债券投资两种方式中，1996 年以前仅有债券投资，1997～2010 年，转为以股权投资为主。国有商业银行和企业股份制改造的深入使得海外上市募股资金大幅增加，从而使得股权投资占比快速上升。但是 2011 年股权投资占比显著减小，由上一年的 313.57 亿美元下降到 53.08 亿美元，而当年债券投资的占比由上一年的 3.24 亿美元猛增到 80.83 亿美元。此后几年两者均呈现波动性增长。2016 年起债券投资一直高于股权投资，截至 2020 年底，债券投资是股权投资的近 3 倍，占证券投资总额的 75%（表 7.5）。2017 年以来外国来华证券投资的快速增长，说明了我国经济发展以及金融市场在逐渐完善，资本市场对外开放水平在不断提高。我国债券被纳入了三大全球主要债券指数①，表明我国债券市场的基础设施等已满足国际化标准，人民币资产更受青睐，境外投资者对我国债券的配置需求快速增长。2020 年 QFII 和 RQFII 额度限制的取消，再一次推动了外国来华证券投资规模的快速增长。

表 7.5　1982～2020 年中国利用证券投资流量及构成　　单位：亿美元

年份	证券投资	证券投资-股权	证券投资-债券
1982	0.41	0	0.41
1983	0.20	0	0.20
1984	0.83	0	0.83
1985	7.64	0	7.64
1986	16.08	0	16.08
1987	11.91	0	11.91

① 2019 年 4 月，人民币计价的中国国债和政策性银行债券逐步被纳入国际主要债券指数——彭博巴克莱全球综合指数，至此，人民币计价的中国债券成为继美元、欧元、日元之后的第四大计价货币债券；2020 年 2 月 28 日，摩根大通宣布将 9 只中国国债纳入摩根大通全球新兴市场政府债券指数（government bond index-emerging market，GBI-EM）；2021 年 10 月起中国债券被纳入富时世界国债指数。

续表

年份	证券投资	证券投资-股权	证券投资-债券
1988	12.16	0	12.16
1989	1.40	0	1.40
1991	5.65	0	5.65
1992	3.93	0	3.93
1993	36.47	0	36.47
1994	39.23	0	39.23
1995	7.11	0	7.11
1996	23.72	0	23.72
1997	78.42	56.57	21.85
1998	0.97	7.65	−6.68
1999	−6.99	6.12	−13.11
2000	73.17	69.12	4.05
2001	12.48	8.49	3.99
2002	17.52	22.49	−4.97
2003	84.44	77.29	7.15
2004	132.03	109.23	22.80
2005	214.47	205.69	8.78
2006	428.61	428.61	0.0
2007	209.65	184.78	24.86
2008	96.54	84.64	11.90
2009	296.13	291.17	4.96
2010	316.81	313.57	3.24
2011	133.91	53.08	80.83
2012	541.70	299.03	242.67
2013	582.44	325.95	256.49
2014	932.44	519.16	413.28
2015	67.39	149.64	−82.26
2016	504.99	234.16	270.83
2017	1243.01	362.09	880.92
2018	1602.05	606.68	995.37
2019	1473.66	449.06	1024.60
2020	2546.62	641.38	1905.25

资料来源：根据国家外汇管理局官网相关数据整理而得

注：根据国家外汇管理局数据，1990 年数据缺失或为 0，故表中未列示

二、中国对外投资的情况

（一）中国对外直接投资的情况

我国商务部、国家统计局、国家外汇管理局共同发布的我国全行业对外直接投资统

计数据显示，到2020年底，我国对外直接投资净额1537.10亿美元，较上年增长10.9%。13 500多家境内投资者在国（境）外设立对外直接投资企业1.8万家，分布在全球177个国家（地区），对外直接投资累计净额25 806.60亿美元。虽然我国对外直接投资存量数据与发达国家存在较大的差距，但是我国对外直接投资净额排名世界第五位，我国已渐渐摆脱纯粹依赖外国资本的增长模式，实现了资本流入与资本流出同步发展的协调增长。2002～2020年中国对外直接投资情况见表7.6。

表7.6　2002～2020年中国对外直接投资情况　　单位：亿美元

年份	流量	存量
2002	27.00	299.00
2003	28.50	332.00
2004	55.00	448.00
2005	122.60	572.00
2006	211.60	906.30
2007	265.06	1 179.10
2008	559.07	1 839.70
2009	565.29	2 457.50
2010	688.11	3 172.10
2011	746.54	4 247.80
2012	878.04	5 319.40
2013	1 078.44	6604.80
2014	1 231.20	8826.40
2015	1 456.67	10 978.60
2016	1 961.49	13 573.90
2017	1 582.90	18 090.40
2018	1 430.40	19 822.70
2019	1 369.07	21 988.80
2020	1 537.10	25 806.60

资料来源：根据国家统计局官网2002～2020年《中国统计年鉴》相关数据整理而得

（二）中国对外证券投资的情况

我国对外证券投资主要有股权投资和债券投资两种形式，1982～2005年一直以债券投资为主。自2006年我国启动QDII制度后，对外股权投资显著增长，2007年达到151.89亿美元，虽然2008年受到美国次贷危机的影响有所下降，但2009年又快速反弹到406.47亿美元，此后几年出现反复波动，2015～2017年维持在300亿美元以上，2020年达到峰值的1309.96亿美元（表7.7）。

表 7.7 中国对外证券投资流量及构成 单位：亿美元

年份	证券投资	证券投资-股权	证券投资-债券
1982	−0.20	0	−0.20
1983	−6.41	0	−6.41
1984	−17.21	0	−17.21
1985	22.63	0	22.63
1986	−0.40	0	−0.40
1987	−1.40	0	−1.40
1988	−3.40	0	−3.40
1989	−3.20	0	−3.20
1990	−2.41	0	−2.41
1991	−3.30	0	−3.30
1992	−4.50	0	−4.50
1993	−5.97	0	−5.97
1994	−3.80	0	−3.80
1995	0.79	0	0.79
1996	−6.28	0	−6.28
1997	−8.99	0	−8.99
1998	−38.30	0	−38.30
1999	−105.35	0	−105.35
2000	−113.07	0	−113.07
2001	−206.54	0.32	−206.86
2002	−120.95	0	−120.95
2003	29.93	0	29.93
2004	65.40	0	65.40
2005	−261.57	0	−261.57
2006	−1112.78	−14.54	−1098.24
2007	−45.22	−151.89	106.67
2008	251.98	−21.81	273.79
2009	−25.26	−406.47	381.21
2010	−76.43	−84.29	7.87
2011	62.48	11.04	51.44
2012	−63.91	20.29	−84.20
2013	−53.53	−25.31	−28.22
2014	−108.15	−14.02	−94.13
2015	−732.09	−396.79	−335.30
2016	−1027.70	−382.38	−645.31
2017	−948.03	−328.47	−619.56

续表

年份	证券投资	证券投资-股权	证券投资-债券
2018	−535.07	−177.12	−357.95
2019	−894.19	−293.32	−600.87
2020	−1673.33	−1309.96	−363.38

注：国际收支平衡表中，“−”表示资产增加，“+”表示资产减少

资料来源：根据国家外汇管理局官网相关数据整理而得

三、中国外债的情况及管理

（一）中国外债的概念

按照国家外汇管理局发布的《外债统计监测暂行规定》和《外债管理暂行办法》，我国的外债是指中国境内的机关、团体、企业、事业单位和金融机构（包括国务院部委、中资金融机构、外资金融机构、外商投资企业、中资企业及其他机构等）对中国境外的国际金融组织、外国政府、金融机构、企业或者其他机构用外币承担的具有契约性偿还义务的全部债务。

我国外债具体包括以下几种类型：①双边政府贷款；②国际金融组织贷款；③国外银行等金融机构贷款；④在国外发行的债券；⑤买方信贷；⑥延期付款；⑦国际金融租赁中直接用现款偿还的部分；⑧补偿贸易中用现汇偿还的部分；⑨向国外企业或私人的借款以及他们在我国境内的存款；⑩其他形式的对外债务等，包括向外资银行的同业拆借，已在境外注册的驻外机构调入境内实际需要偿还的借款，中方替外方担保、由中方实际履行偿还义务的款项等。

根据《外债统计监测暂行规定》（2020 年修订版）的规定，中国外债的界定与国际外债的定义存在一定的差异，表现在以下几个方面：①中国外债只指货币形式而不包括实物形式的债务，补偿贸易下返销产品为实物形式，所以不能算作外债。②由于人民币不可完全自由兑换，所以外债只指外币计价的债务，本币债务不算作外债。③借款单位向在中国境内注册的外资银行借入的外汇资金视同外债。在中国境内注册的外资银行向外借入的外汇资金不视为外债。④外商直接投资和企业资本不构成我国的外债。如三资企业，国家对这些外商投资不承担偿还的义务，而是根据有关法律、企业或公司的章程、合同、契约，由参加合营、合作的双方共负盈亏。但外国投资者中出资比例低于 25%的外商投资企业，其举借外债按照境内中资企业举借外债统计。虽然三资企业外汇不构成国家的债务，但外资所得的股息、红利或应分配的收益，以及合营、合作期满后本金的汇回都属于国家的外汇支出，我国在编制国际收支平衡表时，需要将其列为外汇支出并按期支付。⑤外汇担保只有在实际履行偿还义务时，才构成外债，否则应视为或有债务，不包括在外债监测范围内。

（二）中国外债的情况分析

20 世纪 80 年代以来，我国的外债规模不断扩大，20 世纪 80 年代中后期，我国的外债规模逐年递增。20 世纪 80 年代初，我国外债尚不足 100 亿美元，到 2020 年末，我国外债

余额高达 24 008 亿美元，我国已是世界上三大债务国之一。尽管如此，依据表 7.8 中的外债风险指标可以看出：第一，我国外债的偿债率一直保持在 7%以内。第二，我国外债的负债率呈现出稳中有升的趋势，但是一直在 20%以内。第三，近十年我国外债的债务率虽然在上升，但是一直维持在 90%以内。对比这三个比率，目前我国外债每年需要还本付息的压力较小，对外债务余额负担已中等偏上，外债规模还控制在国力所能承受的限度之内。第四，我国短期外债比率在 2013 年达到最高点 78.4%，之后逐年下降。因此，目前我国偿债率尚不高，外债风险较小，虽然债务率指标较高、短期外债比率一直在国际警戒线以上，但是鉴于我国目前尚有 3 万亿美元的外汇储备资产，我国依然具有很强的外债偿还能力。

表 7.8 2011～2020 年中国外债风险指标

指标	2011	2012	2013	2014	2015	2016	2017	2018	2019	2020
偿债率	1.70%	1.60%	1.60%	2.50%	5.00%	6.10%	5.50%	5.50%	6.70%	6.50%
负债率	9.2%	8.6%	9.0%	17.0%	12.5%	12.6%	14.3%	14.3%	14.5%	16.3%
债务率	33.3%	32.8%	35.6%	69.9%	58.6%	64.4%	72.6%	74.8%	78.3%	87.9%
短期外债比率	72.1%	73.4%	78.4%	72.9%	64.2%	61.2%	65.1%	65.0%	58.9%	54.8%
外债规模增长率	26.6%	6.0%	17.1%	19.89%	−22.3%	2.40%	24.2%	12.80%	4.40%	15.9%
GDP 增长率	9.60%	7.90%	7.80%	7.40%	7.0%	6.80%	6.90%	6.70%	6.0%	2.30%
外汇收入增长率	11.2%	7.70%	7.90%	5.0%	−7.3%	−6.9%	10.2%	9.40%	−0.30%	3.40%

资料来源：根据国家外汇管理局官网相关数据整理而得

（三）中国外债管理的基本原则与方法

我国外债管理部门为国家外汇管理局及国家发展和改革委员会。国家外汇管理局根据国家确定的方针、政策和利用国外贷款和计划，行使管理外债的职能，国家发展和改革委员会负责编制利用国外贷款的计划。

针对我国外债管理中存在的主要问题，如国家外汇管理局监管能力比较薄弱、外债流入速度加快、外债使用效率不高，以及隐性外债问题严重等，我国制定了外债管理的基本原则及方法。

我国外债管理的基本原则包括：①总量适度。借债规模要和国内资金的配套能力、偿债能力以及对资金的需求相适应。按照世界银行的建议，我国外债指标的安全线为 15%的偿债率、20%的负债率和 75%的债务率。②结构合理。结构合理主要体现在外债的种类结构、利率结构、期限结构和币种结构等方面要合理搭配。③注重效益。通过借、用、还三个环节的良性循环，实现外债经济效益和社会效益的统一，把外债投资项目自身的创汇偿债比重调整到占偿债总额的 80%以上，使出口创汇足以偿还当年外债。④保证偿还。按照中央统借统还、地方统借统还、自借自还的方式确定偿债责任制，做到“谁借谁还”，确保对外信誉。

我国外债管理的方法包括：①根据国内外经济形势的变化，加强对外债的宏观管理，做到短期债务和长期债务搭配合理，比例恰当；②区分外债清偿力与流动性，力求外债的种类结构、利率结构、期限结构和币种结构适当；③严格控制外债流入，保持适度的外债规模，对外债进行监测和预警；④明确借入外债的目的，对外债用途实施监控，提高外债使用效益；⑤公开外债信息披露，加强对隐性外债的管理。

本章小结

1. 国际资本流动是资本跨越国界的运动转移过程。在经济全球化的背景下，国际资本流动对世界经济产生了巨大的影响，只有把握国际资本流动的类型、原因、特点，才能更好地理解国际资本流动对世界经济的影响。

2. 按使用期限通常可将国际资本流动划分为长期资本流动和短期资本流动两大类。长期资本流动是指使用期限在一年以上或未规定使用期限的资本流动，包括 FDI、国际证券投资和国际贷款。短期资本流动是指期限在一年或一年以内的资本通过一定的信用工具来实现在国际间的转移，按投资者的动机可分为贸易性资本流动、金融性资本流动、保值性资本流动和投机性资本流动四大类。

3. 国际资本流动在性质上是生产要素的国际化配置和配合。国际资本流动的大规模发展对资本输出国、资本输入国以及国际经济既有积极的作用，也不乏消极影响。在经济金融开放的背景下，几乎所有的大型金融危机背后都存在国际资本流动的影响。

4. 金融危机是指一个国家或几个国家与地区的全部或大部分金融指标急剧、短暂和超周期地恶化。金融危机可以划分为货币危机、银行危机、系统性金融危机以及债务危机，近年来发生的金融危机越来越呈混合型危机的特点。

5. 国际游资逐渐成为当今世界经济中一股活跃的力量，国际游资对一国货币进行冲击极易引发货币危机。货币危机是指投机冲击导致一国货币贬值，或者迫使该国政府为保卫其货币而抛出大量外汇储备或大幅提高国内利率水平的一种现象。围绕货币危机与国际游资关系的研究中产生了三代货币危机模型。

6. 第一代货币危机模型始于 20 世纪 70 年代，由克鲁格曼在 1979 年提出，他认为，货币危机源于政府的宏观经济政策和固定汇率之间的矛盾。第二代货币危机模型由奥伯斯特菲尔德在 1996 年提出，他将危机爆发的原因归结为国内经济政策同维持固定汇率的对外经济政策的矛盾。第三代货币危机模型由麦金农和克鲁格曼在 1998 年提出，他们强调在新兴市场经济国家中，普遍存在道德风险问题。

7. 外债是指在任何特定的时间，一国居民对非居民承担的已拨付但尚未清偿的具有契约性偿还义务的全部债务。债务危机指债务国不再具备还本付息的能力，可以用若干指标来衡量一国的债务状况。国际债务危机的形成原因，应从债务国国内政策的失误和世界经济外部环境的冲击两方面加以分析。

8. 改革开放以来，中国在利用 FDI 方面虽然存在许多不足之处，但无论是在外商投资规模方面，还是在外商投资方式方面，都取得了很大的成绩，对促进中国经济增长做出了贡献。中国间接利用外资则起步较晚，到 21 世纪才有所发展，且一直持审慎推进态度。

9. 中国的对外投资从无到有取得了较大发展。20 世纪 90 年代后期以来，我国对外经济发生了一个明显的变化，不仅从对外债务国转变为对外债权国，而且已经成为全球最大的对外债权国之一。

重点概念

国际资本流动　国际直接投资　国际间接投资　国际债务　债务危机
货币危机　偿债率　债务率　负债率　国际游资

思考与练习

一、思考题

1. 简述国际资本流动的原因及特点。
2. 简述当前国际资本流动的类型及特征。
3. 简述发展中国家债务危机的形成原因及启示。
4. 简述货币危机的原因及防范措施。
5. 简述国际资本流动对经济的影响。

二、练习题

（一）不定项选择题

1. 日本 SONY 公司向美国出口电器，并且日本本土的银行向进口商提供银行信用，会发生（　　）。

A. 美国的对外债务增加　　B. 日本在美国的资产增加
C. 美国在外国的资产增加　　D. 美、日两国的国际收支平衡表发生变化

2. 如果日本发生投机性短期资本外流，原因可能是（　　）。

A. 日元汇率疲软
B. 日本大藏省宣布将短期利率下调到较低水平
C. 预期日本的金融资产价格上涨
D. 预期外国商品价格下降

3. 国际资本流动反映在有关国家国际收支平衡表中的（　　）。

A. 金融账户的直接投资　　B. 净误差与遗漏
C. 金融账户的单方面转移　　D. 经常账户的单方面转移

4. 下列属于直接投资的是（　　）。

A. 美国一家公司拥有一日本企业 8%的股权
B. 青岛海尔在海外设立子公司
C. 天津摩托罗拉在中国进行再投资
D. 麦当劳在中国开连锁店

5. 衡量一国外债负担的债务率是指（　　）。

A. 外债余额/国内生产总值　　B. 外债余额/出口外汇收入

C. 外债余额/GNP　　D. 外债还本付息额/出口外汇收入

6. 衡量一国外债负担指标的偿债率是指（　　）。

A. 外债余额/国内生产总值　　B. 外债余额/出口外汇收入

C. 外债余额/GNP　　D. 外债还本付息额/出口外汇收入

7. 我国企业（　　）不属于外债。

A. 欠国外企业的外币债务　　B. 欠境外企业的人民币债务

C. 欠中国银行的外币债务　　D. 欠在我国设立的外资银行的外币债务

8. 我国对外债所下的定义中包含的意思有（　　）。

A. 外债的偿还责任必须具有契约性

B. 外债是指发生在非居民与非居民之间的债务部分

C. 外债包括用外币和本国货币表示和承担的债务

D. 发生在居民与居民之间的债务也应列在外债之列

9. 以下我国利用外资的主要形式中，不会构成外债负担的是（　　）。

A. 出口信贷　　B. BOT 投资方式

C. 证券融资　　D. 商业银行贷款

10. 对国际资本流动的定义理解正确的是（　　）。

A. “资本”包括货币资本与实物资本

B. 它是以所有权的转让为特征的

C. 资本流动包括国际间的流入与流出两个方面

D. 实物资本可用货币价值来衡量

11. 引起国际资本流动的原因是（　　）。

A. 投资者需要将持有的资产分散化

B. 发展中国家为开发本国资源而引入外资

C. 投资各方为追逐利润和规避风险

D. 各国政府在政治策略上的需要

12. 国际资本流动对资本输出国的消极影响是（　　）。

A. 易引发债务危机　　B. 增加潜在的竞争对手

C. 对国际资本产生依附性　　D. 冲击国内民族工业

13. 国际上往往以（　　）来衡量一国对外资的依赖程度。

A. 偿债率　　B. 负债率

C. 债务率　　D. 应偿债务与 GNP 的比率

14. 长期资本流动通常分为（　　）。

A. 国际直接投资　　B. 国际证券投资

C. 国际贷款　　D. 国际资本进出

15. 20 世纪 80 年代爆发的国际性债务危机的特点是（　　）。

A. 债务数量庞大　　B. 发展中国家的债务多集中于拉丁美洲国家

C. 债务结构中以政府贷款居多　　　D. 亚洲的日本占债务总额比例较大

（二）判断题

1. 资本外逃就是资本流出。（　　）

2. 资本流出是指本国资本流到外国，它表示外国在本国的资产减少、外国对本国的负债增加、本国对外国的负债减少、本国在外国的资产增加。（　　）

3. 货币危机也称金融危机。（　　）

4. 收购国外企业的股权达到10%以上，一般认为属于证券投资。（　　）

5. 国际上认为，一国当年应偿还外债的还本付息额占当年商品、劳务出口收入的比例在80%以内才是适度的。（　　）

6. 外债既包括外币表示的债务，又包括本币表示的债务，还可以是以实物形态构成的债务。（　　）

7. 国际资本流动有别于商品交易，它是以使用权的有偿转让为特征的。（　　）

8. 某国在国际证券市场上买入债券或股票，意味着资本流入该国。（　　）

9. 在中国境内注册的外资银行和中外合资银行属我国居民，所以其对外债务应列入我国外债。（　　）

10. 国际上衡量一国还款能力的主要参考指标是债务率。（　　）

11. 偿债率是指一国当年应偿还的外债本息额占当年商品、劳务出口收入额的比率。国际上一般认为偿债率在50%以下是安全的。（　　）

12. 负债率是指当年外债余额与当年国内生产总值（GDP）的比率。国际上一般认为负债率在100%以下是安全的。（　　）

第七章　课后练习题答案

参 考 文 献

陈雨露. 2021. 国际金融[M]. 北京：中国人民大学出版社.

范小云，陈平. 2019. 国际金融[M]. 2版. 北京：高等教育出版社.

刘惠好. 2021. 国际金融[M]. 2版. 北京：中国金融出版社.

桑百川. 2021. 我国外商直接投资的变迁与前景展望[J]. 中国流通经济，35（11）：112-119.

申剑. 2014. 美国主权债务危机原因及其影响分析[J]. 经济研究导刊，（10）：240-243.

沈国兵.2018. 国际金融[M]. 3版. 北京：北京大学出版社.

王桂虎. 2021. 中国跨境资本流动的规模测算与金融风险演化研究[M]. 上海：上海社会科学院出版社.

杨胜刚，姚小义. 2018. 国际金融[M]. 北京：高等教育出版社.

殷林森，吴君. 2015. 跨境资金流动与上海自贸试验区金融创新研究：自贸金融创新与改革年度研究报告2015[M]. 北京：中国财政经济出版社.

张明. 2019. 中国的跨境资本流动：规模测算、驱动因素与管理策略[M]. 北京：中国金融出版社.

IMF. 2009. 国际收支和国际投资头寸手册（BPM6）[M]. 北京：中国金融出版社.

第八章

国际货币体系

【学习目标】

- 熟悉国际货币体系的含义、内容及类型。
- 了解国际货币体系的演变历程。
- 掌握国际金本位制的特点及评价。
- 熟悉布雷顿森林体系的主要内容、崩溃原因与评价。
- 掌握牙买加体系的主要内容与特点。
- 了解国际货币体系改革的几种主要方案。
- 了解欧洲货币一体化的基本进程与意义。

【本章引入】

当前的美元本位货币体系中，以美国为代表的发达国家位于体系的中心，以东亚国家为代表的新兴市场国家和以中东国家为代表的资源输出国位于体系的外围。多年来，国际货币体系的最大特征是全球国际收支失衡，具体表现为美国出现持续的经常账户赤字，而东亚国家和中东国家出现持续的经常账户盈余。用世界各国经常账户余额绝对值之和占全球 GDP 的比重来衡量全球国际收支失衡的状况，自 2002 年以来该指标不断恶化，由 2000 年的 3.7%一路攀升至 2008 年的 5.9%，已经远远超过 1974 年石油危机后的 4.3%。经济学家普遍担心，美国持续的经常账户赤字所导致的美国净对外负债的上升，一旦超过了市场能够容忍的程度，新一轮的美元危机就可能爆发，从而启动国际货币体系的重构。然而，很少有人预测到，全球金融危机会以次贷危机的形式爆发出来。

2007 年美国次贷危机爆发后，美国政府将史无前例的大规模财政资源用于救市并实施了四轮 QE 货币政策。2008 年 11 月联邦公开市场委员会（The Federal Open Market Committee，FOMC）推出第一轮 QE 币政策，购买了 3000 亿美元长期国债、收购房利美与房地美发行的最多 1.25 亿美元的抵押贷款支持证券（mortgage-backed security，MBS)，呈现出“直接救援”的显著特征。2010 年 12 月 QE2 启动，FOMC 购买了财政部发行的 6000 亿美元长期债券。2012 年 9 月 QE3 启动，FOMC 继续维持原有 QE 每月购买 400 亿美元的 MBS。2012 年 12 月 QE4 启动，FOMC 每月采购 450 亿美元国债。美国多轮 QE 带来了严重的负外部效应，特别是给新兴市场国家带来了严重冲击。

美元本位货币体系的最大缺陷在于缺乏对储备货币发行国货币发行量的纪律约束能力。美元虽然与黄金脱钩，但以主权货币充当世界货币的安排仍然难以摆脱特里芬难题的诅咒，美元超发与美元汇率稳定之间的矛盾依然无法调和。2009 年中国人民银行行长周小川提出了在 SDR 的基础上创立超主权储备货币的改革方案，以降低未来危机发生的风险、增强危机处理的能力。

什么是国际货币体系？美元本位货币体系的特点是什么？当前的国际货币体系为什么存在特里芬难题？中国在当今的国际货币体系中可以发挥什么作用？这些都是本章值得我们关注的问题。

第一节　国际货币体系概述

一、国际货币体系的概念和内容

（一）国际货币体系的概念

国际货币体系（international monetary system）也称国际货币制度，是指为满足各种国际经济金融活动的需要，各国政府对货币在国际范围内发挥世界货币职能所做出的一系列制度安排或组织机构的总和。这些制度安排既包括具有法律约束力的关于货币国际关系的协定、措施，也包括约定俗成的各国在实践中共同遵守的规则和程序等。

（二）国际货币体系的内容

国际货币体系一般包括国际储备资产的确定、汇率及汇率制度、国际收支及其调节机制、国际货币事务的协调与管理四个方面的内容。

1. 国际储备资产的确定

储备货币或本位货币是国际货币体系的基础。使用什么货币作为国际货币来进行国际支付、清算各国间的债权债务及平衡国际收支，一国政府应持有何种为世界各国普遍接受的资产作为储备资产，储备资产的规模与构成，以及新的储备资产如何创造与供应等，都是国际货币体系的重要内容。

2. 汇率及汇率制度

汇率制度是国际货币体系的核心。汇率及汇率制度包括三个方面的内容：①本币汇率的确定。这涉及确定一国货币平价的依据，货币平价的调整，现实汇率对货币平价的波动幅度及维持波动幅度的措施等。②本币的可兑换性。这涉及本国货币能否自由兑换成国际支付货币，对外支付时是加以全部限制、部分限制还是完全不受限制。③本国汇率制度的选择。这涉及一国采取的是传统两分法下的固定汇率制还是浮动汇率制，或者是 IMF 四大类事实分类法下的哪一小类。

3. 国际收支及其调节机制

国际收支及其调节是国际货币体系的最主要问题。它包括三个方面的内容：①当一国国际收支出现不平衡时，可采取什么方法弥补缺口；②各国之间的政策措施应如何相互协调；③如何使各国在国际范围内公平地承担国际收支调节的责任，并承受相应的负担。

4. 国际货币事务的协调与管理

各国在确立和实行国际储备制度、汇率制度、国际收支调节机制时，首要考虑的往往是本国的经济利益与货币主权，但是这些制度又都会影响他国经济，带来所谓的外部性。当与其他国家产生矛盾与冲突时，负外部性可能危及世界各国（地区）和全球金融的稳定，因此需要通过国际间的协调来减少这种负外部性[①]。国际货币事务的协调与管理的实质就是协调各国的国际货币金融活动和与此相关的政策，包括建立国际金融机构，制定解决国际金融问题的规则、惯例和制度。

二、国际货币体系的类型

国际货币体系的类型可以按照储备资产的保有形式、汇率制度进行划分。按照汇率制度划分的固定汇率制度和浮动汇率制度在第四章已介绍过，此处不再赘述。按照储备资产的保有形式划分，国际货币体系可以划分为纯商品本位制、纯信用本位制和混合本位制三种类型。

（一）纯商品本位制

纯商品本位制是指纯粹以某种商品或贵金属作为国际储备或国际本位货币的货币制度，如国际金本位制只以黄金作为国际储备。

（二）纯信用本位制

纯信用本位制也称不兑现纸币本位制，是指只以外汇作为国际储备而与黄金无直接联系的货币制度，如牙买加体系只以美元、英镑、欧元、日元等外汇作为国际储备。此时的各国货币均已不再规定法定含金量，且不能以固定的比例兑换黄金，是纯粹的信用货币，因此只以外汇作为国际储备是纯信用本位制。

（三）混合本位制

混合本位制是指同时以黄金和可兑换黄金的外汇作为国际储备的货币制度，如布雷顿森林体系同时以黄金和美元作为国际储备。

现实中，我们在讨论一种国际货币体系时，往往把国际储备资产的保有形式和汇率制度结合在一起作为国际货币体系的划分标准，如金本位制下的固定汇率制度、以不兑现纸币为本位货币的固定汇率制度、以黄金和外汇为储备资产的可调整的固定汇率制度或管理浮动汇率制度、完全不需要保有国际储备资产的纯粹自由浮动汇率制度等。

三、国际货币体系的演变

国际货币体系产生于资本主义生产方式下，在之前的奴隶社会和封建社会中，国际贸易和其他交往较少，因此对国际货币合作没有需求。进入资本主义社会后，各国之间

---

① 外部性又称为溢出效应，是指某个经济行为主体的活动使他人或社会受损或受益的情况，分为正外部性和负外部性。负外部性是指某个经济行为主体的活动使他人或社会受损，而造成负外部性的主体却没有为此承担代价。

的经济、政治、文化交流不断扩大，国际贸易和国际金融活动日益频繁，从而产生了在国际范围内协调货币安排的需求，各国在相关问题上的一系列合作形成了国际货币体系。国际货币体系的形成有两种情况：①自然缓慢发展形成的。随着各国经济交往的增多，渐渐地一定的活动方式成为公认。当越来越多的参与者遵守这些程序和规则而给予其法律的约束力时，一种制度就建立起来了，国际金本位制的产生就属于这种情况。②短期人为建立形成的。通过几次国际会议人为建立起来的布雷顿森林体系和牙买加体系就属于这种情况。

一百多年来，国际货币体系几经变革，经历了多种形态的变化，可以分为以下四个演变阶段。

（一）国际金本位制（1880～1914 年）[①]

1880 年前后，主要资本主义国家采用金本位制时，国际金本位制就自发形成了。1914 年第一次世界大战爆发，各参战国的本国货币停止兑换黄金，对外实行黄金禁运，破坏了金本位制的基础，使国际金本位制中断。

（二）金块本位和金汇兑本位、局部的货币集团（1918～1939 年）

这个时期的国际货币体系是松散无序、局部的。1918～1925 年，除美国以外的主要资本主义国家货币汇率自由浮动，其间各国致力于恢复经济，同时也试图恢复金本位制。1925 年英国、法国、德国、意大利等 30 多个国家经过努力，通过采取金块本位制或金汇兑本位制勉强恢复了国际金本位制。但这个制度没有维持太久，在 1929 年世界经济大萧条的冲击下崩溃。英国在 1931 年、美国在 1933 年、法国在 1936 年先后被迫放弃了金本位制，形成了英镑、美元和法郎三个相互对立的货币集团。各国货币之间的汇率再次变为浮动，各货币集团之间存在严格的外汇管制，货币不能自由兑换，导致国际贸易严重受阻，国际资本流动几乎停滞。此后，英国、美国、法国三国为了恢复国际货币秩序，于 1936 年 9 月达成了“三国货币协议”，力图减少汇率波动，维持货币关系的稳定。但是这个协议因第二次世界大战的爆发很快就瓦解了。这个阶段国际货币体系的混乱及其对世界经济的冲击，为第二次世界大战后建立布雷顿森林体系提供了经验和教训。

（三）布雷顿森林体系（1944～1973 年）

1944 年 7 月，44 个国家的代表集中在美国的布雷顿森林镇召开会议，建立了第二次世界大战后的国际货币体系，即布雷顿森林体系。它的核心是黄金-美元本位，通过黄金与美元挂钩、各国货币与美元挂钩，实行可调整的固定汇率制度。布雷顿森林体系为战后的经济重建与发展提供了稳定的货币环境，在国际货币体系发展史上占有重要地位。但它也存在内在矛盾，随着各国经济实力的变化，美国黄金储备大量流失，美元币值下降，布雷顿森林体系逐步走向瓦解。1971 年 8 月美元不再兑换黄金，布雷顿森林体系名

---

① 此处的金本位制指的是典型的金本位制，即金币本位制。

存实亡，1973 年 3 月美元再次贬值，世界主要国家货币的汇率开始实行浮动，则标志着它的彻底崩溃。

（四）牙买加体系（1976 年至今）

1973 年布雷顿森林体系崩溃后，国际货币体系陷入了松散、无约束的局面。经过多轮讨论，在 1976 年的 IMF 会议上形成了以《牙买加协定》为基础的新的国际货币体系，即牙买加体系。牙买加体系的中心是国际储备多元化和浮动汇率制度①。

纵观国际货币体系的发展，其演变更替的原因可归结为两个方面。

（1）国际生产关系的性质及其发展状况是国际货币体系演变的基础。自由资本主义经济的发展需要一个自由稳定的国际货币环境，国际金本位制完美地适应了这一需求，应运而生。第二次世界大战后，各国经济的重建与发展同样需要一个稳定的国际货币环境，因此各国政府积极促进布雷顿森林体系的诞生。

（2）世界经济发展的不平衡是国际货币体系演变的直接原因。在国际货币体系的每一个阶段，都有个别国家居于中心地位，如国际金本位制时期的英国、布雷顿森林体系时期的美国，但各国经济发展速度不一致，相对地位的变化导致了国家间矛盾的出现与加剧，推动了国际货币体系的变革。

第二节 国际金本位制

国际金本位制是历史上第一个国际货币体系，它对后续的货币体系有着重大影响。金本位制与国际金本位制是两个不同的概念。金本位制是以一定成色及重量的黄金为货币本位的货币制度。世界上最早采用金本位制的国家是英国，英国在 1816 年通过了《金本位制度法案》(Gold Standard Act)，以法律的形式承认以黄金作为货币本位来发行纸币。1821 年英国正式启用金本位制，英镑成为英国的标准货币单位，但是此时国际金本位制尚未形成，后来随着一些重要国家纷纷实行金本位制，国际金本位制才自动形成。一般把 1880 年作为国际金本位制开始的年份，因为这个时候，欧美的主要国家都实行了金本位制，但当时也有许多国家并没有实行金本位制，因此国际金本位制比后来的布雷顿森林体系所包括的国家少得多②。各国实行金本位制的时间见表 8.1。

表 8.1 各国实行金本位制的年份

国别	年份	国别	年份	国别	年份
英国	1821	瑞典	1873	比利时	1874
德国	1871	挪威	1873	瑞士	1874

① 这种浮动汇率制度实际是以浮动汇率制为主的混合汇率制度，各国可以在硬钉住、软钉住或者浮动汇率等各种制度中自由选择。

② 由于国际金本位制是一个自然形成的结果，因此关于国际金本位制形成的时间，有的经济学家认为是 1880 年有的经济学家认为是 1897 年。本书采用主流的观点以 1880 年为准。

续表

国别	年份	国别	年份	国别	年份
意大利	1874	美国	1879	俄国	1898
荷兰	1875	日本	1897	巴拿马	1904

资料来源：何国华，(2017)

一、国际金本位制的特点

(一)黄金作为国际货币

金本位制下的黄金具有货币的全部职能（价值尺度、流通手段、贮藏手段、支付手段、世界货币）。早期，各国金币可以自由兑换并在国际间大量流通，后来随着国际贸易的发展，金币的流通受到大量限制，英镑开始代替黄金执行国际货币的各项职能，成为实际的国际结算工具。英国依靠世界工厂的经济大国地位和日不落帝国的殖民统治地位，以及在贸易、海运、保险、金融服务等方面的绝对优势，使英镑成为全世界广泛使用的货币，伦敦成为世界金融中心。在当时的国际贸易中，大多数商品以英镑计价，国际结算的 90%以上使用英镑，许多国家中央银行的国际储备是英镑而不是黄金，黄金只作为价值的最后标准和最后清算手段而存在。因此，有的西方经济学家把第二次世界大战前的国际金本位制称为英镑本位制或英镑汇兑本位制[①]。

(二)国际金本位制是严格的固定汇率制

在金本位制下，各国货币有法定的含金量，两种货币实际所含纯金量之比即铸币平价决定了货币汇率。如 1 英镑的含金量是 113.0016 格令纯金，1 美元的含金量是 23.22 格令纯金，英镑对美元的汇率为 1 英镑 = 4.8666 美元，同理，1 美元 = 5.183 法国法郎，1 美元 = 4.198 德国马克，这些汇率是固定不变的。实际上，英国、美国、法国、德国等国货币的汇率在 1880～1914 年这 35 年内一直没有变动过，从未发生过贬值或升值。此外，受黄金输送点的制约，市场汇率在很小的范围内波动。因此国际金本位制是一种完全市场化的、具有汇率自动稳定机制的、严格的固定汇率制。

(三)国际收支自动调节

国际金本位制下，国际收支可以自动调节。根据英国经济学家大卫·休谟的“价格-铸币流动机制”，当一国国际收支为逆差时，黄金流出，国内货币供给减少，物价水平下降，该国商品在国际市场上的竞争力增强，外国商品在该国市场上的竞争力减弱，因此出口增加，进口减少，国际收支得到改善，转为顺差；反之，当一国国际收支为顺差时，

---

① 施瓦茨认为 1821 年至第一次世界大战期间，虽然黄金是关键储备资产，但是许多国家却同时持有大量外汇储备，其中最主要的外汇储备是英镑。古斯塔夫和蒙代尔认为 1900～1913 年的金本位制可以称为世界性的英镑本位制，因为英镑是全球最重要的记账货币、结算货币，英帝国区域内的货币交易量庞大，伦敦是国际资本市场的中心。

黄金流入，国内货币供给增加，物价水平上升，该国商品在国际市场上的竞争力下降，外国商品在该国市场上的竞争力增强，因此进口增加，出口减少，国际收支转为逆差。

但从当时的实际情况来看，由于多种因素的影响，各国的黄金流动量并不大。在英镑本位制时期，各国黄金储备量不足，不能自由兑换，同时黄金也难以自由输出/入，影响了国际收支自动调节功能的发挥。

二、国际金本位制的评价

（一）国际金本位制的优点

从理论上说，国际金本位制是完美的。从实际情况看，在金币本位制基础上形成的国际金本位制为当时的主要国家提供了一种最稳定、最有效率的国际货币制度。

1. 国际金本位制是一种非歧视性的国际货币体系

由于金本位制内在的对称性，体系中没有国家拥有特权地位，因而各国受到的影响、承担的责任义务是对等的。国际金本位制以对外平衡（国际收支平衡和汇率稳定）为经济政策的首要目标，而把国内平衡（物价稳定、充分就业、经济增长）放在次要地位，服从对外平衡的需要，因此会牺牲一定的内部经济福利。如国际收支逆差国黄金流出，则国内货币供给必然减少，从而造成通货紧缩，导致收入和就业水平下降；反之，国际收支顺差国黄金流入，则国内货币供给必然增加，从而造成通货膨胀。因此，国际收支失衡对顺差国和逆差国的影响是同等的。此外，在金本位制下各国的货币供应量受本国黄金储备量和黄金开采量的制约，各国不能随意创造货币，因此世界价格水平是由黄金的供求内生决定的，从这个意义上说，国际金本位制无视各国经济实力的差异，对所有国家都是一视同仁的。

2. 国际金本位制是一种稳定的货币体系，有利于国际贸易和资本流动的发展

在国际金本位制下，黄金具有自由兑换、自由铸造和自由输出/入三大特点。黄金的自由兑换保证了黄金与作为货币价值符号的银行券、纸币之间的比价的相对稳定，货币扩张受到限制，不会出现持久的通货膨胀。黄金的自由铸造具有调节货币流通的作用，保证了物价水平的稳定。黄金的自由输出/入保证了各国货币之间汇率的稳定。因此国际金本位制是一种比较稳定的货币体系，有利于生产的成本核算和国际支付，较低的外汇风险有利于国际投资，对资本主义经济的发展和国际贸易、国际投资的发展起到了积极的促进作用。

（二）国际金本位制的缺点

虽然国际金本位制理论上是完美的，但完美是相对于当时的世界经济发展水平而言的，随着世界经济的持续发展，国际金本位制逐渐显示出了它的局限性。

1. 货币供应量无法满足实际需要

这是国际金本位制崩溃的根本原因。金本位制下的本位货币是黄金，因此货币供应量取决于黄金的供应量，价格水平也与黄金供应量相联系。但黄金的供应量取决于采金技术与黄金矿藏的规模，它在长期难以与商品的增长保持适当、稳定的比率，导致货币

供应量无法满足世界经济发展对国际清偿力的需要。在金本位制下，银根紧缺成为常态，往往导致经济衰退和失业，使经济具有内在的紧缩偏向。

2. 黄金难以均衡分配

各国经济发展不平衡，经济实力悬殊，差异显著，不发达国家因贸易持续逆差，黄金大量流失，经济进一步趋于紧缩，而发达国家能通过贸易顺差持续积累黄金，到 1913 年，英国、美国、法国、德国和俄国五国的黄金存量占世界黄金存量的 2/3。黄金集中到极少数国家手中，使其他国家的金本位制因缺乏足够的黄金而难以维持，这进一步加速了国际金本位制的崩溃。

3. 国际收支的自动调节存在缺陷，难以实现

国际收支的自动调节使各国政府对经济较少干预，而一旦进行干预则是以对外平衡作为经济政策的首要目标。

金本位制下，各国为了增加黄金储备，并不会因为国际收支顺差而采取调节措施，而国际收支逆差国为了避免黄金的大量流失，被迫对国际收支进行调节，于是国际收支调节的负担全部由逆差国承担。而且，由于汇率不能成为调节国际收支的工具，政府只能依赖紧缩政策，减少进口、增加出口，从而加剧了经济的紧缩偏向。因此，金本位制会使一国丧失国内决策的自主权，使国内经济状况受制于对外经济的变动。

随着资本主义经济的发展，政府职能发展到一定阶段，具备了全面干预宏观经济的能力。此时各国不需再以牺牲国内经济福利来优先实现对外平衡，必然要对经济实行政策干预，于是国际收支自动调节的前提条件不复存在。

4. 黄金大量用于储备，造成资源的闲置和浪费

黄金除了作为货币，还是一种贵金属，有着普通商品的使用价值，具备多项用途。首先，黄金可以制成黄金饰品，满足人们对珠宝首饰的需求；其次，黄金具备独一无二的物理和化学性质，如极高的抗腐蚀的稳定性、良好的导电性、导热性和延展性，被广泛用于电子、航天、航空、化工、医药等领域，而且随着科技的发展，黄金在工业领域的应用范围不断扩大。大量黄金充当储备资产，使得本就稀少的黄金无法作为重要的生产材料进入工业生产，造成了资源的浪费。此外，黄金储备非但不会产生利息，不像外汇储备可以通过持有相应的金融资产获利，持有黄金还需支付保管和保险等费用，机会成本很高。

三、国际金本位制的演变与崩溃

（一）国际金本位制的演变

第一次世界大战前夕，很多国家为了准备战争，保证战略物资的进口支付，加速黄金的积累，增加银行券的发行，严格限制纸币与黄金的自由兑换、金币的自由铸造、黄金的自由输出/入。1914 年第一次世界大战爆发后，各国相继正式禁止黄金输出，终止纸币与黄金的自由兑换，完全破坏了金币本位制存在的基础，于是金币本位制彻底崩溃，国际金本位制暂时停止运行。

第一次世界大战期间，各国发行了大量不能兑现的纸币，导致战争结束时各国国内

通货膨胀严重，不同货币之间汇率波动剧烈，对国际贸易和国际收支产生了非常不利的影响，各国普遍希望恢复金本位制。此时世界上一半的黄金存量集中在美国，因此美国率先于 1919 年 6 月恢复了金币本位制。1922 年多国在意大利热那亚召开世界经济与金融会议，讨论重建国际货币体系的问题，决定恢复金本位制度。但是许多国家吸取了金币本位制缺乏灵活性的经验教训，同时因为战争导致黄金大量流失，国内没有足够的黄金储备，无力实行金币本位制度，因而采取了金块本位制和金汇兑本位制这两种变形的金本位制。

1. 金块本位制

英国于 1925 年、法国于 1928 年恢复了金本位制，但是它们恢复的不是原来的金币本位制，而是金块本位制。金块本位制又称生金本位制，它的内容包括：国家储存金块作为货币发行储备；金币仍然是本位货币，但在国内不流通金币，只流通纸币，纸币有无限法偿权；不允许自由铸造金币，禁止私人输出黄金；仍规定纸币的含金量和黄金官价，但纸币不能自由兑换黄金，只有在国际支付或工业需要黄金时，才可按规定的最低数量以纸币向中央银行兑换金块。如英国在 1925 年规定每次兑换的最低限额为 400 盎司的金块，价值 1700 英镑；法国在 1928 年规定每次兑换的最低限额为 215 000 法郎。实行金块本位制的国家主要有英国、法国、荷兰、比利时等。

2. 金汇兑本位制

金汇兑本位制也称虚金本位制，第一次世界大战前，一些小国、弱国和殖民地附属国已经在实行金汇兑本位制。第一次世界大战后，德国、奥地利、意大利等战败国因黄金储备严重不足也采取了这种货币制度，共有 30 多个国家实行金汇兑本位制。

实行金汇兑本位制的国家要将本国货币与一个实行金币本位制或金块本位制的国家（如美国、英国或法国）的货币挂钩，保持固定汇率，并在该国存放大量外汇和黄金，以便随时干预外汇市场。金汇兑本位制的内容包括：货币规定单位含金量，国内流通法定纸币，纸币与法定含金量保持等价关系，禁止铸造金币；纸币不能自由兑换黄金，但可以兑换外汇，然后用外汇在国外兑换黄金；可以纸币向中央银行请求兑换金块，黄金或外汇用于国际贸易中的对外支付时受中央银行的管制，因而外汇买卖不是自由的，外汇供求是受到控制的。

（二）国际金本位制的崩溃

金块本位制和金汇兑本位制都是残缺不全的货币制度，具有内在的不稳定性，具体表现为：①这两种货币制度下都没有金币流通，黄金不再起自发地调节货币流通的作用；②这两种货币制度下或是银行券兑换黄金受到最低数额的限制，或是需要先兑换成外汇才能间接兑换黄金，这些限制削弱了货币制度的稳定性；③实行金汇兑本位制的国家在对外贸易和财政金融方面很容易受到其所依附的金币或金块本位制国家的控制和影响。如果实行金汇兑本位制的国家大量提取外汇、兑换黄金，则会威胁到实行金币或金块本位制的国家的货币稳定。总之，金块本位制和金汇兑本位制的内在不稳定性决定了其本身存在崩溃的可能性。

在金块本位制和金汇兑本位制下，汇率由不同货币的含金量之比即法定平价决定。

市场汇率受供求关系的影响而围绕法定平价上下波动，但市场汇率波动的幅度已不再受制于黄金输送点。在这两种残缺的金本位制下，虽然汇率的基础依然是黄金平价，但汇率波动的幅度由政府规定和维持，政府通过设立外汇平准基金来维持汇率的稳定。显然，与金币本位制相比，金块本位制和金汇兑本位制下汇率的稳定程度已大大降低。

金块本位制和金汇兑本位制的基础本来就很脆弱，在遭受1929～1933年世界经济大萧条的侵袭后，终于完全崩溃。1929年10月美国证券市场发生危机，拉开了世界经济危机的序幕。巴西、阿根廷、澳大利亚等国遭受严重打击，不得不放弃金本位制。1931年初经济危机的风暴席卷欧洲大陆。1931年7月德国、奥地利放弃了金汇兑本位制。随后危机波及英国，7月至8月期间有2.3亿英镑的黄金流失，英国于当年9月宣布停止黄金支付和纸币兑现，放弃了金块本位制。与英镑有联系的一些国家和地区也相继放弃金汇兑本位制。1933年3月，美国再次掀起货币信用危机的浪潮，一个多月的时间内黄金储备流失了 20%，不得不放弃独自坚持多年的金币本位制，改用美元纸币进行流通。在英美陷入信用货币危机时，法国、比利时、瑞士、意大利、荷兰等国组成黄金集团，仍想维持金块本位制和金汇兑本位制。但由于受到经济危机与英镑、美元贬值的压力，黄金集团难以维持，1935年3月比利时首先脱离黄金集团，宣布货币贬值。法国也因为黄金流失过多，于1936年8月采取了法郎贬值的紧急措施，实际上放弃了金本位制。荷兰、瑞士和意大利都于同年 9 月底宣布货币贬值，放弃了金本位制。至此，国际金本位制宣告彻底崩溃，从此，资本主义世界分裂为相互对立的英镑、美元、法郎三个货币集团，国际金本位制退出历史舞台。

第三节 布雷顿森林体系

金本位制崩溃后，20世纪30年代的国际货币金融关系极度混乱和动荡。各国国际收支危机严重，各国货币竞相贬值，汇率极端不稳，外汇管制普遍加强，英镑、美元、法郎三个货币集团之间的矛盾斗争也非常尖锐。这些问题严重影响了国际贸易和资本流动的发展，导致国际货币合作陷入困境。第二次世界大战后各国为了恢复和发展经济，迫切需要创建一个统一、稳定、有效运行的国际货币体系。

➢ **专栏 8.1**

凯恩斯计划与怀特计划

在第二次世界大战快结束的时候，美英就着手研究如何建立一个新的国际货币制度以促进世界经济的发展。为此，两国在1943年4月提出了各自的方案。

1. 英国的凯恩斯计划

英国发表了由著名经济学家凯恩斯拟订的“国际清算同盟计划”(proposals for the international clearing union)，又称“凯恩斯计划”(Keynes plan)。这个方案的主要内容为：①成立一个世界性中央银行——国际清算同盟。②由国际清算同盟发行不可兑现的货币“班柯”(bancor)，与黄金固定比价，作为国际支付结算单位。③各国货币按一定比价与班柯建立固定汇率，这个汇率可以调整，但不能单方面进行竞争性的货币贬值。改变汇率必须经过一定的程序，调整汇率幅度达5%以上时，须经国际清算同盟批准。④各成员方中央银行在国际清算同盟中开设账户，彼此间用班柯清算官方债权债务，各国在国际清算同盟中所承担的份额以战前三年的平均进出口贸易额计算，但成员方不需缴纳黄金或现款。⑤发生顺差时，将顺差实现的收入贷记入国际清算同盟的往来账户；发生逆差时，借记入往来账户，按规定的份额申请透支，或用自己账户中的余额支付。不论借方或贷方数字都可以积累起来，但不是无限制的，必须付出代价，以促进国际收支的调整。凯恩斯计划提出的国际货币体系构建侧重于国际货币、汇率和国际收支调节三个方面，是针对国际金本位制和20世纪30年代的货币体系的弊端而设计的。国际货币的数量可以根据世界经济发展的需要来决定，不受黄金数量的限制。汇率是固定的，但可以调整，应避免竞争性的贬值。调节国际收支的办法是按照基本的银行经营原理设计的，借方和贷方必然相等，贷方对借方予以支持，使国际收支得到平衡。

2. 美国的怀特计划

美国财政部顾问怀特（White）提出了“国际稳定基金方案”（proposals for the united and associated nations stabilization fund），又称“怀特计划”（White plan）。这个方案的主要内容为：①建立一个国际货币稳定基金组织，资本总额为50亿美元，由会员国用黄金、本国货币和政府债券认缴，认缴份额取决于各会员国的黄金外汇储备、国民收入和国际收支差额变化等，并根据各国缴纳份额的多少决定各国的投票权。②创设一种与美元相联系的国际货币“尤尼他”（unitas）作为计量单位，各国货币与尤尼他保持固定比价。比价确定以后，未经基金组织同意，不得任意变动。③会员国为了平衡临时性的国际收支逆差，可用本国货币向基金组织申请购买所需要的外币，但数额最多不得超过它向基金组织认缴的份额。④基金组织的主要任务是稳定汇率，并给会员国提供短期信贷，帮助会员国解决国际收支不平衡的问题。怀特计划是从美国的利益出发提出来的，其目的是让美国一手操纵和控制基金组织，从而获得国际金融领域的领导权和统治权。

凯恩斯计划与怀特计划分歧很大，美英两国就这两个方案进行了频繁的讨论和激烈的争辩，同时还吸收了一些其他国家参加讨论。从今天的眼光来看，凯恩斯计划显然比怀特计划更科学、更合理，符合世界经济发展的要求。但最终是怀特计划占据上风，这与当时的历史背景有关。

第二次世界大战期间，英法等国饱受战争创伤，国民经济实力大大削弱，只得依靠美国通过的《租借法案》提供援助。据统计，1945年英国工业生产缩减，民用消费品生产仅为1939年的一半，出口额还不到战前水平的1/3，国外资产损失达到40亿美元以上，对外债务更是高达120亿美元，黄金储备降至100万美元。英国已从债权国变为债务国，英镑的领导地位逐渐受到美元的排挤。而这时美国却如日中天，战争结束时，美国工业制成品占世界工业制成品总额的一半，美国的对外贸易占世界贸易总额的1/3以上，美国的对外投资急剧增长，美国已成为资本主义世界最大的债权国，美国的黄金储备从1938年的145.1亿美元增长到1945年的200.8亿美元，约占资本主义世界黄金储备的59%，美国成为资本主义世界中实力最雄厚的国家。于是，美国便企图凭借其迅速膨胀起来的经济实力取代英国建立一个以美元为支柱的国际货币制度，从而确立美元的霸主地位。英国在第二次世界大战前一直掌握着资本主义世界经济的领导权，在这时，英国不愿将国际金融领域的领导权拱手交给美国，还想挣扎，竭力争取同美国分享国际金融领域的领导权。但由于英国在战争期间受到了重创，它在政治和经济上与美国的实力相差甚远，已无法与美国在同等地位上展开竞争。而且英国还面临着怎样筹集巨款来进行战后经济重建，以及如何调节严重的国际收支逆差的问题。英国在这方面有求于美国，所以被迫放弃了凯恩斯计划，接受了美国的怀特计划。同时，美国也作了一些让步，最后双方达成协议。

这个协议经过30多个国家代表的共同商讨后，于1944年4月23日发表了以美国怀特计划为基础的《关于建立国际货币基金的联合声明》。在这个声明的基础上，1944年7月1～22日，在美国新罕布什尔州的布雷顿森林镇（Bretton Woods）召开了由44个国家参加的联合国货币金融会议（United Nations Monetary and Finance Conference）。会上，与会代表经过激烈争论，鉴于美国当时强大的经济地位，同意了怀特计划。会议结束时，通过了以怀特计划为基础的《联合国货币金融会议决议书》，以及《国际货币基金组织协定》和《国际复兴开发银行协定》两个附件，这就是《布雷顿森林协定》（Bretton Woods Agreement）。至此，一个新的以美元为中心的国际货币制度——布雷顿森林体系就建立起来了。

资料来源：根据武汉大学出版社2017年出版的何国华主编的《国际金融学》整理而得。

一、布雷顿森林体系的主要内容

（一）建立永久性的国际金融机构

布雷顿森林体系建立了一个永久性的国际金融机构，即IMF。IMF的宗旨是对国际货币事务进行国际磋商和协调，并为出现国际收支不平衡的成员方融通资金，以稳定外汇市场，扩大国际贸易。IMF在汇率制度、经常账户的支付、货币的可兑换性等方面确立了行为规则，构成了国际金融领域的纪律，在一定程度上维护了国际金融与外汇交易的正常运行，旨在促进国际货币合作。

（二）确立黄金与美元并重的储备体系

布雷顿森林体系是以黄金为基础、以美元为主要国际储备货币的“黄金-美元本位制”。其具体内容包括：①美元直接与黄金挂钩，各国确认1943年美国规定的1盎司黄金=35美元的官价；②美国允许各成员方政府或中央银行按黄金官价随时用其持有的美元向美国兑换黄金，从而使美元居于与黄金同等的地位；③以美元作为主要的国际储备货币。

（三）实行可调整的固定汇率制

布雷顿森林体系下的汇率制度，是在美元与黄金挂钩的基础上，各国货币与美元挂钩的“双挂钩”制度。其具体内容包括：①规定每一美元的法定含金量为0.888 671克纯金。各国货币按照各自货币的含金量与美元含金量的比值即黄金平价，确定对美元的汇率，并将其作为中心汇率。或者不规定本国货币的含金量，只规定与美元的汇率。②各国货币与美元的汇率一经确定，原则上不能轻易改变。这样各国货币就通过黄金平价或中心汇率与美元建立了固定关系。从这个角度来说，布雷顿森林体系是以美元为中心的金汇兑本位制。③市场汇率的波动不得超过中心汇率的±1%，如果超过这个范围，相关国家政府有义务在外汇市场进行干预，以保持汇率的相对稳定。只有在一国发生国际收支根本性不平衡时，才允许其货币贬值或升值，货币平价的任何变动都要经过 IMF 批准。因此这一汇率制度被称为可调整的固定汇率制。

（四）国际收支的调节机制

当出现国际收支失衡时，逆差国可通过两种方式进行调节：①从 IMF 获得贷款来弥补逆差。贷款的规模与成员方在 IMF 的份额相关，且贷款的发放有严格的标准，要求在 3～5 年内改变逆差状况，归还贷款。②如果成员方的国际收支发生根本性不平衡，则采取调整汇率平价的方式进行调节。

（五）废除外汇管制

《国际货币基金组织协定》第八条规定成员方不得限制国际收支经常项目的支付，不得采取歧视性的货币措施或多种货币汇率制度限制贸易自由支付，并在兑换性基础上实行多边支付。但在第二次世界大战后的过渡时期，可以延迟履行货币的可兑换义务。

二、布雷顿森林体系的发展历程

布雷顿森林体系的创建是国际金融史上的一大创举，它对第二次世界大战后世界经济的恢复、发展起到了积极的促进作用。在布雷顿森林体系 20 多年的运行史中，美元经历了从短缺到过剩，再到危机的过程。

（一）美元供给：从短缺到过剩

《国际货币基金组织协定》于 1947 年正式生效，布雷顿森林体系开始运行。此时各国经济重建产生了大量的美元需求，出现了世界性的美元短缺。1947 年欧洲和世界其他国家的国际收支逆差总额为 76 亿美元，而 1948 年欧洲的国际储备仅有 97 亿美元，美元短缺造成各国国际清偿力不足，严重制约了世界经济的发展。为了使欧洲尽快从战争中恢复，适应当时冷战的需要，美国开始实施“马歇尔计划”。1948～1952 年，美国向西欧 16 国提供了 116 亿美元的赠款和 18 亿美元的贷款，这极大地缓和了西欧美元短缺的问题。此外，美国在东西方对抗和朝鲜战争中支出了大量军费，也带来了美元的大规模外流。在美国的援助下，西欧、日本等国的经济迅速发展，外汇储备不断积累，到 50 年代末期出现了美元过剩的现象。1959 年 1 月，主要西欧国家取消外汇管制，货币开始实现与美元的自由兑换。

（二）美元危机及应对措施

1. 第一次美元危机及应对措施

第一次美元危机爆发于 1960 年。美国已连续出现国际收支逆差，美元大量外流，美国黄金储备迅速减少，使市场对美国能否维持黄金的美元官价产生了怀疑。1960 年美国的短期外债达到 210 亿美元，首次超过了其黄金储备（178 亿美元），市场对美元的信心开始动摇。1960 年 10 月伦敦市场上爆发了大规模抛售美元、抢购黄金和其他经济处在上升阶段的国家的硬通货（如德国马克）的美元危机。伦敦私人黄金市场上的黄金价格上涨到每盎司 41.5 美元，高出官价约 20%。为了维持汇率和金价的稳定，保持美元的可兑换性和固定汇率制度，美国与主要工业国家分别签订了“互惠信贷协定”，在 IMF 的框架内建立了“借款总安排”①并联合英国、法国、意大利、荷兰、比利时、瑞士和德国建立了“黄金总库”②。这次危机表明，美国已无力单独支撑以美元为中心的国际货币体系。

2. 第二次美元危机及应对措施

第二次美元危机爆发于 1968 年。20 世纪 60 年代中期，美国政府对外卷入越南战争，对内实施“伟大社会”福利计划，出现了财政赤字与经济过热，而通货膨胀削弱了美国出口商品的国际竞争力，导致国际收支恶化，美元贬值压力凸显，法国等西欧国家纷纷用美元向美联储兑换黄金，美国的黄金储备急剧下降，从 1950 年的 250 亿美元下降至 1968 年的 121 美元，而短期负债却从 50 亿美元增加到近 400 亿美元。1968 年 3 月伦敦、巴黎、苏黎世黄金市场再次爆发抛售美元、抢购黄金的美元危机。黄金总库为了打压金价，被迫大量抛售黄金，从 1967 年 10 月至 1968 年 3 月共损失黄金 34.6 亿美元，巴黎市场的金价一度涨至 44 美元。美国政府迫于无奈，要求英国自 3 月 15 日起关闭伦敦黄金市场，并宣布解散黄金总库，各国不再按官价在黄金市场出售黄金，改为实行黄金双价制，即美国与各国中央银行之间仍按 35 美元的官价交易黄金，市场金价则完全由市场供求决定。实际上，这意味着以“黄金-美元”为中心的布雷顿森林体系的局部崩溃。

第二次美元危机的爆发使各国更加清楚地意识到布雷顿森林体系的缺陷并寻求摆脱危机的措施，经过广泛的讨论协商，IMF 于 1969 年创设了被称为“纸黄金”的 SDR。SDR 既是对黄金的一种节约，又是对美元的一种补充，SDR 作为一种储备资产价格为 1 盎司黄金 = 35SDR，IMF 成员方之间可以用 SDR 替代黄金和美元，弥补国际收支逆差和稳定汇率。因此，布雷顿森林体系由“黄金-美元本位制”演变为“黄金-美元/SDR 本位制”。

3. 第三次美元危机及应对措施

第三次美元危机爆发于 1971 年。20 世纪 70 年代美国经济形势进一步恶化，1971 年出现了二战后首次贸易项目逆差，数额达 27 亿美元，美元贬值预期充斥市场。1971 年 5 月，欧洲市场再次掀起大规模抛售美元，抢购黄金、德国马克、瑞士法郎、日元等硬币的风

---

① 借款总安排是西方十国集团成员方将其本国货币提供给 IMF 作为备用信贷的特别协议，1962 年 10 月 24 日生效。协议规定 IMF 在国际短期资金发生巨额流动、可能引发货币危机时，可从十国集团成员方借入总额在 60 亿美元以内的资金，贷给发生危机的成员方，以帮助其稳定货币汇率。

② 1960 年 10 月第一次美元危机爆发，美国与英国、法国、意大利、荷兰、比利时、瑞士和德国等七国达成建立黄金总库的协议，旨在平抑金价、保卫美元。该协议于 1961 年生效。

潮。各国中央银行不得不进行大规模的外汇市场干预，大量购入美元，但是无济于事。尼克松政府被迫于 8 月 15 日宣布实行“新经济政策”，将黄金官价上调到 42 美元，停止美元兑换黄金，这标志着布雷顿森林体系开始崩溃。

为拯救布雷顿森林体系，1971 年 12 月，十国集团首脑在美国华盛顿召开会议，达成“史密森协议”，其内容包括：①调整黄金官价，从 1 盎司黄金 35 美元提高到 38 美元；②调整汇率平价，瑞士法郎、意大利里拉和瑞典克朗对黄金贬值 1%，德国马克升值 4.6%，日元升值 7.66%，比利时法郎和荷兰盾升值 2.76%，法国法郎和英镑币值不变，美元对各国货币的汇率平均升值 10%；③调整汇率波动幅度，从原来的±1%扩大为±2.25%；④美国取消 10%的进口附加税，不再承担按官价兑换黄金的义务。

4. 第四次美元危机

第四次美元危机爆发于 1973 年春天，这次危机直接导致布雷顿森林体系彻底崩溃。长期的越南战争极大地消耗了美国国力，美元贬值并没有改善美国的国际收支，1972 年美国的贸易逆差达到 70 亿美元。1973 年美国的通货膨胀率进一步上升，美元信用骤降，导致欧洲市场上又一次掀起抛售美元，抢购德国马克、日元和黄金的浪潮。1973 年 2 月 12 日美国政府宣布美元再次贬值 10%，黄金官价由 38 美元提高到 42.22 美元。至此，已先后有加拿大元、意大利里拉、日元、瑞士法郎和英镑自由浮动。但是新的中心汇率仍然无法恢复人们对美元的信心。1973 年 3 月欧洲又出现了抛售美元、抢购黄金和德国马克的风潮，伦敦黄金市场的金价一度上涨到 96 美元，西欧和日本的外汇市场被迫关闭 17 天。剩下的维持固定汇率的国家也宣布本国货币对美元实行浮动。美元停止兑换黄金和固定汇率制的崩塌，标志着布雷顿森林体系的基础全部丧失，布雷顿森林体系彻底崩溃。

三、布雷顿森林体系崩溃的原因

（一）美元面临特里芬难题

1960 年，美国经济学家特里芬在出版的《黄金与美元危机》一书中，提出了著名的“特里芬难题”。特里芬指出，“黄金-美元”货币体系自身存在着不可克服的内在矛盾，美元具有美国本币和国际货币的双重身份，美国具有保持美元信用与提供美元供应的双重责任。这双重身份与双重责任均是矛盾的，难以做到两全。为满足国际经济与贸易对国际储备资产日益增长的需要，必须逐步增加美国境外的美元数量，以保证国际清偿力的供给，这需要通过维持美国国际收支逆差达到，而国际收支逆差扩大又会影响美元的信用，导致储备货币危机。反之，美国要维持美元信用，就必须减少国际收支逆差，而这会减少美元的供给，导致国际清偿力不足。美国作为储备货币发行国所面临的这种进退维谷的境地，就是特里芬难题，并被普遍认为是布雷顿森林体系自身存在的、不可克服的内在矛盾。

（二）国际收支调节机制效率不高

布雷顿森林体系规定可以通过 IMF 的贷款和调整中心汇率来调节国际收支。但 IMF 的资金有限，对于巨额的国际收支逆差也是心有余而力不足。当出现根本性不平衡，用调整汇率的方式调节国际收支时，汇率平价的调整幅度往往很大，会给经济带来严重冲击，可能出现的外汇投机风潮会进一步加剧汇率的不稳定性。

（三）固定汇率制不能适应经济形势的发展变化

美元与黄金挂钩、各国货币与美元挂钩的汇率制度的实质是以美元为中心。随着西欧和日本等国经济实力的恢复与增强，世界经济力量的对比发生变化，美国的相对地位下降，美元与黄金的官价难以维持，汇率制度也必然难以维持。

同时固定汇率制丧失了汇率政策调节国际收支的能力，使各国必须牺牲国内经济目标依附于对外经济政策。国际收支逆差国本币有贬值的压力，法国中央银行在外汇市场上卖出美元买入本币，结果导致国内货币供应量不足，出现通货紧缩；同理，国际收支顺差国将面临通货膨胀的压力。因此各国为了自身的利益，始终存在突破固定汇率制的内在动因。

四、对布雷顿森林体系的评价

（一）对促进世界经济的繁荣具有积极作用

这种积极作用具体体现在以下四个方面。

1. 布雷顿森林体系结束了国际货币金融领域的混乱局面

布雷顿森林体系是以美元为中心的国际金汇兑本位制，它确立了第二次世界大战后新的国际金融秩序。IMF 成为维持布雷顿森林体系正常运转的中心机构，为会员国在国际金融领域进行磋商和合作提供了场所，结束了第二次世界大战前那种没有国际金融机构维持国际金融秩序的历史，为稳定国际金融创造了有利条件。

2. 布雷顿森林体系促进了国际贸易和国际投资的发展

布雷顿森林体系实行“可调整的钉住汇率制度”，汇率比较稳定，在一定程度上消除了汇率风险，推动了信用关系、国际贸易和国际投资的发展，从而促进了世界各国生产的发展和经济的增长。就贸易而言，1948～1976 年，资本主义国家的出口贸易平均每年增长 7.7%；就资本流动而言，1945 年资本主义世界的资本输出总额仅为 510 亿美元，到 1970 年却高达 3000 多亿美元（何国华，2017）。

3. 布雷顿森林体系弥补了国际清偿力的不足

在布雷顿森林体系中，美元是储备货币、国际清算与支付手段，等同于黄金，可以作为黄金的补充。这在一定程度上弥补了因黄金数量不足而普遍存在的国际清偿力和支付手段的不足，有利于推进外汇管制的放松和贸易的自由化。

4. 布雷顿森林体系促进了国际货币合作和多边支付体系的建立

IMF 向成员方提供各种类型的短期和中期贷款，可以减轻或避免为纠正国际收支失衡而采取本币贬值或紧缩性宏观经济政策给该国经济带来的负面影响。

（二）布雷顿森林体系是一种建立在不平等关系基础上的国际货币体系

国际储备货币发行国具有特殊地位，不需要干预外汇市场，没有维持国际收支平衡的负担。国际储备货币发行国拥有特权，即在固定汇率制度下可以用货币政策调控宏观经济，既影响本国经济，也影响他国经济。而非储备货币国在固定汇率制度下的货币政策是无效的，既不能影响本国经济，也无法影响他国经济。

布雷顿森林体系是以美元为中心的国际货币体系，美元等同于黄金，美元作为唯一的储备货币享有特权地位，美国享有铸币税，可以利用美元直接对外投资，也可以利用美元清偿国际收支逆差、扩大国际经济交易，这就造成美元持有国的实际资源向美国转移。同时，由于各国货币钉住美元，保持固定比价，这就造成美国的货币政策会对国际经济产生重大影响。保持本国货币与美元汇率相对稳定的干预义务由各成员方自己承担，这使得其他国家负担严重。

（三）布雷顿森林体系是一种不稳定的国际货币体系

布雷顿森林体系本身存在特里芬难题所描述的固有不稳定性。此外，在实际运行中，由于运行规则得不到遵守，始终没有形成正常的国际收支调节和资本流动的秩序。

第四节　牙买加体系和国际货币体系改革

一、牙买加体系

布雷顿森林体系崩溃以后，国际金融秩序又开始动荡，美元的国际地位不断下降，出现了国际储备多元化的状况，部分国家实行浮动汇率制度，部分国家实行调控程度不同的钉住汇率制，汇率剧烈波动，国际货币体系一度混乱无序，各国都在谋求建立新的国际货币体系。1976 年 1 月，IMF 国际货币制度临时委员会在牙买加首都金斯敦（Kingston）召开会议，并达成了《牙买加协定》。同年 4 月，IMF 理事会通过了《国际货币基金组织协定第二次修正案》，从而逐渐形成牙买加体系。

（一）牙买加体系的主要内容

从国际货币体系的三大支柱来看，牙买加体系没有本位货币，没有统一的汇率制度，也没有国际收支协调机制，其实质是放任自流制度，因而被称为“无体系的体系”。其主要内容如下。

1. 浮动汇率合法化，成员方可以自由选择汇率制度

牙买加体系承认固定汇率制度和浮动汇率制度并存，成员方的汇率政策应受 IMF 的监督，并与 IMF 协商，实行浮动汇率制度的成员方应根据经济条件逐步恢复固定汇率制度，并防止采取损人利己的货币贬值政策。

2. 黄金非货币化，减弱和消除黄金的货币作用

废除黄金条款，取消黄金官价，取消成员方之间以及成员方与 IMF 之间以黄金清算债权债务的义务。各成员方中央银行按市场价格从事黄金交易，IMF 持有的黄金应逐步加以处理。

3. 国际储备资产多元化，以 SDR 为主要储备资产

在未来的国际货币体系中，应以 SDR 为主要储备资产，并作为各国货币定值的基础。

成员方可用 SDR 来履行对 IMF 的义务和接受 IMF 的贷款，各成员方之间也可用 SDR 进行借贷。IMF 要加强对国际清偿力的监督。

4. 增加成员方的基金份额

各成员方对 IMF 缴纳的基本份额，由原来的 292 亿 SDR 增加到 390 亿 SDR。各成员方应缴份额所占比重也有所变化，主要是石油输出国的比重提高一倍，由 5%提高到 10%，其他发展中国家保持不变，主要西方国家除德国和日本略增以外，都有所降低。

5. 扩大对发展中国家的资金融通

IMF 用在市场上出售黄金超过官价部分的所得收入建立信托基金，以优惠条件向最穷困的发展中国家提供贷款，帮助它们解决国际收支方面的困难。扩大 IMF 的信用贷款总额，由占成员方份额的 100%提高到 105%。提高 IMF 出口波动补偿贷款[①]的比重，由占份额的 50%增加到 75%。

（二）牙买加体系的特点

1. 多种汇率制度并存

1973 年布雷顿森林体系崩溃后，主要西方发达国家实行浮动汇率制度。浮动汇率不仅可以比较灵敏准确地反映不断变化的国际经济状况，而且可以调节外汇市场的供求关系，从而促进国际贸易和世界经济的发展。但是，汇率的经常变动不仅影响国际贸易和资本流动，也使国际储备和外债管理变得更加复杂。而发展中国家根据各自的经济条件和需要，选择了多样化的汇率制度安排。发展中国家一般没有现代化且完善的金融市场，并且在不同程度上对发达国家的经济有依赖性。目前大部分发展中国家采取钉住某种单一货币或 SDR 等篮子货币的汇率制度。

2. 国际储备多元化

由于牙买加体系对 SDR 本位的设想难以实现，因此国际储备资产出现了多元化趋势。除了黄金、美元和 SDR 之外，各国还以欧元、英镑和日元等作为官方储备资产。虽然美元地位时有起落，但始终占据主导地位，欧元是美元强劲的竞争对手。

3. 国际收支调节方式多样化、复杂化

牙买加体系下国际收支失衡的调节方式除了由 IMF 提供贷款和变动汇率外，还可以通过变动利率、国际金融市场的媒介作用、国际商业银行的活动、储备资产的变动等方式进行调节。

（三）对牙买加体系的评价

1. 牙买加体系的优点

牙买加体系的优点主要有：①储备货币多元化，改变了对美元的过分依赖，分散了汇率变动的风险，也促进了国际货币的合作与协调，同时，补充了国际清偿力，在一定程度上解决了特里芬难题；②以浮动汇率为主的多种汇率制度并存能够更加灵活地适应

---

① 该贷款由 IMF 于 1963 年 2 月创立，旨在为因出口收入下降发生国际收支困难的初级产品出口国提供贷款。贷款条件应满足：出口收入的下降是短期的，并且为成员方本身能力所不能控制的原因造成。借款国必须与 IMF 合作，并采取适当措施来解决国际收支困难。

世界经济形势复杂多变的状况，各国可选择适合自身的汇率制度安排；③多种国际收支调节机制并存，比较能适应各国经济发展水平悬殊的现实，有利于各国经济发展。

2. 牙买加体系的缺点

牙买加体系的缺点主要有：①汇率频繁波动，不利于各国经济发展、国际贸易和投资活动的开展，20 世纪 90 年代后发生的多次货币危机都与汇率的过分波动有关；②多元化的储备体系没有统一、稳定的货币标准，本身就是一种不稳定因素，储备货币多元化导致储备管理难度增加，同时各国在不同储备货币间的币种调整还会加剧汇率波动，造成外汇市场动荡；③国际收支调节机制不健全，虽然调节方式更多了，但都有局限性，所以 1973 年以来，国际收支失衡的局面一直没有改善，反而日趋严重。

尤其是 2008 年国际金融危机以来，牙买加体系的弊端显露得更加明显，给世界经济带来了很大的不利影响[①]，进行新的国际货币体系改革的呼声日益高涨，不仅是一直积极参与的发展中国家，法国、德国等发达国家也开始响应。

二、国际货币体系改革

国际货币体系改革是一项艰巨的任务，由于各国的利益不一致，在此问题上分歧很大。发达国家主要倾向于在现有的国际货币体系的基础上根据新的经济实力和发展中国家的需要进行部分调整，而发展中国家则要求对现行体系进行根本性的改革。

从布雷顿森林体系到牙买加体系，规则的制定权都掌握在发达国家手中，发展中国家只能被动地接受并遵守结果，因此在货币关系中具有明显的不对称性、不平等性和非均衡性。随着发展中国家要求建立公平、合理的国际货币体系的呼声越来越强，发达国家和发展中国家在国际货币体系中的汇率制度、储备货币、资本流动等问题上的冲突越来越激烈。

同时，发达国家内部由于各自利益不同，改革的要求也不一致。欧美发达国家掌握着世界经济的主动脉，在金融问题上立场比较一致。不过，随着整个欧洲经济的发展，特别是欧元启动后，它们之间的矛盾逐渐凸显出来。尤其是 2008 年国际金融危机爆发以来，美国实施单边主义，其应对危机的政策措施由于美元在国际货币体系中的特权地位损害了大部分国家其中也包括发达国家的利益[②]，欧盟与美国正在为国际货币体系的话语权展开争夺。

有关国际货币体系改革的研究一直非常活跃。IMF、发达国家、发展中国家、各国国际经济政治组织和著名学者都提出了国际货币体系的改革主张。国际货币体系改革主要集中在国际储备资产确定、汇率制度选择以及有效防范金融危机三个方面，其中国际储备资产的选择是关键，也是改革的主要内容。

各种改革方案大致可以分为三类：复古方案、折中方案和激进方案。复古方案主张恢复国际金本位制或建立其他商品本位制；折中方案大多是既得利益者提出的，他们主

① 牙买加体系下的美元是靠国家霸权支撑的特殊信用货币，是世界财富的收割机，美元霸权主要依靠石油美元、美元回流机制创造美元升值与贬值的周期，打压对美元有潜在威胁的经济体（陈文玲，2021）。

② 十多年来美联储推出多轮 QE 货币政策，由于美元是全球最重要的储备货币，QE 不可避免地造成美元贬值、美国债务被稀释，给全球经济特别是新兴经济体带来了一定程度的负面溢出效应。

张对现有体系进行有限幅度的修补；激进方案以建立超主权国家的世界货币、世界中央银行或类似国际金融机构为目标。

（一）恢复金本位制的方案

20 世纪 70 年代，美国、英国和其他一些发达国家普遍面临经济增长速度下降、通货膨胀率上升以及汇率大幅度波动的难题，有人把这归咎于浮动汇率和黄金非货币化。1981 年美国经济学家蒙代尔提出了在美国恢复黄金兑换的建议。当时的美国总统里根于 1981 年 7 月下令成立一个由七人组成的黄金委员会，专门研究在美国恢复金本位制的可行性。赞成实行金本位制的观点认为，恢复金本位制是对付通货膨胀和经济不稳定的唯一办法，只有恢复纸币与黄金间的兑换性，才能使人们相信他们持有的资产的购买力在将来是有保证的，从而达到增加储蓄与投资，促进经济增长，实现充分就业的目的。反对实行金本位制的观点则认为，金价自 20 世纪 70 年代以来一直不稳定，因此很难确定准确的黄金平价。金价过高会导致人们向政府出售黄金，从而使货币量增长过快；金价过低则会导致人们向政府大量购买黄金，使政府的黄金储备枯竭。由于世界经济的增长总是快于黄金产量的增长，有限的黄金存量将会成为制约世界经济增长的因素。如果总是随着世界经济的增长，不断地调整金价，又会使金本位制简便可靠的特点消失。美国的黄金委员会对赞成和反对金本位制的各派的主要观点进行了认真的分析和研究，最终得出了美国目前不可能恢复金本位制的结论。

（二）建立 SDR 本位的方案

1979 年，IMF 临时委员会在贝尔格莱德召开年会，会上提出了设立“替代账户”（substitution account）以吸收各国手中过度积累的美元资产，并使 SDR 成为主要国际储备资产的建议。具体做法就是在 IMF 设立一个专门账户，发行一种 SDR 存单，各国中央银行可将手中多余的美元储备折成 SDR 存入该账户，再由 IMF 用吸收的美元投资于美国财政部发行的长期债券，所得的利息收入返还给替代账户的存款者。替代账户的作用是吸收过剩的美元储备供给，并借以提高 SDR 的国际储备货币地位。但实际上，替代账户的作用很小，没有产生预期的效果，自 1980 年 IMF 汉堡会议以来，替代账户的改革建议被无限期搁置起来。

2009 年，时任中国人民银行行长周小川主张提高 SDR 的地位，以 SDR 这种超主权货币作为国际储备货币，可以避免主权信用货币作为储备货币的内在缺陷（周小川，2009）。但这种方案现阶段难以实现，主要原因在于：①SDR 本身还不具备优越于美元的特征，美元是国际交易中使用最广的储备货币，而 SDR 仅仅是 IMF 的一种账面资产，其储备货币的职能远远不如美元；②各国在 SDR 的发行、分配、利息支付等方面存在诸多利益冲突；③IMF 不具备世界中央银行的职能，无法具体操作 SDR 的运行。

（三）创立世界中央银行的方案

美国经济学家特里芬主张彻底改造 IMF，使它成为世界中央银行。世界各国将一部分国际储备存入 IMF，IMF 作为各国中央银行的清算机构，发行一种国际货币在世界上流通，以克服某一主权货币作为国际储备资产所带来的特里芬难题。但是他的主张要求各国中央银行服从于一个超国家的国际信用储备机构，这需要各国放弃对本国经济发展发挥重要作用的金融货币主权，实行密切的国际货币合作，目前显然不现实。事实上，即使将来用统一的国际货币取代现有的其他储备货币，也会遇到相应的巨大阻力，这从欧元的产生过程中不难看出。

（四）控制短期资本流动的方案

目前国际货币与金融领域出现的许多问题都与投机性的国际短期资本流动有关。因此，有人主张各国特别是发展中国家采取一些措施来限制投机性资本的流动，其中包括货币在金融项目中不可兑换、使用复汇率制或对短期外汇银行账户征税（如托宾税①）等。但发达国家的经济学家普遍反对这种方案，认为这对世界经济发展不利，违背了世界经济一体化发展的趋势。

（五）以固定汇率为基础的多种储备体系的方案

1988 年麦金农提出在世界三个主要贸易集团即北美集团、欧洲共同体集团和亚洲集团已经形成的基础上，通过美国、德国和日本三国的货币合作，实现三国货币之间的固定汇率，从而保证汇率制度对世界大部分地方的贸易和金融活动的促进作用。目前该方案不能实现的主要问题是这三个国家不愿放弃货币政策的自主权，以及它们各自面临一些难以解决的经济问题。

除上述方案外，很多学者还提出了各种其他的国际货币制度改革的建议。但是从目前情况看，任何一种方案都只能被部分国家认同，因为无论是发达国家间还是发达国家与发展中国家间，都存在利益冲突，矛盾重重。因此，在今后很长一段时间里，国际货币制度将大体上维持牙买加体系的框架，改革将是比较缓慢的。但不可否认，国际货币体系的改革是不可逆转的历史潮流，区域性货币体系的形成与发展正说明了这一点。今后改革的前景如何，将取决于国际本位货币、国际储备资产、汇率制度、国际收支调节及区域性货币组织与世界范围的国际货币制度间的关系等问题的解决。

➢ 专栏 8.2

现代国际货币体系的“新特里芬难题”改革方案

1. 现代国际货币体系的“新特里芬难题”

2008 年的国际金融危机表明以美元为主导的现代国际货币体系遭遇了“新特里芬难题”，表现在以下方面。

（1）在以美元为主导的货币体系中，全球大部分的资产都以美元来体现，从而形成了对美国和美元资产的依赖性，也使得全球的资产配置风险都集中在美元上。美元

① 由美国经济学家托宾在 1972 年提出，主要是为了缓解短期投机性资本流动规模急剧膨胀造成的汇率不稳定。他建议“往飞速运转的国际金融市场这一车轮中掷些沙子”。托宾税的特征是单一税率和全球性。

汇率和美国经济的任何波动都会波及全球金融市场，加剧全球金融市场的不确定性和不稳定性。

（2）随着美国全球经济地位的下降和美国国际收支的持续逆差以及美国财政负债的不断积累，人们对美元的信心不断下降，这对美元的储备货币地位构成威胁。

（3）美国为维护其国家利益，没有担负起储备货币大国应负的责任，其货币政策只体现其国家利益，国际上又没有别的力量可以对此加以有效约束。如在国际金融危机期间，美国采取增发货币的方式来应对金融危机，实行了四轮 QE 的货币政策，使得美国的实际对外负债减少，从而减少了金融危机对美国经济的影响，但这其实是危机的转嫁，大幅度增加了金融危机对其他国家经济和金融的不利影响。

“新特里芬难题”本质上还是“特里芬难题”的现实反映，同样反映了储备货币的供给和需求的矛盾。

2. 国际货币体系改革方案

（1）建立多元化或多极化的主权国际货币体系。建立多元化或多极化的主权国际货币体系，将有助于缓解甚至解决现行国际货币体系存在的难以维持储备货币偿付能力、无法避免储备货币贬值甚至发生储备货币危机、国际货币体系长期不稳定的“新特里芬难题”。它能使市场参与者有更多的选择，可以逐渐摆脱对美元的过分依赖，还可以通过货币的国际竞争，彼此约束、互相制衡，让“良币驱逐劣币”的市场机制发挥作用，从而达到改善现行国际货币体系的目的。未来的国际货币体系最可能是一个包含美元、欧元、日元、人民币在内的货币多极化的体系。《国际货币基金组织协定第二次修正案》鉴于美元的特殊地位，它不可能在短时间内退出国际货币舞台，美元作为国际货币也许还将存在相当长的时间，目前还没有任何一个国家的货币可以与美元相抗衡。

（2）推动人民币国际化。积极推动人民币的国际化进程，使人民币主动参与到主要国际货币的竞争中，让人民币在国际货币体系中发挥应有的作用，对于解决当前国际储备货币的供给难题、维持国际储备货币的偿付能力、保持国际货币体系的稳定将有重要的作用。由于中国本身就是储备货币的需求者，目前持有了全球外汇储备的近三分之一的份额，人民币成为储备货币后，自然就会减少对美元、欧元的需求，同时还增加了储备货币的供给，显然有助于改善储备货币的供给与需求的矛盾，这对稳定国际货币体系具有重要作用。虽然短期内国际货币体系难以突破美元充当国际主要储备货币的格局，但未来的国际货币体系必将通过大国主权信用货币的竞争，朝着多元化的方向发展。人民币通过国际市场竞争成为国际储备货币是大势所趋，也是历史发展的必然。人民币国际化在推动国际货币体系变革、维护国际货币体系稳定的同时，也能提升中国的话语权，提高中国的国际地位和扩大中国在国际上的影响力，更好地维护中国的利益，还能有效地规避汇率风险，促进中国的对外贸易与国际投资。因此中国应该把握时机，以更加主动积极的姿态进一步推行人民币的国际化战略。

资料来源：根据《经济学家》杂志 2016 年第 12 期，翁东玲：《国际货币体系变革与人民币的国际化》整理而得。

第五节 欧洲货币一体化

自蒙代尔 1961 年提出最优货币区理论以来，部分国家和地区进行了相应尝试，例如 1962 年西非六国成立了西非货币联盟，1969 年拉丁美洲五国成立了安第斯条约组织（安第斯集团）等，其中欧洲货币一体化被认为是迄今为止该理论最成功的实践，蒙代尔也因此被誉为“欧元之父”。

一、欧洲货币联盟

欧洲货币一体化开始于 1950 年欧洲支付同盟的成立。1958 年欧洲经济共同体各国签署了《欧洲货币协定》代替欧洲支付同盟，促进了西欧国家货币自由兑换的发展。1969 年 12 月欧洲共同体首脑会议决定筹建欧洲经济与货币联盟。以魏尔纳（Werner）为首的委员会在 1970 年 10 月提交了《关于在共同体内分阶段实现经济和货币联盟的报告》，即魏尔纳计划。它为实现欧洲经济与货币联盟规定了一个十年的过渡时期，分三个阶段实现联盟的目标（表 8.2）。

表 8.2 魏尔纳计划三阶段目标

阶段	时间	主要目标
第一阶段	1971 年初～1973 年底	缩小成员方间货币汇率的波动幅度，建立货币储备基金，以支持干预外汇市场稳定汇率的活动，加强货币政策与经济政策的协调
第二阶段	1974 年初～1976 年底	集中成员方的部分外汇储备以充实货币储备基金，进一步稳定各国货币间的汇率，并使欧洲共同体内部的资本流动逐步自由化
第三阶段	1977 年初～1980 年底	使共同体成为商品、资本和劳动完全自由流动的统一体，汇率趋于完全稳定，并着手规划统一的货币，货币储备基金向统一的中央银行发展

1971 年 3 月达成协议决定正式实施货币联盟计划之际，爆发了严重的美元危机，该计划被耽搁下来。直到 1972 年初，欧洲共同体部长理事会才着手推行货币联盟措施。这些措施主要包括：①实行可调整的中心汇率制。对内成员方货币之间的汇率保持可调整的钉住汇率，对外实行联合浮动。当时规定成员方货币间汇率的波动幅度为±1.125%，小于史密森协议规定的±2.25%，因此又称其为蛇形浮动汇率（snake floating）。②建立欧洲货币合作基金。其目的在于干预外汇市场，维持汇率稳定。③创设欧洲记账单位（european unit of account，EUA）。这是一种由成员方货币组成的复合货币，它与成员方货币的汇率构成了中心汇率。

二、欧洲货币体系

1978 年 4 月，在哥本哈根召开的欧洲共同体首脑会议上，德国总理施密特和法国总统德斯坦提出了建立欧洲货币体系的建议。同年 12 月 5 日欧洲共同体各国首脑在布鲁塞尔达成协议，决定于 1979 年 1 月 1 日建立欧洲货币体系，后因德国和法国在农产品贸易补偿制度上发生争执延迟到 3 月 13 日才正式成立。最初参加的国家包括欧洲共同体中的法国、德国、意大利、荷兰、比利时、卢森堡、爱尔兰和丹麦等八个国家，英国虽然暂时没有加入，但英格兰银行却按规定的比例认缴黄金和美元储备，参加了欧洲货币基金。

欧洲货币体系的建立，是欧洲货币一体化道路上重要的里程碑。它主要包括创设欧洲货币单位（European currency unit，ECU）、建立欧洲货币基金和稳定的汇率机制三个内容。

（一）创设 ECU

ECU 由欧洲记账单位演变而来，是欧洲货币体系的核心。ECU 是一个货币篮子，最初由欧洲经济共同体 12 个成员方中的 9 种货币组成。每一种货币在 ECU 中所占的比重，是根据各国在共同体内部贸易额和 GNP 所占份额加权计算得出的。货币篮子的权数构成每 5 年调整一次，但如果其中任何一种货币比重的变化超过 25%，则可随时对权数进行调整。

ECU 的作用主要体现在：①作为中心汇率的计算标准。成员方在确定货币汇率时，以 ECU 为依据，其货币与 ECU 保持固定比价，再根据中心汇率套算与其他成员方货币的比价。②作为确定成员方货币汇率偏离中心汇率的指示器。③作为进行干预活动和信贷业务的计算标准。④作为成员方货币当局的储备资产和中央银行之间的结算工具。

（二）建立欧洲货币基金

欧洲货币体系以 1973 年 4 月建立的欧洲货币合作基金（European monetary cooperation fund，EMCF）为基础，将其扩大为欧洲货币基金（European monetary fund，EMF），资金来源是成员方缴纳的 20%的黄金储备和外汇储备，再加上等值的各成员方本国货币，总计约 500 亿 ECU。EMF 建立的目的是稳定成员方之间的货币汇率，加强成员方之间的货币合作和成员方干预外汇市场的能力，对国际收支有困难的成员方提供必要的信贷支持，但却没有如期建成。

（三）建立稳定的汇率机制

汇率机制包括篮子汇价体系（basket parity system）和平价网体系（grid parity system）两种机制。篮子汇价体系也称中心汇率体系，是指成员方都规定本国货币同 ECU 的固定比价，即中心汇率。平价网体系也称格子体系，是指根据中心汇率套算出成员方相互间货币的汇率。这两种汇率体系都规定波动幅度限制，一旦超过这个限度，相关国家货币当局就要在外汇市场上进行干预。

三、欧洲经济与货币联盟

20 世纪 80 年代以后，欧洲经济一体化的步伐加快。1985 年 12 月欧洲理事会卢森堡会议拟定《单一欧洲法案》，该法案规定于1992年将欧洲共同体建成一个没有内部边界，商品、人员、劳务和资本自由流动的统一内部大市场。据此，进一步强化欧洲货币体系就成为形成统一内部大市场、实现资本流动完全自由化的必要条件，卢森堡会议也将强化欧洲货币体系确定为深化货币合作的出发点。1988年6月欧洲共同体汉诺威首脑会议决定，成立由当时的欧洲共同体委员会主席雅克·德格尔主持的“经济和货币联盟委员会”。1989年6月该委员会向欧洲理事会马德里会议提交了《欧洲共同体经济和货币联盟的报告》，即德洛尔报告，规定从1990年起用20年的时间，分三个阶段实现货币一体化，建立经济货币联盟。该报告强调货币联盟的建立必须具备三个条件：①各国货币自由兑换；②资本流动完全自由化；③固定汇率制。1989年12月，该报告在经过激烈辩论后在欧洲议会上获得通过。

由于各国对德洛尔报告反应不一，为实现欧洲经济与货币联盟、推进欧洲统一，欧洲共同体首脑于1991年12月在荷兰小城马斯特里赫特召开会议，正式修订了作为欧洲经济共同体成立基础的《罗马条约》，就建立欧洲政治联盟和经济与货币联盟的问题达成协议，签署了《欧洲联盟条约》，又称《马斯特里赫特条约》（以下简称《马约》）。《马约》的签订与实施，标志着欧洲货币一体化进入了一个崭新的发展阶段。

《马约》包括《政治联盟条约》和《经济与货币联盟条约》，后者为建立欧洲经济与货币联盟规定了明确的目标和时间，其目标是最终在欧洲联盟内建立一个负责制定和执行共同货币政策的欧洲中央银行并发行统一的欧洲货币。为实现这一目标，《马约》规定分三阶段实施货币一体化，具体内容见表8.3。

表8.3　《马约》的三阶段计划

阶段	时间	主要目标
第一阶段	1990年7月1日至 1993年12月31日	实现所有成员方加入欧洲货币体系的汇率机制，形成欧洲统一大市场，实现商品、人员和资本的自由流动，协调各成员方的经济政策，并建立相应的监督机制
第二阶段	1994年1月1日至1997年	进一步实现各国宏观经济政策的协调，加强成员方之间的经济趋同；建立独立的欧洲货币管理体系——欧洲货币局，作为欧洲中央银行的前身，为统一货币作技术和程序上的准备；进一步缩小成员方货币之间汇率的波动幅度
第三阶段	1997年至1999年1月1日	建立独立的欧洲中央银行，制定和执行共同货币政策；发行统一的欧洲货币，成员方的货币逐步停止使用

《马约》规定，想取得欧洲经济与货币联盟成员资格的国家必须在6个方面达标：①通货膨胀率不能超过欧洲共同体3个通货膨胀率最低国家平均数的1.5个百分点；②长期名义利率不得高于欧洲共同体3个通货膨胀率最低国家平均水平的2个百分点；③财政赤字占GDP的比重必须低于3%；④政府债务占GDP的比重不超过60%；⑤货币汇率必须维持在欧洲货币体系规定的幅度内，并且至少两年未发生过贬值；⑥成员方中央银行的法则法规必须与《马约》规定的欧洲中央银行的法则法规相兼容。

1993年11月1日欧洲共同体更名为欧盟，12月16日马德里首脑会议确定单一货币的名称为欧元，并确定了单一货币实施的具体时间表（表8.4）。

表 8.4 欧元实施时间表

阶段	时间	主要目标
第一阶段	1998 年 1 月 1 日至 1998 年底	欧盟将在 3～4 月确定搭乘欧元启动头班车的成员方名单，在年中成立欧洲中央银行，在年末开始生产（而不是发行）欧元钞票和硬币
第二阶段	1999 年 1 月 1 日至 2001 年底	欧元正式成为一种货币，与各成员方自己的货币同时使用、平行流通，各成员方中央银行继续开展业务，但货币流通方面的业务将在欧洲中央银行的领导下进行
第三阶段	2002 年 1 月 1 日以后	正式发行欧元现钞和硬币，欧元成为成员方唯一的法定货币，各成员方原来的货币退出流通

1996 年 12 月中旬，欧盟成员方首脑在都柏林会议上就欧元的法律地位、欧元与暂不参加单一货币的欧盟成员方货币之间的兑换机制以及约束货币联盟参加国的财政纪律的预算稳定公约达成了一致意见。在 1997 年 6 月中旬的阿姆斯特丹会议上，欧盟各国首脑正式批准了《稳定和增长公约》、《欧元的法律地位》和《新的货币汇率机制》，这 3 个文件和《阿姆斯特丹条约》为欧元的稳定提供了法律保障。1998 年 5 月 2 日在布鲁塞尔欧盟首脑会议上，确认了首批加入欧元区的 11 个成员方的名单：比利时、德国、西班牙、法国、爱尔兰、意大利、卢森堡、荷兰、奥地利、葡萄牙、芬兰。希腊因为未达标没有加入欧元区，英国、丹麦、瑞典虽然达标，但出于国内政治考虑暂时没有加入欧元区。

1999 年 1 月 1 日欧元准时启动。ECU 以 1∶1 的比例转换为欧元，欧元与成员方货币的兑换率锁定，欧洲中央银行投入运作并实施统一的货币政策，欧元可以以支票、信用卡等非现金交易的方式流通，各成员方货币亦可同时流通。2002 年 1 月 1 日欧元纸币和硬币开始在全境流通，欧洲中央银行和成员方逐步收回各国的纸币和硬币，2002 年 7 月 1 日各成员方货币完全退出流通，欧盟货币一体化计划完成，欧元成为成员方的单一货币。

欧元区最初成立时有 11 个成员方，随后不断有新成员加入。希腊于 2000 年达标并于 2001 年 1 月 1 日加入欧元区，斯洛文尼亚于 2007 年 1 月 1 日加入欧元区，塞浦路斯和马耳他于 2008 年 1 月 1 日加入欧元区，斯洛伐克于 2009 年 1 月 1 日加入欧元区，爱沙尼亚于 2011 年 1 月 1 日加入欧元区，拉脱维亚于 2014 年 1 月 1 日加入欧元区，立陶宛于 2015 年 1 月 1 日加入欧元区。2023 年 1 月 1 日克罗地亚将加入欧元区，成为第 20 个成员方。

四、欧洲货币一体化的意义

（一）优化区域内的资源配置，推动欧盟发展

1. 实行单一货币，可以有效降低成员方间的交易成本，促进经济发展

实行单一货币的好处包括：①货币兑换费用消失；②外汇风险消失，可以节省之前降低外汇风险的套期保值费用；③使用同一种货币标价，可以方便地在各成员方间进行价格比较，有助于降低搜寻成本和信息成本。

2. 扩大欧盟内部市场规模，促进区域内贸易

以前各成员方国内的股票与债券市场是割裂的，使用单一货币后，市场规模扩大，竞争加剧，有助于降低筹资成本，促进市场繁荣。

（二）挑战美元的霸权地位

一种货币在国际上的地位，从根本上来说，还是取决于发行该货币的经济体的实力。欧元成员方从经济规模、人口规模、贸易规模上都和美国不相上下，虽然欧元区股票市值和债券市值低于美国，但其银行资产超过美国，金融总资产与美国并驾齐驱。欧元依靠欧元区国家整体的经济实力，与美元成为国际货币体系中的两强，并有可能挑战美元的霸权地位。

（三）对国际货币体系产生巨大影响

欧元的成功诞生，对其他国家产生了良好的示范效果。亚洲、非洲也开始有更多的国家考虑以及实施货币一体化。

➢ 专栏 8.3

欧元区运行的问题和对策

欧元区成立的前十年被普遍认为是巨大的成功。根据世界银行的统计，1999～2008 年欧元区国家的经济取得了平均 2.1%的实际增长率，虽然略低于美国该时期平均增长 2.6%的水平，但欧元也成为仅次于美元的世界第二大交易和储备货币。但是从第二个十年开始，欧元区的运行却出现了诸多问题，如 2009 年希腊主权债务危机使欧元区经济整体衰退，2016 年英国公投脱欧的连锁反应使欧元政治基础动摇。

1. 2009 年欧债危机对欧元区运行的影响

2009 年始于希腊的欧洲主权债务危机使得欧元区经济整体陷入衰退，部分国家至今仍未能走出衰退的阴影。①从汇率看，欧元兑美元的汇率由 2009 年 12 月的 1.44 下降到 2016 年 12 月的 1.06，贬值 26.39%。②从基尼系数看，自 2005 年以来，欧元区整体基尼系数呈上升趋势，德国、法国、西班牙等的上升幅度都超过了欧元区的平均水平。③从劳动生产率看，2007～2015 年，欧元区年平均增长率为 0.4%，远低于危机之前 2000～2006 年的 0.9%，也低于同期欧盟的 0.5%，美国的 1.0%。全要素生产率年平均增长率则由 1999～2006 年的 0.1%降低到 2007～2013 年的–0.7%。④从政府债务看，尽管欧盟委员会和欧洲中央银行要求重债国采取紧缩财政、降低政府赤字，但是欧元区的政府债务水平不降反升。2011 年欧元区政府债务占 GDP 的比例为 87.0%，2015 年上升到 93.3%。重债国希腊则由 172.0%上升到 177.4%，其他国家也存在不同程度的债务水平增加，几乎所有国家的政府债务水平都超过了《马约》规定的 60%的标准。

2. 2016 年英国公投脱欧的连锁反应对欧元区运行的影响

2016 年英国公投脱欧，2017 年 3 月 29 日正式启动了脱欧程序，这进一步动摇了欧元的政治基础。尽管 2017 年 3 月 16 日荷兰极右翼自由党在大选中落败，2017 年 5 月

8日法国总统大选也以支持留在欧盟的中间派政治家马克龙获胜、极右翼国民阵线勒庞落败而告终，但荷兰和法国大选中极右政治势力所具有的民众基础及其反欧盟的政治主张仍然是欧元乃至欧盟的政治隐患。德国大选和意大利大选中右翼民粹主义走上前台使得欧元危机的政治性越来越突出。虽然同样是关于欧元的存在性危机，与2009年源于外围国家的经济冲击不同，本次危机主要源于核心国家的政治冲击。如果说欧债危机的主角是政府和市场，那么本次政治危机的主角则是沉寂已久的公民。这表明并不是所有人都能从欧元区运行中获利，精英阶层成为最大的赢家，社会贫富差距拉大。

欧元作为一种宏观货币政策工具，不能兼顾经济发展具有显著差异的所有成员方的需求是制度上的一个诟病。作为一种政策工具，欧元体制天生具有的缺陷其实并不比主权货币少，因为即使是在货币和财政政策都统一的主权国家，货币政策在实现区域经济的平衡发展、调整结构失衡方面的作用也是有限的。只是因为欧元区是一种主权国家联合体，所以那些失去宏观货币政策工具的成员方对欧元的怨气更大而已。问题的关键是，在面对债务危机、经济停滞和宏观政策工具捉襟见肘的同时，区域政治危机使得欧元问题雪上加霜。

3. 保持欧元区稳定运行的对策

化解欧元危机的核心在于缓解经济的结构性失衡，降低贫富差距，使民众的生活水平得以持续改善和提升。要实现这种广泛共享的繁荣仅仅依靠完善欧元区的治理框架和结构是远远不够的，只有建立在劳动生产率不断提高基础上的长期经济发展才能切实增强欧元区的凝聚力和向心力，才能给欧元一个稳定的未来。对于放弃货币政策工具并且处于相对不利的货币政策环境的国家而言，精心设计的财政政策和结构性改革措施是其彻底摆脱经济衰退的唯一出路。各国政府只有摆脱眼前利益的诱惑，着眼于制定各项长远政策，加强技术创新支持，引导资源合理配置，以劳动生产率的提高为核心提高经济增长速度和增长效益，才能切实缩小与核心国家之间的差距，充分享受货币一体化带来的优势。此外，各国应加强合作，完善欧元体制机制，增强欧元对不利冲击的风险抵抗力，降低货币一体化对竞争劣势国家的不利影响，为劳动生产率的提高提供较好的区域环境。只有在欧元区劳动生产率普遍提高、差异不断缩小的情况下，各国经济发展才能更加平衡，民粹主义将无立足之地，欧元的前景也将更加明朗。否则，欧元面临的风险将无法从根本上化解。

资料来源：根据《国际经济评论》杂志2017年第5期，徐坡岭、贾春梅：《欧元危机的性质、前景及其中的劳动生产率因素》整理而得。

本章小结

1. 国际货币体系也称国际货币制度，是指为满足各种国际经济金融活动的需要，各国政府对货币在国际范围内发挥世界货币职能所做出的一系列制度安排或组织机构的总和。国际货币体系一般包括国际储备资产的确定、汇率及汇率制度、国际收支及其调节机制、国际货币事务的协调与管理四个方面的内容。

2. 国际金本位制是历史上第一个国际货币体系，包括典型的金币本位制、金块本位制和金汇兑本位制三种类型。

3. 第二次世界大战后建立的布雷顿森林体系是以美元为中心的金汇兑本位制。其主要内容可概括为美元与黄金挂钩，各国货币与美元挂钩。该体系对当时的世界经济发展起到过积极作用，但本身却存在致命的缺陷，即特里芬难题。

4. 当前的国际货币体系是牙买加体系。它是在布雷顿森林体系的基础上改革而来的。

5. 欧洲货币一体化是最适度货币区理论最为成功的实践。欧盟成员方达成的《马约》是欧洲货币一体化的里程碑。

重点概念

国际货币体系	国际金本位制	金块本位制	金汇兑本位制
布雷顿森林体系	牙买加体系	特里芬难题	欧洲货币体系
欧洲货币单位	欧元		

思考与练习

一、思考题

1. 国际货币体系包括哪些内容？
2. 如何评价国际金本位制？
3. 布雷顿森林体系包括哪些内容？
4. 布雷顿森林体系崩溃的原因是什么？
5. 如何评价牙买加体系？
6. 欧洲货币一体化的意义是什么？

二、练习题

（一）不定项选择题

1. 国际货币体系的内容包括（　　）。
   A. 汇率及汇率制度
   B. 国际储备资产的确定
   C. 国际收支及其调节机制
   D. 国际货币事务的协调和管理
   E. 国际债务危机的处置
2. 从储备资产的保有形式划分，国际货币体系可分为（　　）。
   A. 纯商品本位制　B. 纯信用本位制　C. 混合本位制　D. 纯金属本位制

3. 为摆脱（　　）美元危机的影响，IMF 于 1969 年创设了 SDR。

A. 第一次　　B. 第二次　　C. 第三次　　D. 第四次

4. 布雷顿森林体系的汇率制度属于（　　）。

A. 浮动汇率制　　B. 可调整的浮动汇率制

C. 联合浮动汇率制　　D. 可调整的固定汇率制

5. 1971 年 12 月史密森协议的内容包括（　　）。

A. 提高黄金官价　　B. 汇率波动幅度由平价±1%扩大到±2.25%

C. 美国不再承担按官价兑换黄金的义务　　D. 调整汇率平价

6. 最适度货币区的最先提出者是（　　）。

A. 大卫•休谟　　B. 弗莱明　　C. 特里芬　　D. 蒙代尔

7. 牙买加体系的内容包括（　　）。

A. 浮动汇率合法化　　B. 黄金非货币化　　C. 国际储备资产多元化

D. 扩大对发展中国家的资金融通　　E. 增加成员方的基金份额

8. 欧洲货币体系的内容包括（　　）。

A. 创设 ECU　　B. 建立欧洲货币基金

C. 稳定汇率机制　　D. 设立欧洲中央银行

9. 欧元正式启动日期为（　　）。

A. 1999 年 1 月 1 日　　B. 1999 年 7 月 1 日

C. 2000 年 1 月 1 日　　D. 2000 年 7 月 1 日

10. 在布雷顿森林体系下（　　）。

A. 黄金与美元挂钩　　B. 各国货币与美元挂钩

C. 各国货币直接与黄金挂钩　　D. 各国货币与 SDR 挂钩

（二）判断题

1. 英国在 1816 年通过了《金本位制度法案》，以法律的形式承认以黄金作为货币本位来发行纸币。（　　）

2. 金本位制与国际金本位制是同一个概念，是指以一定成色及重量的黄金作为货币本位的货币制度。（　　）

3. 布雷顿森林体系是以黄金为基础、以美元为主要国际储备货币的“黄金-美元本位制”。（　　）

4. 2002 年 7 月 1 日，各成员方货币完全退出流通，欧元成为各成员方的单一货币。（　　）

5. 欧洲货币体系汇率稳定机制包括篮子汇价体系和平价网体系。（　　）

6. 由于黄金价格很稳定，因此国际金本位制下不存在汇率风险。（　　）

7. 特里芬在 1960 年出版的《黄金与美元危机》一书中，第一次指出了布雷顿森林体系的根本缺陷，即特里芬难题。（　　）

8. 为了重建二战后的国际货币体系，美国提出的是怀特计划，英国提出的是凯恩斯计划。（　　）

第八章 课后练习题答案

参考文献

陈文玲. 2021. 美元霸权兴衰与逻辑演进[J]. 全球化，（1）：32-51，134.
范小云，陈平. 2019. 国际金融[M]. 2 版. 北京：高等教育出版社.
何国华. 2017. 国际金融学[M]. 武汉：武汉大学出版社.
蒋先玲. 2021. 国际金融[M]. 2 版. 北京：中国人民大学出版社.
裴平，等. 2013. 国际金融学[M]. 4 版. 南京：南京大学出版社.
沈国兵. 2018. 国际金融[M]. 3 版. 北京：北京大学出版社.
奚君羊. 2019. 国际金融学[M]. 3 版. 上海：上海财经大学出版社.
张明. 2009. 次贷危机对当前国际货币体系的冲击[J]. 世界经济与政治，（6）：5，74-80.
周文，漆腊应. 2021. 国际金融[M]. 2 版. 北京：中国金融出版社.
周小川. 2009. 关于改革国际货币体系的思考[J]. 中国金融，（7）：8-9.

第九章

国际金融机构

【学习目标】

- 了解国际金融机构的概念与类型。
- 掌握 IMF 的宗旨、机构组成、资金来源、主要业务活动。
- 掌握世界银行集团的宗旨、机构组成、资金来源、主要业务活动。
- 了解 BIS 的主要业务。
- 了解 ADB 的宗旨与主要业务。
- 了解 AIIB 的宗旨与主要业务。

【本章引入】

国际金融机构的产生和发展是同客观的世界经济状况密切相连的。

第一次世界大战前，主要资本主义国家的货币信用和国际结算制度尚未建立，外汇汇率稳定、国际收支大多呈现顺差，没有建立国际金融机构的需求。

第一次世界大战爆发以后，帝国主义国家之间的矛盾日益尖锐。一些强大的帝国主义国家希望利用国际组织来控制其他国家。同时，面对国内严重的通货膨胀和不断扩大的国际收支逆差，这些国家也希望通过成立国际金融组织来建立新的国际经济秩序。为了解决第一次世界大战战胜国处理德国赔款的问题，英国、法国、意大利、德国、比利时、日本 6 国的中央银行和代表美国银行界的美国摩根银行，于 1930 年 5 月在瑞士成立了 BIS，这是世界上建立的第一个国际金融机构。

1929～1933 年的世界经济大萧条使全球金融陷于严重的危机之中，西方资本主义国家的货币信用制度与国际收支危机加深。与此同时，帝国主义殖民体系瓦解之后，亚非拉新独立的发展中国家，迫切要求发展民族经济，希望借助国际组织来保护它们的利益。而美国在两次世界大战中积累了大量的财富，打算利用国际金融组织冲破其他国家的保护主义壁垒，对外进行经济扩张。因此，在美国的积极策划之下，第二次世界大战后先后成立了 IMF、IBRD、IDA 和 IFC 等全球性国际金融机构。

从 20 世纪 50 年代到 70 年代，欧洲、亚洲、非洲、拉丁美洲、中东等地区的国家，为抵制美国对国际金融事务的控制和操纵，通过互助合作的方式，纷纷建立起区域性的国际金融机构，以适应本地区的实际需要，谋求本地区的经济发展。1957 年欧洲共同体创立了欧洲投资银行（European Investment Bank，EIB），1960 年以后又先后成立了 IADB、ADB、AFDB 和阿拉伯货币基金组织。苏联、东欧国家于 1963 年成立了国际经济合作银行，之后又成立了国际投资银行。

进入 21 世纪，发展中国家尤其是新兴市场国家经济发展迅速，这些国家希望能相应提高在国际金融机构中的地位与话语权，但因美国反对，IMF 和 IBRD 的股权比重和投票权比重改革未能通过，不合理的国际金融机制并未得到改善。为了打破发达国家对国际金融机构的控制，2015 年两家由发展中国家主导的区域性国际性金融机构——金砖国家新开发银行、AIIB 先后成立。

什么是国际金融机构？现在有哪些主要的国际金融机构？其各自建立的目的是什么？在国际经济金融中发挥怎样的作用？这些都是本章值得我们去关注的问题。

第一节 全球性国际金融机构

国际金融机构是指从事国际货币金融管理和国际金融活动的超国家性质的组织结构，能够在重大的国际经济金融事件中协调各国的行动，通过提供短期资金缓解国际收支逆差、稳定汇率，通过提供长期资金促进各国经济发展。国际金融机构是一种政府间的金融合作组织，大多以银行的形式出现，有的也采用基金组织、协会、公司等名称。按范围可分为全球性国际金融机构和区域性国际金融机构，全球性国际金融机构包括 IMF、世界银行集团、BIS。

一、IMF

IMF 是根据布雷顿森林会议所签订的《国际货币基金组织协定》建立的政府间的全球性国际金融机构。IMF 于 1945 年 12 月 27 日正式成立，1947 年 3 月开始工作，1947 年 11 月成为联合国的一个专门机构，总部设在华盛顿，创立之初有 39 个成员方，截至 2021 年底，已发展到 190 个成员方。IMF 是世界上最大的政府间金融机构之一，是第二次世界大战后国际货币体系的核心[①]。我国是 IMF 创始成员方之一，于 1980 年 4 月 17 日恢复合法席位。

（一）IMF 的宗旨

根据《国际货币基金组织协定》第一条的规定，IMF 的宗旨是：①通过设置一常设机构就国际货币问题进行磋商与协作，从而促进国际货币领域的合作；②促进国际贸易的扩大和平衡发展，从而有助于提高和保持高水平的就业和实际收入以及各成员方生产性资源的开发，并以此作为经济政策的首要目标；③促进汇率的稳定，保持成员方之间有秩序的汇兑安排，避免竞争性通货贬值；④在成员方之间建立经常性交易的多边支付体系，取消阻碍国际贸易发展的外汇限制；⑤在具有充分保障的前提下，为成员方提供暂时性普通资金，以增强其信心，使其有机会在无须采取有损本国和国际繁荣的措施的情况下，纠正国际收支失调；⑥根据上述宗旨，缩短成员方国际收支失衡的时间，减轻失衡的程度。

---

① IMF 与 IBRD、WTO 并称为当代国际经济体系的三大支柱。

IMF 的根本任务就是通过为成员方提供短期信用来减缓各国国际收支危机所引起的竞争性货币贬值与外汇管制的加强，以维持汇率的稳定，促进国际贸易的发展，提高就业水平和增加国民收入。

（二）IMF 的组织结构

IMF 主要由理事会、执行董事会、总裁和其他部门组成。

1. 理事会

理事会是 IMF 的最高权力机构，由各成员方选派一名理事和副理事组成，一般是由财政部部长或中央银行行长担任理事，各国外汇管理机构的负责人担任副理事，副理事只有在理事缺席时才有投票权。理事与副理事任期 5 年，可连任，任免由各成员方自定。理事会的主要职责包括批准接纳新成员方、修改基金份额、普遍调整各成员方货币平价、决定成员方退出 IMF 和讨论决定有关国际货币制度等。理事会每年举行一次会议，所有成员方都参加。理事会下设“国际货币与金融委员会”和“世界银行和基金组织理事会关于向发展中国家转移实际资源的联合部长级委员会”，它们是部长级机构，每年召开 2～4 次会议，所做出的决定等同于理事会的决定。

2. 执行董事会

执行董事会是 IMF 中负责处理日常业务的常设机构，由 24 名执行董事组成，其中 8 名由美、日、德、法、英、中、俄、沙特任命，其余 16 名执行董事由其他成员方分别组成 16 个选区选举产生，中国为单独选区，也有一席。执行董事不得兼任理事，任期 2 年，到期由成员方指派或改选一次。执行董事会受理事会委托，定期处理各种行政和政策事务，如审议成员方提出的资金申请，制定一般决策性的决定，向理事会提出年度报告，对成员方经济与金融方面的问题进行研究。

3. 总裁

IMF 设总裁一人，由执行董事会推选产生。总裁是执行董事会的当然主席和 IMF 的最高行政首脑，总管 IMF 的业务工作。总裁下设副总裁（deputy managing director）4 人，辅佐总裁工作。总裁可出席董事会，但没有投票权，只有在正反双方票数相等时才可以投决定性的一票。总裁和副总裁任期 5 年，可连任。总裁一般由欧洲人担任。

4. 其他部门

IMF 下设 5 个地区部和 5 个职能部以及资料、统计、联络、行政、秘书、语言服务等部门。5 个地区部为亚洲部、非洲部、欧洲部、中东部和西半球部。5 个职能部是汇兑与贸易部、财政事务部、法律部、调研部和资金出纳部等。此外，IMF 还有两个永久性的海外机构，即欧洲办事处（设在巴黎）和日内瓦办事处，并在纽约联合国总部派遣 1 名特别代表。

IMF 是以成员方入股的方式组成的企业性质的金融机构，凡愿履行《国际货币基金组织协定》的国家或地区都可以加入。其具体程序是：提交申请，经执行董事会商定加入的条件；交理事会批准；最后在协定上签字。成员方若自愿退出，只要书面通知 IMF 即可。若成员方不履行协定规定的义务，IMF 有权强制其退出。IMF 的一切重大问题或决议要有 85%的赞成票方能生效。[①]

（三）IMF 的资金来源

IMF 的资金来源由成员方缴纳的份额、借款、信托基金三个部分构成。

1. 成员方缴纳的份额

份额是 IMF 主要的资金来源，当成员方国际收支失衡时 IMF 可以提供短期融资。一国加入 IMF 时，被分配一个初始份额，它是 GDP（权重为 50%）、开放度（30%）、经济波动性（15%）、国际储备（5%）的加权平均值，其中 GDP 是通过基于市场汇率计算的 GDP（权重为 60%）和基于购买力平价计算的 GDP（权重为 40%）的混合变量计算的。计算公式中还包括一个“压缩因子”，用来缩小成员方计算份额的离散程度。[②]

成员方在加入 IMF 时必须全额缴纳份额。原规定 25%以黄金或可兑换外币缴纳，75%以本国货币缴纳。1976 年牙买加会议后，改为 25%必须以 SDR 或广泛接受的货币（如美元、欧元、日元或英镑）缴纳，75%以本国货币缴纳，存放于本国中央银行，IMF 可随时动用。

份额的单位最初为美元，1969 年改为 SDR。IMF 建立之初，成员方缴纳份额总计为 76 亿美元。根据第 14 次份额总检查结果，IMF 的份额为 4762.72 亿 SDR。份额最大的成员方是美国，截至 2016 年 9 月 12 日，其份额为 829.942 亿 SDR，占比 17.395%，份额最小的成员方是图瓦卢，份额为 250 万 SDR，中国份额为 304.829 亿 SDR，占比 6.389%，排名第三，仅次于美国和日本（308.205 亿 SDR，占比 6.460%）。

成员方所缴纳的份额有四个作用：①作为 IMF 发放短期信用的资金来源。②决定成员方投票权的大小。成员方的投票权由基本票 250 票加上每 10 万 SDR 的份额增加一票构成，因而份额越大，票数越多，投票权也越大。③决定成员方从 IMF 借款或提款额度的高低。如在备用和中期安排下，成员方每年可以借入份额 145%以内的资金，累计最多为份额的 435%，特殊情况下的贷款限额可能更高。④决定成员方分配到的 SDR 数量。

目前发达国家与发展中国家的投票权比例与各自的经济发展水平和地位并不相称，不符合世界经济格局，集中表现为发达国家在 IMF 中的投票权占绝对优势，而中国等发展中国家经济实力的增长未能在份额中得到相应的体现（表 9.1）。根据第 14 次份额总检查结果[③]，美国的投票权为 831 401 票，占 16.50%，中国的投票权为 306 288 票，占 6.08%，排名第三[④]。

---

① 因美国一国的投票权多于 15%，所以所有的重大决议，例如 IMF 的改革问题，在没有美国同意的情况下都无法通过，相当于美国拥有了一票否决权。

② 份额计算公式为$(0.50\times GDP + 0.30\times 开放度 + 0.15\times 经济波动性 + 0.05\times 国际储备)^{压缩因子}$。它用于帮助评估成员方在世界经济中的相对地位，在调整份额分配时发挥作用。目前的公式方案是在 2008 年确定的。

③ 份额每 5 年进行一次总检查，如有必要可对成员方的份额进行调整。2010 年结束的第 14 次份额总检查进行了份额和治理改革（2010 年改革），将份额增加至 4768 亿 SDR，并将超过 6%的份额转移到有活力的新兴市场和发展中国家，超过 6%的份额从代表性过高的国家转移到代表性不足的国家，此次改革的结果于 2016 年生效。2020 年 2 月结束的第 15 次份额总检查没有增加份额。

④ 在改革修正案于 2016 年 1 月 26 日生效后，同意增加份额的成员方在第 14 次份额总检查结果的基础上支付增加的份额。因此份额比重和投票权比重将随着成员方支付份额的增加而变化。本节中的数据截至 2022 年 2 月 16 日，来自 IMF，https://www.imf.org/en/About/executive-board/members-quotas。

表 9.1 IMF 份额与投票权比重

类别	份额占比			投票权占比		
	2006 年新加坡会议前	2008 年改革后	2010 年改革后	2006 年新加坡会议前	2008 年改革后	2010 年改革后
先进经济体	61.6%	60.4%	57.8%	60.6%	57.9%	55.2%
主要先进经济体（G7）	46.0%	45.3%	43.4%	45.1%	43.0%	41.2%
新兴市场和发展中国家	38.4%	39.6%	42.4%	39.4%	42.1%	44.8%
发展中国家	30.9%	32.4%	35.1%	31.7%	34.5%	37.1%
转型经济体	7.6%	7.1%	7.2%	7.7%	7.6%	7.7%
低收入国家	4.7%	4.3%	4.0%	5.4%	6.2%	5.9%
美国	17.380%	17.661%	17.398%	17.023%	16.718%	16.471%
欧盟 27 国	32.9%	31.9%	30.2%	32.5%	30.9%	29.4%
中国	2.980%	3.994%	6.390%	2.928%	3.803%	6.068%

注：1. 表中数据为改革决议通过时的预期结果

2. 低收入国家包括：符合减贫与增长信托基金（poverty reduction and growth trust，PRGT）资格的国家，这些国家的年人均国民收入低于目前 IDA 规定的标准（2022 财年为 1205 美元）；低于 IDA 标准两倍的 PRGT 资格标准下的小国

2. 借款

IMF 在与成员方协商后从成员方借入资金作为份额的临时补充，这对 IMF 在全球经济危机期间向成员方提供特殊资金支持起到了极其关键的作用。

IMF 设有的借款包括多边借款安排和双边借款协议两类。①多边借款安排。它包括两种类型：一是借款总安排，1962 年 10 月 IMF 从十国集团借入的 60 亿美元的借款总安排是首次出现的这类资金来源；二是新借款安排（new arrangements to borrow，NAB），NAB 被看作补充 IMF 资金防止国际货币体系受损的第二道防线（第一道防线是基金份额）。2021 年 1 月新的 NAB 生效，规模几乎翻倍，达到 3610 亿 SDR。②双边借款协议。双边借款协议（bilateral borrowing agreements serve，BBA）是继份额和 NAB 之后的第三道防线。随着全球融资危机的爆发，IMF 已经签订了几轮双边借款协议，以确保能够满足成员方的融资需求。2021 年 1 月新一轮的双边借款协议生效，总额为 1350 亿 SDR。

3. 信托基金

IMF 在 1976 年 1 月决定将其 1/6 的库存黄金（2500 万盎司）分 4 年按市场价格出售，将所得利润（市价高出 42.22 美元黄金官价的部分）作为信托基金，用于向最贫困的成员方提供优惠信贷。

（四）IMF 的业务活动

最初设立 IMF 的目的是维护布雷顿森林体系的正常运行，因而其业务活动主要是汇率监督、储备资产创造和为国际收支赤字国提供短期资金融通，并为成员方提供各种培训咨询服务。

1. 汇率监督

为了保持有秩序的汇率安排，IMF 一方面要求成员方在出现国际收支根本性失衡的

情况下，与之协商是否改变成员方的货币平价；另一方面对成员方的宏观经济政策进行检查和协调。汇率监督的主要内容包括：①对成员方的总体经济情况和经济政策战略进行广泛的结构分析，评估成员方的经济政策；②促进国际货币合作和国际金融合作；③限制成员方实行外汇管制和其他贸易壁垒，促进国际贸易的发展。

2. 储备资产创造

为了弥补国际储备的不足，IMF 于 1969 年正式创设 SDR，迄今共拨款 6607 亿 SDR（相当于约 9357 亿美元），包括四笔一般拨款和一笔一次性特别拨款，为成员方提供了一种新的储备资产和一项新的资金来源。SDR 的历次分配情况见表 9.2。

表 9.2　SDR 的历次分配情况

时间	金额/SDR	分配方式
1970～1972 年	93 亿	普通分配，每年分期分配
1979～1981 年	121 亿	普通分配，每年分期分配
2009 年 8 月 28 日	1612 亿	普通分配
2009 年 9 月 9 日	215 亿	一次性特别分配
2021 年 8 月 23 日	4565 亿	普通分配

资料来源：https://www.imf.org/en/Topics/special-drawing-right

➢ 专栏 9.1

基金组织执行董事会批准对份额和治理进行全面改革

2010 年 11 月 5 日 IMF 执行董事会批准了对份额和治理进行全面改革的建议，以增强 IMF 的合法性和有效性。

IMF 总裁施特劳斯•卡恩表示：“这项具有历史意义的协议是 IMF65 年历史上一次最根本性的治理改革，也是一次最大规模的有利于新兴市场和发展中国家的权力调整，调整是为了认可它们在全球经济中越来越大的作用。”

本次改革的内容包括两个方面。

1. 份额与投票权比重

（1）份额增加。成员方份额将从 2008 年份额与发言权改革期间商定的 2384 亿 SDR 增加一倍至 4768 亿 SDR。份额增加生效后，作为部分基金组织成员方向 IMF 提供额外贷款资源的后备安排，NAB 将会相应缩小，同时保持该安排下的相对比例。

（2）份额调整。从代表性过高的成员方向代表性不足的成员方转移大于 6%的份额，向有活力的新兴市场和发展中国家转移大于 6%的份额，这将会超出 2009 年 10 月国际货币与金融委员会公报确定的最低目标。此外，如果将 2008 年的份额与发言权改革一并计入，那么整体投票权比重将向新兴市场和发展中国家转移 5.3%。

（3）保护最贫困国家的投票权。最贫困国家的投票权比重将会予以维持，这些国家是符合低收入减贫与增长信托借款资格的成员方，且这些国家的人均收入低于 IDA 的门槛值（在份额改革计算所依据的2008年，为1135美元；对于小国而言，低于该门槛值的两倍）。

（4）份额公式与检查。对第14次份额总检查所依据的现行份额公式的全面检查于2013年1月前完成。完成第15次份额总检查的时间提前两年到2014年1月。目标是继续动态地调整份额比重，以反映全球经济的变化。调整的目的是增加有活力的经济体的份额比重，使之与其在全球经济中的相对地位相符，从而有可能从整体上提高新兴市场和发展中国家的比重。还将采取措施保护最贫困成员方的发言权和代表性。

2. 治理——执行董事会规模与构成

（1）全体成员方承诺维持24个成员的执行董事会规模，自份额改革生效后，每8年对执行董事会的构成进行一次检查。

（2）欧洲先进国家将减少两个席位，降低其在执行董事会的集体代表性。席位缩减不迟于份额改革生效后的第一次选举。

（3）在对《国际货币基金组织协定》的修订生效后，执行董事会将完全由经选举产生的执董构成，从而结束"指定董事"的做法（目前，份额居前五名的成员方可各自指定一名执行董事）。

（4）放宽任命第二副执行董事的条件，以增强多国选区的代表性。

卡恩表示："份额增加一倍维持了基金组织以份额为基础的本质特征，并确保了基金组织在危机时期为成员方提供服务的能力。更准确地体现成员方经济重要性的、更为公平的份额比重分配，以及更具代表性的执董会，将会提高基金组织旨在实现更大的全球金融稳定性的努力的可信性和有效性。"

资料来源：根据IMF官网相关新闻整理而得。

3. 资金融通

为成员方提供资金融通是IMF最主要的业务活动，IMF针对成员方的不同需要，提供多种类型的贷款。

1）普通贷款

普通贷款（normal credit tranche）是IMF最基本的一种贷款，期限不超过5年，用于弥补成员方一般国际收支逆差，贷款的最高额度为成员方所缴份额的125%。贷款分为储备贷款（reserve tranche）和信用贷款两部分。①储备贷款。储备贷款占成员方份额的25%，成员方提取这部分贷款是无条件的，也不需支付利息，但须用外汇或SDR缴纳的份额作为保证。②信用贷款。信用贷款占成员方缴纳份额的100%，共分四个档次，每档为份额的25%。成员方申请第一档贷款比较容易，一般只需制定出借款计划便可得到批准，而第二至第四档属高档信用贷款，贷款条件较严格，成员方要借取就必须提供全面、详细的财政稳定计划。贷款金额可一次性全额提取，也可以按借款国与IMF达成的备用安排分段提取。备用安排最初为1年，1979年后改为3年，而且贷款在使用时必须接受IMF的监督。

2）出口波动补偿贷款

出口波动补偿贷款（compensatory financing facility或compensatory financing of export fluctuations）设立于 1963 年 2 月，是依赖初级产品出口的成员方因不可控原因（如国际市场初级产品价格暴跌）出口收入下降而产生国际收支逆差时，在普通贷款之外可另外申请的一项专用贷款。1981 年该项贷款的范围扩大，成员方因为进口成本过高而面临国际收支困难时，也可申请此项贷款，期限为 3～5 年，最高贷款额为成员方所缴份额的 100%，成员方出口收入恢复时须尽早偿还。1988 年 8 月该项贷款更名为补偿与应急贷款（compensatory and contingency financing facility），该项贷款的最高限额几经调整，目前为成员方份额的 83%。

3）中期贷款

中期贷款（extended facility）是在 1977 年 9 月设立的一项专用贷款，当成员方因在生产、贸易等方面存在结构性问题出现长期国际收支困难时，为解决这些结构性问题而进行较长期经济调整的资金需求可由此贷款提供。最高贷款额度为借款成员方份额的 140%，但普通贷款与中期贷款两项的总和不得超过成员方所缴份额的 165%。IMF 对中期贷款的控制较为严格，要求成员方必须提交为实现宏观经济计划所采取的政策措施，并根据成员方实现计划目标、执行政策的实际情况分期发放贷款。该项贷款的期限为 4～10 年，备用期为 3 年，提款后第 4 年开始偿还，10 年内分 16 次还清。

4）缓冲库存贷款

缓冲库存贷款是在 1969 年 6 月应发展中国家的要求而设立的一项专门贷款，用于帮助初级产品出口国稳定国际市场上初级产品的价格。最高借款额度为成员方份额的 45%，期限为 3～5 年。由于此项贷款与出口波动补偿贷款关系密切，故限定该两项贷款总额不得超过借款国份额的 105%。

5）石油贷款

石油贷款（oil facility）设立于 1974 年 6 月至 1976 年 5 月期间，专门为解决石油危机导致的国际收支困难引起的资金需要而设立的一种临时性贷款，贷款对象既包括发展中国家，也包括因石油涨价而国际收支困难的发达国家。石油贷款总额为 38 亿 SDR，由 OPEC 国家提供。贷款最高额度 1974 年为份额的 75%，1975 年升为 125%；期限为 3～7 年；利率较高，原定为 7%，1975 年改为 7.625%～7.875%。该项贷款具有临时性质，1976 年 5 月这项贷款业务已宣告结束。

6）补充贷款

补充贷款（supplementary financing facility）设立于 1977 年 4 月，用于补充普通贷款和中期贷款的不足，帮助成员方解决持续而严重的国际收支困难。该项贷款总额为 100 亿美元，其中 7 个国际收支顺差的国家提供 52 亿美元，OPEC 国家提供 48 亿美元。期限为 3.5～7 年，每年偿还一次，分期还清。前 3 年的利率为 IMF 付给资金提供国的利率加 2%，此后则加 0.325%。贷款最高额为借款国所缴份额的 140%。

7）信托基金贷款

信托基金贷款（trust fund）设立于 1976 年 1 月，用于向较贫穷的发展中国家提供优惠贷款，1973 年人均国民收入不超过 300SDR 单位的国家有权获得此项贷款。年利率仅为 0.5%，期限为 10 年，后 5 年开始还款，每半年归还一次，5 年内分 10 次还清。

8）扩大贷款

扩大贷款（enlarged access policy）设立于 1981 年 5 月，是 IMF 为实行扩大贷款政策

而设立的一种贷款。该贷款是在补充贷款承诺完毕后，以同样条件提供的一项贷款，因而其实质上起补充贷款的作用。

9）结构调整贷款和强化的结构调整贷款

结构调整贷款（structural adjustment facility）和强化的结构调整贷款（enhanced structural adjustment facility）分别设立于1986年和1987年，用于帮助低收入的发展中国家实施中期的宏观经济调整规划。前者的最高限额为份额的70%，后者一般为份额的250%。

10）制度转型贷款

制度转型贷款（systemic transformation facility）设立于1993年，主要是对苏联、东欧等转轨国家给予财政援助。以下三种情况可以获得此贷款：①由计划价格向市场价格转变引起的收支困难；②由双边贸易向多边贸易转化引起的收支困难；③由游离于国际货币体系之外到融入该体系之内引起的收支困难。此项贷款的最高额为份额的50%，期限为4～10年。成员方要获取该项贷款，必须制订一项经济稳定与制度改革方案，内容包括财政货币制度改革和货币稳定计划、控制资本外逃计划、经济结构改革计划以及市场体系培育计划等，得到全部贷款后，借款国还须与IMF充分合作，并做出切实有效的努力。

IMF在成员方出现国际收支逆差时提供短期融资，并在数次危机中向危机发生国提供紧急贷款，对稳定国际经济和国际金融市场起到了积极的作用。但是IMF的贷款设有附加条件，贷款数额越大，所附加的条件越严格。究其原因，IMF不是一个发展援助机构，其贷款必须与借款国可维持的国际收支前景及还款能力相结合，从而保证贷款的使用不损害IMF的资金流动性，并有助于改善借款国的经济状况。但对于贷款条件的效果，经济学界特别是发展中国家的学者长期以来有很大争议，尤其是贷款条件中包含一些对借款国政治制度或国家治理方面的改革要求，常常被认为有干涉他国内政之嫌，容易引起借款国政府与民众的反感。

4. 为成员方提供培训咨询服务

IMF为成员方提供国际收支、财政、货币、银行、外汇、外贸和统计等方面的咨询和技术援助，帮助成员方组织人员培训，编辑、出版各种反映世界经济和国际金融专题的刊物和书籍，以提高成员方有关人员的素质。IMF作为联合国的专门机构之一，还积极参与联合国的相关活动。

二、世界银行集团

世界银行集团是由IBRD、IFC、IDA、多边投资担保机构（Multilateral Investment Guarantee agency，MIGA）和国际投资争端解决中心（International Center for Settlement of Investment Disputes，ICSID）组成的。截止到2021年底，世界银行集团有189个成员方。IBRD和IDA共同构成通常所说的“世界银行”，向发展中国家的政府提供资金、政策咨询和技术援助，其中IBRD援助中等收入国家和资信良好的较贫困国家，IDA援助世界最贫困国家。IFC、ICSID和MIGA的业务重点是加强发展中国家的私营部门，世界银行集团通过这三家机构向私营企业，包括金融机构提供资金、技术援助，政治风险担保和争端调解服务。

（一）IBRD

IBRD 是根据《国际复兴开发银行协定》与 IMF 同时产生的两个全球性金融机构。它于 1945 年 12 月正式成立，1946 年 6 月开始营业，总部设在华盛顿，在纽约、日内瓦、巴黎及东京等地设有办事处，1947 年 11 月成为联合国的专门机构之一。IBRD 和 IMF 是两个联系紧密、配合协调的国际金融机构，一个国家在加入 IBRD 之前，必须首先加入 IMF，而 IMF 的成员方不一定都要参加 IBRD。IBRD 的初始成员方有 39 个，截止到 2021 年底，已发展到 189 个成员方。

1. IBRD 的宗旨

根据《国际复兴开发银行协定》第 1 条的规定，IBRD 的宗旨是：①通过对生产事业的投资，协助成员方经济的复兴与建设，鼓励不发达国家对资源的开发。②通过担保或参加私人贷款及其他私人投资的方式，促进私人对外投资。当成员方不能在合理条件下获得私人资本时，可运用该行的自有资本或筹集的资金来补充私人投资的不足。③鼓励国际投资，协助成员方提高生产能力，促进成员方国际贸易的平衡发展和国际收支状况的改善。④配合国际信贷，提供信贷保证。世界银行把“消除极端贫困、促进共享繁荣”作为自己的使命。

2. IBRD 的组织结构

IBRD 的组织结构与 IMF 大体相似，主要由理事会、执行董事会、行长组成。

1）理事会

理事会是 IBRD 的最高权力机构，由成员方选派一名理事和一名副理事组成，一般委派财政部部长、中央银行行长或其他地位相当的高级官员担任，任期 5 年，可连任。副理事在理事缺席时才有投票权。理事会每年 9 月与 IMF 联合召开一次年会，必要时会召开特别会议。作为最高权力机关，理事会的主要职权包括：①负责讨论批准接纳新成员；②决定普遍增缴或调整应缴股本；③决定停止成员方资格；④决定银行净收入的分配以及其他重大问题。另外，理事会可授权执行董事会代行各项职权。

2）执行董事会

执行董事会是 IBRD 中负责处理日常事务的常设机构。理事会把具体职责委任给 25 名执行董事，执行董事任期 2 年。IBRD 最大的五个股东国（目前为美国、日本、德国、法国和英国）各任命一名执行董事，中国、俄罗斯和沙特阿拉伯任命各自的执行董事，其余执行董事由其他成员方选出。执行董事构成了执董会，通常每周至少召开两次会议，对业务进行监督，其职责还包括审批贷款和赠款、新政策，管理预算、国别援助战略以及借款和财务决策。

3）行长

行长是执行董事会的最高首脑即执行董事会主席，也是世界银行行长，任期 5 年，并可连选连任。行长平时没有投票权，但在执行董事会表决中正反双方票数相等时可投决定性的一票。行长下设副行长若干名，辅佐行长分管有关部门的工作。行长一般由美国人担任。

IBRD 具有非常庞大的办事机构，在总部设有 50 个局或相当于局的机构，分别由 30 名副行长领导，并且在许多国家设有办事处、派驻机构或常驻代表。

IBRD 的重大问题都要由成员方通过投票表决的方式做出决定。根据 IBRD 的规定，每个成员方都有基本投票权 250 票，每认缴 1 股银行股份（10 万美元）增加 1 票。因此，成员方认缴的股份越多，投票权就越大。除另有规定外，一般事务由简单多数表决通过即可。美国一直是最大的股东，截至 2022 年 1 月 31 日，美国有投票权 412 266 票，占总投票权的 15.68%；中国有投票权 143 685 票，占总投票权的 5.48%，排名第三。

3. IBRD 的资金来源

IBRD 的资金来源主要有成员方缴纳的股金、借款、转让债权，此外，业务净收益也是其资金来源之一。

1）成员方缴纳的股金

IBRD 是按股份公司的原则建立起来的企业性金融机构，凡成员方均需认购该行的股份。各成员方缴纳的股金，依据各国的经济实力和在 IMF 中缴纳的份额而定。成员方认缴的股份分为实缴资本和待缴资本，在资本总额中，实缴资本只占很小的一部分，因此股金并不是 IBRD 最主要的资金来源。截止到 2021 财年，IBRD 的可用股本为 499.97 亿美元。

2）借款

借款是 IBRD 的主要资金来源。IBRD 在全球范围内发行债券，也会针对特定市场和投资者类型发行债券，并通过以新兴市场国家货币发行新金融产品或债券为国际投资者开辟新市场。20 世纪 60 年代前，这些债券大部分在美国资本市场发行，此后逐渐推广到欧洲、日本和 OPEC 国家的资本市场。2021 财年，IBRD 以多种货币发行债券共筹集 680 亿美元。

3）转让债权

转让债权是银行将贷出款项的债权转让给私人投资者（主要是商业银行），收回一部分资金，以扩大银行贷款资金的周转能力，进而扩大银行的贷款能力。近年来，这种资金来源在 IBRD 业务中的重要性有进一步提高的趋势。

4）业务净收益

IBRD 历年来的业务净收益不分配给股东，除赠予 IDA 和撒哈拉以南非洲地区的特别基金部分款项外，其余都留作储备金和盈余。自 1947 年营业以来，IBRD 除第一年有小额亏损外，其余各年的利润都相当可观，且逐步增长。2021 财年 IBRD 的可分配收益为 12.48 亿美元，其中 8.74 亿美元留作储备金，2.74 亿转给 IDA，1 亿美元作为盈余。

4. IBRD 的业务活动

1）提供贷款

IBRD 提供的贷款主要包括三种类型：①项目贷款。项目贷款是为低收入国家和中等收入国家提供的低息贷款、零息信贷和赠款，这是 IBRD 最主要、最基本的业务活动。项目贷款主要用于教育、卫生、公共行政、基础设施、金融和私营部门发展、农业以及环境和自然资源管理等领域。截至 2022 年 1 月底，IBRD 共对 12 000 多个项目发放了贷款。②中间性贷款。中间性贷款又称第三窗口贷款，这是 IBRD 在 1975 年 6 月新增的贷款方式。其贷款利率位于项目贷款利率与 IDA 贷款利率之间，主要用于解决较贫穷的发展中国家面临的严重资金困难问题。③联合贷款。联合贷款是由 IBRD 与各国政府、其他多边机构、商业银行、出口信贷机构和私营部门投资者共同为某个项目提供贷款，以项目今后的收益偿还贷款，因而联合贷款在很大程度上类似于银团贷款。20 世纪 80 年代以来，IBRD 的贷款业务大量采用联合贷款的形式。

IBRD 在提供贷款时有一套严格的管理制度、程序和方法，从开始到完成必须经过选定、准备、评估、谈判、执行、总结评价六个阶段，这一程序被称为项目周期。正是 IBRD 较为苛刻的贷款条件及烦琐的贷款程序，使得不发达国家在利用贷款时受到不同程度的干预和控制，容易引起诟病。

与 IMF 的贷款相比，IBRD 的贷款具有以下四个明显的特点：①贷款期限较长。短则数年，最长达 30 年，中长期贷款的平均年限在 6～9 年，宽限期为 4 年左右。②贷款利率适中。利率一般参照市场利率，但低于市场利率，采用固定利率。从杂费看，只是对已订立借款契约而尚未支用的部分按年征收 0.75%的手续费。③贷款用途较为广泛。既有项目贷款，也有结构调整贷款等。④贷款数额不受份额限制。因此，IBRD 贷款具有一定的优惠性，IMF 贷款的不利因素可以从 IBRD 贷款的有利因素中得到部分弥补。

2）为成员方提供培训咨询服务

IBRD 通过政策咨询、研究分析和技术援助为发展中国家提供支持。IBRD 提供一整套金融产品、技术咨询和分析，帮助成员方制订社会经济发展计划并提供某些特殊问题的解决方案，为发展中国家培训中高级专门人才，帮助各国找到实现可持续和包容性发展的解决方案。与 IMF 一样，IBRD 作为联合国的专门机构之一，也积极参与联合国的相关活动。

（二）IDA

IDA 是 IBRD 的附属机构之一，但就法律地位和资金构成而言，IDA 是一个具有独立法人地位的重要的全球性国际金融机构。IDA 通过向促进经济增长、减少贫困和改善贫困人口生活的项目和计划提供赠款和低息甚至零息贷款，帮助世界上最贫困的国家。

19 世纪 50 年代，亚非拉地区的发展中国家的经济结构畸形落后，建设资金短缺，在国际市场上主要出口自然资源和初级产品，受到不等价交换的剥削，贸易条件恶劣，外债负担沉重，国际收支严重失衡。但是，IMF 和 IBRD 的贷款条件较高且数量有限，不能满足这些较贫困国家对大量低息或无息贷款的需求，为此，它们迫切要求建立一个能为其提供优惠贷款的开发性国际金融机构。1959 年 10 月 IBRD 通过了成立 IDA 的决议，1960 年 9 月 24 日 IDA 正式成立，同年 11 月开始营业，会址设在华盛顿，现有 174 个成员方。

IDA 的成员方按经济发展水平大体分为两组：第一组为工业发达国家或收入较高的国家，现有 26 个；第二组为广大发展中国家，现有 134 个。各成员方投票权的大小与其认缴的股本呈正相关关系。IDA 成立时，每个成员方有 500 票的基本票，每新认购 5000 美元增加一票，之后各成员方的基本票调整为 3850 票。截至 2021 年 12 月 31 日，发达国家投票权占 54.65%，美国占比最大为 9.91%，其次是日本占 8.23%，中国排名第七。

1. IDA 的宗旨

根据《国际开发协会协定》第 1 条的规定，IDA 的宗旨是：①以比 IBRD 更为优惠的条件专门向成员方中较贫穷的发展中国家提供长期贷款，促进其经济发展、生产和生活水平的提高；②作为 IBRD 贷款的补充，促进 IBRD 目标的实现。

2. IDA的组织结构

IDA的组织结构与IBRD相同，理事会是其最高权力机关，执行董事会是理事会下设的常设机构，负责组织、领导日常业务工作。IDA的正副理事、正副执行董事、正副经理分别由IBRD的正副理事、正副执行董事、正副行长兼任，其办事机构各部门的负责人也全部由IBRD相应部门的负责人兼任。所以IDA与IBRD是两块牌子，一套人马，IDA名义上是一个独立机构，实际上是IBRD的附属机构。

3. IDA的资金来源

（1）成员方认缴的资本。最初法定资本为10亿美元，第一组和第二组国家分别为7.6亿美元和2.4亿美元，其后多次增资。《国际开发协会协定》规定：第一组国家认缴股金须以黄金或自由外汇支付；第二组国家认缴股份的10%以自由外汇支付，90%以本国货币支付。

（2）补充资金。为了保证协会的财源，维持其日益增长的信贷需要，成员方还须在一定时期内认缴一部分资金作为补充，其中绝大部分由第一组成员方提供。截至1999财年，IDA已提供了12次补充资金，共计957.49亿美元。

（3）IBRD的拨款。这是IBRD从其净收益中拨给IDA的资金。

（4）业务经营的净收益。由于IDA的贷款条件极其优惠，这部分资金来源很少。

（5）成员方捐款。1982年10月IDA设立了一次特别基金，由成员方捐款构成，以补充贷款的正常资金需求。1985年5月，IDA又设立了一项非洲基金，由IBRD及其他成员方捐款构成，用于撒哈拉以南非洲地区的经济发展。

（6）债券融资。2018年4月17日IDA首次采用发行债券的方式筹集资金。

➢ 专栏9.2

IDA首次发行债券 开创发展融资新模式

2018年4月17日，IDA在其近60年的发展史中首次发行债券，全球投资者抓住机会投资3A级资产，资助世界最贫困国家实施改变生活的投资项目。

本次债券发行开启了IDA全球资本市场融资计划，共募集资金15亿美元用于应对最紧迫的发展问题。IDA通过为项目和计划提供专业技术知识和低成本融资，帮助世界最贫困国家实现经济增长和减贫，其覆盖领域从应对脆弱性、冲突与暴力、被迫流离失所、气候变化和性别平等，到加强治理与制度建设、创造就业以及促进私营部门发展、实现经济转型等。

截至2018年，IDA在无杠杆模式下股本金达到1580亿美元的空前规模。2016年，IDA股东国同意转变IDA的融资模式，利用其强大的资本基础开创发展融资新模式，将捐款国捐资与资本市场融资相结合。IDA通过举债计划大幅提升对可持续发展目标的支持力度，并为投资者参与全球发展事业提供有效途径。

世界银行集团行长金墉表示："今天的债券发行使IDA能够借力资本市场，应对全球最大的挑战，帮助数百万人摆脱贫困。尽管是新的债券发行人，但IDA是一个拥有近60年历史的成熟机构，已经成为全球一些增长最快的经济体获取发展融资和专业知识的主要渠道。作为借款人，IDA 可以充分利用其无与伦比的资本状况，如股本金为所有多边开发银行之最，以及捐款国几十年的大力支持、良好的还款记录和审慎的财务管理模式。”

世界银行集团常务副行长兼首席财务官若阿金·莱维表示：“IDA 首笔债券发行是动员资金用于发展融资的一个里程碑。通过首次实现资产负债表杠杆化并借助 IDA 的重要业绩，我们将为股东国带来物有所值的结果，在固定收益领域开辟新的投资机会，最重要的是，在 IDA 最有作为的领域提升其影响力。”

世界银行副行长兼司库阿伦玛·奥特表示：“IDA 首次债券发行市场反响热烈，全球投资者抓住这一独特的机会，成为 IDA 的 3A 级债券的首批投资人，为帮助世界上数亿人民改善生活带来积极的影响。随着 IDA 举债计划的扩大，我们将继续保持 IDA 强健的财务状况以及审慎的财务和运营管理模式。我们也将继续把世界银行司库局在联通资本市场与发展方面所积累的 70 年创新经验应用于 IDA 业务之中。”

世界银行发展融资副行长阿克塞尔·冯·托森伯格表示：“3 年前，国际社会认识到一切照旧的业务模式无法满足发展融资需求，并承诺通过实现发展提高资产负债表杠杆化、扩大规模和增加筹资，帮助最贫困国家实现 2030 年可持续发展目标。今天 IDA 通过首次发行债券，历史性地进入全球资本市场，这是为响应股东国意愿、发展需求和投资者要求而做出的重大转变。”

资料来源：根据世界银行官网相关资料整理而得。

4. IDA 的业务活动

（1）贷款。IDA 的主要业务是向较贫困的发展中国家的公共工程和发展项目等提供比 IBRD 更为优惠的长期贷款。IBRD 所提供的资金一般称作“贷款”，是一种“硬贷款”，而 IDA 所提供的资金一般称作“信贷”，是一种“软贷款”。这种“软贷款”的优惠性主要体现在：①期限长，还款条件优惠。如受到高风险债务困扰的国家以赠款的形式获得 100%的财政援助，债务困扰风险为中等的国家以赠款的形式获得 50%的财政援助，其他受援国分别以 38 年期和 30 年期的定期或混合条款获得 IDA 信用额度，小国以 40 年期的小经济体条件获得 IDA 融资。②宽限期长达 5～10 年，贷款利率低，从 2%到 6.8%不等，或者无息。IDA 贷款资助的业务涉及初级教育、基本卫生服务、清洁水和卫生设施、环境保护、改善营商环境、基础设施和机构改革，这些项目为贫困发展中国家推动经济增长、创造就业机会、提高收入和改善生活条件铺平了道路。

（2）设计减贫政策。IDA 就如何扩大经济增长基础和保护贫困人口免受经济冲击向各国政府提供建议。

（3）帮助各国进行债务管理和协调债务减免。IDA 一直协调对贫困国家的债务减免，通过实施“可持续发展金融政策”的新债务政策，帮助各国加强债务透明度、债务管理和财政可持续性。

IDA 是全球 74 个最贫困国家（其中 39 个在非洲）的最大援助来源之一。自 1960 年以来，IDA 已向 114 个国家提供了 4580 亿美元的优惠贷款，其中 37 个国家的国民收入水平已经超过了最贫困国家的标准，不再需要 IDA 的支持。2019～2021 财年，IDA 每年的承诺额稳步增长，平均约为 290 亿美元。截至 2021 年 6 月 30 日的财年中，IDA 承诺总额为360亿美元，其中121亿美元为赠款，非洲地区获得了承诺总额的70%。

（三）IFC

IFC也是IBRD的附属机构之一，是全球规模最大的专注于新兴市场和发展中经济体私营部门的国际发展机构。IFC在100多个国家开展业务，利用掌握的资金、专业知识和影响力，创造市场和机会，改善人民生活。

为了补充IBRD的活动，为成员方私人生产性企业提供无政府担保的贷款，1954年12月，IBRD决定设立IFC，1956年7月正式成立，总部设于华盛顿。IFC虽是IBRD的附属机构，但它本身具有独立的法人地位，是一个独立的全球性国际金融机构，只有IBRD的成员方才能申请加入。IFC正式成立时有31个成员方，现有185个成员方。每个成员方有基本投票权250票，每新认一股增加一票。截至2020年4月16日，投票权前三名分别是美国35 168票，英国14 400票，中国6646票。

1. IFC的宗旨

根据《国际金融公司协定》第1条的规定，IFC的宗旨是：通过鼓励成员方，特别是欠发达地区成员方的私营企业的增长来促进经济发展，并以此作为IBRD各项活动的补充。为此IFC应该：①在成员方私营企业无法按照合理条款获得充足的民间资金的情况下，与私人投资者一起为私营企业的建立、改进和扩大提供无须成员方政府还款、担保的融资，从而促进成员方的发展；②综合利用投资机会、国内外资本以及经验丰富的管理人员；③积极推动并创造有利条件使国内外私人资本流动，向成员方的私营企业提供资金。

2. IFC的组织结构

IFC的组织结构和管理办法与IBRD相同，其最高权力机构是理事会，理事会下设执行董事会，负责处理日常事务，正副理事、正副执行董事也就是IBRD的正副理事和正副执行董事。总经理由IBRD相应机构人员担任。所以，同IDA一样，IFC与IBRD是两块牌子，一套人马，这三个机构每年一起召开年会。

3. IFC的资金来源

（1）成员方缴纳的股金。IFC的法定股本总额为1亿美元，分为10万股，每股1000美元，后经多次增资，截至2020年4月16日，其法定股本达到25 079 991 000美元，共分为25 079 991股，每股价值1000美元。各成员方应缴股金的多少与其在IBRD认缴的股金成正比。

（2）从IBRD和其他来源借入的资金。这是IFC最主要的资金来源。近些年IFC积极通过在国际资本市场上发行可持续债券（贴现票据、绿色债券、社会债券、本币债券、森林债券、结构化票据等）来筹集资金。截至2020年底，其可持续债券发行额累计达到1.7万亿美元，仅2020年就发行了6000多亿美元。

（3）IFC业务经营净收入。IFC历来的业务净收入除对某些非洲项目进行捐助外，其余均作为自有资金。

4. IFC的业务活动

IFC的业务早期主要集中于发展中国家的制造业、加工业及开采业、公用事业和旅游业。近些年则集中于促进创造就业机会和经济增长、性别平等、环境和社会可持续性以及适应和减缓气候变化等，主要包括投资和咨询业务。

（1）投资。投资包括贷款、股权投资、贸易与初级商品融资、联合贷款、风险管理产品与结构化产品、混合优惠贷款等形式。

（2）咨询。IFC 通过与企业、金融机构、行业、政府等合作，将想法创意转化为更多私人部门投资、绿色增长、包容性创造就业机会以及可以投资的项目。创造吸引资本和可持续投资的必要条件，IFC 通过构建公私伙伴关系、提供交易咨询服务来动员私人资本，促进私营部门发展壮大。

与 IBRD 相比，IFC 的业务特点在于：①IFC 直接和成员方的私营企业合作，不要求成员方政府为贷款的偿还提供担保，项目规模一般不大，不超过 1000 万美元①，而 IBRD 提供的一般是大型项目贷款；②IFC 在提供资金时，往往采取贷款与资本投资相结合的方式（即购买借款公司的股票），但不参与其投资企业的经营管理活动；③IFC 通常与私人投资者共同对成员方的私营生产性企业进行联合投资，从而起到促进私人资本在国际上流动的作用。

2005 年 10 月 11 日，IFC 与 ADB 分别在中国全国银行间债券市场发行人民币债券 11.3 亿元和 10 亿元，成为首批在中国发行人民币债券的境外发债人。2006 年 11 月 10 日，IFC 再次发行熊猫债券，募得 8.7 亿元人民币。通过两次发行熊猫债券，IFC 共为 7 家中国公司提供了融资，涵盖卫生、节能环保、金融服务和基础设施等国家重点扶持领域。随后 IFC 分别于 2010 年 10 月在香港、2014 年 3 月在伦敦发行了人民币离岸债券，用以支持中国“三农”和气候变化领域的企业。

（四）ICSID

ICSID 是一个通过调解和仲裁的方式，专为解决政府与外国私人投资者之间的争端提供便利而设立的机构。它是 IBRD 的附属机构之一，也是具有独立法人地位的国际组织。

第二次世界大战后，新独立的发展中国家纷纷对涉及重要自然资源和国民经济命脉的外资企业实行征收或国有化，这引起了发达国家与发展中国家之间的矛盾和纠纷。为了解决此类矛盾纠纷，经过多轮激烈的论战和修改，1965 年 IBRD 签署并通过了《国际投资争端解决中心公约》（《华盛顿公约》），1966 年 10 月《华盛顿公约》开始生效，ICSID 开始运作。ICSID 现有 156 个成员方，中国于 1990 年 2 月 9 日签署了《华盛顿公约》，并于 1993 年 1 月 7 日正式核准成为缔约国。

1. ICSID 的宗旨

根据《华盛顿公约》第 1 条规定，ICSID 的宗旨是：为缔约国与其他缔约国国民之间的投资争端的调解和仲裁提供便利。

---

① IFC 项目规模一般不超过 1000 万美元。如 2016 年 IFC 投资 850 万美元购入印度在线教育平台 Byju’s 的股权，该平台 2021 年估值已达到 165 亿美元。但也有个别项目规模巨大，如对肯尼亚 KCB 银行的融资规模达到 1.5 亿美元，其中 IFC 出资 1.018 亿美元；2020 年 IFC 与合作伙伴一起向 Hikma 制药公司融资 2 亿美元。

ICSID 本身并不直接承担调解仲裁工作，而只是为解决争端提供便利，为针对各项具体争端而分别组成的调解委员会或国际仲裁庭提供必要的条件，便于它们开展调解或仲裁工作。ICSID 要求争议的双方须为公约的缔约国，若争议主体一方为国家或国家机构或代理机构，则争议性质必须为直接由投资引起的法律争议。ICSID 有其自己的仲裁规则，并且仲裁时必须使用其规则。审理案件的仲裁员、调解时的调解员从其仲裁员名册和调解员名册中选定。其裁决为终局性质，争议方必须接受。

2. ICSID 的组织结构

ICSID 的组织结构包括：①行政理事会。行政理事会是最高权力机构，IBRD 行长为理事会主席，但没有表决权，负责召集和主持行政理事会的会议。每个成员方在行政理事会中派有一名代表或另有一名副代表，若没有另外指定，则由成员方在 IBRD 的理事和副理事兼任。行政理事会每年举行至少一次会议，通常在世界银行集团秋季年会期间举行。②秘书处。秘书处负责处理 ICSID 的日常事务，首脑为秘书长，秘书长是 ICSID 的法定代表人、诉讼程序的书记官和主要官员。秘书处成员包括 IBRD 成员方和其他被邀请国。

每个成员方在行政理事会中都有一票表决权，除了程序规则和年度预算的通过需要理事会三分之二多数的批准外，其他决定都是以简单多数做出的。

（五）MIGA

MIGA 是 IBRD 的附属机构之一，具有完全的法人地位，有权缔结合同，取得并处理不动产和动产及进行法律诉讼，这有利于其担保业务的正常开展。

出于对政治风险、不稳定政策环境的顾虑，全球直接投资基本集中于少数几个发达国家，发展中国家很难吸引国外资本流入，因此早在 1961 年 IBRD 就提出过成立投资担保机构，IBRD 也曾于 1966 年起草协议草案，先后 28 次讨论并修改这一草案。但因各方分歧很大，草案一直未获得通过。1981 年 IBRD 决定重新讨论建立投资担保机构的问题。经过 4 年的努力，1985 年 IBRD 通过了《多边投资担保机构公约》(《汉城公约》)。1988 年 6 月 8 日，在华盛顿举行成立大会，MIGA 正式成立。截至 2021 年底，MIGA 共有 182 个成员方。

1. MIGA 的宗旨

根据《多边投资担保机构公约》第 2 条的规定，MIGA 的宗旨是：鼓励成员方之间，特别是发展中成员方之间用于生产性目的的投资流动，从而补充 IBRD、IFC 等国际开发性金融机构的活动。为此 MIGA 应该：①在一成员方从其他成员方得到投资时，为投资的非商业风险提供担保，包括共同保险和再保险；②开展适当的补充活动，促进投资流入发展中成员方和发展中成员方之间；③为实现其目标行使必要的或可取的其他附带权利。

根据公约规定，MIGA 法定资本为 10 亿 SDR，分为 10 万股，每股 1 万 SDR，每个成员方认股数不得少于 50 股。MIGA 采用集团投票制度，依据成员方的经济实力，将成员方分为两个集团：第一集团包括 25 个发达国家；第二集团包括 157 个发展中国家。每个国家都享有相同的 177 票的基本票，再按照各自的股份计算票数。发达国家在 MIGA 总资本中占有大部分股份，这样，发达国家和发展中国家的总票数大致取得了平衡。截至目前，发达国家共有 59 473 票，发展中国家共有 40 527 票。其中美国票数最高为 20 519 票，其次是日本为 5095 票，德国为 5071 票，英国与法国票数相同为 4860 票，中国排名第六，为 3138 票。

2. MIGA 的业务活动

（1）承保非商业性风险。MIGA 为私营部门投资者和贷款人的合格投资提供政治风险保险和信用增级，保险类型包括：①违约保险。对政府违反或否认与投资者的合同（如特许权或电力购买协议）而造成的损失提供保护。②货币不可兑换和转账限制保险。对投资者无法合法地将当地货币（资本、利息、本金、利润、特许权使用费和其他汇款）转换为硬通货（美元，欧元或日元）和（或）无法将硬通货转移到东道国境外而造成的损失提供保护。③征用保险。对某些政府行为造成的损失提供保护。这些政府行为可能会减少或消除对被保险投资的所有权、控制权或其他权利。除了彻底的国有化和没收之外，缓慢的征用（一系列随着时间的推移具有征用效果的行为）也包括在内，但部分征用（如没收资金或有形资产）的承保范围有限。④战争和内乱保险。对东道国出于政治动机的战争、内乱行为（革命、叛乱、政变）或恐怖主义造成的有形资产的损失、损坏、破坏或消失或业务完全中断（为使项目的整体财务可行而至关重要的运营活动完全无法进行）、破坏提供保护。⑤不履行财务义务保险。对涉及国家主权和次主权实体以及国有企业的交易提供信用增级，弥补当地政府或国有企业未能依据无条件和不可撤销的财务付款义务或到期担保付款而给投资者造成的损失。

（2）提供促进性和咨询性服务。MIGA 通过为发展中成员方提供外国投资促进及咨询服务，帮助成员方创造良好的环境，吸引外国私人直接投资。MIGA 提供的服务包括帮助发展中成员方组织投资促进会议、帮助发展中国家成员方的企业制定业务发展计划、召开外国投资政策圆桌会议、协商修改发展中国家外国直接投资法律框架。

三、BIS

BIS 成立于 1930 年，最初为处理第一次世界大战后德国战争赔款问题而设立，后演变为一家与各国中央银行合作的国际金融机构，因此也被称为“央行的央行”。它是世界上历史最悠久的国际金融组织。BIS 总部位于瑞士巴塞尔，在中国香港和墨西哥城分别设有代表处。刚建立时有 7 个成员，目前有 63 家中央银行或货币当局是 BIS 的成员。

（一）BIS 的宗旨

随着第一次世界大战后债务问题的解决，BIS 的宗旨、职能都在不断地发生变化。根据 2016 年 11 月 7 日修订的《国际清算银行章程》第 3 条的规定，BIS 的宗旨是：促进中央银行的合作，并为国际金融业务提供额外的便利。在与当事人协议委托的国际金融清算中，充当受托人和代理人。

（二）BIS的组织结构

BIS 以股份公司的形式建立，主要决策和管理机构包括 BIS 成员中央银行年会、董事会、总经理。

1. BIS 成员中央银行年会

BIS 成员中央银行年会是 BIS 的最高权力机关，63 家成员方的中央银行或货币当局有权派代表出席年会并享有投票权。BIS 成员中央银行年会于每年 3 月 31 日财年结束之后的 4 个月内举行。BIS 成员中央银行年会批准年报及 BIS 报表，决定红利分配，并挑选外部审计机构。

2. 董事会

董事会负责决定 BIS 的战略和政策方向，监督 BIS 管理层，履行章程赋予的具体任务。董事会一年至少召开 6 次会议。董事会最多可有 18 名董事，其中 6 名为当然执董，包括比利时、德国、法国、英国、意大利和美国的中央银行行长，当然执董指定纽约联储主席担任董事。其余 11 位执董则从其他中央银行行长中选举产生。董事会的主席从成员中选出，任期 3 年，且可选出 1 名副主席。

3. 总经理

董事会根据主席的建议任命 1 名总经理和 1 名副总经理。总经理全面负责指导 BIS 管理层，并就 BIS 的业务经营向董事会负责。

4. 其他重要机构

BIS 为实现金融稳定与制定标准，设立并支持一系列国际机构，包括六个委员会和三个协会。

六个委员会分别为：①巴塞尔银行监管委员会（Basel Committee on Banking Supervision，BCBS）。BCBS 负责制定全球银行监管标准，并致力于加强微观审慎和宏观审慎监管。②全球金融体系委员会（Committee on the Global Financial System，CGFS）。CGFS 负责监测并分析与金融市场和体系相关的议题。③支付和市场基础设施委员会（Committee on Payments and Market Infrastructures，CPMI）。CPMI 负责分析并制定支付、清算与结算基础设施的标准。④市场委员会。市场委员会负责监测金融市场的变化及其对中央银行操作的影响。⑤中央银行治理小组。中央银行治理小组负责审查与中央银行设计和操作相关的问题。⑥欧文·费舍委员会（Irving Fisher Committee，IFC）。IFC 负责关注中央银行的统计问题，包括经济、货币与金融稳定等。

三个协会分别为：①金融稳定理事会（Financial Stability Board，FSB）。FSB 负责在国际层面协调各国当局和国际标准制定机构的工作，制定相关政策以加强金融稳定，其成员包括 25 个国家的财政部、中央银行和其他金融当局。②国际存款保险机构协会（International Association of Deposit Insurers，IADI）。IADI 负责制定存款保险制度的全球标准，促进存款保险和银行处置安排的合作。③国际保险监督官协会（International Association of Insurance Supervisors，IAIS）。IAIS 负责设置保险业标准以促进全球监管的一致性。

（三）BIS 的资金来源

BIS 的资金主要来源于三个方面：①成员方缴纳的股金。BIS 建立时，法定资本为5 亿金法郎，分为 20 万股，每股 2500 金法郎，由六国中央银行和美国银行集团七方平均认购。1969 年增至 15 亿金法郎，分为 60 万股，每股 2500 金法郎。2003 年 4 月 1 日起，BIS 使用 SDR 计算股本，共有面值相等的 60 万股（每股面值 5000SDR），由成员方认缴。②借款。向各成员方中央银行借款，弥补该行自有资金的不足。③吸收的存款。BIS 接受各国中央银行的黄金存款和商业银行的存款。

（四）BIS 的业务活动

1. 处理国际清算事务

BIS 先后成为 OECD、欧洲支付同盟、欧洲煤钢联营、黄金总库、欧洲货币合作基金等国际组织的金融业务代理人，承担着它们大量的国际结算业务。

2. 办理或代理有关银行业务

BIS 业务不断拓展，从事的业务主要有：①接受成员方中央银行的黄金或货币存款；②买卖黄金和货币；③买卖可供上市的证券；④向成员方中央银行贷款或存款，也可与商业银行和国际机构进行类似业务，但不得向政府提供贷款或以其名义开设往来账户。世界上很多中央银行在 BIS 存有黄金和硬通货，并获取相应的利息。

3. 定期举办中央银行行长会议

BIS 于每月的第一个周末在巴塞尔举行西方主要国家中央银行行长会议，商讨有关国际金融问题，协调有关国家的金融政策，促进各国中央银行的合作。

中国人民银行于 1996 年 9 月正式加入 BIS。1996 年 11 月中国认缴了 3000 股的股本，实缴金额为 3879 万美元。2005 年 6 月 1 日，经追加购买，中国共有 4285 股的股本。中国人民银行是 BIS 亚洲顾问委员会的成员。

第二节 区域性国际金融机构

除了全球性的国际金融机构，还有很多国际金融机构是区域性的，它们在特定区域和特定领域同样发挥着十分重要的作用，形成对全球性国际金融机构的有效补充。区域性国际金融机构的建立，一方面是为了抵制发达国家或超级大国对国际金融事务的控制和操纵；另一方面是为了适应本区域内各国经济发展与合作的实际需要。第二次世界大战后先后成立的区域性国际金融机构主要有 EIB、IADB、AFDB、ADB、加勒比开发银行、阿拉伯货币基金组织、欧洲复兴开发银行、金砖国家新开发银行、AIIB 等。本节主要介绍与我国经济发展关系密切的 ADB 和 AIIB，简要介绍一些其他区域性国际金融机构。

一、ADB

ADB是亚洲和太平洋国家和地区与部分发达国家合办的一个区域性政府间的金融开发机构。

第二次世界大战后，获得民族独立的亚洲国家和地区面临着本国和地区经济发展的艰巨任务。但是，由于缺乏资金和技术，这些国家和地区的经济发展十分缓慢。IBRD虽然提供资金援助，但规模有限，分到亚洲的部分就更少，难以满足亚洲国家和地区的需要。面对这一状况，亚洲国家和地区的政府意识到，必须在本地区建立一个开发性金融组织，通过该组织进行本地区以及本地区与其他地区之间的金融合作，为本地区的经济发展提供资金。1963年3月，联合国亚洲及远东经济委员会在菲律宾马尼拉召开大会，日本提出了设立ADB的建议。1965年12月，联合国亚洲及远东经济委员会在马尼拉召开第一次亚洲经济合作部长级会议，各国代表原则上同意建立ADB。同年12月在马尼拉召开的第二次亚洲经济合作部长级会议上，通过了《亚洲开发银行协定》。1966年11月24日，ADB成立，12月开始营业，总部设在菲律宾首都马尼拉，成立时有31个成员，现有68个成员，其中49个来自亚太地区，19个来自其他地区，有23个是工业发达国家。所以，ADB既是一个区域性国际金融组织，又带有明显的国际性。

ADB不是联合国下属机构，作为联合国亚洲及太平洋经济社会委员会（亚太经社会）赞助建立的机构，ADB与联合国及其他区域性机构和专门机构有密切的联系。

（一）ADB的宗旨

根据《亚洲开发银行协定》第1条的规定，ADB的宗旨是：促进亚洲和远东地区的经济增长和合作，促进该地区的发展中成员方、集体和个人的经济发展的进程加速。具体来看，ADB通过提供贷款、技术援助、赠款和股权投资协助成员和合作伙伴，促进社会和经济发展。ADB通过促进政策对话、提供咨询服务以及通过利用来自官方的、商业的和出口信贷的联合融资业务调动财政资源，最大限度地发挥其促进成员发展的影响。

20世纪60年代，ADB将其大部分援助重点放在粮食生产和农村发展上。20世纪70年代，ADB加大了对能源项目的支持力度，特别是那些促进成员方国内能源发展的项目。1974年成立的亚洲发展基金，为ADB最贫困的成员方提供低息贷款。20世纪80年代，ADB继续支持基础设施建设，特别是能源项目，同时增加了对社会基础设施的支持。为应对1997年爆发的亚洲金融危机，ADB实施了为穷人建立社会安全网的项目和计划，建立了亚洲货币危机支持基金，以加快对危机的援助速度。1999年，ADB开始将减贫作为其首要目标。

（二）ADB的组织结构

ADB主要由理事会、董事会和行长组成。

1. 理事会

理事会是ADB的最高权力机构，每个成员方在理事会中都有自己的代表，并任命一名理事和一名副理事。除理事缺席情况外，副理事无投票权。理事会每年在年会期间召开一次正式会议，选举一名理事担任主席，任期至下届主席选举。

2. 董事会

董事会负责 ADB 的总体业务，行使由《亚洲开发银行协定》和理事会赋予的权力。董事会的 12 名董事由理事会选举产生，12 人中有 8 人是从亚洲和太平洋地区内部选出的，另外 4 人是从区域以外的地区选出的。董事会的具体工作包括：①就银行的政策以及银行的贷款、担保、投资和技术援助做出决定；②批准银行的借款；③清算银行的财务账目供理事会批准；④批准银行的预算。

3. 行长

行长由理事会选举产生，同时担任董事会主席。ADB 自成立以来，历届行长均由日本公民担任。

（三）ADB 的资金来源

ADB 的资金来源和其贷款项目类型是相对应的，主要包括以下几种类型。

1. 普通资金

普通资金是 ADB 进行业务活动最主要的资金来源，它由股本、借款、普通储备金、特别储备金、净收益和预交股本等构成。普通资金用于 ADB 的硬贷款业务。ADB 建立时法定股本为 10 亿美元，2009 年增加到 1650 亿美元。日本和美国是 ADB 最大的出资国，其认缴的股本额相等，中国居第三位。

2. 亚洲开发基金

亚洲开发基金创建于 1974 年 6 月，资金主要来自 ADB 发达成员方或地区成员的捐赠，用于向亚太地区的贫困国家或地区发放优惠贷款。同时 ADB 理事会还会按有关规定从各成员方或地区成员缴纳的未核销实缴股本中拨出 10%作为基金的一部分。此外，ADB 还会从其他渠道取得部分赠款。

3. 技术援助特别基金

ADB 认为，除了向成员方或地区成员提供贷款或投资以外，还需要提高发展中国家成员或地区成员的人力资源素质和加强执行机构的建设，为此，1967 年 ADB 成立了技术援助特别基金。该项基金的一个来源为赠款；另一个来源为拨款。ADB 理事会在 1986 年 10 月决定，在为亚洲开发基金增资 36 亿美元时将其中的 2%拨给技术援助特别基金。

4. 日本特别基金

1987 年 ADB 第 20 届年会上，日本政府表示愿意出资建立一个特别基金，1988 年 3 月 ADB 理事会决定成立日本特别基金。日本特别基金的主要用途为：①以赠款的形式，资助成员方或地区成员的公营、私营部门的开发项目；②以单独或联合的股本投资，支持私营部门的开发项目；③以单独或联合赠款的形式，对 ADB 向公营部门开发项目进行贷款的技术援助部分予以资助。

5. 联合融资

ADB 除了用自己筹集到的资金从事贷款和技术援助以外，还通过联合融资的形式筹集更多资金。ADB 可以与一个或一个以上的外部经济实体联合为某一项目融资，其最大的融资伙伴是官方机构，其次是商业融资机构和出口信贷机构。

6. 日本扶贫基金

2000 年 5 月 ADB 决定建立日本扶贫基金，用以资助 ADB 的扶贫项目。日本计划向 ADB 捐款 100 亿日元，用于帮助 ADB 发展中成员的扶贫项目和其他社会发展项目。该基金重点支持那些直接向贫困人口提供经济和社会服务的项目，帮助贫困人口获得自我发展的能力，使 ADB 贫困成员的脱贫计划能持续进行。

（四）ADB 的业务活动

1. 贷款

ADB 发放的贷款按条件可划分为硬贷款、软贷款和赠款三类。①硬贷款。硬贷款的贷款利率为浮动利率，每半年调整一次，贷款期限为 10～30 年（2～7 年宽限期）。②软贷款。软贷款即优惠贷款，只提供给人均收入低于 670 美元（1983 年的美元）且还款能力有限的成员方或地区成员，贷款期限为 40 年（10 年宽限期），没有利息，仅有 1%的手续费。③赠款。赠款用于技术援助，资金由技术援助特别基金提供，赠款额没有限制。

2. 股本投资

股本投资是针对私营部门开展的一项业务，不需要政府担保。除 ADB 直接经营的股本投资外，ADB 还通过发展中成员方的金融机构进行小额的股本投资。此外，ADB 还对 15 个区域性机构或基金进行了投资。

3. 技术援助

技术援助可分为项目准备技术援助、项目执行援助、咨询技术援助和区域活动技术援助。技术援助项目由 ADB 董事会批准，如果金额不超过 35 万美元，行长也有权批准，但须通报董事会。

4. 联合融资和担保

ADB 不仅自己为发展中成员的发展提供资金，而且吸引多边、双边机构以及商业金融机构的资金，进行项目联合融资。这种做法对各方都有利：①对受款国来说，增加了筹资渠道，而且条件比纯商业性贷款优惠；②对 ADB 来说，克服了资金不足的困难；③对联合融资者来说，可以节省对贷款的审查费用。我国上海的南浦大桥是 ADB 在中国开展的第一个联合融资项目，ADB 提供了 7000 万美元的贷款，从商业渠道联合融资 4800 万美元。此外，ADB 还为山东莱芜钢厂和上海杨浦大桥项目进行了联合融资。

ADB 对参加联合融资的私营机构贷款部分还提供担保服务，收取一定的担保费用。担保服务可以帮助发展中成员从私营机构那里争取到较优惠的贷款条件。ADB 做的第一项担保业务发生在 1989 年。

二、AIIB

AIIB 是一家专注于亚洲发展中国家的多边开发银行。它是首个由中国倡议设立的多边金融机构，总部设在北京，法定资本1000亿美元。

中国于2013年10月首次倡议筹建AIIB。2014年10月24日，21个首批意向创始成员方的财长和授权代表在北京签约，共同决定成立AIIB。2015年12月25日AIIB正式成立，2016年1月16日开业，创始成员方有57个，截至2022年2月，已有104个正式成员方，而且还在不断增加。

（一）AIIB的宗旨

根据《亚洲基础设施投资银行协定》第1条的规定，AIIB的宗旨是：①通过在基础设施及其他生产性领域的投资，促进亚洲经济可持续发展、创造财富并改善基础设施互联互通；②与其他多边和双边开发机构紧密合作，推进区域合作和伙伴关系，应对发展挑战。

为履行其宗旨，AIIB应具备以下职能：①推动区域内发展领域的公共和私营资本投资，尤其是基础设施和其他生产性领域的发展；②利用其可支配资金为本区域的发展事业提供融资支持，包括能最有效支持本区域整体经济和谐发展的项目和规划，并特别关注本区域欠发达成员的需求；③鼓励私营资本参与投资有利于区域经济发展，尤其是基础设施和其他生产性领域发展的项目、企业和活动，并在无法以合理条件获取私营资本融资时，对私营投资进行补充；④为强化这些职能开展其他活动和提供其他服务。

（二）AIIB的组织结构

AIIB的组织结构包括理事会、董事会、管理层三层。管理层包括一名行长，一名或多名副行长。

1. 理事会

理事会是AIIB的最高权力机构。每个成员在理事会中均有自己的代表，任命一名理事和一名副理事。在AIIB每次年会上，理事会选举一名理事担任主席，任期至下届主席选举。

2. 董事会

董事会由十二名成员组成，董事会成员不得兼任理事会成员，其中九名由代表域内成员的理事选出，三名由代表域外成员的理事选出。董事应是在经济与金融事务方面具有较强专业能力的人士。每名董事应任命一名副董事，在董事缺席时代表董事行使全部权力。董事任期两年，可以连选连任。

3. 行长

理事会通过公开、透明、择优的程序，经超级多数投票选举出行长[①]。行长应是域内成员方的国民，任职期间，行长不得兼任理事、董事或副理事、副董事。行长任期五年，可连选连任一次。行长担任董事会主席，无投票权，仅在正反票数相等时拥有决定票。

---

① 理事会超级多数投票通过指：理事人数占理事总人数三分之二以上且所代表投票权不低于成员总投票权四分之三的多数通过。

行长可参加理事会会议，但无投票权。行长是银行的法人代表，是银行的最高管理人员，在董事会指导下开展银行日常业务。

（三）AIIB 的股本和投票权

1. 股本

AIIB 成立时法定股本为 1000 亿美元，分为 100 万股，每股的票面价值为 10 万美元。

2. 投票权

每个成员的投票权总数是基本投票权、股份投票权以及创始成员享有的创始成员投票权的总和。①每个成员的基本投票权是全体成员基本投票权、股份投票权和创始成员投票权总和的 12%在全体成员中平均分配的结果；②股份投票权与该成员持有的银行股份数相当；③创始成员均享有 600 票创始成员投票权。

截至 2022 年 1 月 18 日，AIIB 已认缴股本 967.751 亿美元，对应投票权 1 130 427 票。区域内成员认缴股本占比 76.1965%，投票权占比 72.8247%。中国作为第一大股东，认缴股本 297.804 亿美元，股份占比 30.7728%，投票权 299 928 票，占比 26.5323%。

（四）AIIB 的业务活动

1. 普通业务

普通业务是指由 AIIB 普通资本（法定股本、授权募集的资金、贷款或担保收回的资金等）提供融资的业务。

2. 特别业务

特别业务是指由特别基金提供融资的业务。两种业务可以同时为一个项目或规划的不同部分提供资金支持，但在财务报表中应分别列出。

AIIB 开展业务的方式有：①直接贷款、联合融资或参与贷款；②参与机构或企业的股权资本投资；③作为直接或间接债务人，全部或部分地为用于经济发展的贷款提供担保；④根据特别基金的使用协定，配置特别基金的资源；⑤提供技术援助。

截至 2022 年 2 月 9 日，AIIB 共批准普通业务 167 个，特别业务 14 个，为 32 个成员分别提供了 33.25 亿美元和 30.14 万美元的资金。从行业看，这些业务主要分布于能源（19.2%）、金融机构（16.8%）、交通运输（16.2%）、经济韧性/基于政策的融资（10.8%）、公共卫生（9.0%）、金融/流动性（7.8%）、城市建设（7.2%）、水利（7.2%）、信息与通信技术（3.6%）、乡村基础设施与农业发展（0.6%）及其他（1.8%）。

➢ 专栏 9.3

发挥多边主义作用 促进世界经济融合发展

1. 多边开发银行为抗击疫情和复苏经济提供有力的资金支持

截至 2020 年 9 月，多边开发银行在全球范围内为抗击新冠疫情和帮助各国复苏经济所承诺的资金总额高达约 940 亿美元，多边主义在这一关键时刻发挥了重要作用。

AIIB 作为一家新成立的多边开发银行，积极吸取现有主要多边开发银行的最佳实践经验，与布雷顿森林机构合作，充分借鉴后者在治理环境和社会标准以及可持续投资等方面的先进做法。AIIB 建立在精简、廉洁、绿色的价值观之上，旨在为基础设施和其他生产性领域提供资金。

在新冠疫情严重破坏全球经济、对人们的生命造成重大威胁之际，AIIB 立刻行动，超越常规业务界限，向相关成员政府提供资金，帮助其遏制新冠疫情，满足医疗保健部门的需求。中国是 AIIB 抗击疫情国际合作的第一个国家。在新冠疫情下，AIIB 迅速调整了投资策略，启动了高达 130 亿美元的新冠肺炎危机恢复基金（COVID-19 Crisis Recovery Facility，CRF）。截至 2020 年 9 月，AIIB 已经批准了超过 63 亿美元的资金，用于 15 个成员的公共卫生危机应对、大流行病预防、流动性和应急预算支持。

2. 金融合作与融合对促进全球经济实体领域的发展具有重要作用

中国政府正稳步推进国内资本市场和金融体系更高水平和更大规模的改革开放，为此所做的努力也得到了国际社会的高度认可。不同金融领域子行业对外资所有权的限制已经放宽，如高盛和摩根士丹利持有企业的大部分股权已得到批准，美国运通成为第一个获准在中国开展人民币交易的外国支付网络。中国推进国内资本市场开放的步伐正在加速。2019 年，中国人民银行取消了合格境外投资者投资股市的上限。2020 年，外国机构投资者已获准直接进入在岸债券交易市场或通过债券互联计划进行投资。正因为中国资本市场改革取得了进展，继中国加入摩根士丹利国际资本指数、标准普尔道琼斯等主要指数后，中国的主权债券于近期被纳入富时罗素指数。外国投资者正稳步增持中国债券，截至 2020 年 8 月，外国投资者已持有 2.5 万亿元人民币的在岸中国债券，并连续 21 个月每月增持。

AIIB 既是开放的受益者，也是一个有力的贡献者。AIIB 于 2020 年 6 月在中国发行了首笔熊猫债券。自新的中国银行间市场交易商协会的指引发布以来，AIIB 是熊猫债券级别最高的发行人，并能吸引国际投资者进入中国银行间债券市场。发行的第一只熊猫债券的最终投资者 65%来自海外，35%为国内投资者。首只熊猫债券具有新冠肺炎流行病毒预防标签，也就是说，筹集的资金将主要用于新冠肺炎危机恢复基金下的第一笔贷款，该贷款用于为中国的两个城市提供应对新冠疫情的紧急融资。中国在发行流行病债券应对新冠疫情方面走在了世界前列。海外很快效仿这一做法，引起 2020 年全球范围内首次发行社会债券。AIIB 2020 年发行了两笔在美国证券交易委员会注册、以美元计价的可持续发展债券，筹集的资金用于 AIIB 设立的新冠肺炎危机恢复基金的紧急援助项目。随着 AIIB 在资本市场业务上的不断发展，其已经完成了美元、人民币、土耳其里拉、俄罗斯卢布、港币和其他货币债券的发行。目前，AIIB 已经聘请了全球领先的承销商承担 AIIB 债券的发行工作，包括高盛、摩根大通、巴克莱、道明银行、野村证券，还有国内的中国银行、中国工商银行等。

AIIB 的总部设在北京，能够利用优越的地理位置，为其他发展金融机构更容易地接触到国内投资者提供便利。市场的发展得益于中国政府进一步开放国内金融市场的持续努力。2020 年 8 月，中国人民银行发布了《人民币国际化年度报告》，呼吁为投资在岸债券和股票的基础设施提供便利。摩根士丹利预测，2030 年人民币在国际上的使用将稳步增长，在全球外汇储备中的占比将从目前的 2%增长到 5%～10%。随着中国金融体系继续与世界其他地区融合，中国作为一个融资平台，将会有巨大的机会来支持亚洲和世界的基础设施融资需求。当前世界形势清楚地表明，国际社会应该团结一致应对共同挑战，脱钩是不明智之举。我们比以往任何时候都更清楚地认识到，世界各国的经济应该相互融合，而不是彼此疏远。

综合来看，中国政府正稳步推进国内资本市场和金融体系更高水平和更大规模的改革开放，所做努力得到了国际社会的高度认可。AIIB 既是开放的受益者，也是有力的贡献者，期待与各方加强在新兴市场经济体基础设施方面的合作与投资，共同为建设一个更美好的未来、更美好的世界而努力。

资料来源：根据《清华金融评论》杂志 2020 年第 11 期，金立群：《发挥多边主义作用 促进世界经济融合发展》整理而得。

三、其他区域性国际金融机构

（一）EIB

EIB 是欧洲经济共同体（现为欧盟）成员方政府间的金融机构。它和欧洲投资基金共同组成欧洲投资银行集团。

根据 1957 年西欧六国（法国、德国、意大利、荷兰、比利时、卢森堡）签署的《建立欧洲经济共同体条约》(《罗马条约》)，EIB 于 1958 年 1 月正式成立，总部设在卢森堡，欧盟 27 个成员方都是其成员。它是第二次世界大战后最早成立的区域性国际金融机构。

1. EIB 的宗旨

根据《建立欧洲经济共同体条约》第 1 条的规定，EIB 的宗旨是：利用国际资本市场和共同体内部的资金，促进共同体的平衡和经济的稳定发展。

EIB 不以营利为目的，其业务重点是为在共同体内落后地区兴建的项目、有助于促进工业现代化的结构改革的计划和有利于共同体或成员方的项目提供长期贷款或担保。EIB 对共同体以外的地区输出资本，但贷款兴建的项目须对共同体有特殊意义（如改善能源供应），并须经该行执行董事会特别批准。

2. EIB 的组织结构

EIB 是股份制的金融机构，有理事会、董事会和管理委员会 3 个决策机构和审计委员会 1 个控制机构。①理事会。理事会是最高权力机构，其成员通常由成员方的财政部部长组成，设主席 1 人。理事会负责制定信贷政策指导方针，批准年度账目和资产负债表，决定参与欧盟以外的融资业务以及增资，任命董事会、管理委员会和审计委员会的成员。②董事会。董事会负责管理银行日常业务，由 28 名董事和 31 名候补董事组成。③管理委员会。管理委员会是常设执行机构，负责主持银行日常业务，设主席 1 人，副主席 4 人，理事和副理事若干，都是欧盟各国的经济金融专家。④审计委员会。审计委员会设主席 1 人，委员若干，负责审查该行的业务情况。

3. EIB 的资金来源

EIB 的资金来源主要有两个渠道：①成员方认缴的股本。初始法定资本金是 10 亿欧洲记账单位，截至 2020 年 3 月认缴总股本为 2487.96 亿欧元，其中德国、法国、意大利是最大的股东，各占 18.78%。②借款。通过发行债券在国际金融市场筹资。

4. EIB 的业务活动

EIB 的业务活动主要有三类：①提供贷款。贷款包括普通贷款和特别贷款。普通贷款是运用自有资本和借入资金向欧盟成员方政府或私人企业发放的贷款；特别贷款是向欧盟以外的国家和地区提供的优惠贷款。②进行股权投资与基金投资。EIB 通过对创新型企业、中小企业和中型基金投资来催化私人资本的成长。③担保。EIB 通过担保提高项目信用或中小企业信用，以使借款人能从其他途径获得更多融资。

（二）IADB

IADB 是美洲国家组织的专门机构。它向成员方国家和私营企业提供贷款、赠款和担保，是拉丁美洲和加勒比地区最大的多边资金来源。其他区域的国家也可加入，但非拉丁美洲国家不能使用该行资金，只可参加该行组织的项目投标。

1959 年 4 月，美洲国家组织 21 个成员方代表在华盛顿签订了关于建立 IADB 的协定，同年 12 月协定生效，IADB 正式成立。1960 年 10 月，IADB 正式营业，总部设于华盛顿。该行的 21 个创始国均为美洲国家，1972 年修改规定，区域外的一些欧洲和亚洲国家加入了该行。截至 2021 年底，IADB 共有 48 个成员方，其中 26 个是拉丁美洲和加勒比区域的借款成员，2 个是区域非借款成员（加拿大和美国），20 个是来自亚洲和欧洲的非区域非借款成员方。

1. IADB 的宗旨

根据《泛美开发银行协定》第 1 条的规定，IADB 的宗旨是：集中各成员方的力量，对拉丁美洲国家的经济、社会发展计划提供资金和技术援助，并协助它们单独地或集体地为加速经济发展和社会进步做出贡献，实现泛美体系的目标。

2. IADB 的组织结构

IADB 的组织结构包括理事会、执行董事会、行长。①理事会。IADB 的最高权力与决策机构是理事会，每个成员方任命一名理事和副理事，理事通常是财政部部长、中央银行行长或其他高级官员，投票权与各国的股本成比例①。理事会负责监督银行的活动和管理，每年 3 月或 4 月召开年会，审查 IADB 的运营情况并做出重大政策决定，还可以就关键问题举行特别会议。②执行董事会。执行董事会负责 IADB 的日常运作，包括批准贷款和担保提案、提出政策、讨论国家战略、行政预算、设定利率以及就借款和其他财务事项做出决定，通常每周举行一次会议。执行董事会由 14 名董事和 14 名候补董事组成，下设五个常设委员会，负责审查和讨论文件。③行长。行长是 IADB 的法定代表人和首席执行官，由理事会选举产生，在执行董事会的指导下处理日常业务并

① 投票权根据认购的股本分配，根据《泛美开发银行协定》，每个成员方有 135 票基本票，再加上持有的股份票，每股股份对应 1 票。

主持执行董事会会议，但平时没有投票权，只有在正反双方票数相等时才可投下决定性的一票。

3. IADB 的资金来源

IADB 的资金来源主要有四个渠道：①成员方认缴的股本。IADB 初始资本为 10 亿美元，逐年增加，2016 年第九次增资（ninth general capital increase，GCI-9）之后，认缴股本总额达到 1709 亿美元，其中包括 60 亿美元的实收资本和 1649 亿美元的可赎回资本。②从国际资本市场借款。IADB 每年在国际资本市场上发行 50 亿～60 亿美元的债券，满足了普通资金贷款 90%的资金需求。③储备金。储备金来自该行的投资利润和贷款收益。④捐款。多个国家和多边机构向 IADB 捐款，为管理这些捐款该行专门成立了信托基金和项目专项捐款（project specific grant，PSG）。自 2000 年以来，IADB 已累计收到捐款约 51.4 亿美元（45.3 亿美元的信托基金和 6.1 亿美元的项目专项捐款），其中中国提供了 14.034 亿美元捐款。截至 2020 年 6 月 30 日，IADB 在 64 个活跃的信托基金和项目专项捐款中管理着 7.4 亿美元，为 989 个活跃业务提供资金。

4. IADB 的业务活动

IADB 的业务活动主要有四类：①发放贷款。一是普通资金贷款，用于政府或私营企业的特定项目，期限为 10～25 年，采用浮动利率；二是特别业务基金贷款，主要为拉丁美洲国家的经济发展计划项目提供条件优惠的贷款，期限是 25～40 年，利率固定为 0.25%，是该行的软贷款；三是信托基金贷款，资金来自信托基金。②捐赠。IADB 为技术合作计划提供的资金不必偿还，资金来源于该行的自有资金或信托基金。③担保。IADB 为政府或私营企业的项目贷款或证券发行提供担保。④技术合作。IADB 资助技术合作活动，转让技术诀窍和专门知识，以补充和加强发展中成员方实体的技术能力。技术合作可以是无偿的（赠款）、可偿还的（贷款）或有回收的（如果计划由另一贷款机构资助，则可偿还）。

20 世纪 60、70 年代，IADB 主要为卫生和教育等公共项目提供资金，20 世纪 90 年代起逐渐加大了对私人产业的投资。

（三）AFDB

AFDB 是非洲国家的一个区域性金融机构。1960 年第一届非洲人国民大会提出了关于成立 AFDB 的建议。1963 年 8 月，在喀土穆举行的非洲国家财长会议通过了成立 AFDB 的协定。1964 年 9 月，在联合国非洲经济委员会的赞助下 AFDB 正式宣告成立，1966 年 7 月开始营业，总部设在科特迪瓦首都阿比让。AFDB 与其附属的非洲开发基金（African Development Fund，ADF）、尼日利亚信托基金（Nigeria Trust Fund，NTF）共同组成非洲开发银行集团。

截至 2021 年底 AFDB 有 80 个成员方，包括 54 个区域成员方和 26 个非区域成员方。非区域成员方主要来自欧洲、美洲和亚洲。最初，只有独立的非洲国家才能成为 AFDB 的成员方，后来随着非洲国家对投资的需求不断增长，1982 年成员资格向非区域国家开放。但为了保持 AFDB 的非洲特色，规定行长必须由非洲人担任，总部永远设在非洲。1985 年中国加入该行。

1. AFDB 的宗旨

根据《非洲开发银行协定》第 1 条的规定，AFDB 的宗旨是：促进其区域成员方的可持续经济发展和社会进步，从而为减贫做出贡献。通过调动和分配资源用于对区域内成员进行投资以及提供政策咨询与技术援助的方式来实现这一目标。

2. AFDB 的组织结构

理事会是 AFDB 的最高权力与决策机构，由各成员方委派一名理事（一般为财政部部长或经济部长）组成。董事会是负责 AFDB 日常事务的常设机构，由 20 名董事组成（非洲以外国家 7 名）。董事长即银行行长，由董事会选举产生，任期 5 年。另外董事会下设 7 个常设委员会。

3. AFDB 的资金来源

AFDB 的资金来源主要有：①成员方认缴的股本。AFDB 初始法定资本为 2.5 亿记账单位（1 记账单位的价值为 0.888 671 克黄金，与 1971 年贬值前的美元等值），此后经过一系列专项增资、自愿增资和 6 次一般增资，2010 年 5 月 27 日达到 1000 亿记账单位，区域成员持有 60%，非区域成员持有 40%。②借入资金。AFDB 积极在国际资本市场通过各种金融工具借款，截至 2020 年 12 月 31 日，共持有 22 种货币的未偿还借款组合 251 亿记账单位（364 亿美元）。③经营利润。

4. AFDB 的业务活动

AFDB 的主要业务是为成员方提供项目贷款，包括普通贷款和特别贷款，以发展公用事业、农业、工业项目以及交通运输项目。①普通贷款。普通贷款是用该行的普通资本基金提供的贷款和担保贷款业务。②特别贷款。特别贷款是用该行规定专门用途的特别基金开展的贷款业务，这一类贷款的条件非常优惠，不计利息，贷款期限最长可达 50 年，主要用于大型工程项目建设。此外，AFDB 还为开发规划或项目建设的筹资和实施提供技术援助。1980 年以后，AFDB 通过结构调整贷款和部门调整贷款为成员方的结构改革提供资金。

本章小结

1. 国际金融机构是从事国际货币金融管理和国际金融活动的超国家性质的组织结构。它是一种政府间的金融合作组织，大多以银行的形式出现，有的也采用基金组织、协会、公司等名称。按范围可分为全球性国际金融机构和区域性国际金融机构。

2. IMF 的主要职能是资金融通与汇率监督，在成员方因国际收支逆差或货币危机出现资金困难时提供短期融资，维持稳定的国际金融秩序。

3. 世界银行集团由 IBRD、IFC、IDA、MIGA 和 ICSID 五个机构组成。五个机构在职能和业务上各有分工，进行配合，共同以促进世界和各国经济稳定发展为目的。

4. BIS 是最早成立的国际金融机构，专门从事各国中央银行的存放款业务，被称为“央行的央行”。

5. 为适应本地区经济发展的需要，同时摆脱发达国家或超级大国的控制，各地还成立了区域性国际金融机构，主要有 EIB、IADB、AFDB、ADB、AIIB。这些机构分别在特定区域和特定方面发挥重要作用。

重点概念

国际金融机构	IMF	世界银行集团	世界银行
IBRD	IDA	IFC	BIS
ADB	AIIB		

思考与练习

一、思考题

1. IMF 的宗旨是什么？其主要业务活动有哪些？
2. 何为世界银行集团？其内部业务如何分工？
3. 请比较 IMF 与世界银行的职能、地位与业务活动。
4. 请从贷款对象、贷款条件方面比较分析 IMF、IBRD、IDA、IFC 的贷款业务。
5. 简述 ADB 的概况。
6. 请分析成立 AIIB 的原因，它与世界银行、ADB 之间是否是竞争关系？

二、练习题

（一）不定项选择题

1. IMF 最主要的业务是（　　）。
   A. 汇率磋商与协调
   B. 汇率监督
   C. 为成员方提供资金融通
   D. 督促成员方实现货币可自由兑换
2. IMF 份额的作用包括它决定了成员方的（　　）。
   A. 出资额　　B. 在 IMF 的投票权
   C. 从 IMF 获得贷款的规模　　D. 在 SDR 分配中所占的比例
3. 世界银行的主要贷款是（　　）。
   A. 部门贷款　　B. 项目贷款　　C. 结构调整贷款　　D. 联合贷款
4. IMF 的宗旨包括（　　）。
   A. 实行固定汇率制
   B. 促进汇率稳定

C. 取消阻碍国际贸易发展的外汇限制
D. 进行国际货币问题的磋商和协作，促进国际货币领域的合作
E. 建立经常性交易的多边支付体系

5. 世界银行的宗旨包括（　　）。
A. 促进私人的对外投资
B. 促进成员方解决就业问题
C. 促进国际贸易的长期均衡发展
D. 与其他方面的国际贷款配合提供贷款担保
E. 协助成员方的复兴与开发

6. IDA 的贷款对象是（　　）。
A. 发达国家　　B. 发展中国家　　C. 非洲国家　　D. 所有国家

7. 下列不正确的说法是（　　）。
A. 世界银行的贷款期限一般不超过 3 年
B. 世界银行的贷款对象只限于成员方
C. 世界银行的贷款必须专款专用，并接受世界银行的监督
D. 世界银行从营业收入中拨出的款项是 IDA 的资金来源之一

8. 下列正确的说法是（　　）。
A. IFC 是 IMF 的附属机构
B. IDA 主要向发达国家提供贷款
C. 世界银行的贷款对象只限于成员方
D. IMF 的贷款对象不仅仅是各成员方政府，还包括各成员方工商企业

9. 通常所说的世界银行是指（　　）。
A. IBRD　　B. IDA　　C. IFC
D. ICSID　　E. MIGA

10. 假定低收入国家 A 是世界银行集团的成员方，为了促进自身农业的发展，A 可以向世界银行集团中的（　　）申请农业优惠信贷。
A. IBRD　　B. IDA　　C. IFC
D. ICSID　　E. MIGA

11. 以下有关国际金融机构的说法正确的是（　　）。
A. ADB 是区域性国际金融机构
B. BIS 不具备全球性的影响力
C. IMF 和世界银行是目前规模最大、成员最多、影响最广泛的国际金融机构
D. BIS、IMF 是联合国系统的一部分

12. BIS 的业务包括（　　）。
A. 处理国际清算事务
B. 进行国际货币与金融问题的研究
C. 为各国中央银行提供服务
D. 定期举办中央银行行长会议

（二）判断题

1. IMF 的最高决策机构是执行董事会。（　　）
2. IDA 贷款不收利息，只收手续费。（　　）
3. IMF 投票制度与联合国大会相同，采用“一国一票”制。（　　）
4. 在国际债券市场上发行债券是 IMF 的重要资金来源之一。（　　）
5. 世界银行的贷款必须专款专用，并接受世界银行的监督。（　　）
6. 世界银行的贷款期限一般不超过 3 年。（　　）
7. 只有亚洲国家才可以加入 ADB。（　　）
8. IDA 主要向发达国家提供贷款。（　　）
9. IFC 是 IMF 的附属机构。（　　）
10. 中国是 AFDB 的成员方。（　　）
11. AIIB 是第一个由发展中国家主导的区域性国际金融机构。（　　）

第九章　课后练习题答案

参考文献

多边投资担保机构. Convention establishing the Multilateral Investment Guarantee Agency[EB/OL]. [2021-12-25]. http://www.miga/sites/default/files/archive/Documents/MIGA%20@vention%20(April%202018). pdf.

多边投资担保机构. Multilateral Investment Guarantee Agency subscriptions and voting power of member countries[EB/OL]. [2021-12-25]. https://thedocs.worldbank.org/en/doc/569dd95ea1da3949a1dbeb8dd431de39-0330032021/original/MIGACountryVotingTable.pdf .

范小云，陈平. 2019. 国际金融[M]. 2 版. 北京：高等教育出版社.

国际货币基金组织. Articles of agreement of the International Monetary Fund[EB/OL]. [2022-01-01]. https://www.imf.org/external/ pubs/ft/aa/ pdf/aa.pdf.

国际金融公司. International Finance Corporation articles of agreement[EB/OL]. [2022-01-15]. https://www.ifc.org/wps/wcm/connect/d057dbd5-4b02-40f8-8065-9e6315c5a9aa/IFC_Articles_ of_Agreement.pdf?MOD=AJPERES&CVID=jBfBkXT.

国际金融公司. International Finance Corporation subscriptions and voting power of member countries[EB/OL]. [2022-01-15]. https://thedocs.worldbank.org/en/doc/280961541106482420-0330022021/original/IFCCountryVotingTable.pdf.

国际金融公司. 直面攸关时刻，2021 年度报告[EB/OL]. [2022-01-15]. https://www.ifc.org/wps/wcm/connect/ead7984e-d5dd-4f70-8129-f9cdd9daa590/IFC-AR21-CN.pdf?MOD=AJPERES&CVID=nVpV4Eu.

国际开发协会. International Development Association articles of agreement[EB/OL]. [2022-01-20]. https://thedocs.worldbank.org/en/doc/2a 209939e876fdcd0d957036daebff6e-0410011960/original/IDA-Articles-of-Agreement-English.pdf.

国际开发协会. International Development Association voting power of member countries

[EB/OL]. [2022-01-20]. https://thedocs.worldbank. org/en/doc/845861541106477171-0330022021/original/IDACountryVotingTable.pdf.
国际清算银行. 2017. 国际清算银行第 87 期年报[M]. 中国人民银行国际司译. 北京：中国金融出版社.
国际投资争端解决中心. ICSID convention regulations and rules[EB/OL]. [2022-01-21]. https://icsid.worldbank.org/sites/default/ files/ICSID%20 Convention%20English.pdf.
何国华. 2017. 国际金融学[M]. 武汉：武汉大学出版社.
蒋先玲. 2021. 国际金融[M]. 2 版. 北京：中国人民大学出版社.
沈国兵. 2018. 国际金融[M]. 3 版. 北京：北京大学出版社.
世界银行集团. International Bank for Reconstruction and Development subscriptions and voting power of member countries [EB/OL]. [2021-12-28]. https://finances.worldbank.org/Shareholder-Equity/IBRD-Subscriptions-and-Voting-Power-of-Member-Coun/ rcx4-r7xj/data.
亚洲基础设施投资银行. 亚洲基础设施投资银行协定[EB/OL]. [2021-12-30]. https://www.aiib.org/en/about-aiib/basic-documents/_download/articles-of-agreement/basic_document_chinese_bank_articles_of_agreement.pdf.
亚洲开发银行. Agreement establishing the Asian Development Bank[EB/OL]. [2022-02-15]. https://www.adb.org/sites/default/files/ institutional-document/32120/charter.pdf.
亚洲开发银行. Asian economic integration report 2022：advancing digital services trade in Asia and the Pacific [EB/OL]. [2022-02-15]. https://www.adb.org/sites/default/files/publication/770436/asian-economic-integration-report-2022.pdf.
亚洲开发银行. By-laws of the Asian Development Bank[EB/OL]. [2022-02-15]. https://www.adb.org/sites/default/files/institutional- document/ 32255/adb-laws.pdf.
杨胜刚，姚小义. 2019. 国际金融[M]. 4 版. 北京：高等教育出版社.